U0944759

女性日常生活百事通

廖以容◎编著

中国人口出版社
China Population Publishing House
全国百佳出版单位

图书在版编目(CIP)数据

女性日常生活百事通/廖以容编著. -- 北京：中国人口出版社，2017.5
ISBN 978-7-5101-5063-0

Ⅰ. ①女… Ⅱ. ①廖… Ⅲ. ①女性 – 生活 – 知识
Ⅳ. ①Z228.4

中国版本图书馆CIP数据核字(2017)第098975号

女性日常生活百事通
廖以容 编著

出版发行	中国人口出版社
印　　刷	三河市祥达印刷包装有限公司
开　　本	710毫米×1000毫米　1/16
印　　张	25
字　　数	329千字
版　　次	2017年6月第1版
印　　次	2017年6月第1次印刷
书　　号	ISBN 978-7-5101-5063-0
定　　价	39.80元

社　　长	邱立
网　　址	www.rkcbs.net
电子邮箱	rkcbs@126.com
电　　话	(010)83519390
传　　真	(010)83519401
地　　址	北京市宣武区广安门南街80号中加大厦
邮　　编	100054

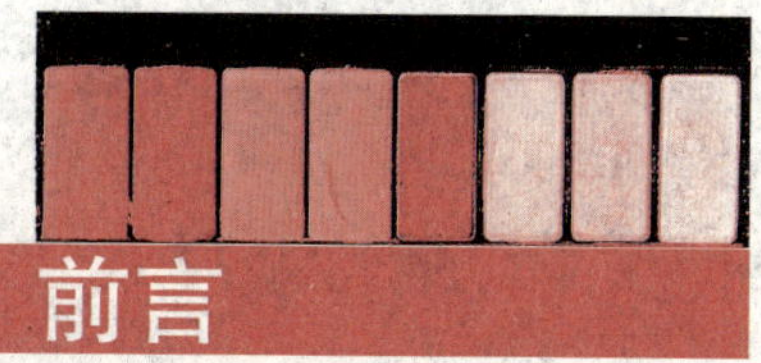

前言

Preface

现代社会，人们的生活水平有了很大程度的提高，但生活琐事却有增无减，除了柴米油盐酱醋茶之外，还增加了住房的选购、理财的选择、手机和电脑的防辐射等一系列问题。

每个女人都渴望幸福的生活，在追求幸福的道路上，一个好帮手胜过千言万语的祝福。然而，快节奏的生活却让人们没有时间停下来思考生活中最琐碎、最平常的小事，特别是身为现代都市中的家庭主妇，白天忙着工作，业余时间还要为家务琐事操劳，生活变得繁重不堪。尤其是在遇到一些生活小难题的时候，又不知道如何巧妙地处理和解决。比如说：要怎样才能让皮肤变得更白皙？哪些水果有助于美容减肥？如何整理卧室能让空间变得更大？肉类怎样清洗更干净？如何挑选宠物？怎样种植花卉？物品如何收纳？遇到意外事件如何应对等等，这些问题困扰着众多女性们。

本书正是帮助您解答生活中遇到的如上各种小难题的实用书籍。本书从服饰美容、科学饮食、疾病防治、家居收纳、快乐厨事、休闲娱乐、节约之道、意外事件等几大方面入手，分门别类地介绍了实用生活小常识、小窍门。针对生活中的小问题提供最简单、最快捷的小妙招，使您不再为琐事、难事发愁，轻轻松松解决掉困扰着你的小难题，为您的居家生活提供了实实在在的方便，让您的生活变得轻松、简单和愉悦。日常家务中总有想不到的困难与麻烦，您需要的正是本书这样一位全能助手，为您提供多方面的生活服务，让您更加得心应手地应付家事。

当您阅读此书的时候，相信一定能够为您打开一个新的视角，让您的日子过得更舒适更顺心。

目 录

Part1 这样装扮最美丽
——挑选最适合自己的服饰妆容

第一节 选择最适合自己的服饰

第二节 护肤、美容、化妆的技巧

Part2 这样饮食最科学
——吃出百分百的健康和美丽

第二节 合理饮食

Part3 这样关爱最健康
——让身体远离疾病

第一节 女性疾病自诊室

Part4 这样居家最整洁
——教你做个称职的居家能手

二、厨房的清洁技巧／194

三、卫生间与浴室的清洁技巧／202

四、家居用品的使用与保养／206

第二节 食物的清洗与加工

第二节 宠物饲养小常识

第三节 养殖花卉的技巧

第四节 旅游必备小窍门

Part7 这样生活不浪费
——家庭生活节约经

第一节 水电、煤气的节约策略

第二节 日常生活节约小窍门

第三节 物品的妙用与变废为宝

第四节 聪明主妇巧理财

Part8 这样应对最有效
——面对突发事件镇静自若

第一节 突发疾病的处理方法

第二节　突发事件的处理办法

第三节　其他常见急救常识

Part1

这样装扮最美丽

——挑选最适合自己的服饰妆容

第一节

选择最适合自己的服饰

一、衣物的选购与搭配技巧

◎选购衬衫小窍门

1. **标准领**：职业型长度和敞开的角度均走势平缓的领子称为标准领。这种衬衫常见于商务活动中，色泽以单色和白色为主，是最常见、最普通的款式。

2. **异色领**：指配一个白领子的素色或条纹衬衫，有的袖口也做成白色。领型多为标准领，领尖形状颇多，通常为圆形。选择异色领的女士，在搭配上一定要注意协调，否则一不留神就会被归为没品位一类。

3. **暗扣领**：传统型左右领子上缝有提纽，领带从提纽上穿过，领部扣紧的衬衫领讲求严谨，强调领带结构的立体形象。穿着这种领型的衬衫必须打领带，并打得小些，通常打紧密的小结，而且绝不能随意打松领带结，领部才显得妥帖。

4. **纽扣领**：运动型领尖以纽扣固定于衣身，原是运动衬衫，是所有衬衫中唯一不要求过浆的领型。典型的美国风格，随意自然，舒适便捷。这一领型多用于休闲式的衬衫上，如牛仔衬衫。

5. **长尖领**：时尚型细长略尖的领型，线条简洁得体，具有新时代服饰多元化的特点，多用作具有古典风格的礼服衬衫。通常为白色或素色。

◎衬衫衣料的选购技巧

衬衫同为棉质衣料，所用棉线的粗细及织法的不同，制成的衬衫衣料大不一样，触觉和视觉也各异。

1. **青年布**：竖向用染色棉线，横向用白棉线平织的轻薄棉质衬衫衣料。淡而柔和，稍带光泽，最常见的是蓝色棉与白棉线的组合。

2. **牛津布**：纽扣领衬衫常用的衣料，平织，纹路较粗，颜色有白、蓝、粉红、黄、绿、灰等，大都为淡色。柔软、透气、耐穿，深受年轻人的喜爱。

3. **条格平布**：用染色棉线和漂白棉线织成的衬衫衣料，配色多为白与红、白与蓝、白与黑等。既可用作运动衬衫，也适宜于礼服衬衫。

4. **细平布**：最常见的衬衫衣料，通常为白色。所用棉线越细，手感越柔和。高等级的精织细平布几近丝绸的感觉，所制衬衫多用于穿着礼服的盛装场合。

◎根据不同的场合穿戴不同衬衫

1. **高级衬衫**：质地精美，有艺术感，黑或白色最佳，适合在重要的社交活动如宴会、晚会、庆典等场合穿着。建议不必买纯丝的棉麻毛，这些面料极易变形、发黄、起褶，且价格较贵，买工艺好、质感佳的针织、麻、纱及合成面料即可。

2. **职业休闲衬衫**：这类衬衫要稍稍正式、精致一点，选料和款式都趋向舒适，是职业装休闲化的典型，适合上班与日常活动中穿着。单色或条纹的款式便可以搭配出既庄重又明朗的形象。

3. 休闲居家衬衫：这类衬衫一般选用舒适的纯棉面料，色彩图案个性化，适合居家、散步和外出游玩时穿着。选型一定要宽松，同时把好质量关，因为休闲不等于随便。

◎体形与服装的搭配技巧

颈部、肩膀、躯干、胸部、腰部、臀部、大腿、小腿等，都有完美的比例。这种标准体型，穿什么衣服都好看，但只有很少数女性拥有完美身材绝大多数的女性都是属于下列五种体型的人，她们才是真正需要服装设计的人。

1. **葫芦型**：胸部、臀部丰满圆滑，腰部纤细，曲线玲珑，十分性感。这种身材的女性适宜穿着低领、紧腰身的窄裙或八字裙，面料以柔软贴身为佳。葫芦型身材如果穿宽大蓬松的服装，会减损许多魅力。但是如果视此身材为缺点的话，则应穿着直筒式洋装或长衬衫，以遮掩腰部过细的曲线。

2. **运动员型**：身材苗条、胸部中等或较小、臀部瘦削扁平，没有腹部及大腿边的赘肉。这种体型，是比较容易穿衣的，但要避免紧身衣裤或低腰长裤。适合的穿着有舒适飘逸的罩衫、打褶的裙子、宽松的洋装、宽松打褶的长裤等。

3. **梨子型**：上身肩部、胸部瘦小，下身腹部、臀部肥大，形状就像一个梨子。由于腹部肥大的关系，造成腰线提高，也就是变成上身较短。宽松的洋装和伞装是适合的衣着，目的是要避免对其腰部的注意力。上衣要宽松，长度以遮住臀部为宜，打褶的长裤配上宽大的夹克，也很能美化这种体型。梨子型最好避免紧身衣裤、宽皮带、褶裙或抽细褶的裙子。

4. **腿袋型**：臀部和大腿边有许多赘肉，看上去就像在大腿旁边挂上了两个袋子一样。这种体型要绝对避免穿紧身裤子，那样只会暴露缺点。穿样式简单的打褶裙子或长裤。尽量把注意力放在上身，佩戴色彩鲜艳的丝巾、珠宝或装饰物，不适合的服装还有：及膝靴子、紧衬衫，大花格子、粗横条纹或背后有口袋的长裤。

5. **娇小型**：身高在155厘米以下的娇小型，无论是属于何种体型，由于受到身高的限制，服装可变化的范围相比高大、健壮的体型要小得多。娇小型的人如果以为穿上很高的高跟鞋或梳高耸的发型，就能使得身材瘦高，不仅白费心机，而且会显得些许滑稽。最佳的穿着是朝向整洁、简明、直线条的设计。垂直线条的褶裙、直筒长裤、从头到脚穿同色系列或素色的衣服、合身的夹克都会使得娇小型的人显得轻松自然。大型印花布料、厚布料、太多的色彩、松垮垮的衣服、大荷叶边、紧身裤等，都应避免。

◎脸型与衣领的搭配技巧

五官可借着化妆来修饰，但是脸型的长短宽窄，却不是那么容易用化妆来改变的。最好的办法，就是用衣领来美化。

现在就将脸型约略分类，并提供几个适合的衣领式样。

1. **椭圆型**：这是最完美理想的脸型，通常称为瓜子脸或蛋型脸，因为没有什么缺陷，不需加以掩饰，所以任何领子都适合。

2. **逆三角形**：类似心形，上额宽大、下颚狭小，是属于理想的短形脸之一，所有的领子都适合。

3. **三角形**：好像梨形，下颚宽大、上额狭小，穿 V 字形的领子看起来脸型柔和些。

4. **四方形**：这种脸型大多属于宽大型，给人很强的角度感，如穿圆形衣领，反而突出了宽大的感觉。用 U 字形领口可缓和这种脸型。方形而不显大的脸，很富有个性，应该强调个性美。

5. **长方形**：此种脸型，刘海儿可减少其长度感，船形领、方领、水平领都适合。

6. **菱形**：这种脸型尖锐狭长，其下颚上额皆显狭小，利用刘海将上额遮盖住，而且两鬓的头发要梳得较蓬松，如此就可增加上额的宽度，使脸型形成逆三角形，衣领的选择也就没有限制了。

7. **圆形**：圆形脸，显得宽大、饱满，宜增加长度感，减少圆的感觉。以 V 字形的领口来缓和最为恰当。穿圆领口时，领口需大于脸型，这样脸型将显得较小。就好像有两个大小相同的圆形，其中一个四周围绕着无数个小圆，中心那个圆，当然就被衬托得显大了。另一个圆四周配置了差不多大的几个圆，就感觉不到中间这个圆有多大了，这就是视觉上的错觉。

所以大的方型脸、大圆脸一定避免穿紧贴颈子的衣领，领子要低些，且不能太狭小。矮瘦娇小的人，衣领不能太过于宽大，衣领大小与脸型比例务必调和。

◎鉴别化纤衣料小窍门

1. **看布面的光泽和颜色**。在光亮的地方看，涤棉光泽亮，色泽艳。人造棉光泽较柔和。维棉光泽较差，色泽不均，反光不亮。尼龙最亮。

2. **看手握皱褶**。涤棉布挺括，平整滑爽，用手握皱褶较少。人造棉、富春纺皱褶多，不易消失。维棉有粗糙感，皱褶不能全部复原。尼龙皱褶用手握后一放开就没有了。

◎选购皮衣小窍门

1. **从革面入手**。皮衣革面要平整、光滑，毛孔清晰。猪皮服装革，毛孔呈三角形排列。山羊、绵羊皮面服装革，毛孔呈鱼鳞状分布（山羊皮比绵羊皮更细微）。皮面颜色要均匀，革身柔软，丰满而有弹性，厚薄均匀，革里平整、清洁、无油腻感，要特别注意皮革切口颜色要与革面颜色一致。

2. **擦拭**。选择皮衣次要部位，

如衣领后面内里或衣襟部位，用潮湿脱脂棉在上面来回擦拭20次，观察脱脂棉上是否染上了颜色，如果染的颜色较重、变黑或呈深灰色，则是不合格品。再看皮衣革面裂面、掉浆情况。选一皮衣次要部位，用手揉搓大约一分钟，绷直以后观察皮革面，如果出现裂口或掉渣现象则不合格。

3. 检查皮革本身强度。皮革强度中最重要的指标是撕裂强度。消费者在挑选皮衣时，可以在革面内里相互连接的切口部位，如腋下、兜盖下面等部位，用手轻轻一掰，切口部位如果变形，说明撕裂强度不够。

4. 检查缝制质量。要求拼接部位缝线牢固，一般用涤纶线、丝线，不允许跳线、断线。天然革服装，针码密度要一致，缝制线路要顺直，缝线间距要相等。

5. 检查皮毛的光泽度和有无掉毛现象。挑选皮毛服装时，可以用手在毛被上上下滑动，看油腻感、有无掉毛及灰尘。然后用嘴吹，将毛被的毛吹起，看毛被是否松散、灵活、平整，有无结毛或油污。再用眼看，优质裘皮领毛被光亮，颜色均匀自然协调，可用白布或面巾纸在毛被表面顺毛摩擦3～5次，看有无脱色现象。最后用手摸皮板，优质裘皮皮板柔软，缝线平整。

◎鉴别羊皮、牛皮、猪皮、鹿皮服装小窍门

1.羊皮又分为山羊皮和绵羊皮，共同特点是皮革粒面呈鱼鳞状，山羊皮粒面细致，绵羊皮粒面略粗一点；柔软性和丰满度都很好，绵羊皮比山羊皮更柔软一些，一般高档服装革多数采用的是绵羊皮。山羊皮除去做服装革外，常用于高档皮鞋、手套和软包的制作。从坚牢度上绵羊皮比山羊皮差一些，羊皮很少被切割。

2. 牛皮革包括黄牛皮、牦牛皮和水牛皮革等。黄牛皮最为常见，其特点是粒面均匀细致，如毛毛细雨打到地面上的小坑，皮层厚、强度高，丰满性和弹性也较好。水牛皮表面较粗糙、纤维粗松、强度较黄牛皮差。黄牛皮一般用于沙发、皮鞋和箱包上，如用在服装革上，一般是高档牛皮绒面革、磨砂革，也有用水牛皮做贴面制成皮毛一体革（里面的毛为人造毛）。牛皮都要经过切割成多层，头层皮因有天然粒面，故价值最高；二层皮（或以下的皮）的表面为人工压制而成的粒面，其

强度和透气性比头层皮差得太远，故价值较低。

3.猪皮的显著特点是粒面粗糙、纤维紧密、毛孔粗大，且三个毛孔在一起呈品字状分布。猪皮的手感较差，一般在服装革上都做成绒面革，以掩盖其粗大的毛孔；也有做成光面革的，但感观较差，档次较低。

4.鹿皮的特点是毛孔粗大，单根存在，毛孔之间的距离较大，手感比猪皮略好，一般在服装革上都做成绒面革，也有很多用鹿皮做成翻毛皮鞋的。

◎选购羽绒服的技巧

选购羽绒服除注意外观质量外（包括做工、面料），更重要的是对填充料质量上的选择。选择羽绒服主要应注意以下几点：

1.看有无产品质量标签，标签上是否标有生产厂家，含绒量多少。

2.将羽绒制品放松铺平，再用手按压制品，随即将手松开，看制品是否能很快回弹，恢复原状。如弹不起来或回弹很慢很低，说明填充料质量欠佳；如根本无回弹性，则填充料很可能是鸡毛或是其他长毛片的粉碎毛而非羽绒。

3.用手摸捏羽绒制品，试其手感柔软程度，如手感柔软又有完整的毛片则为正宗产品，如有过大过粗的长毛片，手感柔软但回弹性差，是软化毛片而非羽绒。

4.用力将羽绒服抖一抖，如果这时会有羽绒跑出来，应该是使用的布料欠缺防绒外钻的加工，这种羽绒服会愈穿愈轻，保暖性也会愈差。优质羽绒服面料大多选用250特以上高密度纺绒布、尼龙绸或尼龙纱丁缎，以防绒毛外钻。

5.将羽绒制品放在桌上轻轻拍打，如蓬松度高，拍打后迅速恢复到原来蓬松状态的，说明是上等品；若蓬松度和回弹性能都不高，拍打后发死，像棉絮一样，就可能是粉碎绒或次品。

6.有些厂家为了增加重量，在羽绒服中添加细微的棉，用手抓一下，如果掺有棉花就会有较粘的感觉，如果是羽绒就会松开。

7.用手掂一掂羽绒制品的重量，同时观看体积的大小，重量越轻体积越大则为佳品，含绒量30%，同等重量时体积小于棉花1倍，含绒量70%以上，则大于棉花2倍以上。

8.选购羽绒服装一定要试穿一下，特别是胸围要大小适中，内穿毛衣一件，再穿上羽绒服，要感到既不紧也不松才适合穿着。

◎鉴别羽绒服是否原毛的技巧

选购羽绒服时，一要闻，闻有无腥气味，原毛腥味很浓；二是用手拍一拍，原毛含水量较高，如用手一拍，就有灰尘透出面料，这样的羽绒服则要慎重购买。因为质量好的羽绒服所用羽绒必须经过水洗、消毒、去杂、筛选、配比等工序。而原毛是直接从鸭身上拔下来的毛绒，不仅肮脏，还有可能将病菌带来，危害人体健康，所以选购羽绒服需仔细。

◎纽扣搭配小窍门

衣服配扣子，十分有学问。一般来说，深色的毛料大衣，应配有机玻璃扣，扣子发亮，爽人眼目；黑色、蓝色呢大衣配大而亮的扣子，才能显得不呆板；衬衫扣子要小巧，才显得协调；中式服装配民间手打的纽扣，才显得出文化韵味；式样独特的大衣配大的竹节扣、异形扣，才能相映生辉。

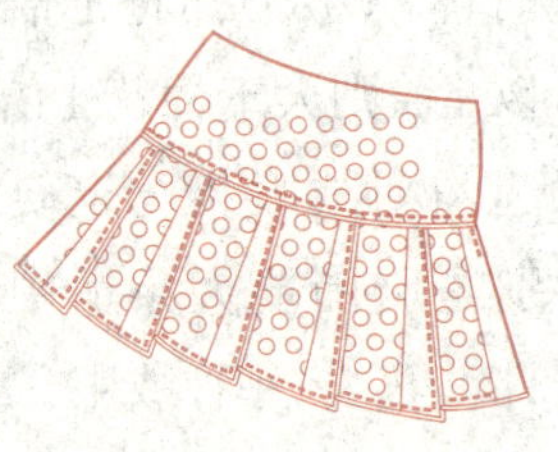

◎裙子式样选择的小窍门

1.中、小学生的裙子宜选择喇叭裙，显得活泼富有朝气。

2.青年姑娘宜选择连衣裙，穿起来美观大方。

3.中年妇女宜选择旗袍裙，显得端装得体。

4.老年妇女选择直体裙，显得年轻有活力。

◎巧穿衣使身材修长苗条

衣服搭配得当，可以使好身材的人看上去更加高挑苗条，也能使身材不完美的人，得到修饰。

1.上衣用浅色，裙子和裤子用深色。

2.同色调的衣服，上衣应用料厚重。

3.选择直身上衣，上衣衣袖不要太肥。

4.别穿质地特硬的裙子，会看上去臃肿。

5.脖子上加装饰或戴耳环，视觉上会拉长身高。

6.鞋子高底较适当，使人看上去较高。

7.衣服裙子选择竖条纹、细条纹，效果较好。

8.线条集中在胸前，显得身高较高。

9.腿上丝袜用浅灰、浅黑色调，人显高。

◎老年妇女穿红衣服显得精神

老年妇女气色差，皱纹多，头发稀疏，嘴角耷拉。如果再穿灰、黑色调的衣服，愈发使人显得老迈。所以老年妇女选衣服以红色调为好，可衬托老年妇女脸色红润，精神焕发，增加活力。

◎穿无袖衫小窍门

无袖衫在盛夏的日子里，凉爽舒适，但如果搭配不当或不注意细节会很容易不雅观。胖人胳膊粗，肩宽，不能穿无袖衫，清瘦苗条者穿无袖衫也要注意细节。

1.无袖衫的袖笼不宜开得过大，特别是露出里面的内衣或文胸，将特别不雅。

2.内衣搭配得淡雅，看起来才协调。

3.穿无袖衫一定要去除腋毛，否则会很不雅观。

◎刚买的衣服最好不要马上穿

服装在加工制作过程中，常用荧光增白剂等多种化学添加剂进行处理。这些化学添加剂残留在衣服上，与皮肤接触后，会引起皮肤过敏、发痒、发红等。特别是内衣，新买的纯棉背心、汗衫、短裤一定洗后再用开水浸一会，干了再穿，这样不仅卫生而且耐磨不褪色。此外，服装在售销过程中，要经过各种人手的摸拿和灰尘等的污染，如果不洗就穿，对人体的伤害是很大的。

◎文胸最好用纯棉的

市场上样式新颖，颜色鲜亮的化纤文胸品种繁多，但是选择文胸最好还是纯棉的好。因为胸部、腋下是人体汗液排泄旺盛的地方。化纤文胸既不吸汗又不透气，特别是炎热的盛夏，汗液排不出，细菌滋生，不但体味不好闻，还不利于个人的健康。久之，会引起痱子等皮肤病，而纯棉织物透气排汗，夏日穿用十分舒适。

◎参加舞会着装的小窍门

选择舞会的服装，要根据自己的身材、气质去搭配。一般情况下，跳一些比较高雅的舞蹈，男士最好着黑西装，女士穿乳白或粉红的舞裙，对比强烈，且十分相配。舞会上切忌趿着拖鞋，忌穿着汗衫、背心或短裤等衣着不整入场。舞会是高雅的场合，男士应修面，女士要化妆，切忌披头散发胡子拉茬，让人生厌。女性上舞场，做派要端庄，不能嬉笑打闹，浓妆艳抹。戴饰品、挎坤包、穿旗袍会显得庄重高雅。

◎干洗的衣服不可马上穿

干洗的衣服会残留大量的高氯化合物，该化学品会损害人的神经系统，时间长了，还能患肾病。因此，衣服干洗后不要马上穿，应放在通风的地方挂一天，待化学气体挥发干净。干洗后的衣服不能马上放入衣柜，否则衣柜会被污染。

◎丝绸的剪裁小窍门

丝绸柔软不易展平，裁出的衣片容易变形。只要将丝绸弄湿，然后平铺在桌板上，放上纸样，用画粉画或用画饼画，都容易合线，裁出的衣片就非常规范，平整，尺寸准确，丝绸干后即可缝制。

◎巧系围巾能变靓

将长度90厘米的彩巾对角折起，再折成长条，系在腰上，就是一条漂亮的腰带。跳舞、出席晚会都是扮靓的装饰。将丝巾折成长条，在领侧打结，很有风彩；用一块小方巾四角打上结，包在挽起的发髻上，将四个结塞进头发下面，就使发髻变得十分俏丽；一身朴素的服装，搭配一条图案艳丽的围巾，会将人点缀得典雅大方。

◎宝宝服装选择的小窍门

孩子的服装以耐穿耐洗、舒适合体为原则。质料不必太讲究。2～3岁的孩子服装以舒适、简单为主，便于孩子的脱穿；3～4岁的孩子选择前面开口的娃娃衫为好，有助于孩子作各种复杂的动作。入学的孩子的衣服，可以选择款式简单一点的衣服，如男孩选择运动衣、夹克衫等；女孩选择花色淡雅的连衣裙等。

◎婴儿服装的选择技巧

婴儿服装的选择以柔软、简单、温暖为原则。婴儿服装一般要宽大一些，领口也要大一些，袖子要长。夏天用的婴儿衣料，要透气，通常选择棉布、亚麻布；冬天一般用绵绒、法兰绒。

◎呢绒好坏的鉴别技巧

呢绒好坏凭眼看手摸。眼看，质地要结实，呢面无露底现象，颜色均匀，呢边整齐。手摸，柔软光洁，有光滑油润的感觉是好呢绒。

用力揉呢面，不起毛，用手握牢，轻轻放开，能迅速恢复原状，手上不沾色即为好呢绒，否则是质差的货色。精纺呢绒，如哔叽、花呢、华达呢，要求表面平整光洁，织纹清晰整齐；凡立丁、派力司等复合衣料，薄一些较好；法兰绒、雪花呢的大衣则要求绒面均匀细致，绒头不要太长，厚实柔软则为佳品。

◎丝袜不脱落的小窍门

女性在穿丝袜的时候，常因腿的活动，丝袜脱落下来，这样很不雅观。如何使丝袜不脱落，穿着又舒适呢？将用破的丝袜头带上一段袜筒剪下来，穿丝袜时作皮筋用，丝袜不会脱落。

◎用强力胶、指甲油来巧补丝袜

指甲常常勾破丝袜，造成丝袜脱丝。若袜子刚被勾破时，立刻脱下，在勾破的丝头处抹上一点强力胶或指甲油用手轻轻刮平，勾破的丝头就很牢地粘住，不会再脱丝。如果破洞较大了，可取一块同色的旧丝袜用强力胶在其周围涂上，然后粘在破洞处，干了就补好了。但一定注意将丝袜套在光滑的圆筒上，像饮料瓶等，平整后再补，否则粘成一团则无法穿用。

◎零碎布的巧利用

手巧的女人很会利用边角碎布。比如给小宝贝做个拼花的小被子或蜡烛包；给小孩子做衣裤上的拼缝小动物、小房子、苹果、樱桃等小图案。放在膝关节上或放在罩衫小口袋上。

不仅美观，还很结实，还可以拼褥垫、靠背和各种罩子，既美观，又实用。

◎衣裤防皱的小窍门

出国访问、考察、商务公干或外出旅游、探亲访友，总要带上些衣服，衣服放衣箱内，一路上搬挪拿动，会使衣裤团在一起挤压并出许多皱褶。如果您找一个大塑料袋，将带上的衣服一件件叠好弄整齐摆在袋中。然后往袋里吹气，待袋鼓起扎好袋口。由于空气的缓冲作用，故可防止里面衣裤挤压出皱。即使有皱，在皱褶处弄上一点温水，皱褶很快即能消除，平整如初。

◎毛绒倒伏可还原

毛绒较长的衣服，长期存放后，毛绒常会倒伏。倒伏的毛绒恢复有妙法。烧一锅开水，将毛绒的背面对着升腾的热气，用刷子轻梳毛线。随着热气的蒸腾，毛绒就会慢慢竖起来，恢复了原 状。然后要挂在通风处阴干一会儿再穿或挂起来。

◎裤子加长有妙法

将裤角边放下来，里面加个白颜色的贴边。缝制裤子时，就要考虑这一点，裤角边留得多点，以后放下来就方便多了。

◎衣领防翘的小窍门

领角向外翘着，衣服穿起来看着很别扭。将粘好领角的领衬衬面朝下平放在案上，然后把上领面的反面与领衬吻合平放（正面朝上）。将上领里的正面与上领里的正面吻合平放（反面朝上），再将上领里的正面与上领里的正面吻合平放（反面朝上）。缝合上领翻过来熨平。这样领角舒展自然好看了。

◎服饰搭配技巧

1.在购衣前，首先要对自己的体型了解。好好看清楚自己的肩、胸、臀、腿。了解自己的优缺点后，看看自己到底适合短裙还是长裙，长外套或短外套，穿裤子还是穿裙子好看。如此对于较能取长补短的服装款式，心中就有了大致的蓝图。颜色的选择除了依个人喜好外，还需参照肤色。无论服装款式多么出众，颜色与肤色不相称，穿在身上往往适得其反。

2.踏入服饰店前，要想好此番购衣目的。如果你是位职业女性，在服饰上当然要与家庭主妇不同。明白自己的工作性质，才能彻底掌握对服饰的需求。在导购小姐的花言巧语下，最要谨记的是不能试穿的衣服绝不购买。同时，不要为低廉的价格轻易买下质地不佳的服饰。服饰购买的另一个原则是：重质不重量，一件价格高，品质佳的服饰，往往比10件廉价、低品质的服饰来得划算。质料好，耐洗而不轻易褪色变形，使用寿命长，自然符合经济效益原则。

3.品牌服饰绝对值得。在找到自己适合的品牌后，不妨固定下来。因为同一品牌的产品，在风格上有其连贯性，消费者可轻易地相互搭配。事实上，要找出适合自己的穿着风格，除了衣服外，饰品、鞋子、发型的搭配也相当重要。

◎聚会时穿什么衣服

1.正式的宴会或晚会要穿曳地长裙、低胸露背，再配上闪耀的钻石项链，这是盛装出场。

2.半休闲鸡尾酒会，简单的吊带短裙加一双洁净的高跟鞋即符合场合，一套剪裁合身的长裤套装或钉满珠片的入膊小背心加低腰紧身裤将显得更加入时。

◎女人穿衣颜色巧搭配

1. **强烈色配合**：指两个相隔较远的颜色相配，如：粉色与紫色，红色与青绿色，这种配色比较强烈。

黑、白、灰为无色系，所以，无论它们与哪种颜色搭配，都不会出现大的问题。一般来说，如果同一个色与白色搭配时，会显得明亮；与黑色搭配时就显得昏暗。因此在进行服饰色彩搭配时应先衡量一下，是为了突出哪个部分的衣饰。不要把沉着色彩，例如：深褐色、深紫色与黑色搭配，这样会和黑色呈现抢色的后果，令整套服装没有重点，而且服装的整体表现也会显得很沉重、昏暗无色。

2. **补色配合**：指两个相对的颜色的配合，如：青与橙，黑与白等，补色相配能形成鲜明的对比，有时会收到较好的效果，黑白搭配是永远的经典。

3. **协调色搭配**：同类色搭配原则指深浅、明暗不同的两种同一类颜色相配。比如：青配天蓝，墨绿配浅绿，咖啡配米色，深红配浅红等，同类色配合的服装显得柔和文雅。

4. **近似色相配**：指两个比较接近的颜色相配。如：红色与橙红或紫红相配，黄色与橙黄色相配等。橙黄色和嫩黄的搭配，给人一种很春天的感觉，整体感觉非常素雅，淑女味道不经意间流露出来。

◎职业女装的色彩搭配

职业女性穿着低彩度职业女装可使工作其中的人专心致志，平心静气地处理各种问题，营造沉静的气氛。职业女装穿着的环境多在室内、有限的空间里，人们总希望获得更多的私人空间，穿着低纯度的色彩会增加人与人之间的距离，减少拥挤感。

纯度低的颜色更容易与其他颜色相互协调，这使得人与人之间增加了和谐亲切之感，从而有助于形成协同合作的格局。另外，可以利用低纯度色彩易于搭配的特点，将有限的衣物搭配出丰富的组合。同时，低纯度给人以谦逊、宽容、成熟感，借用这种色彩语言，职业女性更易受到他人的重视和信赖。

◎各种颜色搭配技巧

白色的搭配原则

1.白色下装搭配条纹的淡黄色上衣，是柔和色的最佳组合。

2.下身着象牙白长裤，上身穿淡紫色西装，配以纯白色衬衣，不失为一种成功的配色，可充分显示自我个性。

3.象牙白长裤与淡色休闲衫配穿，也是一种成功的组合。

4.白色褶折裙配淡粉红色毛衣，给人以温柔飘逸的感觉。

5.红白搭配是大胆的结合。上身着白色休闲衫，下身穿红色窄裙，显得热情潇洒。在强烈对比下，白色的分量越重，看起来越柔和。

蓝色的搭配原则

1.生动的蓝色搭配红色：使人显得妩媚、俏丽，但应注意蓝红比例适当。

2.近似黑色的蓝色合体外套，配白衬衣，再系上领结，出席一些正式场合，会使人显得神秘且不失浪漫。曲线鲜明的蓝色外套和及膝的蓝色裙子搭配，再以白衬衣、白袜子、白鞋点缀，会透出一种轻盈的妩媚气息。

3.上身穿蓝色外套和蓝色背心，下身配细条纹灰色长裤，呈现出一派素雅的风格。因为，流行的细条纹可柔和蓝灰之间的强烈对比，增添优雅的气质。

4.蓝色外套配灰色褶裙，是一种略带保守的，但这种组合再配以葡萄酒色衬衫和花格袜，显露出一种自我个性，从而变得明快起来。

5.蓝色与淡紫色搭配，给人一种微妙的感觉。如果蓝色长裙配白衬衫是一种非常普通的打扮，但能穿上一件高雅的淡紫色的小外套，便会平添几分成熟都市味儿。上身穿淡紫色毛衣，下身配深蓝色窄裙，即使没有花哨的图案，也可在自然之中流露出成熟的韵味儿。

褐色搭配原则

1.与白色搭配，给人一种清纯的感觉。金褐色及膝圆裙与大领衬衫搭配，可体现短裙的魅力，增添优雅气息。选用保守素雅的栗子色面料做外套，配以红色毛衣、红色围巾，鲜明生动，俏丽无比。

2.褐色毛衣配褐色格子长裤，可体现雅致和成熟。褐色厚毛衣配褐色棉布裙，通过二者的质感差异，表现出穿着者的特有个性。

黑色的搭配原则

1.黑色是个百搭百配的色彩，无论与什么色彩放在一起，都会别有一番风情。

2.上衣可以还是夏季的那件黑色的印花T恤，下装就换上米色的纯棉含莱卡的及膝A字裙，脚上穿着白底彩色条纹的平底休闲鞋子，整个人看起来格外舒适，还充满着阳光的气息。

◎肥胖女人怎样穿衣更好看

肥胖的女性常常为自己的身材苦恼，不知如何穿着才漂亮，其实，只要成功地运用颜色的搭配技巧，便能装扮出迷人的风采。

1.以暗色的直条纹套装展现优雅的品味，裙子的皱褶可掩饰过粗的腰围，白色的衣领非常典雅，颇适合肥胖者在正式场合穿着。

2.暗色圆领的外套加非褶裙可添加优雅感，可显示纤细的一面，白色衬衫是重点的点缀，给人清爽的印象，整体看起来也会不失优雅。

3.连衣裙、袜裤和饰品统一为黑色，表现外套的细致。穿单件西装外套时，以黑色的连衣裙、袜裤、鞋子、手套、 帽子、手袋作组合，并以金质项链来点缀，能使你在神秘之中显现出迷人的身段。

4.在飘逸的白色圆裙上，搭配合身的上衣。穿着白裙子时，圆裙比长筒紧身裙更能掩饰过胖的身材。合身的深色上衣和白色大圆裙，巧妙地衬托出纤细的腰身。一串复古的长项链点缀，使你成为韵味十足的淑女。

5.以冷色系的掩饰来表现年轻和帅气。膨胀色是肥胖者的穿衣禁忌之一。但一味穿着黑色等冷色调的衣服，往往给人不明快的感觉。

不过，可以选择冷色调的绿色格子服饰，以表现年轻。格子长裤，也能给腰部和臀部带来多余的空间，窄小的衣领显出轻快感，格子的帽子作点缀，是帅气无比。

6.以深色的牛仔裤束起上衣，穿出最棒的身材。牛仔裤一直深受人们的喜爱，穿上适合体形的牛仔裤，不仅可掩饰身材的缺点，还能表现一份年轻与自信。肥胖的人只要将深色的牛仔裤束起上衣，并用皮带点缀，有分量的身材就变得纤细许多了。

◎个子娇小的女人穿衣秘诀

1.服装的色调以温和为佳，极深色与特浅色不好。

2.上装的颜色要相近搭配，属同一色系，反差太大，对比太强烈都不好。

3.选择服装面料以光滑平整为佳，像花呢、凡立丁、细纹纹理的衣料更好。服装式样也应尽可能的简单，但一定要制作精致，上装的腰部要做得稍稍高一点。

4.娇小者所穿的裤子应该选从臀部到裤脚宽窄相同的直线型，裤管口最好是后边比前面稍长，呈大礼服式，而不是平的。裤袋的开口应尽量以纵切线或斜切线来代替横切线。此外，选择一根狭窄皮带也能产生良好的作用。

5.身材娇小者在穿扮时最大的困扰是下半身的穿着。因此，要特别注意颜色应与上半身和谐，通常选择明亮活泼的服饰较为合适。

6.娇小的女性的全身服装色调最好相同或相近以修长身型。上下身不同颜色的衣服也可以穿，但要注意身材比例，最好上浅下深，把别人的注意力引向头部或肩部。

7.不要穿横宽条的，或者使你看上去一截两段的衣服。应该选择竖窄条、色彩反差不很大的衣服。

8.一般来说，不要穿卷边的裤子，除非袜子、皮鞋与裤子相配。

9.衣服上的图案不应大于你的手掌。

10.裙子的料子要好一些，不能选用又粗又硬的料子。

◎娇小女性装饰的小窍门

1.不要把头发全部扎起来，剪个蓬松的发型会使你看上去高一些。

2.戴围巾、精巧的项链、耳环，或穿绣花的衣服，让人们的注意力集中到你的脸上。

3.袜子、皮鞋和裤脚边的颜色

一定要一样。

4.戴稍大的耳环，可突出你的眼睛和脸型。所选的耳环应该与脸型、发型和肩膀的宽度保持平衡。

5.戴帽子时，注意帽子的边缘不应宽于肩膀，要与脸和身材成比例。

6.皮带与衣服的颜色应协调，颜色反差不能太大，皮带也不能太宽。

◎夏季怎样穿出女人味

1.吊带的连衣裙很性感，不过对于年轻女孩子来说过于暴露反而显得比较俗气，所以配上松松垮垮的外套反倒给人欲盖弥彰的性感。

2.单件的连衣裙配上简单的高跟鞋，很有淑女的味道。而颈间的白色项链更加给人浓浓的女人味。

3.单件的吊带配上牛仔裤，这就是最简单且较流行最常见的性感装饰。戴上项链作为装束的话，更加显得时尚。

4.民族风也是体现女人味的装束。民族风的短袖配上利落的短裤，立刻就能觉得很甜美，公主头更加是让你看起来甜美的关键。

5.中裤比裙子更加能体现利落的职业感，配上高跟鞋就是女人味的最好体现。

6.雪纺的短裙给人年轻活力的感觉，温柔的材质即使配上再简单的T恤，也能营造浓浓的性感女人味。

7.V字领的衣服给人稍稍性感的味道，而朴素的花纹又减弱了性感，加重了甜美的味道，刚好适合那些年轻的女孩子。

二、衣物的清洁与保养方法

◎皮革制品的养护技巧

皮箱、皮衣、皮包及皮鞋都是皮革制品，皮毛制品有皮袄、皮毛大衣、皮帽和皮手套等。其养护要点如下：

1.平时收藏应放在干燥的地方，放樟脑球防虫蛀。

2.收藏前，应用防霉药水擦拭表面（市场有售）。

3.已发霉的皮件，不能用湿布擦，应在太阳下晒一会，皮件干燥后用刷子刷，然后用软布揩干净。

4.穿皮衣，用皮件应注意革面清洁，掉色应及时固色。

5.皮毛制品应避免烟熏，以防止变质。

◎领带保养小窍门

1.忌多洗涤，洗多会掉色。

2.忌脏手系领带，注意保持洁净。

3.忌吊挂领带，应挡腰挂在衣架中，以保持平挺。

4.忌放樟脑，领带存放处宜干燥。

5.忌阳光下猛晒，因会致其颜色褪，丝纤维发黄。

6.忌收因会致其不处理，收藏前应该先熨烫一次，以达到防霉防蛀杀虫灭菌的作用。

◎皮带延长使用寿命小窍门

买来的皮带，可用鸡油均匀地涂擦一遍，皮带不仅柔软有光泽，鸡油还可防止汗液侵蚀皮带，使皮带使用寿命延长。

另外也有人将买来的皮带多砸几个眼，该气眼应让修鞋匠去砸。需有金属圈保护，这样皮带用久不豁口不变形，而且皮带通风透气，夏天用起来也较舒服。

◎收藏衣物用熏衣草最好

过去没有樟脑和萘丸，保存绸缎都用熏衣草。秋天将熏衣草收割晒干后，将其枝叶装在香荷包里，放在衣柜中。不仅防虫而且香味浓郁，经久不散。也可以用妇女穿破的丝袜筒装熏衣草，缝上后放在衣柜中香气四溢。

◎毛衣洗后防缩水防伸长小窍门

毛衣洗后甩干，一般都会缩水变小，而带水晒毛衣，又会拉长变大。洗后不缩水的方法是：将甩干的毛衣放在毛巾被上，拉平抻好，放着别动。一两天后再挂起晒干，毛衣不会缩水了。洗后不伸长的方法是：将甩干的毛衣放在网兜里，放前最好整整形，然后叠好后放进去，让其自然干，毛衣就不会伸长变细了。

◎毛衣放大小窍门

小孩子长得快，特别是十几岁的孩子，今年买的机织毛衣，明年就小了，怎么办？这里有一个小窍门，机织毛衣是由几片缝合的，拆开衣缝，取白色毛线或其他色彩毛线，挑针成长条或腋下菱形片，然后缝合，即可将毛衣加肥加大，不用全拆再织。

◎洗毛衣不褪色的小窍门

在洗衣盆中倒入开水后放进一

把茶叶，待水凉后，捞出茶叶，将毛衣放入浸泡一会儿，轻轻按洗，晒干后颜色不掉且很鲜艳。

◎巧钉毛衣扣小窍门

毛衣上钉扣子，最好是用毛衣颜色相同或相近的布，这样看起来比较搭调，衬在毛衣里面，这样用力拉扣子，毛线也不会拽断。

◎洗毛衣不变硬小窍门

洗完的毛衣往往容易变硬，失去了原来毛线的蓬松和柔软。如果用市面上售销的衣服柔顺剂，很容易使毛衣恢复天然弹性，柔软舒适。全自动洗衣机洗毛衣时，用 6 匙柔顺剂直接倒入洗衣桶内，然后重复最后过水程序，无需再用水过洗。半自动洗衣机用 4 匙，洗法相同。手洗时，用 2 匙，先将清水一盆稀释一下，然后洗涤毛衣，搅动一下，浸泡 3 分钟，拧干后即干，无需用再用水过洗。除毛衣外，该柔顺剂还可洗毛巾、毛巾被，人造纤维可去静电，棉及混纺衣物洗后减少皱褶，易于熨平。

◎衣服混染后的处理技巧

夏天人们爱穿浅色的衣服，浅色衣服容易变脏，如果洗涤时不小心将各种颜色的衣服泡在一起，衣服轻度染上了颜色，怎么办呢？

首先将被染色的衣服放在一盆清水中，泡一泡后，把水倒掉后将刚煮开的肥皂粉、咸水直接倒入盆中，将衣服再泡一会儿，然后用手轻轻洗洗即可去除沾染上的颜色。

◎衣被沾染血迹怎么办

衣被上不小心沾上血迹，一种办法是立即泡在凉水中，切记只泡血迹处，不要全泡进盆中，以防多层沾污，然后用洗血迹的专用剂去除；另一种办法是将沾有血迹的地方泡在凉水中后，将洗衣粉放在血迹处，用力搓洗，也可以去除血迹。

◎衣服凉爽有窍门

盛夏非常炎热，若卧室里没有空调，有冰箱也可享受清凉。这里有一个小窍门：将背心、汗衫等夏天衣裤用塑料袋装好，扎上口，放在冰箱冷藏室（温度不宜过低）。您用凉水冲个澡，再取出冰箱中的衣裤穿上，会感觉非常凉爽。

◎人造纤维织物的养护妙法

人造丝、人造棉、人造毛都是粘胶纤维制作的，该物色彩鲜艳，质地柔软，但耐磨性差。若养护得当，可以延长它的使用寿命：

1. 人造棉下水后缩小率大，做衣服前要缩水。

2. 缝纫针要用细针，缝线相应用细线。

3. 洗涤时不能用搓板和大功率洗衣机。

4. 晒在阴凉通风处，不可阳光下暴晒。

5. 熨烫要喷水，半湿半干时熨，温度不能高，烫反面，不要用力拉，以防变形。

◎涤丝混纺织物的养护方法

涤丝纤维可以和许多其他纤维混纺，织出的布不仅结实耐用，缩水小，不起皱，挺括，还免烫，干得快。在保养这种衣服的时候应注意以下几点：

1. 做衣服应用涤丝线，不用缩水或缩过水的衬布，否则不平整。

2. 不能碰上火星，吸烟吃火锅、做饭、生炉子时需特别当心，别烧出小洞。

3. 熨烫时温度在150摄氏度为宜，切忌垫湿布。

4. 衣服应勤洗，不能用热水。

5. 别放樟脑丸，否则衣服会变脆。

◎锦纶混纺织物保养妙法

锦纶混纺织物耐磨，质地柔软，衣服穿久了，活动多的地方还会鼓肚，但养护得法，可以克服它的不足。

1. 布料先缩水，后制衣。

2. 洗涤要轻揉，以免织物表面起球。

3. 洗后轻拉，整形平整。

4. 熨烫温度15摄氏度以下，不要忘记垫湿布。

5. 衣服干透再收，别放樟脑球。

◎晴纶混纺织物的养护妙法

晴纶混纺织物保暖性好，毛型感好，但弹性差，耐磨性也不是很好。因此养护更要得法。

1. 洗涤用洗衣粉或皂液，温水最好，轻轻揉搓，不能暴晒。

2. 熨烫用湿布，温度不能高。

3. 收时，不要放卫生球，但不能潮湿，否则会霉变。

◎维纶混纺织物的养护妙法

维纶纤维的性能很像棉花，与

棉混纺后，吸水性好，穿着舒适，没有闷热的感觉，耐磨性好。但容易出皱褶，水洗时手感发硬，缩水率小，洗涤不易变形，因此深受热带地区和盛夏时人们喜爱。其养护方法是：

1.干时熨烫，垫干布，否则会出现水渍。

2.不能高温烘烤，否则发黄变脆。

3.不虫蛀，但需干燥收好，不要放樟脑丸。

◎混纺毛织物的养护妙法

天然毛与人造毛混合，又结实又温暖，但必须养护得法。

1.洗涤时不能搓，轻轻提洗。

2.洗后多冲不要留洗剂，以免腐蚀纤维。

3.阴凉通风处风干，不能日晒。

4.收藏前洗净晒干，放樟脑丸要用纸包好，放在箱中，勿放衣服上。

◎灯芯绒的养护

灯芯绒的正面不怕磨，将灯芯绒的衣服洗净后，可轻轻刷刷正面，而反面不能刷，要保护好反面。做裙子时挡上点纱布，作鞋面时，要有衬布。如粘上米粒，用水洇不要用手抠；如破洞及时补好，否则越破越大。

◎拆洗毛线小窍门

拆洗毛线织物的时候，应当注意要轻拆，并把断头接好，分成小把放在冷水中浸泡。半小时后用手轻揉，洗去尘土脏物，再放入含有洗衣粉的温水中轻揉。洗净后，用温水洗一遍，挤出水分，用半盆冷水，加一匙食醋，将毛线放入再洗。放醋是中和残留在毛线上的碱性洗衣粉。最后，用冷水将毛线漂洗3遍，挤去水分，把毛线抖开再晒干。

◎拆洗混纺毛线的小窍门

如果拆洗的是混纺毛线，为了使其保持平直和光泽，可应用简单办法处理。方法是：在高压锅中加入半锅水，烧至将开，取掉减压阀，让蒸汽冲出；将混纺毛线绷在一根细木棍上，放到蒸汽上面熏洗，毛线很快就会变得平直而有光泽。

◎裘皮衣服收藏技巧

裘皮的主要成分为蛋白质，当超过一定的温度和湿度时，便会生霉或虫蛀，因此收藏前须加以清理。

方法是：先将裘皮放在温暖的阳光下吹晒（切勿高温暴晒），拍去尘埃，然后用酒精喷洒一遍；再用冷水把面粉调成厚浆，顺着毛皮面擦刷；最后用手轻轻搓擦，使污渍粘在面粉粒上。搓完后将粉粒抖去，用衣架挂起，边晾晒边用藤拍拍打衣里、轻拍毛面、掸去粉末。

◎毛衣晾晒小窍门

毛衣洗毕脱水后，可放置在干网或帘子上平展整形。待稍微干燥后，将其挂吊在衣架上找一个通风背阴处晾干。另外，细毛线晾晒前，可先在衣架上卷上一层毛巾或浴巾，防止变形。

◎熨烫衣服掌握合适温度小窍门

纤维织物耐热性差，当湿温达到 80℃时，纤维强力降低，因此只宜干烫。锦纶、晴纶和人造纤维的中厚织物，熨烫温度宜在 140 ～ 150℃比较合适；熨烫同类浅色薄型织物时，温度在 130℃左右为宜；丙纶织物不超过 100℃；氯纶织物不超过 70℃，压力不要太大，熨斗要不停移动。

◎风雨衣的保养技巧

风雨衣被雨淋湿后，不能用手和抹布擦拭，也不能放在太阳下暴晒。最好是用双手提起衣领，抖去水珠，放在阴凉晾至 8 ～ 9 成干，用熨斗略熨即可恢复平整，保持防雨性能。风雨衣脏污后可将其浸入 30℃以下含有中性洗涤剂的温凉水中，浸泡 10 分钟左右。把风雨衣平铺在搓板上，用毛刷轻轻地刷洗一遍，直到洁净为止，然后再放回水中投洗干净。洗净后的风雨衣，用衣架架起，在阴凉通风处晾干后，将熨斗调在 70℃左右，把整个衣服熨一遍。在洗涤中，绝对不能用碱性大的或汽油、酒精等有机溶剂，洗涤液也不能温度过高。

◎绒衣绒裤的清洗方法

洗绒衣、绒裤时，为了避免其受损或变硬，最好的办法是：洗涤时不要用力搓也不要用搓板搓洗。最好是大把大把地轻轻搓洗，洗净后也不要拧绞。可用压水的方法压去水分，然后将带绒毛的一面朝外，晾干后再用双手轻轻揉搓一遍，衣服就不硬了。

◎绒衣变色后怎么办

红色或紫色的绒衣受到烟熏后，颜色常会变得灰暗，有时还会出现黑斑，这是染料遇到炭酸气后所起的变化。遇到这种情况，只要用碱水喷一遍，就能恢复原来的色泽。

◎雪洗呢料服装的小窍门

呢料服装容易沾尘土，而且不易洗涤。但雪却能将尘土沾下，雪天时，将净雪撒在服装上，然后再用扫帚扫去。这样反复几次，即可使服装洁净。

◎西装如何巧保养

西装在收纳时，最好用与肩同宽的衣架自然垂挂。衣服穿脏后，全毛料精做的西装应干洗。中长纤维仿毛呢或晴纶仿毛呢的简做西装，洗涤时用温水倒入盆内，加入适量的皂粉调匀；再将衣服来回刷，待污迹去后，再稍揉搓一下，用清水过净，用衣架挂在阴凉处，干后将衣服熨烫平整。收入衣柜时，全毛西装应放些樟脑丸，化纤织物则不必放樟脑丸。

◎晾衣防皱小窍门

衣服在洗衣机里脱水后，宜马上晒干。因为衣服在脱水机中放置时间过长，容易褪色或起皱。其次，将衣服从脱水机中取出后，要马上甩动几下，防止起皱。另外，衬衫、罩衫、床单等衣物晾干之后，要好好拉展，也有助防止起皱。

◎丝绸衣服如何洗涤

深色绸料衣服最好不要用肥皂或皂粉洗，否则会出现皂渍，使颜色发旧。在清洗绸料衣服时，将其泡在热水中，用手大把搓擦，不要用开水冲泡，不要上搓板用力搓擦，也不要用板刷刷。真丝或人造丝衣服要用高级洗衣粉洗。为了使丝绸衣物颜色鲜明、有光泽、质地柔软，在最后一次过水时，水中加几滴醋，将衣物置于其中泡 5 分钟后取出阴干。

◎什么衣服不宜用洗衣机清洗

1. **毛料服装**。因为毛料服装的不少部位是用手工缝制的，衬布又多是麻类织物，在洗衣机里旋转翻滚，会使衣料牢度下降，还会因面料和衬布吸水不一而变形。

2. **丝绸服装**。因丝绸织品质料薄，受摩擦后容易起毛或表面出现绒球。使用洗衣机洗涤，不仅会使丝绸衣服变形、褪色，而且会缩短衣服的寿命。

◎尼龙纤维服装洗涤、锁边小窍门

尼龙纤维服装可用洗衣粉溶液洗涤，先将衣料用清水浸洗，再放入洗衣粉溶液中轻揉。尽量少用或不用肥皂，否则布料留痕。尼龙纤维遇火易熔化烧结，根据这一特性，在缝制尼龙绸裁片之前，只要点着一根蚊香，顺裁片的边均匀地烫一次，便不易脱线了。此法简单易行。但操作时要细心，烧结要均匀一致，防止将火星掉落在布料上。

◎用搪瓷杯熨衣的小窍门

用一个较大的平底搪瓷杯，盛满滚开水，可用来作熨斗用。用此种办法既简单易行，又不用担心烫坏衣服，熨烫的效果也很好。

◎绒线衣穿久发亮怎么办

绒线衣穿久了会发亮，如用醋水（醋、水各半）喷一喷，再用手揉一揉，即可除去亮光。

◎怎么挑选毛线

虽然目前市场上的毛衣五彩缤纷，但为了既保暖又省钱，仍有不少人购买毛线去编织毛衣。为使您便于选购毛线，给您介绍一下商标上的数字。一般由 3 位数组成，第一个数代表毛线的原料，其中 1 表示国产毛，2 表示进口毛，3 为羊毛、粘胶混纺。第二、三个数字表示毛线的支数。如果商标上是以 4 打头的四位数，那就说明这种毛线是试制品，购买时要注意，应该仔细检查一下毛线的质量。

◎购买衣服的技巧

穿衣戴帽，各有所好，别人无权品头论足，但时装并非越贵越好。近两年，中国都市形成了一股名牌风潮，各品牌争相采用高价位策略来提高知名度，显示其名牌身价。因此价格已远远高出商品的实际价值。其实，购买便宜些的时装更实惠。且不说某些中档时装比名牌时装质地、样式更好，仅就穿着效果而言，并不一定逊色。工薪族上班时所穿的套装、休闲装、戴的领带，只要用料品质好，做工精细，即使不是名牌也无伤大雅。

◎女人购衣小窍门

女人爱漂亮、喜欢标新立异。对于工薪族来说，常购买品牌衣服也不现实。因此建议您可以常去专卖品牌折扣商品的地方或了解自己喜爱、适合的品牌换季打折日期等。这样既享受了购物的乐趣，也能常轮流穿换新衣服。

◎孩子穿鞋省事的小窍门

目前市场上出售的儿童胶鞋、皮鞋较多，又美观又耐用，但是这样的鞋子在穿和脱的时候很麻烦。这里有一窍门可使小孩穿、脱鞋方便省事。把鞋上原有的鞋带拿掉，换上粗细一样的松紧带，两头缝合、打结都可以，鞋舌也可以缝在松紧带上。这样穿、脱时就不用系、解鞋带儿了，穿在脚上也会很舒服。

◎电熨斗底的污迹如何处理

电熨斗用过一段时间后，光亮的底板会发黑或发黄，有的还形成黑斑，这里介绍几个小窍门，可使底板干净、光亮。

1.将熨斗通电预热，然后抹些石蜡，再撒上一点去污粉，用软布拭擦即可去污。

2.在热电熨斗底板上抹些松节油，用干布用力擦拭，也可擦去污迹。

3.用软布蘸些浓肥皂水，在污迹处反复擦拭，可擦除黑斑。

◎羊毛衫的清洗窍门

羊毛纤维的显著特点是具有热可塑性。在一定的湿温度下，毛线很容易改变形态，而冷却后又可保持不变形。此外，尽管毛线对酸性腐蚀有较好的耐力，但对碱的侵蚀力却十分敏感。因此，正确的洗涤方法是：先将织物放在冷却的水中浸泡，挤去水分，然后放入含有洗涤剂的温水中轻轻漂洗。再用清水洗净，并用干毛巾将织物中的水份挤干，使织物恢复原状，置阴凉通风处晾干即可。

◎羊毛膻味怎样去除

新买来的羊皮上常常都有一股难闻的膻气味，有人把皮衣置于烈日下暴晒，或放在开水中浸泡。这样去膻味效果甚微，且易损其寿命。告诉您一个窍门，把酒精均匀地喷在皮毛和皮板，将少量黄米撒在皮毛上轻轻抽打或用软毛刷顺着毛刷1～2遍。等皮干后，把黄粘面抖掉，然后将羊皮衣紧紧地卷起放上一些樟脑闷上一段时间（两个月左右），羊皮上的膻气味便可随酒精和樟脑挥发掉。

◎毛料服装去亮小窍门

毛料服装挺阔、美观、耐用，但由于不宜湿洗，穿久了会出现亮光。经过干洗后亮光也不易消失。这里有一妙法，可消除亮光。兑好一些浓度为50%的醋水，敷在亮光部位上，干后再敷一次，然后盖上布块用熨斗熨一下，亮光就会被消除。

◎去除滑雪衫油渍的小窍门

用少许面粉和水调成浆状，涂在油渍上，等10个小时后，用刷子蘸一些清水，刷去粉末。这样，沾在滑雪衫上的油渍就会消失。滑雪衫领口上有油渍，可先把抹布浸湿，蘸一些洗衣粉，在滑雪衫油污处擦洗，再用小板刷轻轻地刷，然后用清洁的抹布把领子上的白粉擦去，晒干就好了。

◎皮猎装上光的小窍门

用刷子去除表面灰尘，如有污垢可用布蘸少许温水揩净，然后取鸡油一块，用布包成一团，在衣上擦抹，再用软布擦去浮油，在通风处晾上1～2小时。这时既能保护好皮质，又能增加衣服光泽。注意必须阴干。

◎绒布去尘小窍门

绒布的表面有着细软的纤维，很容易沾灰，用刷子刷容易损坏绒面。这里介绍一种除灰窍门，简单有效。找一块绒布做抹布（要干布），用绒布擦绒布既能使灰尘下落，又不损绒面。

◎清洁软皮手套的小窍门

软皮手套在使用中易脏不易洗，丢掉又太可惜。教您一个窍门，可使手套清洁。用鲜牛奶100克，纯碱5克，放在一起调匀，将手套套在手上，用法兰绒蘸奶轻轻擦洗，然后再用另一块干法兰绒揩抹，污秽的手套便会干净如新了。

◎西装保养小窍门

将干洗后的西装晾干至八九成，把西装铺放在平坦的毡面上，再用半干湿的白布，铺平在要熨的西装表面，最后用熨斗把西装熨平熨干。若条件允许，用西装衣架挂起，外罩一个干净的胶袋。这样既防西装变形，又防尘埃。

如不能将西装挂起，可按平时折衬衫的方法，把西装折叠后，放在塑膜袋里，也可用纸包着樟脑丸一同存放。切忌用力压，或折一团压实、压皱。

◎纯毛毛毯的清洗技巧

洗涤纯毛毯时，首先将毛毯浸泡在冷水中 1 小时左右。再用清水揉洗两次，挤出水，浸泡在中性洗衣粉溶液中，水温保持在 40℃左右，浸泡 20 分钟后。用软毛刷轻轻擦洗，洗净后拧干污水。先用 30℃左右的温水揉洗两次，再用水抖洗两次，最后放入浓度为 3% 的食醋中浸泡 5 分钟，挤干水后搭在通风阴凉处晾干。这种洗涤方法既不损害毛毯，又可以保持原有的色泽。

◎洗涤开司米的小窍门

洗涤开司米不要用碱性重的肥皂去洗，不要用高温水去洗，不要用重力去搓擦。洗涤的方法和洗涤其他羊毛衫一样。用冷水浸，然后将织物放在已调制好的中性皂液中，用手轻捏，几分钟后撩起，挤去水分，用清水漂净后，放在衣架上滴水，再放在通风处晾干。

◎裘皮上沾染油渍怎么办

将沾染了油迹的裘皮衣置于通风处晾晒。等毛晒干后，在油渍处撒上适量的食用生粉（切勿用面粉）。再用刷子顺毛擦刷，直至油渍去掉。然后用藤条拍打毛面，使毛绒洁净、蓬松。如果油渍沾到毛绒根底，可多撒点生粉，用手指轻轻揉捻毛绒，但用力要均匀，以免损坏毛绒。

◎什么样的衣服受人欢迎

1. **不需洗涤**。面料经过特殊的化学处理，可以污渍不浸，具有良好持久的防污能力，能常穿而不脏，免去人们洗衣的麻烦。

2. **没有皱痕**。服装面料用柔韧和回弹效果极佳的纤维加工织成，不论怎样折叠，也不管在箱柜里压多久，穿到身上皱痕全无，再也无需熨烫。

3. **伸缩自如**。服装面料增强伸缩性，能适合各种体型的人穿着，是均码，省去试衣的烦事。

4. **可冷可热**。面料可随环境温度的高低灵活改变密度结构，达到冬暖夏凉的效果。

5. **防病治病**。在加工面料的过程中加入某些药物成分，再经过特殊处理制成衣服，具有预防和治疗某些疾病的功能。

6. **护体御敌**。这种服装原料为特殊纤维，柔中带刚，虽薄但韧性强，能抵挡动物撕咬和一般利器伤害。据有关专家预测，人们对服装的这些想法并非天方夜谭，随着纺织工业科学技术的不断进步，这些希望都可能变为现实。一些发达国家已开始了对这些课题的研究，并且有些方面已取得可观的进展。

◎风雨衣怎样处理不渗水

风雨衣虽经化学防水处理，具有较好防水性能。但经几次洗涤后，防雨效果就会逐渐减退，这样下雨穿就会渗水。这时只要到商店买一瓶防雨浆或5～10片醋酸铝溶于40～50℃水中。再把洗净的风雨衣全部浸入，不断翻动使衣服各部位都吸透防雨浆后。用衣架架起挂在阴凉通风处晾至8～9成干时，用70℃左右熨斗熨平即可。

◎保持拉链顺滑的小窍门

拉链受潮或生锈、氧化后，拉动时不畅通，或使劲也拉不动时。如用蜡烛在两排拉齿上来回擦几下，并放在火上烘烤一下，拉动起来就非常顺滑了。

◎棉织品熨黄如何补救

棉织衣物如不小心被火烫后，会发生黄晕，影响美观。如能在烫黄后立即撒上些细盐，然后用手轻轻揉搓，再放到太阳底下晒一会儿，用清水洗净，焦黄的痕迹即可减轻甚至完全消失。

◎普通衣服熨黄补救小窍门

熨斗过热使衣服烫黄时，可用牙刷蘸凉水轻轻刷洗，然后拿到太阳光下晒，可减轻黄色。黄渍严重的毛料或布料衣服，用牙刷洗刷后，再用锅炉水烧开时的热气熏，色重变轻，色轻则无。

◎衣服熨糊了如何补救

如果熨衣不小心熨糊了。可以把衣服不糊部分用纸或其他东西遮严，糊了的部分用凉水掸湿，放在阳光下暴晒。水晒干了就再掸些水，直到变得与其他部分颜色差不多为止。

◎白色皮毛发黄了怎么办

白色的皮毛如果发黄，可用双氧水溶液和水溶合，其比例是：两杯水放一茶匙溶液，用刷子蘸取混合液在毛上刷，再用清水刷一次，即可变白。

◎丝绸衣物的保养技巧

丝绸服装要勤换洗，脏衣切忌搁置。深色的衣服洗涤时用低温淡洗衣粉溶液，再用清水漂净。浅色衣服可用皂片、洗衣粉或优质肥皂，温度掌握在40℃左右。不可使用拼板和硬板搓擦，应双手大把轻轻揉搓，漂清后晾在阴凉通风处。熨烫时先喷些均匀细水，20分钟后用120℃左右温度的熨斗直接熨烫；穿丝绸衣服不要直接贴身，避免过多的汗液浸蚀衣服引起变色、变质、破损。

◎衣服领口去黄小窍门

衣服穿久了，领口常有一些汗渍。洗时又不易洗掉，特别是白上衣，被汗渍一染，就变成了黄色，看上去既不卫生又不美观。教您小窍门。洗衣前，先把精盐撒在领口上，用手轻轻揉搓，然后再用清水漂洗，汗渍就会被洗掉了。

◎巧除衣服上的咖啡、茶渍

1.衣服上洒上了茶水，可以用白醋和开水搓洗，直到洗净为止。

2.衣服上洒上咖啡，应立即脱下用热水搓洗，便可洗干净。

3.如果污渍已干，可试试下面的方法：用甘油和蛋黄的混合溶液涂拭污渍处，待稍干后，再用清水洗净即可。

4.先用甘油涂在污渍处，再撒上一些硼酸粉，然后浸入开水洗涤。

5.用稀氨水、硼砂和温开水涂擦，也可除去污渍。若是羊毛混纺制品，不用滴氨水，只用10%的甘油溶液洗涤即可。

◎巧用风油精除不干胶

不干胶痕很难除掉。教您一个小窍门，只要蘸点风油精一擦，便能干净地除掉。

◎巧除衣服上的松树油

去爬山或公园散步的时候。走热了将衣服挂在松树上，一不小心沾了很多松树油。可用纱布蘸牛奶擦，然后再用纱布蘸酒精擦，就能消除了。

◎巧除衣服上的紫药水

有时候因为受伤擦紫药水，不小心会弄到衣服、被子上，被污染的衣被真不好洗掉。教您一个小窍门。先在紫药水污处涂上一点牙膏。稍等一会儿，然后在上面喷些厨房清洗液。刚喷上，就能使紫色污物从中间开始变浅，最后完全清除了。

◎巧用清凉油除漆渍

如果衣服不慎沾上了油漆、喷漆污渍，可用清凉油去除。刚沾上漆渍的衣服，在正反面都少量的涂上清凉油，隔几分钟后再用棉球顺着衣料的经纬纹路擦几下，漆渍便可消除。或用煤油反复涂擦，再涂擦一些稀醋酸，水洗即可，对衣服上的旧漆渍也可用上述方法清除。因为涂过清凉油后，漆皮就会自行起皱，可以剥下，再将衣服清洗一遍即可。或在干净锅中加2.5千克水，100克碱面和少许石灰。把衣服放在里面煮20分钟，取出后，用肥皂洗净，油漆可脱落。

◎巧除衣服上的漆渍

如果衣服沾上油漆，且未干。先用煤油反复涂擦，再涂擦一些稀醋酸，水洗即可除去。若漆已干，可在锅内加2.5千克水，100克碱面和少许石灰。把衣服放在里面煮20分钟，取出后，用肥皂洗净，油漆可脱落。

◎清除霉味的小窍门

在夏天保存衣服时间长了，就会产生霉味。因此我们在夏季里要经常晾晒衣物，以防霉味。衣物产生霉味，也是生虫、变质的先兆，因而防霉味产生是很重要的。防止和消除霉味的方法很简单。如在壁橱、衣柜、桌子抽屉里放置一块肥皂，便可防止霉味产生，即使有了霉味，也会逐渐消除。

◎除霉渍的小窍门

1.梅雨季节，洗好的衣服不易晒干，常有一股难闻的霉味。若将衣服放在加有少量醋和牛奶的水中再洗一遍，便能除去霉味。若收藏的衣服有发黄的地方，可涂些牛奶，在太阳下晒几小时，用通常方法洗一遍即可。

2.如果呢绒织物上有了霉迹，须将其挂在阴凉通风处晾干，再用棉花蘸少量的汽油在霉迹处反复擦拭即可。

◎醋的妙用

玻璃上的油漆，可以用醋浸软后擦掉。磨墨时滴点醋，墨汁黑而发亮，不易褪色。铁生锈，可以用醋擦干净。毛料衣服经常摩擦部位有光亮，敷上50%浓度的醋水，干后再敷一次，然后敷块湿布烫，就可除去。洗涤绸缎等丝织品时，在水里放少量醋，能使丝织品保持原有光泽。

◎除红墨水渍小窍门

1.先用洗涤剂洗，再用10%的酒精擦洗，最后用清水洗净。

2.可用0.25%的高锰酸钾溶液清除。

3.用芥末涂在墨迹上，经过几小时后，污渍可除。

◎口香糖污迹清洗小窍门

地面上沾有泡泡糖污迹比较难除，用汽油或酒精擦洗，便能除去。粘有口香糖的衣物，一般难以洗涤。先将衣服放在冰箱冷藏格中冷冻1小时，待糖渍变脆后，用小刀轻轻刮去，就能剥离干净。同时也希望您吃泡泡糖时，妥善处置，别到处乱扔，养成文明、卫生好习惯。

◎巧除酱油汁污迹

在洗衣粉溶液中加入氨水和硼砂，搓洗后，污迹可除掉。

◎巧除动植物油污迹

若进餐时不当心或下厨时未注意，将动、植物油洒在衣服上时：

1.立刻挤点牙膏，轻轻擦几次，再用清水搓洗即可干净。

2.将去油棒或去油剂（市场有售）涂在污渍处，稍等一会儿，再用清水搓洗，即可除去。

3.先用洗涤剂滴在动、植物油渍上，再用清水搓洗，就会干净。

◎巧除衣物上油汤渍

小孩子吃饭，总会在衣服上洒上汤汁，您不要责备宝宝。可用手帕蘸点汽水，擦拭汤渍，再用清水投洗，即可洗去。或擦点洗涤灵、去油剂均可。

◎巧除衣服上的冰淇淋渍

小朋友吃冰淇淋常弄脏衣服，用汽油即可擦洗干净，或用商店里出售的除污剂也能除去。

◎巧除碘酒的小窍门

1.有时不慎将碘酒污损了衣服等。这时，只要一粒维生素C药片，用水浸一下，然后滴在污渍处，便能将碘酒去掉。

2.衣服上的碘酒液，可先用淀粉浸湿揉擦，再用肥皂轻轻搓洗，即可完全除去。

◎白色绸衣变黄怎么办

白色绸衣物复白：用干净的淘米水浸色2天（每天更换一次新的淘米水）后取出。然后用自来水清洗即可除去黄色，如果用柠檬汁洗，则更为理想。

◎巧除衣服上的鸡蛋渍

衣服若被鸡蛋液污染了，应等污迹干后，再用蛋黄和甘油的混合液擦拭，然后再把衣服放在水中清洗即可。

◎除蟹黄渍的小窍门

衣服上沾上蟹黄渍一般按在清水中轻轻洗搓，若洗不掉，可用煮蟹中的鳃搓拭，再放在冷水中用肥皂洗。

◎除咖喱油渍的小窍门

若衣服上不小心溅上咖喱油渍，可用5%浓度的次氯酸钠洗后，再用清水洗净。

◎巧除圆珠笔油渍

将衣服上的圆珠笔油渍用冷水浸湿后，用苯丙酮或四氯化碳轻轻擦去，再用洗涤剂、清水洗净。不能用汽油洗，再一个办法可涂些牙膏加少量肥皂轻轻揉搓，如有残痕，再用酒精擦拭。

◎巧除蜡烛油渍

用刀片刮去蜡质，再在油渍上

放两张吸附纸，用熨斗反复熨几下即可。

◎巧除衣服上的蓝墨水渍

陈迹则要放在2%的草酸溶液中浸泡几分钟，然后再用洗涤剂洗除。

◎巧除衣服上的墨渍

先用清水洗搓，再用洗涤剂和饭粒一起搓揉，然后用纱布或脱脂棉一点一点粘吸。残迹可用氨水洗涤，也可用牙膏、牛奶等擦洗，再用清水漂净。

◎巧除复写纸、蜡笔色渍

若衣服上沾上复写纸、蜡笔色渍时，先在温热的洗涤剂溶液中搓洗，尔后用汽油、煤油洗，再用酒精擦除。

◎除印油渍小窍门

用肥皂和汽油的混合液（不能含水）浸漂或涂在色渍上，轻轻搓洗使之溶解脱落，再用肥皂水洗涤，用清水漂净。若用肥皂洗涤，油脂已除，颜色尚在，应作褪色处理。要用漂白粉或保险粉类消除颜色渍。

◎除血渍、奶渍小窍门

把胡萝卜研碎拌上盐，涂在沾有血渍、奶渍的衣服上揉搓，再用清水漂净。或用生姜擦洗，然后用冷水搓洗，可不留痕迹。

◎除黄泥渍小窍门

衣裤上有黄泥斑痕，先用生姜汁涂擦，再用清水洗涤，黄斑会立刻清除。

◎除尿渍小窍门

宝宝污染的尿渍可用水洗除。若是陈迹，可用温热的洗衣粉（或肥皂）溶液、淡氨水、硼砂溶液搓洗，再用清水漂洗。

◎氨水的妙用

1. 书籍上长了霉斑，可用棉花蘸上氨水，轻轻擦拭，霉斑即可除去，书面恢复清洁。

2. 皮衣发硬时，将几滴氨水溶进热水后涂抹可使发硬的衣服变软。

3. 抽烟的人，手指上常被染上烟渍。可在1杯温水中，滴上几滴浓氨水，把手指插入浸泡一会儿，烟渍便没有了。

4.用1∶1兑成的氨水松节油的混合液可去除油漆污迹，不管是陈年污迹或是新弄脏的污迹均很见效。

5.将3匙氨水兑进一桶热水中，是上好的门窗清洗液。同样的溶液也可以用来去除地毯上的污垢。

6.上述的热水兑氨水溶液也可用来清洗金银器皿，效果很好。

7.在1桶水里加进1汤匙氨水和少许苏打，将法兰绒浸泡在桶里，稍稍揉搓，即可去除污渍，干后不缩水。

8.洗衣服上的油脂渍，可先用浓度不高的氨水溶液浸湿污渍。然后垫上1张白纸（吸墨纸）熨烫。若是缝纫机油的污渍，可先用氨水洗擦，而后用肥皂水洗涤。

◎除柏油渍小窍门

可用汽油和煤油擦洗。如没有汽油或煤油，也可将花生油、机油涂在被污染处，待柏油溶解后，就容易擦掉了。

◎巧除衣服上的烟油渍

衣服上刚滴上烟筒油，应立即用汽油搓洗。如搓洗后仍留有色斑，可用2%的草酸液擦拭，再用清水洗净。如果衣服上滴上了烟油，要速取炉灰一小撮，均匀撒在上面，待一小会炉灰干后，清去炉灰，烟油自掉。如果衣服上的烟油已干，而且时间较久，可先用浸湿油迹处，然后再取炉灰适量撒在上面，干后油渍即除。

◎除沥青渍的小窍门

若想除去衣服上沾上的沥青，您先用小刀将衣服沾有的沥青轻轻刮去。然后用四氯化碳水稍微浸泡一会儿，再放入热水中揉洗。还可用松节油反复涂擦，再浸入热肥皂水中洗涤便可。

◎除高锰酸钾渍的小窍门

被高锰酸钾沾染的衣物，先用柠檬酸或2%的草酸溶液洗涤，后用清水漂净。

◎巧除衣物上的药膏渍

衣物上不小心沾染药膏。可先用汽油、煤油刷洗，也可用酒精或烧酒搓擦。待起污后用洗涤剂浸洗，再用清水漂净。

◎巧除衣物上的碘酒渍

衣物上若沾染了碘酒，先用亚

硫酸钠溶液处理，再用清水反复漂洗。也可用酒精擦洗。

◎巧除衣物上的红药水渍

先用温水泡洗衣粉，将衣服放在洗衣粉溶液中洗涤；再用高锰酸钾处理；最后用草酸脱色，用清水漂洗即可。

◎巧除衣物上的青草渍

用食盐水（1升水加100克盐）浸泡，即可除掉。

◎除葡萄汁渍的小窍门

吃葡萄时，不小心将葡萄汁滴在棉或涤纶衣服上，请勿用肥皂洗。因为肥皂是碱性的，不但不能退色，反而会使汁渍颜色加重。应立即用白醋，或米醋少许，浸泡在渍处数分钟，然后用清水洗净，能不留任何痕迹。

◎如何让羊毛衫不掉毛

羊毛衫很柔很漂亮，但容易掉毛，弄得到处是毛，让人很头痛。用下面的方法试试吧。用半盆凉水溶解一汤匙淀粉，然后把羊毛衫用清水浸透后提出来。不要拧，控水后放在溶有少数淀粉的水中。浸泡5分钟后，装在网兜里挂起来控水，控完水的羊毛衫就不掉毛了。

◎皮鞋收藏小窍门

皮鞋要少浸水多养护，多擦油。换季收藏前，要擦去浮尘。先用猪肉皮或菜油擦一下，保护鞋面皮革不干燥不开裂。然后用鞋撑子或揉碎的旧报纸将皮鞋撑起来，放在鞋盒里，存放于干燥勿潮湿处。

冬季棉皮鞋，春天需保藏存放时，要费点心思。最好密封保存。具体做法是用湿布将鞋面擦净，阴干，打上鞋油，用刷子打亮。然后将棉皮鞋装入不透气的塑料袋中，将袋内空气用手挤压出去将袋口扎紧，放入鞋盒。这样保存的皮鞋不霉变不干裂变形。

◎冬季长筒靴的养护

长筒靴保暖性能好，冬季穿长筒靴应注意穿脱靴时勿将靴毛带出脱掉。通常穿呢绒袜的人，一个冬季就会将长筒靴中的毛脱得差不多了。这样，长筒靴保暖性差多了。教您一个小窍门，在呢绒袜的外面套上一双大点丝袜。由于丝袜光滑长筒靴的毛不会被带出，自然也就不会降低保暖性了。

◎翻毛皮鞋的养护技巧

翻毛皮鞋弄脏后，不能干擦，干擦也擦不掉。可先用湿布擦洗，擦洗后放在通风阴凉处吹干。待皮鞋面要干时，再用硬毛鞋刷蘸鞋粉，在鞋面上轻轻刷刷。鞋面上的绒毛就会慢慢竖立起来。

◎去掉鞋内湿气的小窍门

脚汗多的人，冬季穿棉鞋容易出汗，很不舒服。有两个小窍门可保持鞋内干燥温暖：

一是睡觉前，抽出鞋垫后，将装有石灰粉的小布袋放在鞋内，让石灰吸潮，就会很干燥。

第二个办法是用电吹风往鞋内吹热气，也可除湿干燥。

◎运动鞋巧除污

白色运动鞋受潮后，易生黄斑或灰斑点。要去除这些污点，可先将高锰酸钾与水以 1 ∶ 2 的比例混合，涂在污处。然后待污点颜色变淡黄色时，再另用毛刷将草酸和水以 1 ∶ 10 比例的稀液蘸液泡刷。然后将草酸冲去，用软布擦干，污渍即可去除。

◎晒球鞋有妙招

球鞋洗净后，在晒之前先找两块干净的圆石子，最好鹅卵石，塞进鞋尖，这样鞋子晒干后，不变形。

◎白鞋带不受污染的小窍门

雪白的鞋带若用久了会被鞋眼污染成黑色，很难清洗干净。若用透明颜色的指甲油将新鞋上的气眼周围涂上一圈，鞋带再也不会被污染变黑了。

◎压模皮鞋的保养技巧

压模皮鞋是以橡胶为原料，用模具压制成型的。压模皮鞋市场上很多，大体上有光面和反面两种，穿压模皮鞋您要注意：

1. 不能与油物、碱性物接触。

2. 不能火烤和日晒，因为这样会造成胶老化，鞋底断裂。

3. 穿插压模皮鞋不能踩倒后跟穿，以免围条开裂。

4.不要踏踩尖硬物，以避免划破胶。

◎运动鞋的选购窍门

运动鞋保护脚，有弹性，老少都喜欢，选购运动鞋时，注意以下几点：

1.鞋面包头应是真皮，包头表面光洁，无裂纹、皱纹和油污，不歪斜走样，没有沙眼气泡。

2.鞋帮颜色鲜明，针线整齐，没有线头，没有散边，鞋底和鞋帮要贴牢。

3.鞋底花纹整齐，弹性好，具有甩泥底纹则更好。

◎球鞋的养护窍门

1.不要把鞋后帮踩倒，这样容易造成鞋面与围条脱开。

2.球鞋要常洗，否则既臭也易破。

3.洗时用温水，不要用肥皂，肥皂会使球鞋胶老化。

4.鞋面太脏用洗衣粉时，一定及时冲干净。

5.球鞋不能暴晒和烘烤，宜放在阴凉通风处阴干。

6.别踩锋利物品，以免划破。

7.不要长期放置不穿，以防胶质老化龟裂。

◎球鞋防臭小窍门

球鞋是运动员的至爱，但运动后往往使球鞋又湿又臭，教您两个小窍门可避免这种烦恼。

1.买来的新球鞋先别上脚。先将白酒含在口中，酒愈烈愈好，均匀地喷在海绵底上。直至海绵底吸收不下为止，然后凉干，这样，球鞋不会臭不会湿。

2.去药房买点氯化钙粉，装进两个小布袋。穿过鞋后，将小袋放进去，可反复使用，效果也较好。

◎穿高跟鞋的注意事项

女人追时髦，爱漂亮，喜欢穿高跟鞋。但鞋跟过高或未成年女孩穿高跟鞋可不好，容易导致脚畸形，骨变形。成年妇女穿高跟鞋（鞋跟高度适宜）可以使脚掌受力均匀，走路感觉舒适。特别是平足妇女，穿高跟鞋等于脚步下垫了人造足弓，走路不易疲劳。穿高跟鞋可以改善女性体态，可使产后妇女重心后倾，有利于恢复正常体态。

◎鞋号的作用

统一鞋号很方便，一是便于制鞋工业的工业化大批量生产。二是方便在全国各地买鞋，只要知道鞋号鞋型，哪儿买鞋都适合您的脚。那么统一鞋号是怎样规定的呢？简而言之，脚多长就穿多少号，例如您脚长37厘米，就买37号的鞋；每个鞋号又有五个型，一型较瘦，五型最肥，可以使您买的鞋非常合脚。

三、饰品的选购与保养方法

◎怎样鉴别真、假珍珠

1. **手感法**：真珍珠手感爽手凉快；仿珍珠手感有滑腻感。

2. **牙咬法**：真珍珠牙咬无光滑感，常有凹凸感、砂感；仿珍珠牙咬有光滑感，用力咬会导致涂层局部脱落。

3. **直观法**：真珍珠具有自然的五彩光，在一串项链中，其大小形状也会有差异；仿珍珠形状多为球形，光泽非常统一。

4. **嗅闻法**：真珍珠轻度加热无味，嘴巴呼气，表面呈气雾状；仿珍珠轻度加热有异味，嘴巴呼气有水气。

5. **放大观察法**：真珍珠表面有纹理，能见到钙结晶的生成状态；仿珍珠只能看到蛋壳样的较均匀的涂层。

6. 弹跳法：将真珍珠从60厘米高处掉在玻璃上，反跳高度35厘米；同样条件下，仿珍珠的反跳差。

7. **溶液浸泡法**：真珍珠放入丙酮溶液中，光彩如常；仿珍珠同样条件下只需1分钟，光泽全失。

8. **烧灼法**：真珍珠灼烧时，表层完好，延至两分钟，有爆裂声，用指甲刮时出现珠层脱落，具光泽，易变粉；仿珍珠出现火光，呈黑色，如锅底状，水洗后表面脱落，露出珠核。

9. **偏光镜观察**：真珍珠几乎全透光或半透光；仿珍珠透明层不是一个均匀的圆环体。

10. 荧光法：真珍珠一般会发出淡蓝色荧光；仿珍珠一般无荧光。

11. **察孔法**：真珍珠珠孔处因质硬，在钻孔处显得锐利些；仿珍珠质软，钻孔处会出现凹隐情况。

12. **其他方法**：真珍珠相对密度在2.73g/cm^{3}左右，溶于盐酸；仿珍珠密度与真珍珠的密度有明显差异，并且与酸无反应。

◎在家清洗黄金首饰的好办法

1. 保护黄金饰品的光泽，可以在上面薄薄地涂上一层透明指甲油。

2. 如果表面已有黑色银膜，可用食盐2克，小苏打7克，漂白粉8

克，清水60毫升，配制成金器清洗剂。把金首饰放在一只碗中，倒入清洗剂，2小时后，将金首饰取出，用清水（最好不是硬水）漂洗后，埋在木屑中干燥，然后用软布擦拭即可。

3.镶宝石的戒指用牙签或火柴棒卷一块棉花，在花露水和甘油的混合液中沾湿后，擦洗宝石，然后用绒布擦亮戒指。切忌用刀片一类锐物去刮。

4.盐和醋混合成清洗剂，用它来擦拭纯金首饰，可使其历久常新。

5.牙膏擦拭或用滚热的浓米汤擦洗，也可恢复光泽。

◎怎样保护天然珠宝饰品

1.由于珠宝玉石具有亲油性，所以珠宝首饰一般不要水洗。以免珠宝玉石表面粘上油质而影响光泽。若珠宝刻面弄脏后，最好用超声波清洗，绒布、鹿皮等，反复来回干擦或用纯酒精湿擦，直至恢复原来珠宝的光彩。

2.大多数天然宝石性质稳定，酸性碱性不溶，经久耐磨。但不可重击或跌落到地上，以防碎裂或缺损。

3.忌触硬物，切不可在阳光下暴晒。不戴时就收藏在质地柔软的饰品盒内。

4.钻石、红宝石、蓝宝石等的硬度极高，不能与其他珠宝放在一起，以免损伤其他首饰。

5.珍珠硬度低，不耐磨，加之珍珠的成分主要为含有机质合水的碳酸钙，所以不要接触各种酸类，如盐酸、硝酸以及醋、汗水和化妆品等，以免变色和失去珍珠光泽。

◎银饰品的日常保养技巧

1.对银饰品最佳的保养方式是常佩戴。因为人体油脂可以形成薄薄的保护膜层，使它焕发自然温润的光泽。

2.在佩带时要尽量减少对银饰品表面的摩擦，保持干燥，避免直接接触香水、发胶、清洁剂等物质。

3.佩戴完毕后可用棉布、纸巾等轻拭表面，清除水分和污垢。如果长时间不佩戴，应清洁后密封保存。

4.如果银饰品被氧化变黑，则可以用乳膏状的银油、液体状的洗银水及含银粉的拭银布来处理。三者中以洗银水最具成效，但具腐蚀性，不要经常使用。

◎钻饰保养小窍门

1.小心损害镶嵌的金属托爪。

2.烹饪或清扫时不要戴。

3.做运动或粗工时不宜佩戴，以免纹理受到重击破损；存放及佩戴时要和其他珠宝饰品分开，以免相互刮伤。

4.经常穿戴的钻饰应注意镶嵌是否松脱。

5.钻饰宜每星期清洗一次。可用市售的珠宝清洁剂，或以中性清洁剂混合温水，将饰品浸入，然后用软毛刷轻轻刷洗，再以清水冲净，用软布擦干即可。

6.不含蜡质的牙线和牙签可用来清洁钻石与托爪间的污垢。

7.如果钻石油渍太厚，最好送回购买店，用专业仪器清洗。

8.可将钻石放入伏特加中浸洗，这是个无从稽考但富创意的小偏方。

◎珍珠的保养小窍门

1.避免与香水、化妆品、酸碱性物质接触。

2.不要带着珍珠洗澡，因为温度过高的热水会影响珍珠的光泽。

3.不佩戴珍珠时用丝绸包好放进首饰盒，避免与过硬的物体摩擦、碰撞。

4.佩戴太长时间的珍珠用湿毛巾或软布轻轻擦拭，最好每半年拿到珍珠店清洗。

◎水晶饰品保养技巧

1.避免接触化妆品、发胶、香水等。

2.沐浴、睡眠或运动时不要佩戴。

3.佩戴后，可用软干布轻拭干净。千万不可浸在水中清洗，以免留下不能清除的水渍。也不要用酒精或含有阿摩尼亚的清洁剂清理。

4.应收藏于阴凉干燥的地方，并和其他饰品分开存放。

◎金饰保养小窍门

1.避免直接接触水银、香水、发胶、清洁剂和指甲油等高挥发性的化学物质。

2.避免与汗水接触。

3.避免配戴着游泳。

4.避免与其他金属一并佩戴或摆放。

5.做运动或粗重工时，不宜佩戴。

6.佩戴过或失去光泽的金饰，除了可用中性洗剂或专用保养液清理，也可以用性质温和的肥皂及软毛刷清洁，最后再以绒布拭干。

7.切忌用含有研磨料的清洁剂，如牙膏来清洁金饰。

8.金饰在梳妆打扮完成后再戴上，换衣卸妆前先取下。

◎彩色宝石保养技巧

1.做粗重工作时，尽量不要佩戴宝石。

2.每月检查一次，注意宝石与金属基座是否松脱。

3.以温水或温和的肥皂水轻擦宝石即可。颜色较浅的彩色宝石，更应时常清洁，以维持清澈的透明感。

4.宝石较为脆弱不宜使用超音波清洁器或高温清洗，如果不确定可至原购买店询问。

5.由于各种宝石硬度不同，应分开存放。

◎银饰品的基本常识

银是K金首饰中不可缺少的组合金属，但作为以银为主的首饰，主要是高纯度标准银的一种。银的硬度为2.7，为了提高其硬度和获取最佳的成形效果，在制作首饰时需要在银中加入7.5%的铜。这种含银92.5%、含铜7.5%的合金，国际上称为标准银。此外，市场上还有银含量99%的足银饰品。

◎银首饰的识别方法

1.**看印记**。银首饰一般应打上银的英文缩写S（或Sterling）的印记。标准银的印记是S925，足银的印记是S990。但许多国家在银首饰上不打印记。

2.**看色泽**。银首饰多呈微带黄的银白色，呈柔和的金属光泽。因易氧化，时间久了，色泽会变成暗的黄白色。

3.**掂重量**。银的密度为10.53克/立方厘米。比铂金、黄金小，用手掂无坠手感。钢针可以划出痕迹，也可以折弯。用这种方法可以和白金或仿银的德银首饰相区别。

4.**用酸试**。银遇任何酸都会变色，甚至溶解。如果在银首饰的内侧滴上一滴浓盐酸，会立即生成白色苔藓状的氯化银沉淀。而其他贵金属则无此现象。

5.**听声韵**。标准银首饰落地后声音沉闷，不弹跳，不滚动。

第二节

护肤、美容、化妆的技巧

一、护肤小窍门

◎皮肤由黑变白的方法

1. **基础保养**：每天的基础保养还是不可轻视的。每天彻底将脸清洁干净，每周一次去角质与敷脸。千万不要小看去角质敷脸的功力，它可是可以加速皮肤的新陈代谢，让你快点白回来。

如果您正在为该买哪一种敷脸产品而烦恼？提供您一个小偏方，酸奶敷脸。只要用化妆棉浸泡酸奶，然后敷在脸上 10 ～ 15 分钟即可，还可以增强皮肤对紫外线的抵抗力呢！

2. **多吃蔬菜、水果**：多吃含有维生素 C、维生素 E 的食物，可以美化皮肤，让你快快白回来。很多人会误以为想要白回来与所吃进去的食物颜色有关，如果喝牛奶皮肤会变白，那么谁还敢喝咖啡？吃巧克力？或是吃含有酱油的食物呢？所以这是一个误区。

另外，吃多了香菜、韭菜、红豆也会让你的皮肤容易感光，容易晒黑或是晒出斑点。绿豆薏仁汤或莲子薏仁汤，既消暑又美白，薏仁对于皮肤美容特别有帮助。

3. **防晒**：记得一定要在出门前 15 分钟擦上防晒乳液、防晒霜，而且要记得随身携带。在户外 1 ～ 2 小时一定要补擦，就算已经晒黑了也要防止晒伤。不要以为坐在室内就不用防晒，地板、墙壁、玻璃都一样会反射紫外线的。

4. **多喝水**：每天最少喝 2000 毫升的水，滋润皮肤，也保护肾。

5. **作息正常**：尽可能在晚上十一点以前就寝。就算做不到，也要在十二点以前上床睡觉。因为睡觉对保养皮肤，身体内脏调理排毒至关重要。

◎洗脸时四忌

在洗脸时有四件不该做的事，不但耗时耗物，而且无益于皮肤的事。

1. 忌用脸盆。且不说脸盆是否清洁。单说其中的洗脸水，在手脸互动之后，越来越浑，最后以不洁告终。远不如用手捧流水洗脸：先把手搓洗干净，再用手洗脸，一把比一把干净，用不了几把，就全干净了。

2. 忌用肥皂。面部皮肤有大量的皮脂腺和汗腺，每时每刻都在合成一种天然的高级美容霜。在皮肤上形成一层看不见的防护膜，它略呈酸性，有强大的杀菌护肤作用。偏碱性的肥皂不但破坏了它的保护作用，而且会刺激皮脂腺多多分泌油脂。你越是用肥皂除油，皮脂腺分泌油脂就越多。

3. 忌用热水。热水能彻底清除面部的防护膜，所以用热水加肥皂洗脸之后，人的皮肤会感到非常紧绷难受。其实，即便是在严冬也用不着热水洗脸，只用冷水就能把脸上的浮尘洗去。

4. 忌用湿毛巾。久湿不干的毛巾有利于各种微生物滋生，用湿毛巾洗脸擦脸无异于向脸上涂抹各种细菌。所以应用化妆棉擦脸或直接风干。

细节提醒：洗脸水不仅要水温适宜，水质也很重要。一般来说，用于洗脸的水最好是自来水等水质较软的水。河水、井水等最好煮开后再用来洗脸。因为这些水中矿物质含量比较高，直接用来洗脸会使皮肤干燥。

◎巧用米醋护肤

1. 减轻皱纹：晚上洗脸后，取1勺醋、3勺水混合。用棉球蘸饱，在脸上有皱纹的地方轻轻涂擦，再以手指肚轻轻按摩片刻后，洗净即可。这种方法可帮助消除脸部细小的皱纹。

2. 柔嫩肌肤：先洗净脸部和双手，然后浸入加入食醋的温水中洗脸和手。5分钟后换用清水洗净。长期这样做，可让皮肤光洁、细腻。水中加入的醋量宜少，以水不变色为准。

3. 祛斑褪斑：用白醋捣入中药白术适量调和，密封浸泡一星期。每天洗脸后，擦拭面部长斑的地方，日久可令雀斑逐渐淡化甚至消除。

4. 驱除倦容：用于盆浴，在温水中加入1～2汤匙食醋。洗澡后不仅能去除皮肤老化的角质层，而且消除疲劳，焕发精神，面部也显得很红润。

◎皮肤防皱小常识

1. 选用合适的化妆品。宜选用具有防水和防晒功能的化妆品，如水性面霜、防晒霜等。

2. 注意皮肤的清洁卫生。每天早晚一定要清洗脸部，如化妆，需彻底卸妆后就寝。

3. 减少阳光对皮肤的过度暴晒。外出时戴遮阳帽和墨镜或搽珍珠膏。

4. 平时注意多喝水。

5. 睡眠时间要充足。

◎减少皱纹的方法

1. 避免阳光暴晒。
2. 外出的时候要涂防晒油。
3. 戒除吸烟的坏习惯。
4. 保证充足的睡眠。
5. 最好要保持右侧睡。
6. 不要斜视阅读。
7. 多吃些鱼，尤其是鲑鱼。
8. 多吃大豆类的食物。
9. 将咖啡换为可可粉。
10. 多吃些水果和蔬菜。
11. 经常使用润肤乳液。
12. 不要过度洗脸。
13. 多喝水。

◎干性皮肤保湿法

1. 香蕉蜂蜜保湿滋润面膜

【材料】：香蕉半根，蜂蜜1茶匙。

【做法】：将蜂蜜调和香蕉，用汤匙捣成泥状。

【用法】：清洁肌肤之后，将面膜敷于脸上10～15分钟，再用温水冲净即可，可以天天使用。

【适用肌肤】：干燥肌肤

【功效】：保湿滋润。香蕉是热带地区常见且价廉的水果，但是它的营养价值相当高。香蕉富含蛋白质、淀粉质、维生素及矿物质。特别是它含有丰富的钾，对于心脏血管疾病的人是一种非常好的食品。香蕉也是一种很好的面膜材料，直接将香蕉捣成泥状敷在脸上就具有温和清洁与滋养修护肌肤的功效。这款面膜还添加了蜂蜜，以加强保湿滋润的功能，非常适合干燥缺水的肌肤日常使用。

2. 苹果泥蛋黄亮颜面膜

【材料】：苹果1/4个，蛋黄1颗，

面粉 2 茶匙。

【做法】：将苹果捣成泥状，或是用榨汁机将苹果渣取出，加上蛋黄及面粉搅拌均匀即可。

【用法】：清洁肌肤之后，将面膜敷于脸上 10 ～ 15 分钟后，用温水冲净即可，可天天使用。

【适用肌肤】：各种肌肤，特别是干性、缺水性肌肤。

【功效】：保湿滋润肌肤，让肌肤明亮有光泽。苹果是一种非常好的美容食品。每天早上吃一个苹果能预防便秘，清除肠内累积的毒素，让肌肤更紧实有弹性。苹果富含类黄酮素与单宁酸，能协助肌肤抗氧化，排除肌肤毒素；含有维生素 C、矿物质、糖及苹果酸，具有滋养、收敛、保湿的功效。蛋黄含有卵磷脂，具有锁水滋润肌肤的效果。其中的维生素 A 还能防止皱纹产生。建议成熟性肌肤可以经常使用这款面膜，让肌肤恢复年轻细致。

◎夏季护肤小窍门

1. 涂防晒品时，注意不要遗忘了脖子、下巴、耳朵这些小地方。涂抹时一定要涂得均匀，否则会造成肤色不匀，变成大花脸。

2. 防晒品应该每隔一段时间再涂一遍。

3. 每年最好更换新的防晒品，并注意储放于阴凉的地方，以免失效。

4. 避免在上午 11 时到下午 3 时做日光浴，因为这段时间的紫外线最强，杀伤力也最大。

5. 携带喷雾式的矿泉水，在离脸部 15 厘米处均匀喷洒于面部。随时为肌肤补充水分，别让它太渴。

6. 日晒出汗后要彻底洗净身上盐分，再用蘸有凉水的棉花。在肩部、面部或背部等发烫的部位，轻拍并冷敷约半小时，帮助收缩和保养皮肤，缓解日晒后的肌肤。

◎蜂蜜美容秘方

1. 蜂蜜含有的大量能被人体吸收的氨基酸、酶激素、维生素及糖类，有滋补护肤的美容作用。用蜂蜜加 2 ～ 3 倍水稀释后，每日敷面并按摩，可使皮肤光洁细嫩。

2. 蜂蜜和醋各 1 ～ 2 汤匙，温开水冲服，每日 2 ～ 3 次，按时服用。长期坚持，能使粗糙的皮肤变得细嫩润泽。

3. 蜂蜜 100 克，鸡蛋 1 个，搅和均匀，慢慢加入少许橄榄油或麻油，再放 2 ～ 3 滴香水，彻底拌匀后放在冰箱中保存。使用时，将此混合剂涂在面部，10 分钟后用温水洗去。每月做两次，能使颜面细嫩，青春焕发。

4.将苹果煮沸，捣碎，加入蜂蜜与乳脂，制成润肤面膜膏敷面，就会令肌肤光洁如玉。

5.蜂蜜 1 份，甘油 1 份，水 3 份，面粉 1 份，混合均匀制成敷面膏。敷于面上 20 分钟后，用清水洗去。此法适用于普通干燥性衰萎皮肤。可使皮肤嫩滑细腻，除去皱纹及黄褐斑，并能治疗疖子、痤疮。

7.蜂蜜 1 匙，鲜蜂王浆 1 匙，鸡蛋清 1 个，加入适量花粉和水调成糊状，涂于面部。30 分钟后用温水洗去，再用鲜蜂王浆 1 克加少许甘油调匀涂于面部。每周 1 次，对清除脸部黑斑及暗疮特别有效。

8.蜂蜜 1 匙，奶粉 1 份，鸡蛋清 1 个，混合均匀制成面膜。用棉签将其在脸上涂上薄薄一层，20 分钟后用温水洗去。连续使用一个月。

◎用淘米水洗脸可以美容

对于毛孔粗大的偏油性肤质的人，用淘米水洗脸，不仅可去除肌肤污垢，还不会刺激皮肤。

淘米水之所以有这样的妙用，是因为大米的表面含有钾。

每天淘米时，留下第二次淘米的水，让它慢慢沉淀，取上面的清液部分来洗脸。

需要强调的是，用淘米水洗脸不要过于频繁，建议隔一两天用一次。一般坚持用一个月后，皮肤会有比较明显的改善。

◎西瓜皮的美容方法

西瓜皮可分为三层：第一层叫青衣，第二层叫翠衣，第三层叫白衣。三层的美容功效基本相同，但因为现在瓜农多使用农药，所以青衣一般弃之不用。第二层和第三层是我们用来美容的主要部分。

取西瓜皮一块，洗净，切成一寸见方。去掉里面的一层粉红色的瓤，再去掉外面的青皮。然后把这一方干净的西瓜皮用快刀剖成 2 毫米厚薄的薄片。另一种方法是将整个西瓜，洗干净，刨去青皮。然后再刨下一片片的白皮，一片一片地贴在脸上和手臂上。大约 5 分钟换一次新的西瓜皮片，共换四次，然后用清水冲洗干净。可以去斑、美白、补水、镇静，使皮肤光洁。

◎西瓜皮其他美容方法

1.用西瓜皮擦脸部皮肤，几分钟后，再用清水洗净，长期坚持，可使面部皮肤白皙细嫩。

2.用西瓜皮擦手、脚，可使皮肤有光泽。

3.西瓜皮冰镇后，能够镇静并治疗被晒伤的皮肤，经常使用有较明显的增白作用。

4.最后再用瓜皮轻轻按摩脸部肌肤有舒缓镇静补水的功效。

◎黄瓜的美容功用

1.用鲜黄瓜榨汁饮用或涂敷脸部。黄瓜的有效成分对脸部皮肤具有清洁抗菌作用，饮用（涂敷）后，能适当的滋养肌肤，并能舒展皱纹，疗效迅速可靠。

2.把黄瓜切成薄片，外出前贴在脸面及暴露部位约20分钟。黄瓜所含黄瓜油对吸收紫外线有一定的成效，可防止外出日晒引起的黑色斑，也能使粗糙的肌肤更柔润健美。

黄瓜青皮中含有绿原酸和咖啡酸，这些成分具有抗菌消炎和加强白血球的吞噬能力。因此，经常食用带皮黄瓜对预防上呼吸道感染有一定疗效。

◎盐水美白法

每天早上用浓度为30%的盐水擦脸部。然后用大米汤或淘米水洗脸，再配合护肤品擦面，半个月后，皮肤可由粗糙变白嫩。

◎上网女性护肤技巧

1.**面部的防护**：电脑对女性网民容颜的伤害虽非大敌，但厉害的电磁辐射还是不容小觑。屏幕辐射产生静电，最易吸附灰尘，长时间面对面，更容易导致斑点与皱纹。因此，上网前不妨涂上护肤乳液，再加一层淡粉，以增加皮肤的抵抗力。

2.**上完网要彻底洁肤**：上网结束后，第一项任务就是洁肤。用温水加上洁面液彻底清洗面部，将静电吸附的尘垢通通洗掉。然后涂上温和的护肤品，久之可减少伤害，润肤养颜，这对上网的女性而言真可谓点滴功夫，收获多多。

3.**不要熬夜上网**：平时准备一瓶滴眼液，以备不时之需。上网之后敷黄瓜片、土豆片或冻奶、凉茶也不错。方法是：将黄瓜或土豆切片，敷在眼皮上，闭目养神几分钟；或将冻奶、凉茶用纱布浸湿敷眼，可缓解眼部疲劳，营养眼周皮肤。

◎自制收缩毛孔面膜

自制果泥面粉收敛面膜功效：深层清洁肌肤，清除老化角质，清洁毛孔，柔嫩肌肤。

【材料】：蜂蜜1大匙，柠檬汁1大匙，麦片粉1大匙，维生素E胶囊1粒。

【做法】：①将麦片粉、蜂蜜、柠檬汁放入容器。②用剪刀将维生素E胶囊剪破，将油液加入容器中，并将所有材料搅拌均匀。

【用法】：①洁面后，将本款面膜均匀涂于脸上，避开眼部及唇部。②约20分钟后，用清水洗净。每周敷1次。

部分人在使用含有维生素E的美容制品时，会出现红肿、丘疹等接触性皮炎症状，一旦出现，要立即停止使用。

◎牛奶洗面去暗沉

1.先用洁面乳清洗脸部污垢。

2.把适量鲜奶放入碗内，用化妆棉沾上牛奶（不用拭干毛巾）。

3.轻印面孔，反复做5～6次。

4.让牛奶在脸上敷3分钟，再用清水冲洗即可。

◎萝卜汁巧去暗疮

暗疮紧急处理方法：即未受细菌感染，可以用双氧水涂在暗疮上，次日红肿情况应可改善。用萝卜汁对付暗疮治疗亦很有功效。只要将新鲜萝卜连皮磨成汁，敷在患处，15分钟后再用水清洗，早晚各1次，对暗疮有解毒作用。

◎柠檬敷眼祛除眼袋

有眼袋了不要担心，只要用柠檬就能帮你恢复眼部的平整。不过敷前要记得将柠檬放在水中浸一会，再给眼睛盖上纱布，放上两片柠檬等待5分钟。

◎涂眼霜按摩去黑眼圈

眼部按摩有去黑眼圈功效。如果在涂眼霜的时候，顺便在眼部打圈按摩15～30次，下眼睑会加速血液循环，黑眼圈可及时由黑色变暗红色。

◎睡前少喝水

睡前若忍不住喝多了水，可以试试睡个高枕头，水分就不容易沉积在上眼睑，第二天就不怕眼睛肿，显得无精打采了。

◎敷蛋白对付黑头

鼻子红红好难上妆，去黑头绝对不是赴约会前才做的事，当然最好是提前一日做。方法是洗面后，敲破一个鸡蛋，将蛋白涂在鼻上。然后用片装（内不含软棉）化妆棉敷在上面。待 10 ～ 15 分钟化妆棉干后，由下至上拉起化妆棉，就有去黑头功效。不过要记住，去完黑头，一定要拍上无酒精的爽肤水收缩毛孔。

◎热水敷唇对付嘴唇脱皮

干燥口唇易脱皮，涂口红时才发觉。这时候，千万不要用手撕。否则会撕裂见血，还容易引发过敏症状。最好是先涂一层厚厚的润唇膏，用热水浸湿化妆棉敷在唇上 15 分钟。再用牙刷轻刷唇部，刷掉唇皮即可。

◎柠檬汁有助于恢复肤色

夏天时，你有没有赶时髦去晒了个小麦色的肌肤？最后觉得小麦色不好看，想把肤色变回来？神奇的柠檬汁可以帮你恢复肤色，在做面膜时加入一些，就会发现小麦色逐渐变浅。

◎橄榄油、婴儿油卸唇妆

唇膏虽美，但卸妆不彻底则会引起干裂、唇部皱纹等困扰。你可以用棉棒蘸上橄榄油或婴儿油来卸唇膏，效果非常好。

◎对付指甲油脱落妙招

涂上的指甲油被碰得斑斑驳驳、十分难看怎么办？专业美甲师的建议是，一定要用洗甲水彻底洗去整个指甲的颜色，等洗甲水干后再涂上新的指甲油。否则，指甲的颜色之间会有明显的色差。

◎阿司匹林去痘

将一颗可溶的阿司匹林药品溶

解在面膜中，敷在痘痘处，可以起到消炎的作用。

◎桃花粉去斑小窍门

桃花、冬瓜种子、蜂蜜各适量。桃花阴干和干燥冬瓜种子同量混合研为细末，加入蜂蜜调匀。睡前涂患部，早晨起来洗干净。你会发现这个方法对祛斑很有效果。

◎消除雀斑的几种妙方

1.每天吃一片维生素C和维生素E，可达到祛斑的效果。

2.用干净的茄子皮敷脸，一段时间后，小斑点就不那么明显了。

3.每天喝一杯西红柿汁或常吃西红柿，对防止斑的形成有较好的作用。因为西红柿中含有丰富的谷胱甘肽。谷胱甘肽可抑制黑色素，从而使沉着的色素减退或消失。

4.洗脸时，在水中加1～2汤匙食醋，减轻色素沉着的作用。

5.将鲜胡萝卜榨成汁，取10～30毫升，每日晚上洗完脸后涂抹，待干后，洗净。此外，每日喝1杯胡萝卜汁，可美白肌肤。

6.将柠檬汁加糖水适量饮用。柠檬中含有大量维生素C、钙、磷、铁等。常饮柠檬汁不仅可美白肌肤，还能避免黑色素沉淀，达到祛斑的效果。

◎西红柿汁祛斑有效果

每日喝1杯西红柿汁或经常吃西红柿，对防治雀斑有较好的作用。因为西红柿中含丰富的维生素C，被誉为维生素C的仓库。维生素C可抑制皮肤内酪氨酸酶的活性，有效减少黑色素的形成，从而使皮肤白嫩，黑斑消退。

◎巧用黄瓜粥祛除色斑

取大米100克，鲜嫩黄瓜300克，精盐2克，生姜10克。将黄瓜洗净，去皮去心切成薄片。大米淘洗干净，生姜洗净拍碎。锅内加水约1000毫升，置火上，下大米、生姜。武火烧开后，改用文火慢慢煮至米烂时下入黄瓜片，再煮至汤稠，入精盐调味即可。一日两次温服，可以润泽皮肤、祛斑、减肥。现代科学研究证明，黄瓜含有丰富的钾盐和一定数量的胡萝卜素、维生素C、维生素B、糖类、蛋白质以及磷、铁等营养成分。经常食用黄瓜粥，能增白皮肤。

◎柠檬冰糖汁有效去除面部色斑

将柠檬搅汁，加冰糖适量饮用。柠檬中含有丰富的维生素 C，100 克柠檬汁中含维生素 C 可高达 50 毫克。此外还含有钙、磷、铁和 B 族维生素等。常饮柠檬汁，不仅可以嫩白皮肤，防止皮肤血管老化，消除面部色斑，而且还具有防治动脉硬化的作用。

◎黑木耳红枣汤祛除黑斑

取黑木耳 30 克，红枣 20 颗。将黑木耳洗净，红枣去核，加水适量，煮半个小时左右。每日早、晚餐后各服一次。经常服食，可以驻颜祛斑、健美丰肌。且可用于治疗面部黑斑，润肤、减缓皮肤老化。大枣和中益气，健脾润肤，黑木耳有助于祛除黑斑。

◎冬瓜藤熬水擦脸可祛斑

用冬瓜藤熬水用来擦脸、洗澡，可使皮肤滋润、消除雀斑。金盏花叶汁也有护肤除斑的功效。将金盏花叶捣烂，取汁擦涂脸部，既可消除雀斑，又能清爽和洁白皮肤。蒲公英花水也能用于除斑。取一把蒲公英，倒入一茶杯开水，冷却后过滤，然后以蒲公英花水早晚洗脸，可使面部清洁，少患皮炎。

二、美目护口好方法

◎消除黑眼圈的妙方

很多人因经常熬夜、吸烟、卸除眼妆不彻底或睡觉时枕头太低而形成黑眼圈。怎样消除掉黑眼圈，以下几种方法可供参考。

1. **涂蜂蜜法**：在洗脸后勿擦干脸上的水分，让其自然干。然后在眼部周围涂上蜂蜜，先按摩几分钟，再等 10 分钟后用清水洗净。水不要擦去使其自然干，涂上面霜即可。

2. **敷酸奶法**：用纱布蘸上些酸奶，敷在眼睛周围，每次 10 分钟。

3. **热鸡蛋按摩法**：将鸡蛋煮熟后去壳，用小毛巾包裹住，合上双眼用鸡蛋按摩眼睛四周，可加快血液循环。

4. **苹果片敷眼法**：将含汁量多的苹果切片，敷在双眼上，每次 15 分钟。

5. 土豆片敷眼法：土豆去皮切成约 2 厘米的厚片，外敷双眼上，每次 5 分钟。

夜晚敷，更有助消除眼睛疲累。土豆以大个的为佳，因为覆盖面较大。有牙的土豆不要用，因为有毒。土豆含粉质，可补充眼部所缺，土豆有美白的功效。

◎消除眼袋的妙招

1. **小黄瓜眼膜**：黄瓜的美容功效毋庸置疑。可以在眼袋的部位，把切片的小黄瓜敷上，用来镇静肌肤帮助减轻黑眼圈、眼袋的症状。不过千万记住，敷完小黄瓜眼膜的皮肤干净细薄，容易晒伤。所以要躲避阳光，以免消除了眼袋却多了雀斑。

2. **茶叶膜**：（红茶除外）用热水泡甘菊茶，放凉。用棉片浸茶敷眼 15 分钟，每周 2 次，可消除眼袋。

3. **牛乳眼膜**：用棉片浸冰镇后的脱脂牛奶，放在眼皮上。每天 2 次，每次 10 分钟。可去除眼袋。

4. **冷热交替**：眼睛干涩时交替冷热敷眼部四周，让血液不滞留在眼部。

5. **苹果敷眼**：将苹果切片，紧闭眼睛放在眼袋位置。等待 15 分钟，用湿的棉花球轻拭眼睛。

6. **柿子敷眼**：切开柿子。用匙羹挖出柿肉，搅匀。将肉汁敷眼皮上 10 分钟。用湿毛巾抹掉。

【贴士】：最好早晚各敷 1 次。柿子以熟透为佳。

柿子含丰富维生素 C，可增强皮肤的更新能力。

7. **蜂粉蜂皇浆**：蜂粉 1 茶匙，蜂王浆 1 茶匙，混合后在黑眼圈位置薄薄地敷上一层。1 小时后以清水洗去。每天敷 1 次，1 周见效。

蜂王浆含氨基酸，有漂白作用，且有促进新陈代谢之效。

◎预防眼袋的按摩方法

1. 穴位按摩：眼袋的产生与循环不良有很大关系，按摩可以有效地促进血液循环。用无名指按在眼尾或鼻翼两边的穴位上，大约 3 ～ 5 分钟后放松，连续做 10 次。另外，临睡前轻压眼下中间的穴位也可以预防眼肿出现。

2. 冷敷急救：如果因为睡眠不足而引起了眼袋，可以通过冷敷的方法缓解。用保鲜膜包两三块冰块，把小面巾对折盖在眼皮上，然后把冰块放在上面，便可收到冷敷的效果。冷冻茶包，浸过冻牛奶的化妆棉甚至是在冰箱冷藏室放上 1 分钟的不锈钢钢勺都可以起到消肿镇静的作用。

◎去除黑眼圈的方法

1. 用两个茶叶包（红茶除外）浸在冷水中后放在眼睛上15分钟后取下，每周1次，可治疗黑眼圈。

2. 将泡过的红茶包晒干。然后用凉水浸湿洁净，分别敷于黑眼圈部分。大约敷5分钟左右，黑眼圈就可得以舒缓。

3. 将柿子切片后，分别敷于黑眼圈部分，也可赶走黑眼圈。

4. 温和热敷。热敷有助促进血液循环。用柔软的棉质毛巾浸入温热的清水中拧干后铺在上眼皮上，反复2～3次。水温不可太热，因眼睑皮肤很薄，过热敷会使皮肤松弛、起皱。

5. 用冰垫或冰冻了的毛巾敷在眼睛上，令眼睛周围的血管收缩，帮助眼周肌肤消肿，也能抑制充血。

◎正确涂眼霜的方法

眼部皮肤很细嫩，如果眼霜使用不当，非但不能减少细纹，而且可能会加深或长脂肪颗粒。

先用右手无名指蘸取半粒米大小的眼霜，在右眼下方点一下，左手轻轻地将右眼的下眼皮往下拉一点，千万要轻。它主要的作用是把眼部的细纹拉平，让眼霜渗入这些细纹中。用右手无名指从右眼的右下角开始顺时针慢慢地按摩整个眼圈，直至完全吸收。一般为4到5圈。左眼的操作同右眼。最后再用两手的无名指，轻轻地点拍对应的部位，特别是眼袋部分。这样有助于血液循环，减少黑眼圈与眼袋的形成。

◎使用眼膜小窍门

1. 彻底洁面后再使用眼膜，营养成分更容易被吸收。

2. 把眼膜放进冰箱，加倍的冰凉感受敷起来会更舒爽。

3. 敷眼膜的黄金时间：睡觉前敷用，可更好吸收；运动后，新陈代谢旺盛时吸收加速。

4. 敷眼膜时感到七八分干最好拿掉，以免带走眼眼睛周围的肌肤水分。

◎去除鱼尾纹小窍门

啤酒的酒精含量少，所含的鞣酸味苦又酸。可以刺激食欲，帮助消化及清热。啤酒中还含有大量的维生素B、糖和蛋白质，这些可都是皮肤喜欢的营养成分。适量饮用啤酒，可增强体质，减少面部鱼尾纹。

每天咀嚼口香糖十几分钟，不但能清洁牙齿，更可使面部鱼尾纹减少，面色红润。因为咀嚼能锻炼面部肌肉，改善面部的血液循环，增强面部细胞的新陈代谢功能，使鱼尾纹逐渐消退。

当米饭做好后，挑些柔软温热的米饭揉成团，放在面部轻揉，直到米饭团变得油腻污黑。然后用清水冲洗面部，米饭可以把皮肤毛孔内的油脂，污物吸出，使皮肤呼吸畅通，从而减少鱼尾纹。

◎护唇小窍门

1.晚上可偶尔轻轻地用一把软毛干牙刷在嘴唇上移动，或用手指按摩唇部周围。这样可以刺激血液循环，收紧嘴部轮廓，防止肌肉松弛。

2.热的蒸汽是对付嘴唇翘皮的最好方法。用蒸汽毛巾再敷一遍可以把小翘皮和细小的皱纹整理好。

3.蜂蜜与皮肤的亲和力十分强。作为天然美容材料而广泛地被使用，其天然保湿成分十分适合于保护唇部。如果唇部感觉干燥时，将蜂蜜轻薄的涂在嘴唇上，这也是护理嘴唇的一个好方法。

4.喝水，多吃维生素A、维生素B、维生素C，可改善唇色暗沉。

5.卸妆时选用唇部专用卸妆品，卸眼妆的卸妆品可同时卸唇妆，但卸唇妆的不可卸眼妆。

6.敷保湿唇膜，勤用护唇膏，可轻轻按摩，促进血液循环。

7.唇部干燥脱皮时，可在化唇部彩妆前先以具修复功能的唇部修护霜打底。油性护唇膏滋润度较佳，却容易使口红晕开，所以上口红前应尽量避免使用。如干燥现象并不严重，可直接使用滋润性较高的油质口红。

8.防止唇部干燥脱皮最简单又省钱的方法就是涂些凡士林。也可将沾湿了保湿化妆水或保湿液的化妆棉贴在唇部10分钟，就是方便的自制唇膜。如果没有唇部专用的护理品，用眼部产品来代替效果也是不错的。因为眼角的皮肤和嘴角一样十分柔软、敏感，所以眼部产品也会无刺激供给唇部水分和营养。用手指轻轻拍打，边涂抹边按摩。

◎防止唇裂的几个小窍门

1.如果发现嘴唇太干，可在嘴唇上涂些甘油，使用时必须加50%的蒸馏水或冷开水。

2.在睡前往嘴唇上抹些蜂蜜，

再涂上护唇膏，也可以很快恢复嘴唇的柔嫩光滑。

3.冬天嘴唇干裂，可用维生素 B_2 片涂抹患处，2～3次后便可痊愈。

4.将蜂蜜抹在嘴唇上，每天早中晚连续抹3次，2～3天后裂痕便会闭合了。对于嘴唇起皮，用手撕或者用牙扯肯定是不行的。

◎嘴唇脱皮小贴士

1.唇膏最好选择简单的。现在市面上的润唇膏种类很多，有管装的、盒装的，还有不同的味道、质地和功效，价格也从几元到几百元不等。买润唇膏，选成分简单的即可。只需含有甘油等基础滋润成分，就能对嘴唇起到保护作用。

2.嘴唇干了不要舔。干燥的天气，很多人喜欢用舌头舔来缓解干燥，其实这种做法是错误的。舔唇只会让唇部皮肤保持暂时的湿润。因为唾液中含有淀粉酶，水分蒸发留在嘴唇上会加重其干燥，进而导致越舔越干。如果舌头不停地舔嘴唇，唾液中的细菌带至裂口中而引起感染，会形成舔疮。

3.忌食过辣食物。辛辣的食物会对嘴唇产生刺激，使干燥恶化。一些食物如变态辣烤翅，上面的辣椒粉会强烈地刺激唇部黏膜，导致溃烂，甚至起水泡。

4.使用唇膏要得法。最好在出门前、涂口红前和睡觉前，使用含有维生素C、维生素D和维生素E油等，且具有良好保湿修复功能的润唇膏。再用柔和的面巾纸轻压唇部，达到双倍功效。

5.使用唇膏次数不宜过多：一般人一天使用1～3次。嘴唇特别干的，可以在吃饭或喝水后立即涂上润唇膏。

6.嘴唇起皮不要撕，别用手撕脱皮，这样有可能将唇部撕伤。可先用热毛巾敷3～5分钟，然后用柔软的刷子刷掉唇上的死皮，再涂护唇膏。唇部总发干最好不要涂口红。

7.巧做凡士林唇膜，在双唇涂上一层厚厚的凡士林。依照唇部的大小，剪下适当大小的保鲜膜敷在唇上。如此一来就能将滋润锁进双唇。在敷了保鲜膜的嘴唇上，再覆盖上热毛巾。停留约10～20分钟后，用手指轻轻地按摩刚热敷完的双唇，像弹钢琴般由唇中间往外的方向轻点即可。

8.自制维生素E蜂蜜唇膏。适当给嘴唇抹些维生素E，可以保养嘴唇，使之光滑健康。蜂蜜也对唇部护理有益。具体做法是，使用蜂蜜

1勺，维E胶囊若干，用针刺穿胶囊，将维E溶液挤进蜂蜜里，将混合物搅拌成淡黄色糨糊状。睡前用棉棒蘸取一点，轻轻抹在嘴唇上即可。

三、头发的护理技巧

◎护发小妙方

1. 睡前在头发上涂上橄榄油，第二天洗净，能使头发营养有光泽。

2. 准备半杯酸奶酪，1个蛋黄，3勺醋。将蛋黄搅匀，然后加入酸奶酪，敷在半湿的头发上。10分钟后，在一盆清水中滴入醋，冲洗头发。最后再用水清洗干净。

3. 喝剩下的啤酒不要倒掉，用来洗头，头发会蓬松易梳理。

◎烫发打理有技巧

1. **梳发技巧：**选质量上乘的发梳，先从发梢部位轻轻梳，梳通后，再从发根开始，向发稍部位梳理。

2. **头发定型：**在每次洗发后，待七八分干时，使用定型产品抓出发卷。之后，在每天出门前，涂抹少量定型品，用手抓出效果便可，不必再大量使用。

3. **出门前防晒：**出门之前，在头发上使用带防晒指数的护发产品，做好防护工作。

4. **使用保湿喷雾：**白天感觉头发干燥时，可随时使用保湿喷雾进行滋润。春天易生静电，也可多用保湿喷雾解决问题。

◎染发小常识

染发次数不宜过于频繁。通常在一次染发后，当发根部分长出1～2厘米的新生头发时，就可以进行补染。这段时间通常为6～8周左右。这样，既能让头发的颜色保持均匀一致，又不至于染发过多。在染发前可以在发际线附近的皮肤涂上一层护肤品。目的是为了防止较深的颜色沾在皮肤上而不易清洗。也可以擦一些凡士林，万一沾上药水也容易洗掉。染完头发后，要彻底清洗头发不要让染发剂残留在头发上。洗头时，小心别用手指抓破头皮，以免引起过敏。

染发后的色彩一般可维持两个月。两个月后，由于洗发、阳光和空气里的湿度，色彩会产生自然氧化。由此会产生色素流失而导致发质变差。另外，头发每月以1～1.5厘米的速度在生长。从头发的生长速度来讲，续补染发的时间也应该为两个月。

◎开叉发丝的注意事项

1.首先要将分叉的部分剪去，如果不剪掉，发梢的分叉会更加严重。由分叉点向上剪掉2厘米效果最佳。

2.用完全适合自己发质且温和的洗发精，并于每次洗发后用护发素，以供给头发所需营养。

3.尽量减少烫发、染发、漂发等化学处理。烫发及染发后，务必加强补给头发营养。

4.每天梳头，尤其是睡觉前。许多人只顾洗脸、洗澡，却忘了刷去头发上的灰尘。实际上头发所沾的污垢及灰尘比身体、脸部更多。

5.进行户外活动，应做好护发的准备，能够准备一顶大帽子更好。活动结束后，应好好清洗头发。尤其是经过阳光暴晒或海水浸泡者，更应彻底滋润头发。

◎让秀发不带电的办法

1.头发不能洗太勤，一周2次足够。

2.尽量避免用吹风机做发型。

3.烫发后，隔周再染发，给头发喘息的时间。

4.烫发前不剪发，否则发丝变脆、分叉。

5.受损头发每月修剪，以便恢复营养。

6.使用柔发液梳头。

7.梳子齿要疏，最好是抗静电的木质产品。

8.洗发后，用干毛巾慢慢拭干，不要揉搓，以免发丝缠绕，不易梳理。

◎游泳时不伤头发的秘诀

多数游泳池使用的是自来水。自来水本身是用液氯或漂白粉消毒，而且游泳池水也常需要额外加入此类杀菌消毒剂。液氯和漂白粉都属于强氧化剂，对头发有较强的损伤作用。

海水浴的主要问题是海水中的盐分和微细沙粒。倘若游泳后马上梳理湿发，这两种细晶体会使头发受损，伤害发丝。另外，盐分在紫外线的辐射下，可使头发中的角质发生变化，导致发丝变黄、变干燥。

为维护头发健康，游泳时要戴游泳帽，把头发包紧，尽量使头发少与池水（或海水）接触。坚持每次游泳后用清水洗发，并适当搽些护发油。湿发忌用电吹风吹干，因电吹风的局部温度较高，热能传递不匀，会使头发受损。

◎掩盖头发稀少的方法

1. 能掩盖头发稀少的发型：头发少时要表现出丰盈之美实属不易。如果采用长直发型，缺陷将暴露无遗。较好的方法是采用中短发型。在发根用中型发卷进行烫发。烫发时间不宜过长，使头发形成较大的弯曲，使发根微微直立。做造型时，着重对发根进行加热，使发尾有轻柔动荡之感，能够产生头发浓密、自然飘逸的视觉效果。

2. 改变头发多而硬的发型：粗硬浓密的头发，如果剪得过短，就会竖起，所以头发粗硬的人不宜梳短发。这种发质留中长度头发比较适宜。从正面到侧面做多层次修剪，使发尾飘动，能给人以轻松感。

3. 能使天然卷曲的头发美观的方法：处理天然卷曲而有些凌乱的头发。首先要减少发量，选择短发型。利用头发的天然曲度，采用适当的修剪角度，使头发服帖而平滑地衔接，涂上啫喱非常漂亮。

4. 改变颈背头发朝上生的发型：处理这种头发首先要把向上生的头发剪短，而把外面的头发留长。如果选择短发，应把靠近发际部分向上生的头发用削青的方法处理，才会收到好的效果。

◎去头皮屑的几个小窍门

1. 梳头可减少头皮屑：每日早晚梳头各一次，每次 5 分钟，能减少头屑，且对神经性头痛亦有好处。

2. 热啤酒除头屑妙方：先用温热的啤酒少许将头发弄湿；待 15 分钟左右再用清水冲洗；最后用普通洗发膏洗发、冲净。每天 2 次。一般 4 ～ 5 天即可除净头屑。

3. 热米汤浸洗可减少头皮屑：头发在温和的米汤中浸泡约 20 分钟，并不断揉搓头顶及发根；再用洗发水洗头。坚持一段时间后，可减少头屑。

4. 吃核桃有益于除头皮屑：每天早上吃两个核桃，三个月后头屑可明显减少。

5. 五倍子煎水可有效去头屑：用五倍子液洗头，方法是：用五倍子90克煎水、滤渣备用。先将头发用肥皂水洗净；再用备好的五倍子液洗两三分钟，擦干即可。连续洗几次，效果极佳。

◎治头屑过多5妙方

1.将一杯陈醋溶入1000毫升温水中，用该水洗头。如能每天1次，不但能去屑止痒，对头发分叉、白发也具有一定效果。

2.将适量食盐与少许硼砂一起加入适量清水中，使其完全溶解后洗头，止痒祛屑效果好。

3.将生圆葱捣成泥。用纱布包好，轻轻拍打头发，直至葱汁均匀布满头皮、头发。过若干小时再洗头，头屑即可洗净。圆葱汁在头上涂敷的时间越长，去头屑效果越好。

4.用苦参、黄柏煎汁洗头，不仅能去脂、去头屑，还可清热、解毒、止痒，预防头癣。

5.取桑白皮60～100克煎液洗头，每周一次，也能去头屑，还有防脱发的效用。

◎预防脱发的方法

方法一：淘米水洗头

常用淘米水洗头，会让头发变黑变粗。每天煮饭时的淘米水经常被直接倒掉，其实这是有利于头发的营养品。将每次用后的淘米水留下，装在一个容器里，搁置两天。淘米水会自然发酵，再用发酵后的水来洗头，坚持下来，有利于改善头发质量。

由于发酵后的淘米水会有一种馊味，此时切勿使用洗发水，洗完后用清水冲洗即可。

方法二：生姜水洗头

用生姜在头发脱落较多的地方摩擦，可促进此处的血液循环，对脱发重新长出来有辅助作用。其实还可以用生姜水洗头，也可以让头发变多变密。取生姜2块，洗净后切碎，放在热水中熬成淡黄色时，将生姜捞出扔掉。用此水洗头，可以生发护发。

◎预防脱发的12个小窍门

1.不用尼龙梳和头刷。最理想的是用黄杨木梳和猪鬃头刷。既去头屑，又按摩头皮，促进血液循环。

2.不要勤洗发。间隔最好是2～5天。洗发的同时，边搓边按摩，使头皮活血。

3.不用脱脂性强或碱性洗发剂。

应根据自己的发质选用天然洗发剂。

4. **戒烟**。吸烟使头皮毛细管收缩，影响头发的发育生长。

5. **节制饮酒**。白酒使头皮产生热气和湿气，易引起脱发。啤酒、葡萄酒也应适量。

6. **消除精神压抑感**。每天焦虑不安会导致脱发。压抑程度越深，脱发速度越快。

7. **烫发吹风要慎重**。吹风机的热度会破坏毛发组织，损伤头发。烫发次数不宜过多，烫发液对头发影响较大，使头发大伤元气。

8. **多食蔬菜、谷物、水果**。防止因便秘而弄脏血液，影响头发质量。

9. **空调要适宜**。空调的暖湿风和冷风都可成为脱发和白发的原因，空气过于干燥或湿度过大对保护头发都不利。

10. **注意帽子、头盔的通风**。头发不耐闷热，戴帽子、头盔的人会使头发长时间不透气，闷坏头发。

11. **姜汁涂擦**。过疮疖的头皮上往往不再生头发，可经常用姜汁涂擦患处，日久即能长出新发。

12. **白兰地酒洗发**。在洗发水中，加少许白兰地酒，边洗边按摩头皮，长期坚持，可使头发不再脱落。

四、手足的护理方法

◎自制护手霜

用甘油和醋进行调配，甘油和醋是 2 ∶ 1 的比例。这种方法超级嫩肤，但是味道不好。也可以用花露水代替醋，正好适合夏天驱蚊，效果很好。甘油很容易买到，物美价廉。

◎美白护手霜

纯水 80 毫升，橄榄油 10 毫升，维生素 E1 颗。抗衰老功效的维生素 E，能够促进皮肤血液循环和肉芽组织生长，使毛发、皮肤光润。

◎迷迭香保湿护手霜

医用透明质酸保湿霜，迷迭香单方精油，熏衣草单方精油，天竺葵单方精油。促进手部血液循环，防止冻疮生成。并且抗菌杀菌，又能够在手部形成一层保护膜，保持手部皮肤的柔软。

◎寒冬护手小窍门

将 5 勺奶粉倒入容器中，再倒入适量的热水，用勺子搅匀。将双手在奶粉溶液中浸泡5分钟。牛奶所含的乳酸，能够去除死皮，保持皮肤的滋润。牛奶中还有丰富的钙质，能够强壮指甲。5分钟后将半根香蕉切碎放入容器内捣成泥状。香蕉不但对治疗手足皮肤皲裂十分有效，而且还有令皮肤光润细滑的作用。把一勺橄榄油倒入容器中，用勺子搅拌。橄榄油具有防止冷冻引起的皮肤干裂和保持皮肤湿润的作用。这样护手膜就做好了。

将护手膜均匀地涂在指甲和手部的皮肤上。香蕉和橄榄油混合而成的护手膜具有滋润和营养手部皮肤作用。尤其是对于指甲崩裂、指甲旁边长出倒刺这种情况有很好的预防和治疗作用。10分钟后将护手膜洗掉，会感到自己的手部皮肤变得光润细滑，指甲周围的倒刺也消失了。

◎日常护手技巧

1.在清水中滴入少许食用醋洗手，或者用淘米水浸泡双手10分钟左右。最后用清水冲净，可以祛除手部的角质，并保持皮肤光滑细嫩。

2.喝牛奶或酸奶的时候，最后留下少许。均匀涂到整个手掌直至小臂的位置。用热毛巾包裹住，敷15分钟后再用清水冲净双手，你会惊奇地发现双手无比嫩滑。

3.用鸡蛋1个，取出蛋清，加入等量的牛奶或蜂蜜搅拌均匀，涂满整个手掌及手腕。交叉按摩15分钟后用清水冲净双手。每周做1次，不仅可以使手部的干纹消失不见，同时具有美白的作用。

4.临睡前，把双手放在50℃左右的热水中泡透，然后互相按摩10分钟。同时将润手霜放在微波炉内，用低温稍稍加热后，厚厚地涂满双手，戴上纯棉手套睡觉。第二天，双手会变得异常光滑柔嫩。每个星期做一到两次这样的保养，能极大改善深度干燥的手部肌肤。

◎日常护手好方法

1.用含维生素E的营养油按摩指甲四周及指关节，可去除倒刺及软化粗皮。

2.随时做做简单的手指操，可以锻炼手部关节，健美手形。

3.美手也需要以内养外，调理好日常饮食。平日应充分摄取含维生素A、维生素E及锌、钙的食物。

◎巧用醋美甲

在涂指甲油前，先用棉球蘸点

醋，把指甲擦洗干净。等醋完全干了以后，再涂指甲油，就不容易脱落了，可保持光亮生辉。

◎祛除足部硬茧的小窍门

将足部去角质乳霜涂在硬茧部位用手搓揉，不久就可将硬皮磨掉。

◎改善脚部粗糙的小窍门

1. 每天浴后先以足部磨砂膏敷在局部；再以浮石磨去脚底硬皮，双足就可恢复纤柔细嫩了。

2. 先用足部护理液浸泡双足10分钟以软化脚皮；再涂上足部磨砂膏，用打圈方式按摩脚部；最后用足部浮石或锉刀去除粗糙的表皮，擦干双足后涂上润足液。

◎巧用柠檬水去角质

将双脚浸在洒了点柠檬汁的温水中，同样可以软化顽固的老废角质，并且具有美白效果。

1. **脚背**：两手抓住脚，以大拇指沿着脚背的骨头顺摸。从大脚趾直到脚踝，对每一个脚趾重复同样动作。

2. **脚趾**：以拇指和食指一个个按摩，由指尖到尾端，再换脚。

3. **脚趾之间**：将食指伸进脚趾缝中，按摩1分钟，再换脚。

4. **脚心**：从脚趾尾端到脚跟，以指压法按摩，持续1分钟，再换脚。

◎巧用莲蓬头按摩脚部

洗澡时，用莲蓬头冲脚掌下方那块突起的肌肉的中央部位，就是所谓的大都穴，来一个穴位按摩，能起到放松肌肤的作用。

每天固定花10分钟，用甘菊精油由下往上，从脚尖往小腿肚按摩双脚，不舒服的肿胀感很快就会消失。

◎泡脚防止脚掌老化

用热水泡脚，可成功杜绝双脚和双腿老化。将热水注入深及膝盖的小水桶中，水温以脚可忍受的热度为极限。每天至少泡10分钟，让额头微微出汗。然后去角质、擦乳液，以避免脚后跟过早老化，有效消除脱皮现象。如果龟裂情况严重，擦完乳液后穿上袜子睡觉，效果更好。

◎脚趾互相摩擦护足

这是最简单而又有效的行功法，只要将脚的大脚趾与第二脚趾互相摩擦即可。每天早晚各1次，每次两趾摩擦200次。最初也许只能做到10～20次，如感疲乏，先休息一下，然后再继续做。坚持下去，到第五天或第七天，就能轻松自如地完成了。

◎双足放松小窍门

1.脱掉鞋子，卷曲脚趾夹住书本的边缘，当脚部柔韧性提高，就能将书本翻页。这样做，可以解除疲劳，强壮脚部肌肉。

2.地板上放1只空瓶子，光脚踩在上面滚动，可以刺激血液并且起到按摩的作用。

3.用脚趾夹起木棍、铅笔，以此来拉抻韧带，松弛紧张的肌肉。

4.站久了，抬起脚趾，脚跟着地。重复几次，这项活动可重新分布脚上所承受的压力。

◎氯霉素滴眼液去灰指甲

每天晚上睡觉前把手（或脚）洗干净，在灰指甲上滴上几滴氯霉素滴眼液。滴数日后，从指甲根部开始逐渐正常，眼药液必须滴到完全长出新指甲，最好多坚持数天巩固一下。

◎凤仙花治灰指甲

取凤仙花（俗称指甲草）数朵，加少许白醋，捣烂成泥敷在指甲上。1小时后洗净，经两三次治疗即可产生效果。

◎韭菜汁治疗手脱皮

治疗手脱皮。可取鲜韭菜1把，洗净捣烂成泥，用纱布包好，加入适量的红糖。每日服1次，一般连服4次可产生效果。

◎柏树叶治疗手掌脱皮

患指掌脱皮的人，往往冬季尤重，直至皲裂流血。这时可用柏树枝叶加水煮沸，浸泡患掌，坚持使用月余即可产生效果。

◎黑芸豆治疗手裂脱皮

治疗手裂脱皮，可将70克纯黑芸豆煮烂，连汤带豆食用，每日2次，食用1500克为1个疗程。1个疗程后停食此方半个月，共3个疗程后即可产生效果。

五、化妆的技巧

◎选购化妆品的小窍门

检验化妆品质地的方法是：用手指蘸上少许，轻轻地涂抹在手腕关节活动处。涂抹要薄，然后将手腕活动几下。几秒钟后，如果化妆品会均匀而且紧密地附着在皮肤上，且手腕上有皱纹的部分没有淡色条纹的痕迹时，便是质地细腻的化妆品。

检验化妆品色泽的方法是将其涂在手腕上。在光线充足的地方看颜色是否鲜明，同时还要看是否与自己的肤色相配。符合者则为较好的化妆品。

化妆品的气味要正，即指没有刺鼻的怪味。通常化妆品闻起来应有芬芳清凉的感觉，如果有刺鼻或使人发呕的感觉，或香得过分，就是味不正。

◎保存化妆品小窍门

1.夏天气温高，化妆品更要注意防晒，防高温。

2.很多爽肤水和香水都略含酒精成分，很容易挥发，每天用完要拧紧瓶盖，放在阴凉处。

3.保养品中油脂类的乳霜在太冷的环境里密封不好，油脂会析出。侧重保温的眼霜，如果不拧紧瓶盖，容易变稀，降低浓度。所以保养品和粉类放入冰箱时，一定要用塑料袋封，这样才能延长其使用寿命。

4.不应季的化妆品都暂时用不上了，别将它们随意堆在窗台上，冰箱的冷藏室是它们最好的藏身之处。

◎粉扑的选购与保养

制作粉扑的材质有很多种，目前市场上以化纤或混纺材质为多。皮肤差的人最好还是使用100%棉质粉扑，以减少对皮肤的刺激。当然，无论是哪种质地的粉扑，一旦用脏了都不利于皮肤健康，所以要常清洗。棉质粉扑在清洗后，由于附着香粉而易变硬，所以要用手揉搓使之柔软后再使用。

◎妆容持久的小窍门

化妆前先用一片柠檬擦脸，或者化妆完毕后从离开面部手臂的距离往脸上喷上保湿水，妆容就可以更持久，看上去更清爽。

◎软化干面膜的小窍门

未用完的面膜结块可以软化再用。方法是：往装有干面膜的塑料容器内加入适量的白开水。用蒸馏水或纯净水更好，水量要适当，可根据留有的面膜量而定。然后盖紧容器的盖子，放入凉水锅里，锅水加热到 50 摄氏度时，塑料容器的干面膜变软，便可继续使用了。

◎巧用化妆水

睡前用化妆水完全浸湿化妆棉后，敷在脸上 20 分钟，每周 3 次，皮肤会变得水亮清透。

◎化妆棉的使用技巧

化妆时，先把微湿的化妆棉放到冰箱里。几分钟后把冰凉的化妆棉拍在抹好粉底的肌肤上。你会觉得肌肤格外清爽，彩妆也显得特别清新。

◎巧选适合的粉底

以下颌与颈部连接的部位肤色来试粉底的颜色，最好与肤色完全一致或比肤色浅一度的颜色。切勿选太白或太暗，或与自己肤色差异较大的颜色。

◎腮红的选用技巧

对于肤色较白的人，可以选粉红色系列。而肤色较深的人，应选用咖啡色系列，看起来更健康。有银光的腮红可用来显示额头。

◎选购口红的小窍门

浅色有银光的口红，有使嘴巴显大的效果。皮肤较黑的人，应避免用黄、粉红、银色、淡绿或浅灰色口红。因会与肤色形成鲜明的对比，使皮肤显得更为黯淡。可涂暖色系较偏暗红或咖啡系的口红，将皮肤衬托得较白且协调。而肤色较白的人则任何颜色皆可用。

◎选购香水的窍门

将香水搽一点在手上，等酒精挥发后，只能闻到酒精和合成香料的味儿，而闻不到香味的为劣质香水。切忌一嗅钟情，因为香水接触肌肤后散发的气味，只会维持10分钟左右，随后的中调和基调才是持续伴随你的香气，所以不要10分钟内下决定。

◎依季节搭配香水

晴日里香水会比温度低的日子浓烈，雨天或湿气重的日子香水较收敛持久。春天宜用幽雅的香型，夏天最好用清淡兼提神的香型，冬日则可选用温馨、浓厚的香型。

◎香水持久留香的小窍门

1.先涂手腕再移向全身。把香水先沾在手腕上，然后移向另一只手腕，等手腕温热后，再从手腕移至耳后，然后搽在所有的部位上。两只手腕千万不要互相摩擦，会破坏香水分子。

2.在搽香水之前，先搽上一点凡士林，留香时间会长些。

3.在丝袜上擦香水的人很少。但在穿上之前，先用喷头喷一喷，就会有出乎意料的隐约气息，而且香味可以持久。

◎粉底液过于稠密的处理办法

夏天里若嫌粉底液太稠，可以将粉底液里掺些化妆水，可收到很好的清爽效果。这个方法适用于油性皮肤的人。粉底的涂法虽然见仁见智，但在达到素净肌肤的要求下，这是极好的方式。

◎让皮肤闪亮的窍门

化妆品往往遮盖住皮肤上的自然光泽，使脸看上去不自然，用一点儿收敛水即可让皮肤自然光泽。在扑完妆粉之后，把一个棉球在收敛水里浸湿，取出棉球轻轻挤一挤，然后把它在脸上均匀地轻拍一遍，脸庞会立刻光彩照人。注意不要拍鼻子，那样会使鼻子过于闪亮。

◎巧用粉底液遮盖雀斑

1.用指尖把粉底霜反复扑打在雀斑的部位上。如用此法无效，可以在定妆粉里加些香粉型粉底霜试一试。

2.使用颜色介于雀斑和肤色之间的粉底霜。这样雀斑的颜色和皮肤的颜色趋向一致，就不那么明显了，另外无须反复扑打。

3.用有光泽粉底霜掩盖。皮肤有了光泽，多少有点雀斑也就不必那么担心了。这是一种用光泽压过雀斑的办法。

4.用突出个性的化妆法，分散注意力。例如眼角上有雀斑，要抹颜色显眼的口红。满脸都有褐斑，则要使眼部妆容和口红轮廓清晰充实。

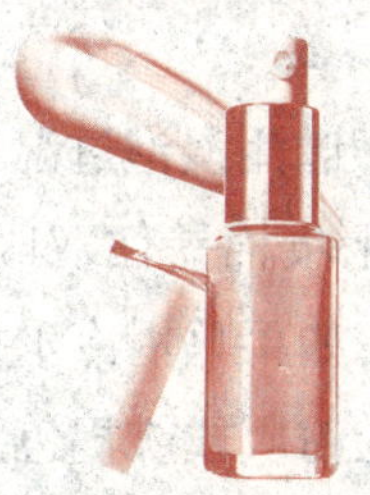

◎巧用粉底液遮盖青春痘

1.在布满粉刺疤痕的部位上涂敷香粉型粉底霜，不用液体型的或雪花膏型的粉底霜。只是使它们变得不明显，而不是把它们用涂料封死。

2.用收敛性粉底霜仔细修整，使毛孔收紧，然后再薄薄地涂上液体型或稍亮的粉底霜。这样，即使凹陷部位上堆积粉底霜，也不会因此而变得颜色发暗。为使整体颜色一致，可再涂些稍稍发暗的粉底霜。如果一开始就用深色的粉底霜，凹进去的地方被填死，颜色积起来，看上去发暗，反而会更显眼。

3.打消掩盖的念头，厚厚地涂上一层有光泽的粉底霜，用光泽转移人们的视线。此法适合症状轻的人。

4.干脆用覆盖力强的粉底霜浓妆艳抹。

◎掩饰黑痣的化妆技巧

通常有两种方法：一种是使用油性的浓厚的粉底；一种是用比皮肤暗一级的粉底；通过这两种粉底的施用，巧妙地将之掩盖。

使用油的浓粉底，其关键在于抹普通粉底时先留下欲掩饰的地方不抹。然后在有黑痣的位置抹浓油粉底，并以黑痣等为中心向周围延伸，慢慢轻压，使颜色由浓转淡。但应注意一定要与先抹的普通粉底和后来涂抹的浓油粉底相融合，而不留痕迹。然后在其上扑粉，这样一来就达到了掩饰及美饰的双重效果。

使用深色粉底时，可用多抹的

方法，即涂抹两次粉底。这种方法可能会使有些人担心，是否会造成比原来肌肤更黑的印象。其实基本上是不会的。这些粉底单独看起来似乎深一些，但涂抹在脸上却是近于肤色的，又给人以减少了雀斑的印象。

另外，现在还有专门掩盖瑕疵的掩盖粉底，使用起来就更方便。但在选用时要注意选择尽可能接近肌肤色的粉底，不要过白或过深。涂抹时先用手指或海绵蘸上底粉，然后轻轻扣压在脸上，这样施粉底比较自然，掩盖效果也比较理想。

◎掩盖皱纹的化妆技巧

化妆开始前应特别滋润肌肤，先用护肤霜来保护皮肤，再施粉。粉底最好是乳液的，施用粉底时应在皱纹处轻轻按压，减缓皮肤的凹陷感。腮红最好用油质的，不要用粉质的，以避免粉过多地吸收皮肤中的油脂和水分。另外，在化妆时脸上有皱纹的地方应轻妆，以免将缺点反映出来。特别是不要扑粉，因为粉很容易吸收皮肤中的油脂和水分，使皮肤看起来干巴巴，毫无光泽感，同时还会加深皱纹。

◎化妆时如何遮盖眼袋

化妆时用暖色粉底调整脸面的肤色，使眼袋部位的肤色与脸面协调，切忌在眼袋处涂亮色，否则会使之更明显。另外，可以适当加强眼睛、眉毛和嘴唇的表现力，转移别人对眼袋的注意。

◎掩饰眼睛疲劳的化妆技巧

眼睛看上去疲劳、没有生气时，可在双眼内侧刷上一些银色的粉，会让双眼立刻充满活力。

◎巧化妆消除眼睛浮肿

闭上眼睛用浸泡过温和的收敛性化妆水的化妆棉盖住双眼，敷 10 分钟后取下。如果只用冷水拍洗脸部，然后就涂上粉底或灰褐色而有掩饰效果的化妆品，那只会显眼部的浮肿。

化妆时可在上眼皮的中央涂以稍浓的眼影，周围的眼影则描淡些。肿眼泡是指上眼皮的脂肪层较厚或眼皮内含水分较多，使眼球露出体表的弧度不明显，人显得浮肿松懈没有精神。可以采用水平晕染，用深色眼影从睫毛根部向上晕染，逐渐淡化，眉骨部位涂亮色，肿眼泡的人尽量不使用红色系眼影。上眼线的内外眼角略宽，眼尾高于眼睛轮廓，眼睛中部的眼线要细而直，尽量减少弧度。下眼线的眼尾略粗，内眼角略细。

◎巧化妆消除眼角皱纹

将乳液状粉底薄涂面部，然后在小皱纹处以指尖轻敲，使粉底有附着力地填进去。减缓其凹陷程度，并可突出重点化妆。

画眼线时，上眼睑不画，下眼睑画以清晰线条但不要画全长，只在眼尾处画全长的1/3即可。眼线笔粗细应为0.2～0.5毫米，颜色开始用棕色，以后可用黑色。

◎用眼药水巧除红眼

喝酒或缺乏睡眠会使你的双眼看起来非常疲倦，布满血丝。可滴上一两滴具有缓和疲劳效果的眼药水，使眼部毛细血管充血、破裂的病状得到舒缓。但眼药水不是越多越好，过多反而可能出现不良的效果。

◎拔眉毛的小窍门

1.要有一支好用的拔眉镊，最好有扁平的镊头。

2.刚沐浴完的时候，由于毛孔敞开，此时拔眉毛就不会太痛。

3.晚上拔眉毛较好，即使拔眉时出现红肿现象，睡过一晚上也基本消除了。

◎眉钳变钝巧处理

如果眉钳变钝了，可以用砂纸小心地将眉钳内侧磨锋利，让它继续发挥作用。

◎如何夹睫毛更好看

夹睫毛的时候从睫毛根部向尾部移动夹子，一边移动一边夹。可以夹得过一些，在涂睫毛膏的时候就可以把它调理成最自然的状态了。

◎眉笔的使用技巧

如果总觉得拿着眉笔的手不听使唤，画不出令人满意的眉毛。不妨做个新尝试。用眉笔在手臂上涂上颜色，用眉刷蘸上颜色，均匀地扫在眉毛上，会得到更为自然柔和的化妆效果。

◎眼睛变大化妆法

可以尝试用白色的眼线笔来描画下眼线，使一双眼睛显得更大、更具神采。

◎眼线的勾画技巧

1.要画好一双细致的眼线，可以先把手肘固定在桌上，然后平放一块小镜子，让双眼朝下望向镜子，就可以放心描画眼线了。

2.先用眼线笔在睫毛的根部点好点，然后再用很尖的刷子将这些点连接在一起。这种办法是最易于实施的将眼线化直的办法了。

◎化眼妆的小技巧

许多上班族都有眼妆容易脱落的小困扰。如果在上眼影粉前，先上一层同色眼影霜，眼妆就能很持久不易脱落。

◎眼线的修正方法

可用棉花球蘸水或爽肤水，放在眼线上，待数秒钟后拿开棉花球，涂错的眼线就会消失。

◎化眉毛的小窍门

1.眉毛过于平直可将眉毛上缘剃去，使眉毛形成柔和的弧度。

2.眉毛高而粗，可剃去上缘，使眉毛与眼睛之间的距离拉近些。

3.眉毛太短，可将眉尾修得尖细而柔和，再用眉笔将眉毛画长些。

4.眉毛太长，可剃去过长的部分，眉尾不宜粗钝。最好剃去眉尾的下线，使之逐渐尖细。

5.眉毛稀疏，可利用眉笔描出短羽状的眉毛，再用眉刷轻刷，使其柔和自然。不宜将眉毛画得过于平板。

6.眉毛太弯，可剃去上缘，以减轻眉拱的弯度。

7.眉头太接近：，可剃去鼻梁附近的眉毛，使眉头与眼角对齐。

8.眉头太远，可利用眉笔将眉头描长，以缩小两眉之间的距离。

◎涂睫毛膏的技巧

在使用睫毛膏之前，先用纸巾

擦拭睫毛膏棒，擦掉引起打结的多余睫毛膏，再开始从一边刷睫毛膏。

◎眼妆卸妆小窍门

眼妆的卸妆方向必须依眼皮的肌理进行。采取右眼顺时针，左眼逆时针方向清洁，避免过度拉扯导致皱纹生成。

1. 以化妆棉蘸取丰盈的卸妆用品，并在睫毛下垫一张面纸。

2. 用蘸了卸妆用品的化妆棉，轻轻贴在睫毛处数秒钟，让睫毛膏能充分被溶离。

3. 充分溶解后，将化妆棉轻轻地由上往下擦拭。

4. 利用蘸了卸妆用品的棉花棒，清理睫毛间的小细缝。

5. 再次拿取一片蘸了卸妆用品的干净化妆棉，仔细将细屑擦拭干净。

◎如何延长睫毛膏的使用时间

在每次用完睫毛膏后，用纸巾将刷子上多余的睫毛液抹掉，再插回管中拧紧。

◎如何保养假睫毛

假睫毛虽然纤细精美，却很脆弱，因此，使用时要特别小心。从盒子里取出时，不可用力捏着它的边硬拉，要顺着睫毛的方向，用手指轻轻地取出来；从眼睑揭下时，要捏住假睫毛的正当中“唰”的一下子拉下，动作干脆利索，切忌拉着二三根毛往下揪。用过的假睫毛要彻底清除上面的黏合胶，整整齐齐地收进盒里。注意不要把眼影粉、睫毛油等粘到假睫毛上，否则会弄脏、毁坏假睫毛。

◎大鼻子女孩的化妆技巧

使用接近白色的粉底从鼻梁上往下敷，并涂抹均匀，使之看上去呈现些许朦胧。然后在鼻孔的外侧使用颜色较深的粉膏涂敷均匀。这样鼻子看上去小很多。

◎塌鼻子的化妆技巧

使用较白的粉底，在鼻梁上成直线往下敷，鼻尖使用较白色的粉底涂成白色。涂的时候必须均匀，这样鼻子看起来高一些。

◎耳朵的化妆处理

在搽粉的时候，耳朵表面也应搽一点。这样能使面孔和耳朵浑然一色。不过耳朵上搽粉不宜太多，需适度，否则会弄巧成拙。耳朵上不单要搽粉，还可抹一点红，但不可红透耳根，这样会给人新鲜活泼的感觉。

◎巧用唇线笔

在上唇线前，先将唇线笔在手背上划一下，就会好用很多。

◎口红的修正技巧

口红配得不满意时，可以把纸巾对折一两次，放在两唇间，略施压力，重复数次，再涂上新的唇膏或口红即可。

◎厚唇变薄化妆法

将唇形外部用脸底色或掩盖色把多余的部分盖去，涂上粉。然后用唇笔再画出小于原来嘴形的轮廓线。在轮廓线内涂满唇红，而且唇红不要深。在唇的中部还要涂些亮光唇红。如果原来的唇边不明显，还可以用底色一样的掩盖色再涂。

◎薄唇的化妆技巧

用唇彩笔以稍微浓重的感觉画出轮廓线，即在上下唇描绘出约超出原唇轮廓线 1 毫米之外的色彩。需要注意的是，若画得太大，反而会显得不自然。用刷子将唇彩涂到整个嘴唇上，其优雅的光泽能令嘴唇看上去更丰厚，使嘴角浮现出更丰盈的立体感。

◎不对称唇形的化妆窍门

有些人上唇左右唇峰大小不一致，这种唇形的修饰可以根据脸部其他五官的比例而定。如果五官比例较大的话，可画大唇线的比例，以保持唇部平衡。若五官比例较小，可画内唇线来平衡唇部的比例。

◎遮盖唇纹的化妆技巧

上了年龄的女性，嘴角四周容易出现皱纹。涂口红时颜色容易集中在纹沟中，使纹沟更加明显。因此最好用唇线笔勾画唇线，涂口红前在唇上抹少量粉。

◎唇角下垂的化妆窍门

用唇笔画出微翘的唇角，但不要太夸张。如果将整个唇的唇线略为加长效果会好些。

◎双下巴的化妆窍门

在下巴处涂上暗色阴影粉，并使用亮色口红，使下巴以上的部位成为视觉的焦点。

◎下颚松弛的化妆窍门

线条柔和美丽而富有弹性的下颚是掩饰年龄的秘密办法之一。对修正颈部的缺点也很有帮助。沿着下巴到耳根的曲线刷上阴影粉，注意要刷在面颊以下的部位。

◎指甲油的选购技巧

1.好的指甲油涂了很快就干。

2.选购时将指甲油毛刷拿出来看看，顺着毛刷而下的指甲油是否流畅地呈水滴状往下滴。如果流动很慢代表这瓶指甲油太浓稠会不容易擦匀。

3.刷子拿出来时，左右压一下瓶口，试试刷毛的弹性。

4.尽量选择刷毛较细长的指甲油，会比较容易上匀（比较一下不同品牌指甲油的刷毛就会知道）。

5.刷子沾满指甲油拿出来时，毛刷仍维持细长状为好，有些会因此变得很粗大。

6.购买时要查看生产日期。

◎指甲油的涂抹技巧

1.指甲油使用前先摇晃几下瓶子，可防止气泡形成，涂抹时更均匀。

2.手指涂完指甲油后，如果立刻放入凉水中浸泡，可使指甲油迅速变干。

3.在指甲的边上用白色的眼线笔划上一圈，再涂干的透明指甲油。这样，几分钟内，就可以创造出美丽的指甲。

◎巧除残余指甲油

指甲油本身就有类似洗甲水的消融性，将指甲油涂在指甲残迹处，两三秒后用软纸擦拭，即可洗净指甲。

◎戴眼镜女士的化妆技巧

1. **近浓远淡。**近视镜具有缩小眼睛的效果，因此眼部化妆要比正常人浓艳一些，这样才能达到强调和突出的化妆效果。相反，如果戴的是远视镜，镜片将放大眼睛，此时化妆以柔和淡雅、朦胧模糊为宜，并将睫毛、眼线画得更细致。

2. **戴镜化妆，巧加修饰。**眼镜本身也是种装饰品，如果佩戴平光眼镜，不受度数等客观条件限制，戴上眼镜后，镜边不应遮住眉毛。对镜子观察自我形象，若肤色较白，镜框和镜片颜色较浅，化妆时应以清淡为主：若二者皆较深，化妆时可画得深浓一些。涂抹唇膏时，宜视镜框和镜片颜色的深浅而定。如果双眼较小，在两侧太阳穴处涂抹适量胭脂与眼镜相配，可以给人美好的视觉印象。假若脸型瘦长，在两颧处涂抹稍浓的胭脂，既显出青春活泼之美，又可从视觉上缩短脸庞。眼睛是心灵的窗口，眼镜是心灵的窗架，镜片是窗上的玻璃，请镶好玻璃，并擦亮它。

◎卸妆小窍门

卸妆后，要在脸上抹一层营养油脂，并用热毛巾敷脸，以使皮肤更好地吸收营养物质。

Part2

这样饮食最科学

——吃出百分百的健康和美丽

第一节

女人最该吃什么

一、滋容瘦身的蔬菜

◎黄瓜的几种美容妙用

据研究，黄瓜含水分96%，含较多的维生素和丰富的钾盐及糖类、钙、磷、铁等。并且含有柔软的细纤维素。具有促进肠道腐败物质排泄和降低胆固醇的作用。鲜黄瓜中还含有抑制糖类物质转化成脂肪的丙醇二酸，久食对抑制身体肥胖有好处。所以说黄瓜是人体健康美容不可缺少的食品之一。

1.可以生吃。用黄瓜拌粉皮、拌海蜇、拌面、拌肚丝、拌鸡丝，也可拿整根黄瓜当水果吃。

2.把黄瓜绞成汁，据说黄瓜汁有舒展皱纹、保护皮肤的作用，是美容术中常用的汁液。可饮用也可直接擦面。如皱纹较多，可一天一次，生效很快。

3.把黄瓜切成薄片，可临睡前贴在脸上，第二天早晨去掉，你会发现皮肤比昨日光滑、润泽多了。

◎西红柿的美容妙方

西红柿，俗称番茄。汁多爽口，风味佳，生食熟食皆可。可加工成西红柿汁和西红柿酱。西红柿不但能食用，而且有很好的美容功能。这是因为西红柿营养丰富。所以，常吃西红柿，不但能美容，而且对高血压、心血管病以及眼底出血等也有一定疗效。中医也认为西红柿具有生津止渴、健脾开胃、消炎等功效。

1.西红柿可以鲜食。也可与糖拌食，或与茄子、土豆等一起烹制。

也可吃西红柿酱。

2.将西红柿切碎，盛在碗内，用汤匙压出汁，加入少许蜂蜜，涂于面部、双手及手臂，对皮肤有极好的保养作用。可使肌肤洁白，消纹除皱。

◎杏仁的妙用

杏仁是内服外用的美容佳品。杏仁主要作用于肺经，而肺主皮毛，杏仁不论内服或外用均是一种天然的植物性美肤护肤佳品。

现代医学研究证实，杏仁中主要含有维生素 B_1、脂肪酸及挥发油等成分。脂肪酸可滋润皮肤，挥发油可刺激皮肤血管扩张，改善皮肤的血液循环和营养状态，起到润泽面容，减少面部皱纹形成和延缓皮肤衰老的作用。

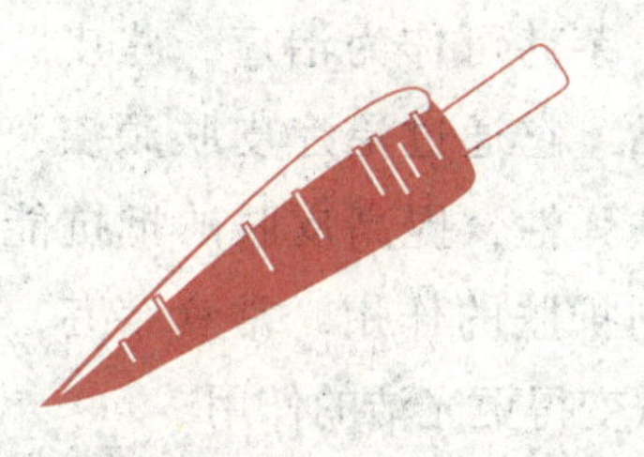

◎胡萝卜汁可提高免疫力

每天喝上一定数量的鲜胡萝卜汁，能改善整个机体的状况。胡萝卜汁能提高人的食欲和对感染的抵抗力。哺乳期的母亲每天多喝些胡萝卜汁，分泌出的奶汁质量要比不喝这种汁的母亲高得多。患有溃疡病的人，饮用胡萝卜汁可以显著减轻症状，胡萝卜汁还有缓解结膜炎以及保养整个视觉系统的作用。

◎韭菜可促进肠胃蠕动

韭菜所含的纤维素最多。这种纤维素进入人体后，可促进肠蠕动，有较强的通便作用，可排除肠道中过多的养分。

◎冬瓜可减肥

冬瓜含的热量要比其他蔬菜少，又有助于促进人体的新陈代谢，具有较强的减肥作用。

◎绿豆芽可减肥

它含水分较多，被身体吸收后产生热量较少，更不容易形成脂肪堆积皮下。

◎大豆及豆制品可减肥

大豆和豆制品含有丰富的不饱和脂肪酸，能分解体内的胆固醇，促进脂质代谢，使皮下脂肪不易堆积。特别是醋豆，它是减肥的好食品。

医学专家研究证实，醋豆里的皂素，能排除附着在人体血管上的一种脂肪，并能减少血液中胆固醇含量，有助于减肥。

醋豆的制法是：将黄豆洗净，沥干水，炒25分钟左右（注意别炒焦）。待冷却后装瓶，倒入食醋浸泡，加盖封好。一周后即可食用。每天早晚各吃10～20粒，坚持一段时间后，即有减肥效果。

◎用蜂蜜巧减肥

蜂蜜具有解毒、抗菌、消炎、滋润、防腐、保护创面、促进细胞再生和渗液吸收的诸多功能。蜂蜜含有丰富的葡萄糖、蛋白质、维生素、有机酸、氨基酸和花粉等营养成分。热量又很低，不仅有利于增加肝脏解毒能力，而且还有健胃、助消化等效果，它的热量还十分的低。

◎莲藕的妙用

莲藕为睡莲科植物，莲藕的根茎肥大，又名藕。中医药学认为，莲藕味甘，无毒，生则性寒，熟则性温。生者能凉血止血、清热润肤，熟者可健脾和胃，补血泽肤。《日用本草》说：生用莲藕，清热除烦，生肌，润肤。

莲藕有帮助肌肤的伤口愈合、光滑皮肤等作用；还可用于治疗热病口渴、肺热咳嗽、情绪不安、支气管扩张、膀胱炎、更年期综合征等病症。

在夏天，可取新鲜莲藕，洗净、刨皮、切片（或切丝）。加醋、麻油及适量细盐、味精生拌。作为消暑生津及护肤、美容的家常食品。

◎芋艿使皮肤光洁

芋艿可作为治疗一些皮肤病的食品。它通过治疗皮肤顽疾，改善皮肤弹性，提高皮肤的抵抗能力而起到护肤的作用。常食芋艿，有使皮肤变得更光洁的作用。

芋艿不能生吃，也不宜多食，吃多了熟芋艿会闷气。故脾胃功能不太好的人一次不能多吃，老人及消化不良者亦不能贪吃芋艿。

◎魔芋改善肠胃

中医药学认为，魔芋味辛、性寒、有毒，具有清热解毒、化瘀消肿、活血通经、散积化痰等功能。

现代医学研究发现，魔芋可以促进肠蠕动，改善胃肠道环境，使胃肠道各种酶的活性、分泌功能加强。能够有效地防治便秘、胆石症、胃肠道癌；有抗炎作用，可治疗疖疮等皮肤感染性疾病；还可改善皮肤血液供应，维护皮肤弹性、光泽；能抑制人体对胆固醇的吸收，预防高血压、心血管疾病的发生；有减肥作用，可改善人的形体美。魔芋全株皆有毒，用作食品时必须在加工后方可食用。

◎菠菜补铁效果好

中医药学认为，菠菜味甘，性凉，有凉血止血、补血润肤、敛阴润燥、下气通肠等功效。

菠菜是护肤美容食品，尤适用于缺铁性贫血的女性食用。菠菜还有辅助治疗巨幼红细胞性贫血、糖尿病、夜盲症、便秘、便血等病症的作用。

二、美丽一生的水果

◎苹果减肥美肤

苹果是一种低热量水果。其营养成分可溶性大，易被人体吸收利用，享有活水和水果皇后之美称。是很好的美容护肤品，经常食用，既可减肥，又可使皮肤润滑细嫩。

据报道，这种活水有利于溶解体内的硫。而硫对皮肤健美有特殊作用，可使皮肤细腻滑润。据测定，苹果还含有铜、碘、锰、锌等微量元素。人体内缺少这些元素，会使皮肤粗糙、奇痒、失去光泽。苹果中还含有单宁酸、有机酸及各种维生素，对皮肤健美非常有益。

此外，苹果还具有减肥作用。国外学者研究发现，苹果有降低血清胆固醇和减肥作用。因为苹果中含有果胶质，是一种可溶性纤维质，有助于降低胆固醇。

研究发现，经常吃苹果的人，胆固醇含量比不经常吃苹果的人低20% 左右。苹果中，还含有较多的粗纤维，它们在胃中消化较慢，具有饱腹感，故可以减肥。

◎大枣补血安神

自古以来就被列为养生健身的上品之果，营养价值比其他水果要高。具有补益脾胃、养血安神、滋补身体之特殊功效。

◎荔枝生津补气

荔枝形色俱美，质娇味珍。古人推崇为果中佳品，称其为仙果、佛果，是民间一向喜用的滋补果品。有生津补气功效。

◎香蕉的润肠补钾

香蕉被称为高能量的食品，含有极易为人体吸收的碳水化合物。同时还富含钾，常吃可以润肠。钾在人体内能够帮助维持肌肉和神经的正常功能，但它不能在体内储存很多时间。人在剧烈运动后，体内的钾含量会降得很低。研究表明，钾过低会导致肌肉疼痛、心律不齐、反应迟缓等，而吃几根香蕉则可补充钾的不足。

◎草莓补充精力

草莓含有丰富的维生素C。而维生素C有助于人体吸收铁质，使细胞获得滋养，因此多吃草莓能使人精力充沛。

◎猕猴桃恢复肌肤弹性

猕猴桃是好皮肤的强力发电厂，因为它含有非常高量的维生素C。一个猕猴桃就可达一天需要量的100%。维生素C可以消除自由基，预防皮肤伤害，帮助制造胶原蛋白，让皮肤有弹性。

◎柠檬美白抗氧化

柠檬是一种富含维生素的水果。其中主要是维生素C、维生素B_1和维生素B_2等。维生素C是很好的抗氧化剂，可以消除自由基对皮肤的侵蚀，使皮肤保持光滑、细腻而有弹性。

柠檬中含有大量的柠檬酸。这种酸不仅能促进胃液分泌，帮助消化，中和碱性，还可防止色素沉着，对皮肤具有漂白作用。用柠檬榨汁洗脸可使皮肤滑润健美，起到延缓皮肤老化的作用。

另外，柠檬具有生津、止渴、祛暑作用。闻柠檬气味，可使人心胸舒展，精神愉快。

◎黑莓有利于心脏的健康

同等重量黑莓中纤维物质的含量是其他水果的三倍多，毫无疑问对心脏健康有帮助。

◎樱桃美白、治妇科疾病

铁是血红蛋白的重要元素。而妇女又以阴血为本，因此樱桃除能美肤红颜外，还有助治疗孕妇乳母贫血及月经过多、崩漏等多种妇科病症。

除了含铁量高之外，樱桃更有平衡皮脂分泌、缓慢老化的维生素A。活化细胞、美化肌肤，令双眼有神及治疗月经不顺的维生素 B_2、铁、钙、磷及高补充肌肤养分的维生素C。樱桃除具美容功效，更有食疗保健作用，如脾虚腹泻、补中益气、肾虚腰腿疼痛等。

樱桃由内到外都是妇科良药，可用作食疗。先将冰糖适量溶化，加入银耳50克煮10分钟左右，然后加入樱桃30克、桂花适量煮沸后即可。这汤水有助于补气、养血、嫩白皮肤。

◎补血养颜水蜜桃

水蜜桃肉甜汁多，含丰富铁质，能增加人体血红蛋白数量。古人相传常吃桃子能益颜色，背后原因可能在此。

桃子虽然营养丰富，含较多脂肪和蛋白质，但不宜多食。原因是，一则桃子性温，多吃会内热过盛。二则营养丰富，过量会导致胃胀胸闷。不过只要适量，便不会出现问题。

◎芒果解毒、治疗晕船

芒果，是少数富含蛋白质的水果，多吃易饱。传统上说它能益眼、润泽皮肤，估计是含有胡萝卜素的原因。其核亦可作药用，能解毒消滞、降压。

据中医食疗性味分析，芒果属于性平味甘、解渴生津的果品。生食能止呕，治晕船，效用与酸梅、话梅一样。不惯坐船者，饱受颠簸后胸口翳闷，不妨将芒果当药。孕妇胸闷作呕时，可吃芒果肉或以芒果煎水进食。

要注意的是，芒果性质带湿毒，若本身患有皮肤病或肿瘤，应谨记避免进食。

◎吃水果五忌

1. **忌不卫生**：食用开始腐烂的水果，以及无防尘、防蝇设备又没彻底洗净消毒的果品，如草莓、桑葚、切开的西瓜等。容易引发痢疾、伤寒、急性胃肠炎等消化道传染病。

2. **忌用酒精消毒**：酒精虽能杀死水果表层细菌，但会引起水果色、香、味的改变。酒精和水果中的酸作用，会降低水果的营养价值。

3. **生吃水果忌不削皮**：一些人认为，果皮中维生素含量比果肉高，因而食用水果时连皮一起吃。殊不知，水果生长过程中发生病虫害时，往往用农药喷杀。农药会浸透并残留在果皮蜡质中，因而果皮中的农药残留量比果肉中高得多。

4. **忌饭后立即吃水果**：饭后立即吃水果，不但不会助消化，反而会造成胀气和便秘。因此，吃水果宜在饭后两个小时或饭前一个小时。

5. **吃水果忌不漱口**：有些水果含有多种发酵糖类物质，对牙齿有较强的腐蚀性。食用后若不漱口，口腔中的水果残渣易造成龋齿。

三、美容养颜滋补粥

◎健胃益气粥

【材料】：薏米 50 克，莲子 10 克，白扁豆 20 克，粳米 50 克。

【制作方法】：薏仁、莲子、白扁豆浸洗干净，同粳米作文火煲至黏稠即可。

【功效】：莲子固精气、养心血，白扁豆健脾补胃。益胃正气，去湿除热。适宜肠胃功能欠佳，工作劳累者。

◎莲实美容羹

【材料】：莲子 30 克，芡实 30

克，薏苡仁 50 克，桂圆肉 10 克，蜂蜜适量。

【制作方法】：1.先将莲子、芡实、薏苡仁用清水浸泡 30 分钟；

2.再将桂圆肉一同放入锅内，用文火煮至烂熟，待温后加蜂蜜调味食用。

【功效】：有消除皱纹、白嫩肌肤的作用。

◎补血美颜粥

【材料】：川芎 3 克，当归 6 克，红花 2 克，黄芪 4 克，粳米 100 克，鸡汤、葱花、精盐、生姜适量。

【制作方法】：1.将米洗净；

2.用水浸泡当归、川芎、黄芪切成薄片后装入干净的小布袋中，放入瓦锅内加鸡汤共熬成药汁；

3.将粳米放入药汁中煮粥，待粥浓稠时加红花、葱花、精盐、生姜调味服食。

【功效】：此粥有活血行气，补养气血之功效，女性常食能调经补血、驻颜美容。

◎核桃阿胶膏

【材料】：红枣 500 克（去核），核桃肉 150 克，桂圆肉 150 克，黑芝麻（炒熟）150 克，阿胶 250 克，冰糖 250 克，黄酒 500 克。

【制作方法】：1.将红枣、桂圆肉、核桃肉、黑芝麻研成细末；

2.阿胶浸于黄酒中泡 10 分钟，然后与酒一起置于陶瓷碗中隔水蒸至阿胶完全溶化之后，再加入核桃、红枣、黑芝麻、桂圆肉末调匀，放入冰糖再蒸 15 分钟后即成。

【功效】：养生健体、护肤美容，入冬之后常服，可使皮肤健美，容光焕发。

◎银耳樱桃羹

【材料】：银耳 50 克，樱桃 30 克，桂花、冰糖适量。

【制作方法】：先将冰糖溶化，加入银耳煮 10 分钟左右，再加入樱桃、桂花煮沸后，随意食之。

【功效】：此羹有补气、养血、白嫩皮肤、美容颜之功效。

◎红白果仁汤

【材料】：红枣 20 克，薏苡仁 20 克，白果 15 克（去壳除衣），桂圆肉 10 克，鹌鹑蛋 6 个，适量红糖或冰糖。

【制作方法】：上述原料同放入锅内同煮 40 分钟，再加入先煮熟去壳的鹌鹑蛋6个，加入适量红糖或冰糖食之。

【功效】：此汤具有养心神、清湿毒、健脾胃之功效。常食可使皮肤少生暗疮、粉刺、扁平疣等，使皮肤嫩滑、光洁白净。

◎红枣菊花粥

【材料】：红枣、粳米、菊花、红糖等各适量。

【制作方法】：将红枣、粳米和菊花一同放入锅内加清水适量，煮粥待粥煮至浓稠时，放入适量红糖调味食用。

【功效】：此方具有健脾补血、清肝明目之功效。长期食用可使面部肤色红润，起到保健防病、驻颜美容的作用。

◎木瓜燕麦美容羹

【材料】：木瓜半个，燕麦30克，红枣20克，冰糖5克。

【制作方法】：水煮沸后入燕麦，搅拌下稍煮，再沸腾后，放入木瓜、红枣、冰糖，冰糖完全融化，汤汁成羹状即可。

【功效】：美容养颜。

◎姜枣茶

【材料】：生姜200克，大枣200克，盐20克，甘草30克，丁香30克，沉香30克。

【制作方法】：将上述材料共捣成粗末和匀，每天晨取10～15克，沸水泡10分钟即可代茶饮用。

【功效】：此方长期服用可使容颜红润，肌肤光滑。

◎燕窝蜜枣汤

【材料】：燕窝25克、蜜枣15克，红糖适量。

【制作方法】：将燕窝用清水泡开除去杂质，然后与蜜枣（去核）同放入锅内加水适量煮至蜜枣烂熟，再入红糖调味食用。

【功效】：此方有养颜和祛皱纹之功效，使肤色光泽滋润。

◎金莺雪耳羹

【材料】：雪耳25克，红枣15克，陈皮6克，鸡蛋1个，冰糖适量。

【制作方法】：先将红枣去核与雪耳同煮30分钟；然后放陈皮再煮10分钟加冰糖，打入鸡蛋拌匀即可食用。

【功效】：此方有养颜美肤、祛皱纹、消色斑之功效，常服可使皮肤白嫩、细腻、富有弹性。

◎苹果雪梨羹

【材料】：苹果2个，雪梨2个，莲米120克，陈皮9克，砂糖适量。

【制作方法】：将苹果、雪梨去核留皮。莲米与陈皮一同放入锅内加适量清水煮30分钟，再放苹果、雪梨同煮50分钟后入砂糖调味即可食用。

【功效】：此方有美容、护肤、抗衰老之功效。

◎银耳枸杞羹

【材料】：银耳15克，枸杞子25克。

【制作方法】：将银耳、枸杞子同入锅内用文火煎成浓汁，待温后加入蜂蜜再煎5分钟即可服用。隔日1次，温水兑服。

【功效】：此方有滋阴补肾、益气和血、润肌肤、好颜色之功效。

◎柠檬蜂蜜汁

【材料】：蜂蜜、柠檬各适量。

【制作方法】：先在细长的瓶子注入蜂蜜适量，然后将柠檬切成薄片放入蜂蜜里浸泡。每天取适量以冷开水兑服（冬天可用温开水）。

【功效】：此方可使皮肤变得娇嫩、润滑，还可防治雀斑、黑斑。

◎玫瑰情人粥

【材料】：1杯白米，新鲜玫瑰花1朵，还有熬得香浓的鸡汤一升，蜂蜜适量。

【制作方法】：先将鸡汤煮沸，放入淘净的白米继续煮至滚时稍微搅拌，改小火熬煮30分钟，加入玫瑰花瓣再煮3分钟即可。如果想再加点甜蜜，就放点蜂蜜。

【功效】：这款粥具有美容减肥的功效。玫瑰花具有促进血液循环的功效，能使肌肤光滑。而蜂蜜一遇热会使蛋白质等营养素转化为蛋白酶，使肠胃急速蠕动而减少过度吸收，有助于减肥。

◎苹果粥

【原料】：白米、苹果各适量。

【制作方法】：淘净的白米煮至滚时稍微搅拌，改小火熬煮30分钟，加入削皮、切片的苹果再煮。

【功效】：常饮此粥可排毒防便秘，美容养颜。并可以温养脾胃，补中气。

◎桂圆莲子粥

【材料】：桂圆十余枚，莲子十余枚，红枣数枚，糯米200克。

桂圆肉性温味甘、补血安神；莲子性平味甘、补脾益肾；红枣性平味甘、补益脾胃；糯米性温味甘、补中益气。这道粥最适合常失眠的人食用。

【功效】：除焦虑，安神，助眠，温补脾胃，补中益气。

◎南瓜牛奶粥

【材料】：南瓜一块、大米少许，牛奶一袋。

这道粥中除了南瓜、大米、牛奶外，还可加入洋葱和少量天麻，可以起到镇定安神的作用。辅料有少许盐和胡椒粉，喝起来口感甜中有咸。

【功效】：美容。

◎鸡肉粥

【材料】：大米、鸡肉末、植物油、酱油、盐、葱末、姜末各适量。

【制作方法】：大米淘洗干净，放入锅内，永旺火煮开后转文火熬黏稠。

将锅置火上，放入油，下鸡肉末炒散，加葱末，姜末，酱油搅匀，待加入粥锅内，调入盐，同煮片刻。

◎美颜补血粥

【材料】：当归10克，川芎3克，黄芪5克，红花2克，鸡汤1000克，粳米100克，米酒适量。

【制作方法】：先将前3味用米酒洗后，切成薄片，诸药入布袋。加入鸡汤和清水，煎出药汁，去布袋后入粳米熬成稀粥。

【功效】：日服1剂，分数次食用。具有补血、理气、祛瘀、悦色、去斑的功效。适用于血虚所致的面色苍白者，并可消除皮肤黑斑与黑眼圈。

◎黑米粥

【材料】：黑米。

【制作方法】：取黑米200克淘洗干净，加水，文火熬黏稠即成。

【功效】：日服1剂，早晚食用。具有补肾健脾、滋阴养血、益肝明目的功效，适用于肝肾气血不足所致的头晕、耳鸣、视物不清、面容憔悴等症。

◎猪肝绿豆粥

【材料】：绿豆 50 克，粳米 100 克，猪肝 100 克。

【制作方法】：粳米、绿豆淘洗干净，加入水煮，之后放入猪肝，煮至肝熟粥烂即可。

【功效】：口服 3 次。经常食用，具有清热、补肝、养血、明目、润肤的功效。适用于血压所致面色发黄、视力减退等症。

◎甜浆粥

【材料】：大米 50 克，豆浆 500 克，白糖少许。

【制作方法】：大米洗净与新鲜豆浆同煮成粥，加白糖少许。

【功效】：可供早晚餐温热取食。大豆有宽中益气，润泽肌肤的功效。

◎脊肉粥

【材料】：脊肉 50 克，粳米 50 克，食盐、植物油各适量。

【制作方法】：取脊肉洗净切小块，用少许油炒后与粳米、适量水同煮成粥，加食盐少许调味，早晚空腹食用。

【功效】：猪肉补肾液，充胃汁，滋肝阴，润肌肤，利便，止消渴。含有丰富的维生素 C、B_1、B_2 等多种具有美容作用的营养成分。本有防皱除皱的作用。

◎番薯粥

【材料】：番薯 100 克，粳米 150 克。

【制作方法】：取番薯洗净切块，与粳米及适量水同煮成粥，作早晚餐食用。

【功效】：番薯可补中、和血、肥五脏。中医认为气血为生化之源，能将水谷化生为气血，滋养荣润面部肌肤，使人容光焕发。本粥便据其健脾胃，和气血之功，达到润肤悦色之效果。

◎黄精粥

【材料】：黄精 20 克，粳米 100 克，陈皮 3 克，冰糖 20 克。

【制作方法】：黄精用纱布包好，放入适量水在锅中煮 10 分钟；再下粳米、陈皮、冰糖同煮成粥；拣出药包，作早晚餐食用。

【功效】：黄精味甘厚腻。宽中益气，使五脏调良，肌肉充盛，骨髓坚强。本粥补益作用较强，身形虚瘦的人极宜常用。

◎熟地粥

【材料】：熟地20克，粳米50克。

【制作方法】：取熟地20克用纱布包好与适量水煮20分钟后，拣出纱包；下粳米50克煮成粥；下冰糖稍煮即可服用。

【功效】：常食能补中气，壮筋骨，通血脉，益精气，和五脏，有轻身好颜色，聪耳明目的作用，对肌肉消瘦者适宜。

◎燕麦粥

【材料】：燕麦50克。

【制作方法】：燕麦同适量水煮成粥。可供早晚餐食用。

【功效】：燕麦又叫莜麦、裸燕麦，性味甘平，是一种高蛋白粮食品种，其补虚健脾，营养价值很高。常食此粥，对保持皮肤弹性和抑制老年斑形成有显著效果。

◎三红粥

【材料】：红枣、红豆、红米各适量。

【制作方法】：红枣去核洗净；红枣、红豆、红米洗净后，与适量水同入锅煮熟即可。

【功能】：经常食之，补心血，健脾胃，不虚不燥，面色红润，皮肤细腻，适宜产后、病后体虚者。

◎海带豆芽汤

【材料】：海带、黄豆芽、胡萝卜、西红柿、盐各适量。

【制作方法】：以海带、黄豆芽、胡萝卜、西红柿熬汤。

【功效】：此汤营养高又吃得饱。且海带本身有收敛作用，含钾离子比较高，减重期间喝，身体PH值会呈碱性。

◎荷叶冬瓜饮

【材料】：鲜荷叶、冬瓜、油、盐各适量。

【制作方法】：荷叶洗净剪碎；

冬瓜洗净，去皮，切块。加入锅内，加适量水，调入盐、植物油即可。

【功效】：冬瓜不仅味美价廉，还是减肥的良才。中医指出，冬瓜养胃生津，清胃降火，易有饱腹感，还可去脂美容，亦是极佳的消暑饮料。

◎速成蔬菜面

【材料】：绿茶面及各种时蔬各适量。

【制作方法】：以半包绿茶面，加入各种蔬菜，入1个鸡蛋，即成。而瘦身的技巧是蔬菜的量是面的两倍以上，吃的时候先吃蔬菜再吃面。

【功效】：减肥。

◎清爽瓜类汤

【材料】：黄瓜、苦瓜、瓠瓜、排骨、精盐各适量。

【制作方法】：用大黄瓜、苦瓜或瓠瓜，加排骨熬煮，但不能加任何丸子类如贡丸、香菇丸等。因为丸子热量高又没有饱腹感，不利减重。

【功效】：减肥。

◎咖喱蔬菜汤

【材料】：咖喱粉、高汤、时蔬各适量。

【制作方法】：将时蔬洗净，切小块，锅内注入高汤、咖喱粉，待搅匀煮熟时加入时蔬，煮至菜熟即成。

【功效】：咖喱能促进新陈代谢，是很好的减重食品，但需使用印度咖喱粉。不要用咖喱汤块，因为汤块的油脂量高。

四、最佳丰胸食谱

◎快速丰胸食疗秘方

1.莴苣科植物，生菜、莴笋。

2.瓜果类食物，具丰胸效果排名第一的木瓜。它表皮的白色浆液加上以形补形之说，木瓜补奶便因此广为流传。其中以青的生木瓜效果最好，熟的木瓜也可以炖肉、凉拌或做色拉。

3.猪尾巴与蹄尖的外皮富含胶质，肌肉骨骼紧实，胆固醇也很高，颇适合作为丰胸的食材。

4.核果类食物有花生、腰果、核桃、杏仁、莲子可被拿来作为丰胸菜的配料。

5.饮用一些含中药成分的靓汤，如紫河车炖乳鸽汤。材料包括有紫河车、当归、北旗、红枣及乳鸽等。

紫河车是胎盘素，含丰富的激素及荷尔蒙。当归、红枣及北旗则补气血，而乳鸽则有强身健体的功效。

6.可饮用以黄精、当归、云苓、鲤鱼及生姜等材料熬成的鲤鱼汤。

7.多喝参归猪心汤亦具有益气养血及健胸的疗效。

8.草药的疗效也不俗，如羊乳和奶参等，也具有健胸的食疗。这两种草药能强健脾胃，增强人体的吸收能力，有助胸部的发育。

9.可饮用以下两款中药茶，归脾茶及养心茶。前者益气养血，后者补益心气、养心安神。

10.酒酿蛋，把酒酿、糖加进熟蛋中，于生理期间早晚服用一碗。可达美容和丰胸效果；蜂皇浆有刺激荷尔蒙分泌的功用。

◎木瓜煲鱼尾

【材料】：木瓜1个，鱼尾1条，银耳3钱，12碗水。

【制作方法】：所有材料煲2小时。

◎鲜奶炖蛋白

【材料】：鲜奶1盒，蛋白1个，冰糖少许，1杯水。

【制作方法】：隔水炖1小时。

◎花生章鱼汤

【材料】：花生4两，干章鱼1条，蜜枣5颗，12碗水（4人分量）。

【制作方法】：所有材料煲2小时。

◎猪肚煲紫河车

【材料】：猪肚1个，紫河车5克，半生半熟木瓜1个，淀粉、油、盐各适量。

【制作方法】：将猪肚用淀粉、油、盐洗净；再把紫河车磨粉，木瓜切丁，混合后放猪肚内；并用线扎紧猪肚口，放凉水中煲汤。煲90分钟，汤水变成牛奶白色，调味，饮汤，食猪肚，每周1次。

【功效】：令皮肤光滑，且能丰乳。

◎猪蹄炖花生

【材料】：猪蹄1只，生花生200克，葱、蒜、盐、姜、胡椒粉、味精各适量。

【制作方法】：将猪蹄、花生加入葱、蒜、姜一起炖熟即可，胡椒粉、盐可根据个人喜好调味。

◎黑豆丰胸汤

【材料】：黑豆、花生、红枣各 250 克，冰糖适量。

【制作方法】：将黑豆、花生、红枣加入水中和冰糖一起煮烂即可。

◎炖青木瓜

【材料】：青木瓜 2 个，冰糖适量。

【制作方法】：将青木瓜加入冰糖在水中炖煮即可。

◎炖乌骨鸡汤

【材料】：乌骨鸡 1 只，桂圆、枸杞子、当归各 3 钱，人参 2 钱，盐、胡椒粉各适量。

【制作方法】：将乌骨鸡治净洗净。桂圆、枸杞子、当归、人参、适量水同入锅炖煮熟透调味即可。但要注意，此剂营养丰富，乃大补品，不宜天天食用。

五、四季饮食的原则

◎春季宜多吃的蔬菜

1. **荠菜**：荠菜富含蛋白质和 10 多种氨基酸，还含葡萄糖、蔗糖、乳糖等。荠菜味甘性平，能调和脾胃，且有明目的功效。用荠菜煮粥营养丰富，味道甘美。

2. **胡萝卜**：胡萝卜含有丰富的胡萝卜素，能保持眼睛和皮肤的健康。皮肤粗糙和患有夜盲症、眼干燥症、小儿软骨病的人，食之大有裨益。胡萝卜可以生食或与大米煮粥，都是春季的健康食用方法。

3. **菠菜**：含有钙、镁、维生素 C、维生素 A、视黄醇、钾、磷、钠、硒。菠菜味甘性凉，有养血通便之功效。菠菜可以煮汤或烹制菠菜肝片等菜肴，均为春季佳肴。

4. **香椿**：含维生素 C、维生素 A、钙、钾、磷等。香椿味辛、苦，性温。能祛风散寒、止痛消炎。多吃香椿对春季风寒感冒、风湿性关节炎发作、肠炎等病的治疗有益。香椿可以煮粥，可以与鱼清蒸，也可以做成香椿炖羊肉、香椿炖猪肉等菜肴。

5. **小葱**：富含维生素 A、钾、钙等营养成分。葱白味辛性温，能通阳解毒，对春天的风寒感冒作用极佳，且有助于通便、消疮肿。煲汤时加小葱营养功效更佳。

6. **绿豆芽**：富含视黄醇、磷、钾等营养成分。味甘性寒，可清热。绿豆芽可炒食，亦可榨汁服用。

7. **竹笋**：含有维生素 A、维生素C、视黄醇、磷、钾等。竹笋味甘性寒，有舒解郁滞和消痰的功效。竹笋与大米同煮粥是春季清淡佳肴。

8. **香菜**：富含视黄醇、维生素C、维生素A、钾、磷、镁等。香菜味辛性温，可以发汗，助消化。春季感冒无汗或停食，可以用热饼裹香菜辅助治疗。

9. **黄豆芽**：含有视黄醇、磷、钾等成分。黄豆芽味甘性寒，有清热利水的功效。黄豆芽可与肉类共同炒食。

10. **芹菜**：芹菜富含钾、钠、钙、磷等成分。与粳米煮粥，有伏热、利小便的作用，另外，芹菜配百合清炒清淡开胃。

11. **韭菜**：韭菜富含糖类、蛋白质、视黄醇、维生素A、维生素B族、维生素C和钙、钾等营养成分，且有调味和杀菌作用。春日食韭菜有辛辣助阳、促进升发功效。中医认为，韭菜有温中散寒的作用，与猪肉、猪腰炒食都是营养膳食的选择。

◎枸杞莲子茶

【材料】：枸杞子10粒，莲子5粒，红枣5粒，干燥玫瑰（粉红色佳）5朵。

【制作方法】：1.将所有药材先过水洗一遍。

2.加适量的水煮开，煮滚后再转小火煮2～3分钟。

◎洛神花茶

【材料】：洛神花15克，荷叶10克，蜂蜜少许。

【制作方法】：1.将所有材料过水洗一遍。

2.加适量的水煮开，煮滚后再转小火煮5分钟。

◎党参枸杞鸡汤

【材料】：红枣10粒，党参3钱，枸杞子5钱，姜片5片，酒200毫升，鸡腿肉适量。

【制作方法】：1.将所有中药材先过水洗一遍。

2.鸡腿肉切块，烫去血水。

3.将药材和鸡肉、酒一起放入炖锅中，炖到鸡肉熟烂就可以了。

◎山药排骨汤

【材料】：新鲜山药400克，

玉米1根，莲藕200克，排骨、盐适量。

【制作方法】：1.将所有的材料先洗净。

2.山药去皮后切块，玉米切块，莲藕去皮后切片。

3.排骨先烫去血水。

4.将所有材料放进锅中，加水煮开，煮滚后转小火炖约30分钟即可。

5.加盐调味。

◎木耳田七红枣汤

【材料】：黑木耳50克，田七15克，红枣10颗，生姜2片，盐适量。

【制作方法】：1.将黑木耳浸软，去头切碎，田七洗净切碎或打碎。红枣洗净拍松去核。

2.上述材料和姜片加入10碗水，大火煮滚后，用中火再煮两个小时左右，最后加入适当的盐调味即可。

◎花旗参螺头汤

【材料】：急冻螺头200克，花旗参15克，红枣4颗，姜2片，水适量，盐少许。

【制作方法】：1.螺头去内脏，用粗盐擦洗干净。

2.红枣洗干净后去核。

3.水煲滚后，将所有材料放入滚10分钟，然后改慢火再煲3小时，最后用少许盐调味即可。

◎春天最好的四种排毒法

1.**多喝水**：排泄是人体排毒的重要方法之一。每天喝够两升水，可以冲洗体内的毒素，减轻肾脏的负担，是排毒最简便的方法。

2.**定期去除角质**：肌肤表面的老化角质会阻碍毛细孔代谢毒素。定期去除角质，可帮助肌肤的代谢机能维持正常运作。

3.**蒸桑拿**：每周进行一次蒸气浴或桑拿也能帮助加快新陈代谢，排毒养颜。蒸桑拿时要注意饮水。浴前喝一杯水可帮助加速排毒，浴后喝一杯水补充水分，同时排出剩下的毒素。

4.**改变饮食习惯**：以天然食品取代精加工食物。新鲜水果是强力净化食物，菠萝、木瓜、奇异果、梨等都是不错的选择。如果平时多吃富含纤维的食物，比如糙米、蔬菜、水果等，能增加肠道蠕动，减少便秘的发生。多吃蔬菜、水果，忌吃辛辣食物；多饮水或喝清热饮料，促进体内致热物质从尿、汗中排泄，达到清火排毒的目的。

◎春季喝茶注意事项

春夏交换季节，气温开始偏热，适宜饮绿茶，绿茶具有清热强心止渴的功效。

无论花茶还是绿茶都要选有质量保证的。比如花茶要选择正式传统工艺窨制的，不能选择用化学香精喷制的。用香精喷的茶叶闻起来特香，泡起来没味，不耐泡。而且对身体健康不利。名优绿茶要选择原产地的，比如西湖龙井要选杭州西湖的。

◎夏季健康饮食注意事项

1.不买不食腐败变质、污秽不洁及其他含有害物质的食品。

2.不购买无厂名、厂址和保质期等标识不全的定型食品。

3.不光顾无证无照的流动摊位和卫生条件不佳的饮食店。

4.不食用在室温条件下放置超过2小时的熟食和剩余食品。

5.不随便采食瓜果蔬菜和野生食物。

6.不食用来历不明的食品。

7.不饮用不洁净的水或者未煮沸的自来水。

8.直接食用的瓜果应用洁净的流动水彻底清洗并尽可能去皮。

9.进食前应将双手洗净。

10.在进食的过程中如发现感官性状异常，立即停止进食。

◎夏季食用卤菜要冷藏

夏天买卤菜，要注意两点：一要到正规的卤菜店购买，正规卤菜店的切菜间或者配菜间都装有空调，这就使销售的卤菜有了一定的安全保障；二要注意购买的量不要太多，能满足一餐的需要即可，如果有剩余，一定要及时冷藏。

◎夏季洗蔬菜时要注意

要防止农药残留中毒，需注意三个环节：

1.购买绿叶蔬菜最好去大的农贸市场，大的农贸市场均设立了蔬菜安全检测点。

2.蔬菜可食部分如果有破损，应立即食用，不要储存。以免破损部分在长时间摆放后发生反应，产生亚硝酸盐等有毒物质。

3.如果是用蔬果专用的洗涤剂清洗，按照洗涤剂的产品说明书使用，一定要冲洗干净。如果是用清水清洗，建议洗三遍。需要提醒的是，在清洗前要浸泡20～30分钟。另外，用淘米水清洗蔬菜，可以有效清除残留农药。

◎死小龙虾与活小龙虾的辨别

夏季，小龙虾成了很多餐馆的特色菜。死小龙虾与活小龙虾有两点最明显的区别：一是活小龙虾煮熟后尾部曲卷度高，里面的肉比较紧，而死小龙虾的肉通常比较松；二是活小龙虾的鳃煮熟后呈白色，且形状比较规则，而死小龙虾煮熟后鳃的颜色发黑，且形状不规则。如果误食了死小龙虾，可能会引起铅中毒。

◎夏季不宜在常温下保存剩菜

在高温天气，对于吃不完的饭菜，一定要及时冷藏，不可在常温下保存。夏天的午餐与晚餐之间相隔时间长，如果在常温下保存，会给病菌的生长繁殖和释放毒素创造条件。因此，吃剩的饭菜一定要包好保鲜膜及时放入冰箱冷藏。对于荤菜和荤汤，食用后要加热烧开，待冷却后放入冰箱。

◎夏季不宜吃街头冷食

不洁冷饮、冷食，是导致夏季食物中毒的一个重要原因。夏季炎热，有的人耐不住酷热，到无证摊点购买冷食、冰水。有些摊点的冷食带有大量的细菌和其他有毒物质，食后极易造成食物中毒或其他病症的发生。不要购买颜色鲜艳的冷食，也不要购买无证摊点经营的冷饮。

◎去餐馆就餐要注意

热天到餐馆就餐，需要注意三点：首先要到有卫生许可证的正规餐厅就餐；其次，点菜时尽量多点热菜，吃剩的蔬菜不宜打包；最后，如果要举办婚宴、生日宴等较大宴会，要选择有足够接待能力的饭店。因为接待能力小的饭店，需要在开席前很久就把一些菜肴的成品或者半成品做出，如果食物保存不当，极易变质。

◎夏季健康食谱推荐

麦冬玉竹炒鸡片

【材料】：玉竹 10 克，麦冬 10 克，鸡脯肉 250 克，味精、盐适量。

【制作方法】：玉竹和麦冬放

一起，用水洗净，加适量水煮 10 分钟左右水开，水留着；鸡肉切成片或丝，勾芡，加入味精、盐腌制拌匀。

锅里放入熟油，放入鸡肉丝翻炒一下，再加入玉竹、麦冬以及刚才泡玉竹和麦冬的水同炒，最后勾芡即成。

【功效】：麦冬和玉竹可以养阴滋阴、健脾利湿，并可养气安神。

【适用人群】：夏季易乏力、口渴、心烦及睡眠不是很好的人。

◎党参茯苓白术鲫鱼汤

【材料】：鲫鱼（约 250 克），党参、茯苓、白术各 10 克，甘草 3 克，植物油、料酒、葱姜、胡椒粉适量。

【制作方法】：党参、茯苓、白术、甘草煎煮取汁备用；鲫鱼去鳞、内脏，加油煸一下，两面翻一下，加入料酒、葱姜，放入适量水煮沸后与中药水同煮沸，加入调味品，适当还可加入胡椒粉调味。

【功效】：健脾益气，燥湿养胃。要提醒的是，富含蛋白质的食物光喝汤不吃肉，是起不到功效的。因为蛋白质到一定温度后凝固了，很难溶入水中，水中最多只有 50%，不吃肉营养就浪费了，因此食用此汤时应连鱼肉一起吃。

【适用人群】：夏令季节食欲缺乏、脾胃气虚，还加有湿浊、舌苔厚腻者。

◎枸杞茄子黑鱼丁

【材料】：茄子 250 克，黑鱼 500 克，枸杞子 15 克～ 20 克，料酒、盐、味精、淀粉、植物油各适量。

【制作方法】：茄子加油煸炒一下；黑鱼去骨切成小粒状，加入料酒、盐、味精、芡粉拌匀，拿油煸炒备用；茄子快熟时与鱼丁混合炒匀；枸杞子先用温水浸泡，等要起锅前 5 分钟放入。

【功效】：枸杞子清凉明目养肝，可健脾开胃、助运利湿、补肝益肾。

【适用人群】：夏季湿重、乏力、胃口不佳或腰酸背痛的人。

◎芦根绿豆粥

【材料】：新鲜芦根 100 克，绿豆 50 克，粳米 100 克。

【制作方法】：芦根切短，加水煎煮半小时后取出芦根，再加入绿豆、粳米同煮，直至绿豆煮烂为止。因为天热容易出汗，汗水带出体内大量的氯化钠，因此吃略咸一点也可以，可在粥中加适量盐，喜欢吃甜的加点糖。

【功效】：清热养胃、消暑解渴。

【适用人群】：夏季容易中暑、食欲减退的人。

◎冬天九种最健康祛油食物

想要减肥可以多多利用食物天然的特性，帮助减少脂肪吸收。特别推荐9种刮油食物，让你越吃越瘦、越吃越美。

薏仁：对水肿型肥胖有效。

木瓜：可治水肿、脚气，且可改善关节病。

竹笋：低脂、粗纤维可防止便秘。

陈皮：助消化、排胃气、减少腹部脂肪。

冻豆腐：吸收肠胃道脂肪，帮助脂肪排泄。

乌贼：脂肪含量很低，不易变胖。

菠萝：具有蛋白质分解酵素，能分解鱼、肉。

腌渍类蔬菜：植物性脂肪在制作过程被分解了。

绿豆芽：可防止脂肪形成。

◎女人冬季健康饮食注意事项

1.体弱不宜盲目吃狗肉。寒冷的冬天，很多人非常爱吃狗肉火锅。狗肉不油腻，但产热量大，增温御寒能力较强。因此，在严冬季节，多吃些狗肉是有好处的。但是，绝不能盲目食狗肉，以免染上狂犬病。

2.吃狗肉后不要喝茶。这是因为茶叶中的鞣酸与狗肉中的蛋白质结合，会生成一种叫鞣酸蛋白质的物质。这种物质具有收敛作用，可使肠蠕动减弱，大便里的水分减少。因此，大便中的有毒物质和致癌物质就会在肠内停留时间过长而极易被人体收。所以，吃完狗肉后不宜立即喝茶。

3.不宜经常食用砂锅菜。使用砂锅炖制的菜肴，由于加热时间过长，动物性食用原料蛋白质降解，水的化解能力减弱，凝胶液体大量析出，使其韧性增加，食用时口感差，不利于人体的消化吸收。且用砂锅炖菜，原料中的维生素损失率高。另外，由于密封较严，原料中异味物质也难逸出。部分戊酸及低脂肪还存于原料及汤汁中，在热反应中生成对人体有害的物质。

第二节

合理饮食

一、科学饮食小常识

◎吃饭不要趁热吃

食管腔最里面的一层是黏膜上皮层，又薄又软，直接同食物接触，最容易受到各种食物的刺激。烫食易使口腔黏膜充血。粗糙、过烫的食物在通过食管时会损坏它，使其发生破损、溃烂、出血。如果不断地刺激黏膜上皮，黏膜在反复的增生中，就会出现一些变异的细胞。这种不正常的细胞多了，势必会向不好的方向发展，逐渐形成癌细胞，直接诱发食管癌。

经常吃过烫食物，时间久了还会破坏味蕾，影响味觉神经，食欲减退，使口味越来越重。同时，高温烫食对牙龈和牙齿都有害处，能造成牙龈溃烂和过敏性牙痛。

◎晚餐不可乱吃喝

晚餐乱吃可引发许多身体不适，如晚上乱吃水果、甜点、油炸食物等。晚餐尽量不要喝酒，因为过多的酒精在夜间会阻碍新陈代谢。酒精还会对胃产生刺激作用，从而导致睡眠不好。此外，晚餐过多食用高钙食物，如虾皮、带骨小鱼等，会引发尿道结石。

◎用脑过多的人晚餐要吃好

长期高强度用脑的人会因工作劳累过度而造成营养失衡。用脑过多的人晚餐一定要吃好，如补充含有胆碱的食物可以增强记忆力。除了动物肝脏，胆碱在蛋黄中的含量也很高，100 克鸡蛋约含 250 ～ 330 毫克胆碱。其次为奶制品，胆碱含量也比较高。花生和土豆中也含有胆碱。

◎夜宵最好吃清淡食物

夜宵吃得过多，或者吃一些油炸食物及肉类等蛋白质、胆固醇含量高的食物，会引起消化不良、胃肠功能紊乱等症状。

夜宵吃大量的肉、蛋等高蛋白食品，会使尿中的钙量增加。一方面降低了体内的钙储存，易诱发儿童佝偻病、青少年近视和中老年骨质疏松症；另一方面尿中钙浓度高，罹患尿路结石病的可能性就会大大提高。

如果夜宵中含有大量的脂肪、蛋白质和碳水化合物，由于夜间活动量少，会使脂肪的合成变得更加容易。这些脂肪堆积在腹部和皮下，就会造成肥胖。

因此，吃夜宵随便吃很可能危害健康。提醒大家在满足口腹之欲时，还要关注一下自己的健康。

◎根据体质选茶喝

人的体质有燥热、虚寒之别，而茶叶经过不同的制作工艺也有凉性及温性之分，所以体质各异，饮茶也有讲究。常见的茶叶主要分为绿茶、青茶（包括乌龙茶、铁观音、大红袍等）、红茶、黑茶（普洱茶等）等几大类，我们可以根据自己的体质选择喝什么茶叶。

1. **绿茶**：过敏体质者喝绿茶易导致呕吐。由于制作工艺中没有发酵环节，所以营养成分较其他类高。但叶绿素含量较多，对肠胃刺激较大，胃溃疡患者不能喝绿茶。

2. **铁观音**：铁观音属半发酵茶，由于发酵期短，偏寒性，其消脂促消化功能突出，而且茶香特别浓郁。但空腹不能喝铁观音，否则易醉茶。

3. **乌龙茶**：乌龙茶不寒不热，辛凉甘润，适合大多数人饮用。因茶叶较粗老，须用 100℃的开水冲泡。

4. **大红袍茶**：大红袍茶温而不寒，不伤脾胃，滋味醇厚，香气浓郁，饮用齿颊留香，经久不退，冲泡 9 次后，还有原茶的香味。

5. **普洱茶**：普洱茶性温和醇香，有暖胃、降血压、降血脂的作用。长期饮用对减轻动脉粥样硬化和预防心血管疾病有效。

◎切好的水果不宜买

1. 切开的水果易流失维生素C。水果是维生素C的主要来源，维生素C容易在空气中氧化，高温及阳光都会使其流失。而预先去皮、切开的鲜果，营养成分当然会减少。

2. 切开的水果易受细菌污染。切开的水果在室温下存放太久，细菌便会滋生。因为水果外皮容易受污染物、化学物品、动物排泄物或沙门氏菌等污染。假如新鲜水果没有经消毒处理，水果外皮便可能会有沙门氏菌类。而用刀具切开没有清洗的新鲜水果时，细菌会经刀具污染食用部分。

◎吃苹果细嚼慢咽有利杀菌

苹果富含多种营养成分，如糖、蛋白质、钙、磷、铁、烟酸、纤维素等营养成分。苹果中的纤维、果胶、抗氧化物等还能降低体内坏胆固醇含量并提高好胆固醇含量。

苹果不仅营养价值高，研究发现，慢慢地吃苹果，对人体的健康有好处。在嘴里嚼10分钟苹果可以清洁口腔内90%的细菌，起到很好的牙齿保健作用，因为苹果中含有有机酸和果酸质。

◎吃出来的癌症

食物和饮食习惯与人体许多癌症的发生及发展有着密切的关系。据有关资料表明，约有1/3的癌症与饮食有关。因此，主动控制摄食成分和改变饮食习惯，在抗癌中起着至关重要的作用。那么，哪些食物成分和饮食习惯可能诱发癌症呢？

1. 动物脂肪。若摄食过多的动物脂肪，可诱发大肠癌和生殖系统癌。因此应少吃肥肉和动物油脂，多吃富含不饱和脂肪酸的鱼类和植物油。

2. 黄曲霉菌素。黄曲霉菌素是由粮食、花生米等发霉时长出的黄曲霉菌产生的，是一种很强的致癌物质。常可导致胃癌、肝癌及食道癌的发生。因而要特别注意粮食的贮存和保管，防止霉变。当粮食等的胚芽处变绿时，就绝对不能吃了。

3. 亚硝酸盐。动物实验证实，亚硝酸盐可诱发食道癌和胃癌。亚硝酸盐存在于腌制的食品中，如咸菜、咸肉、火腿、酸菜等。尤其是这类腌制食品发霉、变质时，亚硝酸盐将成倍地增加。所以，食用腌

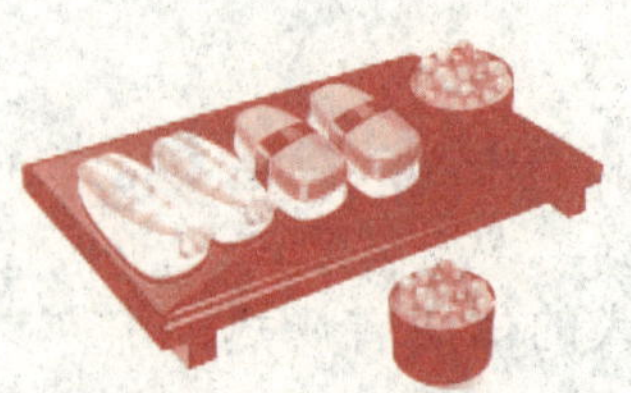

制食品的习惯要逐步改变，绝对不吃变质腐败的腌制品。

◎慢慢咀嚼好处多

咀嚼是维持我们身体健康的关键，它所产生的刺激能使脑进化。而现代食物加工越来越细，一口食物咀嚼七八次，甚至四五次，就咽了下去。慢慢咀嚼会给身体带来什么好处呢？

1. 慢餐可以降低致癌物质的毒性。咀嚼时分泌的唾液能降低亚硝酸化合物对细胞的攻击。对于化学合成剂、防腐剂等食品添加剂带来的危害，也有明显的解除作用。唾液还能中和、消除食物中的致癌物质。

2. 慢餐可以减轻肠胃负担。慢餐能使食物与唾液充分结合，唾液有帮助和促进食物消化的功能。而且多次咀嚼能把食物磨碎，让胃肠可以更轻松地工作。

3. 慢餐能使头脑变得聪明。慢餐能更好地锻炼脸部肌肉，同时，还可以激活大脑。血液源源不断地输往脑部，脑细胞间信息往来频繁。由于刺激作用，脑的荷尔蒙分泌增多，大脑的思维能力和工作效率显著提高。

4. 慢餐可以赶跑龋齿。进食时口腔呈酸性，这种环境很适合龋齿菌滋生。慢餐可以使牙齿表面和牙龈的食物残渣得到消除。同时慢餐还可以加快牙龈部的血液循环，减少牙龈炎的发生。

◎什么时候喝汤最健康

饭后喝汤是一种有损健康的吃法。饭后喝汤会冲淡食物消化所需要的胃酸，妨碍了正常的消化。

饭前喝汤很合乎养生原则。因为饭前汤可以先将口腔、食道润滑一下，可以防止干硬食品刺激消化道黏膜。有利于食物稀释和搅拌，促进消化、吸收。

有研究表明：在餐前喝一碗汤，可以让人少吸收 100 ～ 190 千卡的热能。最重要的是，饭前喝汤既可在餐前用来暖胃，又可增加饱腹感不致一下子吃得太多、太急。

◎饭后吃什么零食最好

很多人都知道，饭后吃零食对身体不好。如多吃薯片容易导致肥胖；爆米花含有比较多的铅，会影响儿童的智力和体格发育，损害成年人的神经功能；饼干属于高脂肪、高能量食品，多吃不利于饮食平衡；膨化小食品含大量色素、香精、防腐剂、人工甜味剂、塑型剂等食品添加剂，常食不利于身体健康。

所以，许多人认为吃零食的习惯不好，应该少吃或尽量不吃。不过，也不是所有的零食都不能饭后食用。专家提醒，有些零食对人体是非常有益的，应该适当补充一些零食，才能保证身体健康。

1. **花生**：花生中富含维生素B_2。多吃些花生，有助于防治口唇干裂、眼睛发红发痒、脂溢性皮炎等多种疾病。

2. **核桃**：核桃中含有丰富的生长素。能使指甲坚固不易开裂，同时核桃中富含植物蛋白，能促进指甲的生长。

3. **奶酪**：奶酪是钙的富矿，可使牙齿坚固。研究表明，一个成年人每天吃150克奶酪，有助于达到人老牙不老的目的。

4. **葵花子**：葵花子含有蛋白质、脂肪、多种维生素和矿物质，其中亚油酸的含量尤为丰富。亚油酸有助于保持皮肤细嫩，防止皮肤干燥和生成色斑。

5. **无花果**：无花果中含有一种类似阿司匹林的化学物质，可稀释血液，促进血液的流动，从而使大脑供血量充足。

6. **奶糖**：奶糖含糖、钙，适当进食能补充大脑能量，令人神清气爽，皮肤润泽。

◎山楂不宜早上吃

山楂无论是鲜果还是各种制品，均有散瘀消积、化痰解毒、防暑降温、增进食欲等功效。但是空腹或者是脾胃虚弱者，不可以在清早进食。胃炎和胃酸过多者要少食，以避免对消化系统造成损害。

◎早餐后吃西柚

西柚是孕妇首选的水果。果肉含有天然叶酸，不但对早期妊娠非常重要，在整个怀孕期也是不错的选择。而且西柚含有丰富的果胶成分，可降低低密度脂蛋白胆固醇的含量，减轻动脉血管壁的损伤，维护血管功能，预防心脏病。但由于其酸类物质含量较多，较适宜在饭后食用，尤其是早饭后，可以迅速使大脑清醒。

◎餐前吃香蕉、红枣

香蕉含钾很高，对心脏和肌肉的功能有益。同时香蕉可以辅助治疗便秘、小儿腹泻等，适合餐前食用。红枣含有大量维生素C，有天然维生素C丸之美称，餐前食用为好。但是胃痛腹胀、消化不良的人要忌食。

◎饭后吃菠萝

如果空腹吃菠萝，菠萝中的蛋白分解酶会伤害胃壁，有少数人还会引起过敏反应。因此宜在餐后 1 小时食用，还能起到帮助消化的作用。

◎饭后吃梨最好

因鲜嫩多汁，酸甜适口，所以梨有天然矿泉水之称。梨中所含的膳食纤维素，能帮助预防便秘及消化性疾病，可净化肾脏，清洁肠道。饭后吃一个梨，有利于排出积存在人体内的致癌物，而加热后的梨汁，所含的抗癌物质更多。因此，在人们吃煎烤食品和快餐食品后吃 1 个梨，不失为一种值得推荐的健康饮食方式。中医认为，秋季若能每日坚持吃一两个梨，不仅对秋燥具有独特功效。还能清热、安神，对高血压、失眠多梦有一定辅助疗效。

◎吃饱喝足是大忌

有些人用餐时总喜欢吃饱喝足，认为这样才能摄取足够的营养，维护身体的健康。殊不知，这样做反而造成了能量过剩。

科学研究证明，过多地摄入食物，会加重胃肠负担，引起胃肠功能紊乱，使胃肠蠕动较慢，导致人体消化不良。再加上血液和氧气过多地集中在肠胃，心脏与大脑等重要器官血液供应相应减少，甚至缺血。人体便会感到疲惫不堪，昏昏欲睡。长此下去，会出现记忆力下降，还会诱发糖尿病、胆结石、胆囊炎，甚至心绞痛。过量摄入食物，可使体内的脂肪过剩、血脂增高，导致动脉粥样硬化。

◎喝完牛奶后最好再喝一点水

很多人喝完牛奶后，常会觉得喉咙不舒服，偶尔还会出现声音沙哑的情况。其实，这是因为喝完牛奶后忽略了一道工序，喝一小杯水。

为什么喝完牛奶后须再喝一小杯水呢？原来奶制品中含有一种酶，它会让喉咙黏膜变得干燥，导致喉咙产生不适感。而干燥的口腔还为细菌提供了生存环境。细菌会分解奶制品中的蛋白，产生含有硫化物臭味的气体，导致口气不佳。若喝完牛奶后忘记了喝水，细菌还会破坏口腔内的酸碱平衡。生成牙菌斑，导致蛀牙、牙龈炎等一系列口腔问题。尤其对喜欢睡前喝牛奶的人，造成的危害更大。

奶制品要一口气喝完，不宜一口一口慢慢喝。而且在喝完牛奶后，应马上喝点温开水，最佳水温为 20 ～ 45℃。清水不但可以清除口腔内残余的牛奶，还能冲掉附着在喉咙上的牛奶，起到清洁口腔、保护牙齿的作用。不过，要注意的是，喝水不宜过多，否则会冲淡胃液的浓度，影响牛奶的消化吸收。

◎适合胖人吃的肉类

一般来讲，肥胖的人，食欲都较好，也喜食肉类。因此，形成了既想吃肉又怕吃肉的矛盾心理，担心吃肉会使身体进一步发胖。其实胖人也是可以适当吃些肉类的。以下肉类较适合肥胖者食用：

1. **兔肉：**兔肉与一般畜肉的成分有所不同。其特点是：含蛋白质较多，每百克兔肉中含蛋白质 21.5 克；含脂肪少，每百克仅含脂肪 0.4 克；含胆固醇较少，每百克含胆固醇只有 83 毫克。由于兔肉含蛋白质较多，营养价值较高，含脂肪较少，是胖人比较理想的肉食。

2. **牛肉：**牛肉的营养价值仅次于兔肉，也是适合胖人食用的肉类。每百克牛肉含蛋白质 20 克以上。牛肉蛋白质所含的必需氨基酸较多，而含脂肪和胆固醇较低。因此，特别适合胖人和高血压、血管硬化、冠心病及糖尿病患者适量食用。

3. **鱼肉：**一般畜肉的脂肪多为饱和脂肪酸。而鱼的脂肪却含有多种不饱和脂肪酸，具有很好的降胆固醇作用。所以，胖人吃鱼肉较好，既能避免肥胖，又能防止动脉硬化和冠心病的发生。

4. **鸡肉：**每百克鸡肉含蛋白质高达 23.3 克，脂肪含量只有 1.2 克，比各种畜肉低得多。所以，适当吃些鸡肉，不但有益于人体健康，也不会引起肥胖。

5. **瘦猪肉：**瘦猪肉含蛋白质较高，每百克可高达 29 克。每百克脂肪含量为 6 克。但经煮炖后，脂肪含量还会降低。因此，也较适合胖人食用。

◎吃饭不要在桌子上垫报纸

很多人为了避免吃饭时的菜汁油渍弄脏桌子，习惯在桌子上垫几张报纸。并且有时还会一边吃饭一边看。其实这样做对健康很不利。

有研究表明，吃饭时不要用报纸来垫桌子，更不要使印刷品直接接触到食物。因为这样很可能会导致油墨污染。报纸在印刷过程中使用的油墨通常含有乙醇、异丙醇、甲苯、二甲苯等有机溶剂，它们都含有剧毒性。即使这些有机溶剂干燥后，绝大部分危害会消除，但残留部分仍然会对人体形成潜在危险。如果长期吸入，可能影响到大脑的中枢神经，对健康造成极大危害。

报纸彩页上油墨面积大、墨层厚，有机溶剂的残留会更多。想在桌子上垫东西，可以选用专门的厨房用纸。在吃饭时，不要让手或餐具接触到报纸，这样可以避免把细菌吃进肚子。

◎水果不能随意吃

许多人觉得多吃水果可补充各种维生素。其实，不同体质的人应该根据自己身体的特点选择适合的水果。

很多人爱把水果放在冰箱里冻着吃。虽然冰镇过的水果口感好，但是太凉的水果会刺激肠胃蠕动，引起消化不良，尤其是胃寒或有轻度胃炎等疾病的人更不适合吃冰镇水果。

有些疾病患者也不能随意乱吃水果。如有胃病的人，不要吃李子、山楂、柠檬等水果。而经常大便干燥的人，应该选择多吃些桃子、香蕉、橘子等，这些水果有缓下的作用。

不少人认为，夏季多吃鲜美的水果能补充养分，尤其是一些爱美女士，更是一天三顿都吃水果。其实这样并不科学。尽管吃水果可以减肥还能美容，但并不是吃得越多就越好。食用水果也要讲究科学。从营养学角度来说，单靠吃水果，难以满足人体对碳水化合物、矿物质、蛋白质等多种基本营养素的需求。如果过度食用水果，将对人体内分泌系统、消化系统、免疫系统等产生不利影响。

◎不同的季节选择蔬菜技巧

蔬菜富含人体需要的维生素、矿物质及消化系统必需的粗纤维等，是人类不可或缺的食物。但是在面对市场上琳琅满目的蔬菜时，很多

人都不知道该选什么才好。其实，在不同季节，蔬菜的营养价值是不一样的。

夏秋两季是蔬菜的收获季节，所以这两季中，大部分蔬菜的营养都比冬春两季高。如：夏季上市的西红柿和黄瓜，维生素C含量是冬季的两倍左右；胡萝卜中的胡萝卜素含量是冬季的1.5倍左右。秋季上市的南瓜比春季的维生素C含量要高出很多，胡萝卜素含量高3.4倍，糖分高27%～89%，钾、钠、钙、磷、锌等微量元素的含量也明显高于春季。

冬春季节，由于大棚中气温较高、湿度大，蔬菜病虫害比较严重，农药使用量加大。所以此时大棚中生长的蔬菜，农药含量比夏秋季节高。这就提醒我们，在吃冬春季节的大棚蔬菜的时候要注意清洗消毒，避免对身体造成不良影响。

◎不要贪吃头类食物

许多人喜欢吃鸡头、鸭头、鹅头以及鱼头等。这类食物虽然口感好，而且营养价值也很高。但是，这些头类的食物害处也不少。就拿鸡来说，鸡越老，鸡头毒性就越大。用现代的医学观点来分析，其原因是鸡在啄食中会吃进含有害重金属的物质。这些重金属主要储存于鸡的脑组织中，鸡龄越大，储存量就越多，毒性就越强。

食用者在享受鸡头美味的同时，也摄入了重金属毒物。如果食用过多，可能会引起中毒反应。所以，鸡头不宜多吃。

鱼头也一样。由于近年来整体环境恶化，导致水源污染增加，使有害物质侵入鱼体。再加上鱼类尤其是食肉或杂食鱼类处在水体食物链的最上端。这些有害化学物质在其体内也是堆积得最多。另外，有些不法养殖者和商贩，在饲料里添加化学物质，更加重了鱼体内有害物质的堆积。而这些物质主要蓄积分布在鱼油相对集中的鱼头内。所以，奉劝那些喜欢吃头的食客，还是改掉这一嗜好为好。

◎什么样的鸡蛋不能吃

1. **裂纹蛋**。因为蛋壳本身十分脆薄。在储存、包装或运输过程中经震动、挤压等，极易造成裂纹蛋。裂纹蛋若存放时间长，容易被细菌感染，不可以食用。

2. **生鸡蛋**。生鸡蛋含有很多细菌、寄生虫卵，可致病。生鸡蛋含有抗胰蛋白酶和抗生物素，可引起脱发、体重减轻及皮肤发炎。

3. **粘壳蛋**。这种蛋因储存时间过长，蛋黄膜由韧变弱，蛋黄紧贴于蛋壳。若局部呈红色还可以吃，但蛋膜紧贴蛋壳不动的，贴皮外呈深黑色，不宜再食。

4. **臭鸡蛋**。蛋内因细菌繁殖而引起腐败现象的叫臭蛋。这种蛋不透光，打开后臭味很大，蛋白蛋黄混浊不清，色黑，不能食用，否则会引起细菌性食物中毒。

5. **散黄蛋**。因运输等激烈振荡，蛋黄膜破裂，造成机械性散黄；或者存放时间过长，被细菌或霉菌经蛋壳气孔侵入蛋体内，而破坏了蛋白质结构造成散黄，蛋液稀而混浊。若散黄不严重，无异味，经煎煮等高温处理后仍可食用，但如细菌在蛋体内繁殖，蛋白质已变性，有臭味就不能吃了。

6. **发霉蛋**。受到潮湿或遭雨淋、水蚀，会把蛋壳表面的保护膜洗掉，细菌侵入蛋内而霉变，蛋的周围有黑斑点，这种蛋不能食用。

◎常吃茄子防病保健

巴西科学家在实验中发现，吃茄子后人体内的胆固醇含量能下降10%。美国营养学家在介绍降低胆固醇的蔬菜时，也总是把茄子排在首位。

另外，茄子可提供大量的钾。钾在人体中有着重要的生理功能。钾能维持细胞内的渗透压，参与能量代谢过程，维持神经肌肉正常的兴奋性。缺钾则易引起脑血管破裂。除此之外，钾还具有防治高血压的作用。

茄子中的一些成分可以预防氧化破坏作用。从而避免由此引起的心血管疾病。吃茄子时，最好不要削皮。茄子皮中含有大量的营养成分和有益健康的化合物。茄子在烧或炒的过程中很容易吸油，造成人体摄入过多的油脂。有两个小窍门可以避免茄子吃油过多：一是在烧茄子前先将茄子在蒸锅中蒸一下，然后再烧；二是炒茄子时先不放油，用小火干炒一下等到其中的水分被炒掉、茄肉变软之后，再用油烧制。

◎辛辣食物不宜多吃

绝大多数辛辣食物都属温热性质，吃后能促进血液循环，令气血运行更好，脏腑得到适当滋养和推动。每100克辣椒维生素C含量高达198毫克，维生素B、胡萝卜素以及钙、铁等矿物质含量也很丰富。辣椒素能遏制使人产生痛感的P物质，起到使人愉快、神经兴奋的效果。它还能刺激人体分泌抗癌物质。

但是，食用过多辛辣食物，不仅会让人便秘、上火，还容易患上感冒或其他疾病。这是因为含有辣椒、胡椒、花椒、葱、姜、蒜的食物，在中医里统称辛味食物。这些食物具有很大的发散作用。过多食用，容易耗气，严重者可导致气虚，而气虚者最为明显的表现就是免疫力降低。

因此，很多人辣的食物吃多了，反而会觉得浑身无力、容易疲倦。这种气虚的症状一旦找上门来，感冒等疾病也就会不期而至。对有的慢性病患者，如溃疡、便秘、痔疮、高血压、眼疾、皮肤病、青春痘，更无异于火上加油。

◎健康吃蟹注意六个不

螃蟹虽然味美，还有一定的药用价值。但是有些人食用螃蟹后会发生腹痛腹泻、恶心呕吐等症状。所以吃蟹应注意以下几点：

1. 不宜食用生蟹。螃蟹的体表、鳃及胃肠道中布满了各类细菌和污泥，身上还往往带有肺吸虫的囊蚴和副溶血性弧菌。如不高温消毒，肺吸虫进入人体后可造成肺脏损伤。

2. 不食久存熟蟹。存放的熟螃蟹极易被细菌侵入而污染。因此，螃蟹宜现烧现吃，不要存放。

3. 不与茶水同食。茶会使蟹的某些成分凝固，不利于消化吸收，还可能引起腹痛、腹泻。所以吃蟹时和吃蟹后1小时内忌饮茶水。

4. 不宜乱嚼一气。吃蟹时应当注意清除蟹胃、蟹肠、蟹心、蟹腮。这些部位既脏又无食用价值，切勿乱嚼一气，以免引起食物中毒。

5. 不宜食之太多。蟹肉性寒，不宜多食。脾胃虚寒者尤应引起注意，以免腹痛腹泻。

6. 病人不宜食用。螃蟹性寒，并含有大量的蛋白质和较高胆固醇。对于患有以下疾病的人应禁食或少食：伤风、发热、胃痛、慢性胃炎、十二指肠溃疡、胆囊炎、胆结石症、肝炎、冠心病、高血压、动脉硬化、高脂血症。

◎螃蟹高温蒸 30 分钟最好

蟹虽然味道鲜美，营养价值丰富。蛋白质的含量比猪肉、鱼肉都要高出几倍。核黄素、钙、磷、铁和维生素 A 的含量也较高。

螃蟹往往带有肺吸虫的囊蚴和副溶血性弧菌，如不高温消毒，肺吸虫进入人体后可造成肺脏损伤。如果副溶血性弧菌大量侵入人体会发生感染性中毒，出现肠道发炎、水肿及充血等症状。螃蟹仅靠浸渍黄酒、白酒等，是无法达到彻底杀菌消毒效果的。如果要放心食用，最好经高温蒸熟蒸透。

二、食物食用禁忌

◎忌食用高温油炸的肉

咸肉含硝，油炸油煎后，会产生致癌物亚硝基吡咯烷。因此食用咸鱼、咸肉、香肠火腿等食品时，忌煎炸。

◎忌不吃肥肉

很多人不喜欢吃肥肉，所以干脆就一点也不吃，其实这样对身体健康并不好。

1.脂肪是人体重要燃料之一，是人体热能的重要来源。正常人每天需摄入 30 ～ 40 克脂肪，才能保持精力充沛，体力劳动者所需要的脂肪量还要增加一倍以上。

2.人体所需的一系列维生素，如维生素 A、维生素 P、维生素 E、维生素 K 等。必须溶解在脂肪中才能被吸收，缺乏脂肪，这类维生素也会相应不足。

3.肥肉中含有丰富的胆固醇。成年人每日必须自胃肠吸收 0.5 克左右的胆固醇，才能满足合成细胞膜、性激素、皮质激素和胆酸的需要。才能维持免疫细胞的稳定性和白细胞的活力。

4.油脂中的磷脂是细胞的组成部分。尤其是脑磷脂更是神经细胞的重要成分，在神经功能中具有决定性的作用。故有人认为脂肪有健脑的功效。

5.脂肪还有保持体态丰满、使皮肤光滑润泽、头发乌黑油亮的作用。

有关专家指出，血中胆固醇过低，可能是发生脑卒的一个危险因素。美国科学家指出，在婴儿期和童年期，若长期胆固醇摄入不足，日后的智力将受到影响。血液中胆固醇含量低于 1.5 克 /升的老年妇女，死亡率较对照人群约增加 4 倍，癌症和心脏病发病率也见升高。由此可见，禁食肥肉的做法是不科学的。

◎高胆固醇食品不宜多吃

在通常饮食情况下，胆固醇不会增高，因机体通过肝脏胆固醇的合成来进行调节维持动态平衡。但如果长期食用高胆固醇食品。或在肥胖、肝炎、胰腺炎、糖尿病等情况下，这种平衡就破坏了。血中胆固醇过高，容易导致疾病，与动脉粥样硬化关系密切。

多余的胆固醇和脂肪沉积在血管壁上。日积月累，血管壁就可能发生内膜增生、变性。血管硬化、出现斑块，失去弹性及收缩力。甚至引起管腔狭窄、闭塞、心肌缺血供氧不足、心绞痛、心肌梗塞等严重症状。如发生在大脑，则可引起脑血栓等病。

所以我们应适量吃动物内脏、肥肉、蛋黄、鱼子、虾、蟹、鱿鱼、鳝鱼等高胆固醇食品。平时可以多吃些鲜菜和水果，以减少胆固醇的吸收，或加快血中胆固醇的排出。预防动脉粥样硬化的发生。

◎变稠变色的炼乳不能吃

变稠变色后的炼乳除了物理性质发生变化之外，营养价值也有所下降。如果炼乳变稠是由微生物引起的，还可能带有金黄色葡萄球菌等致病菌。严重变化的炼乳会产生有害的物质，对人体健康是不利的。

◎粉丝不能经常吃

粉丝是一种被广泛食用的加工食品，许多人很喜欢吃。但是经常吃粉丝则有害健康。粉丝的原料虽以淀粉类作物为主，但在制作过程中加入了 0.15%的明矾。明矾的化学名称是硫酸铝钾。铝是对人体有害的元素。食用过量，对人的脑、心、肝、肾的功能和免疫力都有较大的损害。尤其是对脑的影响，可导致儿童智力发育障碍，老年人痴呆症。

◎久放的老南瓜不要吃

老南瓜瓜瓤含糖量高，保管不

善易变质。人吃后便会出现头晕、嗜睡、全身疲乏无力等中毒症状，严重的会上吐下泻。所以，吃久放的老南瓜时，一定要切开细心检查。若有酒精味，应弃之不食。

◎吃黄瓜禁忌

黄瓜虽然好吃，但无论是食用还是药用，一次都不能吃得过多，更忌长期多吃。因为黄瓜有小毒，可诱发疮疖、脚气和小儿疳积。如果长期多吃，还可能造成虚肿、少气无力和像发疟疾一样的忽冷忽热等症状。

◎吃苦瓜禁忌

苦瓜虽是佳蔬良药，但却是不可过多食用的。这是因为：苦瓜含有较多的草酸，草酸能与食物中的钙结合，影响人体对钙质的吸收。若长期大量食用苦瓜，会导致钙质缺乏症。

如果适应不了苦瓜的口感，在烹调苦瓜前，最好先把它切好，在沸水中浸泡一下。

◎吃红薯禁忌

红薯虽然是一种价廉味美的健身长寿食品，但是也不可过多食用。这是因为：它含有较多的氧化酶和粗纤维，在人肠胃里会产生大量二氧化碳气体。同时由于它含糖量高，吃多了会在胃内产生大量的酸，引起腹胀、烧心等症状。

◎忌吃菠菜补铁

不少人以为，菠菜含铁量很高，是补铁佳品，于是便常常炒菠菜给儿童和缺铁的患者吃。其实，这是一种不当的做法。因为人体对铁的吸收和利用，不仅受食物中铁含量多少的影响，而且还取决于铁的存在形式及其理化性能。而研究证明，菠菜中能被吸收的铁，仅占其含量的1%，其余99%均与草酸等物质形成不能溶解的复合物失去了营养价值。另外，食用菠菜还会干扰锌的吸收，影响钙的吸收。

◎隔夜的炒韭菜不要再吃

韭菜中有大量的硝酸盐。炒熟后放存时间过久，硝酸盐可被转化为亚硝酸盐。人吃多了就可能发生中毒，出现头晕、恶心、呕吐、腹胀、腹痛和腹泻等症状。个别人还可能有出汗和全身不适的情况。

◎没煮熟的豆角不能吃

豆角包括扁豆、芸豆、菜豆、刀豆、四季豆等。豆角中含有一种有毒物质——毒蛋白凝集素，有些豆角外皮还有一种溶血素。这两种物质进入人体后，在较低温度下不易被破坏分解。吃了不熟的豆角后，有毒物质刺激胃黏膜，会引起胃痛、恶心、呕吐、头晕等中毒症状，严重者可危及生命。其中以扁豆中毒最为常见，多发生在 9 ～ 11 月份。扁豆毒素毒性虽大，但并不稳定，极易被热破坏。所以，在煮扁豆前，应先用开水烫一下。这样，豆类中的凝集素和溶血素等有毒物质，就会被热分解；或可以延长直接烹煮的时间，将豆角烧透焖软，毒素就被破坏了。为了安全起见，应将豆角煮沸或急火加热 10 分钟以上才可食用。

◎吃辣椒时禁忌

辣椒如果吃得过多，会引起辣椒中毒。一次吃大量的辣椒后，会使消化液分泌过多，使胃肠黏膜充血、水肿，胃肠蠕动剧增。出现腹胀、腹痛、恶心、呕吐、头晕，甚至呕血、便血、血压升高或下降等。如患有热性病、肺结核、胃溃疡、慢性胃肠炎、痔疮、高血压等病，会使病情复发或加重。因此，这些人忌多吃辣椒。即使正常人，吃辣椒也以适量为佳。

◎吃紫菜禁忌

成年人每天食用即食紫菜最多不可超过七八片（三、四克左右为宜）。如果长期过量食用紫菜，将会因为吸收过多的碘而导致甲亢。

◎蓝紫色紫菜不能吃

紫菜是生长在近海浅水区礁石上的海藻类植物。市售紫菜是红藻的干品，呈黑紫色而发亮，营养价值极为丰富。其中蛋白质达 35.6%，还有丰富的甘露醇、维生素、钙、磷等物质。某些与紫菜为邻的蓝紫藻、双鞭藻类等，会分泌出环状多肽、岩藻毒素等有毒物质。紫菜在受污染后色泽会变为蓝紫色。这些毒素毒性稳定，热、烧、煮起不到破坏作用，因此吃了便会发生中毒。故购买紫菜时，要选紫黑色的，对紫蓝色的不要买，也不能吃，以防发生中毒。

◎隔夜熬白菜不能吃

隔夜熬白菜对人体健康十分不利，因此最好不要吃隔夜的熬白菜。因为白菜中含有丰富的硝酸盐，吃剩的白菜经过一夜后，细菌会侵蚀菜中，无毒的硝酸盐就会转化为剧毒的亚硝酸盐。这种亚硝酸盐容易溶解于菜汤中。人喝后，大量亚硝酸盐随之进入胃肠道，并迅速进入血液中。使血液中的低铁血红蛋白氧化成高铁血红蛋白，从而丧失了携带氧气的能力。使身体缺乏氧气，引起头痛、头晕、恶心、呕吐、心慌等中毒症状。严重时可引起皮肤和黏膜发绀、青紫，造成死亡。当前亚硝酸盐还是一种公认的致癌物质。因此，切忌吃隔夜的熬白菜。

◎香菜食用禁忌

香菜是不可过量食用的。这是因为，有的人吃多了香菜，皮肤上起小红疙瘩，瘙痒不已，还会鼻干舌燥。患口臭、狐臭、龋齿及生疮的人，更忌多吃香菜，否则，将会加重病情。

◎海带食用禁忌

海带中的碘很丰富。但是，如果摄入碘太多，就会导致高碘性甲状腺肿大。已患地方性甲状腺肿大者，吃海带也不会使肿大的甲状腺回缩，只能控制其不再发展。如果食入太多反而会致甲状腺机能亢进，称为碘甲亢。同时海带中含砷量较高，每千克含 35 ～ 50 毫克，而食品卫生标准规定食物中的含砷量每千克不得超过 1 毫克。砷是有毒的，摄入过多会致急性或慢性砷中毒。总之，吃海带补碘、补砷可以治病，但不能过量。

◎泡海带禁忌

清洗海带的方法要适当。正确的方法应随泡、随洗、随冲，把海带中的杂质清洗掉即可。烹调前，浸泡时间最好不要超过 5 分钟。如果清洗方法不当，可造成海带中部分营养素的损失。

菜市场上的水发海带，一般都浸泡过夜，有的甚至浸泡几天，营养成分损失就更多了。

◎泡香菇的注意事项

香菇多为干品，烹制前必须泡发。泡发时间过长或用冷水泡发是不当的。这是因为，香菇中含有一种核酸分解酶。用温度为80℃的热水浸泡时，这种酶就会催化香菇中的核糖核酸，分解出具有鲜味的物质——乌苷酸。但是，若用冷水浸泡，就不易将这种物质泡出。而若泡发时间过长，则会使香菇中的鲜味大大降低，从而影响香菇的食用价值。

◎放久的煮熟银耳不能吃

银耳是生活中常见的补品，营养丰富，为人们所喜爱。但银耳中含有硝酸盐。煮熟的银耳如果放置时间过长，1～2天内就会在细菌的作用下，把硝酸盐还原成亚硝酸盐。人喝了这种银耳汤后，就可能发生中毒。亚硝酸盐能使血液中的血红蛋白失去携带氧气的能力，破坏人体正常的生理代谢功能，引起呕吐等症状，重者可昏迷，甚至死亡。另外，亚硝酸盐在人体内遇到胺类时，可形成致癌性的亚硝胺。

◎新鲜木耳不能吃

人们一般都爱吃新鲜的食物，但新鲜木耳却少吃为妙。因为新鲜木耳中含有叶啉类光敏感物质。食用这种物质后会对光线敏感。食用新鲜木耳后，太阳照射时容易引起日旋光性皮炎。暴露部位出现水肿、疼痛，甚至发生坏死。个别严重者可因喉头水肿发生呼吸困难。故不要吃新鲜的木耳。

◎吃花生禁忌

1.大便溏泻者忌吃花生。因花生中油脂较多，多吃易导致滑肠，加重泄泻。

2.胆囊切除术后，胆汁无法贮存。而花生含有丰富脂肪，需要大量的胆汁来帮助消化。这就要靠肝脏帮忙，长久食用会对肝脏产生影响，引起其他疾病。

3.跌打损伤并有血瘀者。因花生有凝血作用，故对消除瘀血不利。

4.生花生不宜吃。花生含有大量脂肪，如过多生食，可导致消化不良或腹泻。花生长在地里，表皮易被寄生虫卵污染，生吃容易感染寄生虫病。此外，鼠类最喜欢吃花生。如生吃被老鼠污染过的花生，易患流行性出血热。因此，花生不宜生吃。

◎香肠食用禁忌

香肠吃得太多是有害处的。在香肠加工制作过程中，为了保持肉的新鲜，防止腐化，加入亚硝酸钠作防腐剂。而亚硝酸钠，无论是在体内还是在体外，都能与肉类中的胺结合，形成二甲基亚硝胺。这是一种很强的致癌性物质。为了阻断亚硝胺的形成，加工时可加入维生素C。可以有效地阻止硝酸盐与胺结合。从而可避免在消化道内形成强致癌物。

◎瘦肉食用禁忌

有些人认为吃肥肉会发胖，而吃瘦肉既不会发胖又能保证营养的摄入，就大量吃瘦肉。事实上，多吃瘦肉未必就好。据有关资料报道，瘦肉中的蛋氨酸含量较高，蛋氨酸在某种酶的催化下可变为同型半胱氨酸。而同型半胱氨酸过多也会导致动脉粥样硬化。动物实验表明，同型半胱氨酸会直接损害动物内皮细胞，形成典型的动脉粥样硬化斑。因此，吃瘦肉也要适量。另外，大量吃瘦肉会增加肝脏和肾脏的负担，肝肾功能不好者更应注意适量进食瘦肉。

◎食用熏烤食物禁忌

烤鸭、烤鸡、烤羊肉、烤红薯、火腿、熏鱼等熏烤食物，有一种特殊的香味，是家庭餐桌和宴会酒席上的佳肴，很多人喜欢食用。但是，从养生保健角度看，这些食品忌经常食用。

经过熏烤的鱼、肉以及烤糊、烧焦的米面中，都含有一种化学物质，叫做多环芳香烃。这种化合物中含有致癌物质。它是在食物熏烤、焦煳过程中产生的，温度越高，产生得越多。熏烤食物还会在胃中产生亚硝酸胺。

偶尔吃些熏烤食物不会引起癌症。但是，可以肯定的是熏烤食物吃得多了容易致癌。因此，熏烤食物忌多吃。

另外，需要注意的是，致癌物质在食物中的含量，与熏烤的方法、时间和燃料有关。因此，在熏烤食品时应该注意：防止食品与炭火直接接触，熏烤温度不可过高，时间忌太长。最好用电烤或用优质无烟煤烤，而不要用木材或烟煤熏烤。在食用熏烤食品时最好吃些绿色蔬菜和水果，以减少熏烤食品的危害。

◎不能用铝锅烧制姜醋猪肉

有些人由于缺乏科学知识，当产妇坐月子需吃姜醋猪肉时，常常用铝锅盛着醋、生姜、猪肉一起烧，烧好后往往还不盛出来，而是把它贮在铝锅内。结果不到一宿，铝锅便被腐蚀穿孔，好端端的铝锅便成了废品。

为什么会这样呢？这是由于铝与醋酸起化学反应而生成的铝化合物易溶于醋酸里，而醋酸与铝又不断起化学反应，以致铝锅由厚变薄，直至最后穿孔破烂。因此，在烧姜醋猪肉时，不要用铝锅，最好用瓦锅。当然，做其他需放醋酸或碱的菜肴时，也是忌使用铝锅的。

◎忌吃热气肉

在农村里，一般人都把刚杀后的猪肉拿来煮着吃。在城里，大部分人也都喜欢热气肉，而不喜欢冰冻过的冷气肉。其实，这并不一定好。因为屠宰后的猪肉要经历尸僵阶段、成熟阶段、自溶阶段和腐败阶段。在一般温度下，生猪放血 1 ～ 2 个小时，就进入尸僵阶段，这时猪肉坚硬、干燥，无异味，不易煮烂，又难于消化。经过 24 ～ 48 小时后，进入成熟阶段，这时猪肉柔软、多汁，具有芬芳的气味。

◎热水洗猪肉流失养分

猪肉的肌肉组织和脂肪组织中，含有大量的肌红蛋白和肌凝蛋白。肌红蛋白极易溶于热水中。当猪肉在热水中浸泡时，大量肌红蛋白就溶于水中。在肌红蛋白里含有机酸、谷氨酸和谷氨酸钠盐各种鲜味成分。这些物质被漫出后，影响了猪肉的味道。

因此，猪肉不宜用热水浸泡。正确的方法是将买回来的猪肉先用干净粗布擦洗，除去污垢，然后用冷水快速冲洗干净即可。

◎吃鸡的禁忌

1. **忌吃未煮熟的白切鸡**。鸡肉不蒸煮熟透，人吃了之后也容易感染寄生虫病。

2. **忌吃老鸡鸡头**。民间有十年鸡头生砒霜的说法。

3. **忌吃鸡屁股**。因为鸡屁股是淋巴最集中的地方，是病菌、病毒和致癌物的大本营。

4. **忌吃病鸡**。病鸡应及时进行隔离治疗，死后应消毒，并深埋处理。

◎吃鱼九忌

1. **忌用小火蒸鱼**。这是因为温度低而加热慢，鱼肉中的蛋白质就会逐渐凝固，失水退嫩，鲜味损失，肉质发硬。而如果用大火足气在短时间内把鱼蒸熟，则会使鱼肉鲜嫩，色自如玉，凝而不散，味道香美。

2. **炸鱼油温忌过高、过低**。炸鱼的主要要领是：油要热，火要旺，油温一般在170℃～230℃之间。用这样的油炸出的鱼效果最好。油温过高，油太热，炸出的鱼会发干，鱼肉会变老，鱼的味道当然就差了；油温若过低，则会出现鱼粘锅底、鱼皮脱落、鱼肉易碎等现象。还值得注意的是：为了保持炸鱼时油温从始至终的一致，不致因原料入锅后油温下降影响炸鱼的效果。应在鱼第一次下锅后稍炸片刻，即把鱼捞出。待油温上升后再放入锅内继续炸。这即是烹调中有名的间隔炸料法，行话叫重油炸法。

3. **忌食反复冷冻的鱼**。反复冷冻的鱼肉中，会产生一种可怕的致癌物质。冷冻的次数越多，生成致癌物质的浓度越高。

4. **忌食生鱼粥、生鱼片**。生鱼体内存有许多种寄生虫幼虫。人吃了带有这种幼虫的生鱼粥或生鱼片，幼虫就会跟着进入人体。由肠道逆行而上至胆管，然后寄生在胆管中，从而使胆囊发炎。严重的还会导致肝硬化。有些人还会出现食欲不振、上腹疼痛、腹泻、肝肿大、浮肿、面黄肌瘦、疲乏无力、体力衰退等症状，甚至死亡。

5. **忌食烧焦的鱼**。鱼肉里含有丰富的蛋白质。如烹调时不慎烧焦，其中的高分子蛋白质就分裂变为低分子氨基酸。这种氨基酸经过组合，可形成引起人致突变的化学物质。人吃了这种烧焦的鱼，就会产生遗传上的毒害，影响下一代的健康。

6. **忌食鲨鱼肝**。0.25千克的鲨鱼肝，相当于200万国际单位的维生素A。若一次不慎多吃了鲨鱼肝，易发生维生素A急性中毒。

7. **忌食鱼胆**。引起鱼胆中毒的鱼类，常见有青鱼、草鱼、白鲢鱼、鳊鱼、鲩鱼、鲤鱼等。其中以青、草、鲩鱼最多见，而且中毒症状最典型。吃鱼胆越多，中毒的程度越严重。一般吞服2.5千克左右的青鱼的鱼胆2个，或5千克以上的青鱼的鱼胆1个，就有中毒的危险。

8. **忌吃河豚**。河豚中毒是由河豚毒素引起的。这是一种很强的神

经毒素，能造成神经传导障碍、神经末梢和中枢神经麻痹。这种毒素相当稳定，一般的烧法都不能把它破坏。一般认为，河豚的肌肉是无毒的，毒素主要是在内脏里。但当河豚不新鲜时，内脏的毒素会逐渐渗到肌肉中去，人食用之后就会中毒。迄今为止，对河豚中毒仍无特效解救方法。

9. 忌吃死甲鱼。死后的甲鱼，细菌会分解甲鱼蛋白质中的组氨酸，形成组胺这种有毒的物质。当人们吃了组胺达到一定浓度的死甲鱼，就会发生组胺中毒。一般吃后几分钟到几十分钟内发作。轻则头晕、头痛、心慌、胸闷，重则呼吸急促、心跳加快、血压下降。有的还有哮喘、恶心、呕吐、腹泻、口舌和四肢发麻及起风疹块等症状。组胺是甲鱼死后才产生的，活的甲鱼并没有组胺。刚死的甲鱼组胺很少，所以甲鱼应该现杀现烹制。

◎忌生吃螃蟹活吃虾

民间有生吃螃蟹活吃虾之说，因为这样吃味道鲜美。其实，生蟹是绝对不能食用的。因为，生蟹往往带有肺吸虫的囊蚴和副溶血性弧菌。如不经高温消毒，肺吸虫一旦进入人体，就会在肺内停留，造成肺部损伤。副溶血性弧菌大量侵入机体时，会发生感染性中毒，出现肠道炎症及水肿、充血，引起腹痛、腹泻等症状。另外，由于蟹喜欢吃腐烂的食物，在胃、肺、鳃等部位会存在致病性细菌和有毒的杂物。所以，吃熟蟹时，应剔除这些部位，千万不可乱嚼乱咬。

在集市上出售的龙虾或在海鲜楼里吃到的龙虾，实际上是一种叫螯虾的大头虾。而螯虾是肺吸虫的中间宿主。肺吸虫的幼虫尾蚴可在螯虾体内形成囊蚴。如果生吃或吃半生不熟的螯虾，囊蚴就会进入体内，变成幼虫，最后在肺内发育成成虫。使人患上一种类似肺结核症状的肺吸虫病。当虫体进入脑部则成为脑型肺吸虫病。

◎精白米食用禁忌

经常食用精白米不好。因为精制加工时反复辗轧，原来存在于米胚和外胚层中大量的维生素 B_1 被碾掉，其他营养素也损失很多。常吃精白米易引起体内维生素 B_1 缺乏。主要表现为神经炎、怕冷、全身无力、记忆力差、反应慢，严重者可能诱发脑及心脏病变。

◎豆制品食用禁忌

豆制品中含有较多的蛋氨酸。如果过多食用，会导致动脉粥样硬化。因此，经常吃点豆制品对人体健康是大为有益的，但是食之过多也是有害的。

◎吃醋的禁忌

过多吃醋有害于人体健康。由于醋中含有较多具有腐蚀作用的醋酸。过多食用，一方面伤及脾胃，另一方面会损害牙齿和骨骼。因此，醋可常吃，忌多吃。

◎食用酱油时两忌

1. **少吃或不吃酱油**。酱油是深受人们欢迎的食品佐料。但是吃得太多，有损健康。科学家们发现酱油中含有致突变和致癌变的物质。这是因为在发酵过程中，蛋白质腐败分解，产生大量的胺类物质。在亚硝酸存在的情况下，可以合成致癌性的亚硝胺。台湾的流行病学调查发现，酱油的消耗量与肝癌直接相关。因此，从预防癌症的角度来说，最好少吃或不吃酱油。

2. **忌吃长白膜的酱油**。在温暖的环境中，尤其是在夏天，酱油很容易被一种叫产膜性酵母菌污染，长出一层白膜来。出现这种现象，说明酱油已经发霉，当然也可能有其他杂菌污染。如轻者及时撇去白膜，加热后食用。严重者，已经有霉菌毒素产生，就应弃之不吃。

◎忌用白酒代替料酒

料酒含有一定量的乙醇，在烹调中使用它，有很多独到的作用。一是可使菜肴滋味融合，起到去腥臭、除异味的作用。二是能在炖肉或炖鱼时与溶解的脂肪产生酯化作用，生成酮类等香味物质，使菜肴溢出馥郁的香气，增鲜提味。三是能在烹饪绿色蔬菜时，使菜翠绿悦目、鲜艳美观。而白酒却不能起到这样的作用，因为白酒不但乙醇（酒精）含量大大高于料酒。而且其糖分、氨基酸的含量大大低于料酒。将白酒用于烹调，绝对起不到料酒所能达到的效果。不但菜的滋味欠佳，还会使菜的本味受到破坏。所以，在烹饪菜肴时是忌用白酒代替料酒的。

◎味精使用五忌

1. **忌使用过量**。过多地食用味

精，会引起一些疾病，如头、胸、背、肩疼痛。还会对骨骼发育产生不良反应，对儿童影响尤为严重。

2. 忌长时间高温加热。当温度超过100℃时进行长时间加热，味精就会生成一种无鲜味、有毒的成分，叫做焦谷氨酸钠。所以，在制作菜肴过程中，不要过早地放入味精，在汤、菜即将出锅时放入味精为最好。

3. 忌在酸碱性食品中放入味精。因为味精中的谷氨酸钠遇到酸碱会发生化学变化，使味精中的谷氨酸钠变成谷氨酸二钠。例如，在制作有糖醋汁或西红柿汁的菜肴时，就不必放入味精。因为放入也起不到任何作用。

4. 忌每菜必用。时间长了，就会产生对味精的依赖性。不爱吃没有放味精的莱。从而使食欲减退，降低对各种营养物质的吸收能力。

5. 婴儿食品忌使用味精。科学研究表明，婴儿食品中使用味精，谷氨酸会和血液中的锌发生特异性结合，生成不被吸收的谷氨酸锌而排出体外。导致婴儿缺锌，造成智力减退、生长发育迟缓等不良后果。因此，哺乳期妇女忌食用味精；3个月以内的婴儿禁止食用味精；1周岁以内的幼儿以不食味精为宜。

◎酸牛奶饮用禁忌

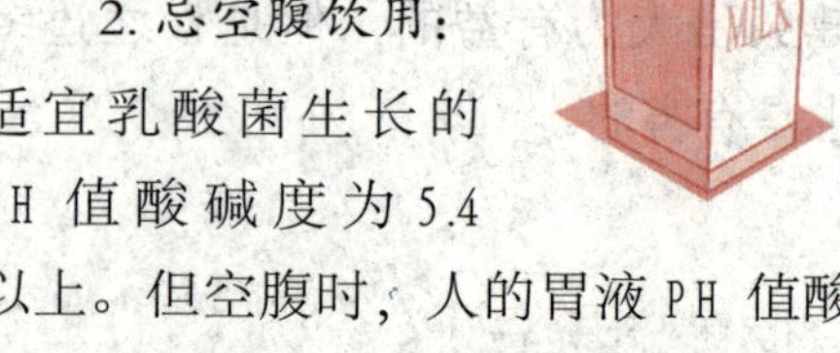

1. 忌加热：加热的酸牛奶营养价值大为降低。

2. 忌空腹饮用：适宜乳酸菌生长的PH值酸碱度为5.4以上。但空腹时，人的胃液PH值酸碱度在2以下，乳酸菌易被杀死。

◎蛋类食用禁忌

1. 吃松花蛋禁忌。松花蛋由于在加工时用了石灰等多种作料，每个蛋中平均含铅量达0.8毫克左右，比腌制的鸭蛋高出一倍以上。成人对铅的吸收较少，而儿童则吸收较多。长期食用含铅量较高的松花蛋，会影响孩子的生长发育。

2. 忌吃死胚蛋。死胚蛋又叫喜蛋。其中的蛋白质、脂肪、糖类、无机盐及维生素等营养成分都已发生变化。绝大部分已被胚胎利用消耗了，营养成分所剩无几。而死胚蛋里常含有多种病菌，如大肠杆菌、葡萄球菌、伤寒杆菌、变形杆菌等。这些病菌对人体健康有危害作用。吃了死胚蛋易发生食物中毒、痢疾、肝炎等疾病。

3. 忌吃臭蛋。臭蛋中的营养素已消耗殆尽。除残的蛋白质、脂肪外，还有各种蛋白腐败分解的产物、多种致病菌、霉菌或茁毒素等。因此，臭味蛋中含有多种有害物质，几乎无营养可言。

4. **鸡蛋煮后忌冷浸**。因为鸡蛋刚生出时，其外表有一层保护膜。蛋内水分不易挥发，并防止微生物的侵入。鸡蛋煮熟后壳上膜被破坏，一些气体逸出。此时将鸡蛋置入冷水内会使气室腔温度急骤下降并呈负压。冷水和微生物可通过蛋壳和壳内双层膜上的气孔进入蛋内。时间长了容易腐败变质。因此，煮熟的鸡蛋不马上吃时，最好不要用冷水浸。

5. **鸡蛋忌横放保存**。新鲜鸡蛋的蛋白浓稠，能将蛋黄固定在蛋白中央。存放久了，蛋白有的黏液在蛋白酶的作用下，会慢慢脱去一部分水分，失去固定蛋黄的作用。

◎火锅汤不能喝

火锅配料多是海鲜、青菜、肉类等。这些材料混合在一起，经过较长时间熬制，其汤汁中含有一种浓度极高的卟啉物质。卟啉经过消化分解后，经肝脏代谢生成尿酸，可使肾功能减退。排泄受阻，致使过多的尿酸沉积在血液和组织中，从而会引发痛风病。因此，火锅汤是忌饮的。吃火锅后应尽量多喝水，以利于加快尿酸的排泄。

◎饮水习惯禁忌

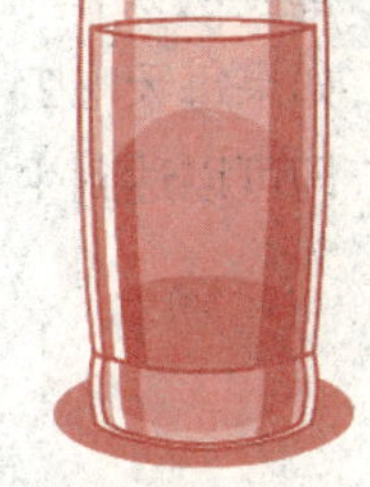

1. 忌一次性暴饮。暴饮会冲淡胃液，带来消化系统疾病。

2. 忌长期饮用蒸馏水。因蒸馏水几乎不含矿物质，长期饮用，会引起胸闷、痢疾、恶心、体力衰退、性情急躁等症状。

3. 忌饮生水。水不煮沸，常有不洁杂质，容易引起疾病。

4. 装在瓶里已有多天的老化水应忌饮。

◎忌用维生素C药片代替水果、蔬菜

存在于水果和蔬菜中的天然维生素C优于药片中人工合成的维生素C。因为很多水果和蔬菜中的维生素C是以两种物质即维生素C和维生素P组合的状态存在的。在人体组织中维生素P能协助维生素C发挥作用。而人工合成的维生素C系纯药物制剂，其效果远不如天然维生素C。此外，服用的维生素C药片往往量较大。如长期服用可在体内产生大量草酸，成为肾结石的潜在威胁。而水果、蔬菜中的维生素C并不会使尿中草酸过高。因此，除维生素C严重缺乏需补充维生素C药片外，我们都应从饮食中补充维生素C。健康人如果每天吃250克以上的水果或蔬菜，即可以达到生理需要量。

◎吃粽子禁忌

粽子不能多吃。这是因为一方面，粽子包得很结实，又是糯米做成团的。吃时消化液不易渗进去，吃后往往很难消化，吃多了有碍脾胃健康。另一方面，吃粽子的五六月份。正是气温升高、阴雨连绵的季节。也是细菌大量繁殖生长的时候。粽子糯湿又富于甜味，很适合细菌繁殖生长。放的时间稍长了，往往会变质，人吃多了很容易引起食物中毒。

◎槟榔宜少吃或不吃

据调查显示，嚼槟榔是引起口腔癌的重要因素。槟榔中含有各种不同的化学物质，并具有致癌作用。槟榔细菌很多，部分还含有白霉、黄霉和大肠杆菌。因此，应该忌嚼槟榔，以保健康。

◎白果食用禁忌

由于白果中含有毒素，所以吃多了容易发生中毒，小孩吃20个白果就可能中毒。吃多白果中毒的主要表现为抽搐、发烧，甚至有生命危险。所以，吃熟白果时，应该抽去白果内的芯子，这样可以防止中毒的发生。

◎苦杏仁等果仁不能生吃

生吃苦杏仁时，苦杏仁中含有的氰甙物质在咀嚼时就会被唾液分解，放出剧毒物质氰氢酸。氰氢酸被吸收后，与组织细胞含铁的呼吸酶结合，使组织细胞无法利用氧气，而发生中毒。所以，食用前必须先把苦杏仁浸泡于水中，剥去黄色外皮。然后再用清水浸泡数日，每天换水几次，直到苦味全无为止。这样氰甙的含量可减少95%以上。但经过去毒的苦杏仁，吃的时候也要彻底地煮熟或炒熟，才不会发生中毒。另外，桃仁、扁桃仁、枇杷仁、梅仁、李子仁、樱桃仁等也含有氰甙，故都不能生吃。如需药用，必须遵照医嘱，切不能乱吃。

◎吃植物蛋白禁忌

一次若食入植物蛋白过多，也

会引起不良反应。往往造成消化不良，出现头痛、头晕、恶心、呕吐、腹痛、腹泻等症状。

◎多味瓜子食用禁忌

制作多味瓜子时加入的天然香料。如花椒、大料、茴香、桂皮等，都含有黄樟素，而黄樟素已被证实是具有致癌作用的有毒物质。若摄入过多，首先会引起肝脏病变，之后还会引起其他器官病变。加工多味瓜子时使用的人工合成香料，是从石油或煤焦油中提炼出来的，也具有一定的毒性，以少吃为佳。因此，多味瓜子虽然好吃，却不可多吃。

◎腐烂水果不宜吃

有些人碰到腐烂了的水果，就会把腐烂部分削掉，吃剩下的部分。其实，这对健康是不利的。水果烂的部分削掉后，剩下的部分外观看上去是好的。但微生物学家却指出，即使把腐烂的部分削去。细菌的代谢物质已经通过果汁传入剩余部分，甚至微生物已经开始繁殖。因此，为了身体健康着想，水果只要腐烂了一部分，就不宜吃了。

◎忌吃水果不削皮

近年来随着农业、林业的发展，农药已被普遍使用。某些毒性较大的农药如六六六、敌敌畏、乐果等，喷洒在水果上便会渗到果实中。其中绝大部分残留在果皮里，而水洗是冲不掉的。如长期连皮一起生吃瓜果，体内就会有农药残毒积累，最终会引起农药慢性中毒。损害神经系统，损伤肝功能，造成生理功能紊乱。所以，吃水果时应该洗干净削皮后再食用。

◎冰西瓜的食用禁忌

1.西瓜放入冰箱内时间忌过长。整个西瓜洗净后放入冷冻柜中一小时或放入冷藏柜中两小时即可。时间过长，西瓜过于冰冷，食用后胃、肠、脾均有不良反应。

2.西瓜整个放入冰箱为宜，时间长也不会串味和感染冰箱细菌。若急于吃冰镇西瓜，可将西瓜切成两半或多块。但一定要用食品袋装

好密封后放入，忌裸露，以免串味和感染细菌。

3.若将半只西瓜反扣盘中放入冰箱也可，但吃时一定要切除裸露面一层瓜瓤后再食用。

◎梨的食用禁忌

1.梨味虽美，但其性寒凉，多食则伤脾胃。故食梨应适量。

2.凡脾胃虚寒、大便溏泄、脘腹冷痛及肺寒咳嗽、痰涎清稀者，均忌食用。

◎忌空腹吃香蕉

香蕉中矿物质含量极为丰富，尤其是含有大量的钾元素。每天只要吃上一根香蕉，就足以使体内的钾保持正常水平。多食后可造成体液中的钾、钠比值的改变。特别是空腹时食用，使血液中钾大幅度增加。若血液中钾的含量高于正常浓度5.5毫摩尔/升时，会对人的心血管等系统产生抑制作用。引起明显的感觉麻木、肌肉麻痹，出现嗜睡乏力的现象，严重者心脏传导阻滞、心律不齐，故忌空腹吃香蕉。

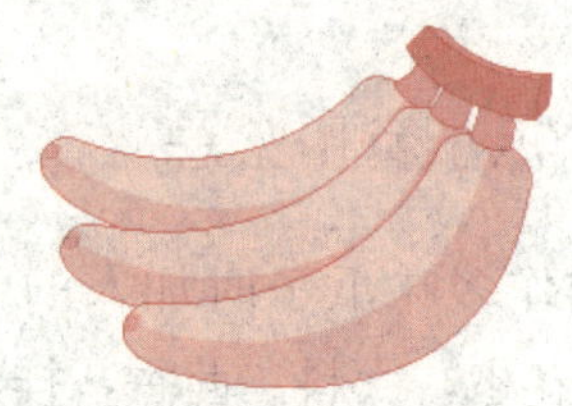

◎橘子的食用禁忌

橘子富含维生素C，是我们经常食用的水果之一。但一天之内吃橘子忌超过3个，因每人每天所需的维生素C吃3个橘子就已足够了。橘子吃多了，产生的热不能全部转化为脂肪储存，也不能及时地消耗掉。于是积聚而上火，出现口干舌燥、咽喉肿痛、大便干结等症状。在饭前或空腹时也不应该吃橘子，因橘子汁的有机酸会刺激胃壁黏膜。

◎菠萝的食用禁忌

过敏体质的人吃菠萝会发生过敏反应。这是因为菠萝汁中含有一种生物甙及菠萝蛋白酶。生物甙会刺激口腔及食管黏膜，使口腔发痒。菠萝蛋白酶是一种异性蛋白，进入机体，使机体释放过敏物质而引起过敏。主要表现为恶心、呕吐、腹痛、腹泻、头痛及口舌、皮肤麻痒等症状。严重的有呼吸困难，甚至昏迷死亡。此外，菠萝汁中含有5—羟色胺，具有强烈收缩血管和升高血压的作用。多吃后会引起头痛、头晕等症状，所以应当引起注意。

◎吃山楂片禁忌

食用山楂片并非吃越多越好，过多食用是不适宜的。因为山楂片的助消化，只是促进消化液分泌，并不是通过增强脾胃的功能来消化食物的。而且山楂片是破气去积滞之物，食得过多，会伤人中气。因此，脾胃虚弱者忌食用山楂片。一般在使用人参补气药物时，也不能吃山楂片，因为它的破气作用会抵消人参的补气作用。对处于牙齿更替时期的儿童，长期贪吃山楂片或山楂糖点，对牙齿生长不利。

◎吃枇杷的禁忌

1.枇杷性味甘寒，多食能助湿生痰，故脾虚便溏或痰湿盛者忌食。

2.枇杷核内所含的氢氰酸具有毒性。若大量食用可引起中毒，轻者出现恶心呕吐，重者可致呼吸困难，昏迷，故不能过量食用。

◎吃荔枝的禁忌

1.荔枝为温热性水果，多食能导致生热上火。故阴虚火旺、咽喉肿痛、齿龈肿痛、鼻出血者忌食用。

2.过量食用还可能得荔枝病。症状为恶心、肢软乏力、头昏眼花。如出现上述现象时，可取荔枝壳煎汤饮用，能使症状缓解。

◎吃芒果的禁忌

1.芒果忌食过多，因可能引起肾炎。

2.饱餐后不可食用芒果，也不可与大蒜等辛辣物质同食，否则可能出现黄疸。

◎吃桑葚的禁忌

桑葚是忌多吃的。这是因为桑葚中含有胰蛋白酶抑制物质。过多食用能使肠道中的各种消化酶（特别是胰蛋白酶）的活性减弱。从而破坏C型产气荚膜杆菌释放B毒素的能力，进而引起出血性肠炎。同时，还会出现头晕、鼻出血、昏迷等症状。

◎吃杏的禁忌

吃杏过多，有害无益。杏具有强烈的酸性，胃内的酸性液增多了，会引起消化不良和溃疡病。同时，由于杏性温，食用过多，会上火，容易诱发疖肿和腹泻，并对牙齿不利，容易发生龋齿。我国自古以来就有杏伤人之说，因此不可一次过多食用。

◎吃海鲜要谨慎

所有海产食物最好在捕获之后尽快吃。如果不是立刻吃，便要加以冷冻以防细菌滋生。生吃海鲜要特别小心，因为可能带有绦虫、线虫（蛲虫、蛔虫、钩虫）和其他更奇特的寄生虫。因此，为了健康，海产食物应煮熟再吃。

◎忌用矮桌或蹲着进餐

无论是矮桌进餐，还是蹲着吃饭，都不符合生理卫生要求。因为腹部受挤，胃肠不能够正常蠕动而影响消化吸收。此外，腹主动脉受压，胃部毛细血管得不到足够的新鲜血液补充，终可导致消化功能减退。

◎忌边看电视边吃饭

边吃饭边看电视，影响食物的消化和营养的吸收。在吃饭时，需要全身大部分血液集中到胃肠等消化系统，才能保证完成消化食物和吸收营养的任务。如果边吃饭边看电视，眼睛、耳朵必然要不断往大脑里传递信号，大脑就得不断地分析判断这些信号，需要有更多的血液为脑服务。那么，流经胃肠的血液就相对减少了，会导致消化和吸收功能受影响。

看电视有时哈哈大笑或争论，把时间拖延得很长，使热乎乎的饭菜变凉。有时还会出现咬舌、咀嚼不细等现象。时间长了，消化器官功能会减退，引起慢性胃肠病，影响营养吸收。

Part3 这样关爱最健康

——让身体远离疾病

第一节

女性疾病自诊室

一、妇科疾病治疗小窍门

◎双椒治痛经

花椒10克、胡椒3克共研细粉。用白酒调成糊状，敷于脐眼，外用伤湿止痛膏封闭。每日1次，此法最适宜于寒凝气滞之痛经。

◎姜枣花椒汤治痛经

取干姜、大枣各30克洗净。干姜切片，大枣去核，加水40毫升，煮沸。然后投入花椒9克，改用文火煎汤。每日1剂，分2次温服。5剂为1疗程。临经前3天始服。

◎莲花治疗腹痛、月经量多

每年7月间采开放的莲花或含苞未放的大花蕾，阴干。和绿茶3克共研细末，白开水冲泡，代茶饮，每日1次。主治瘀血腹痛、月经过多等症。

◎经前后和来潮时腹痛的治疗

1.痛经轻者，可备75%酒精50毫升，用消毒棉球蘸后塞耳孔中，3～5分钟内见效。

2.痛经重者，可将大蒜适量捣汁状，用消毒棉球蘸汁后塞耳孔中，1次见效。

◎樱桃叶、糖浆治疗痛经

以樱桃叶(鲜、干品均可)30克、红糖20克水煎，取液汁300～500毫升，加入红糖溶化，1次顿服。经前服2次，经后服1次。此方治疗痛经有良效。

◎治疗痛经小偏方

备茶树根、小茴香和凌霄花各15克。于月经来时，将前2味药同适量黄酒隔水炖3小时，去渣加红糖服。月经完后的第二天，将凌霄花炖老母鸡，加少许米酒和食盐拌食。每月 1 次，连服 3 个月，治疗女子痛经不孕有良效。

二、日常保健小窍门

◎赶走扰人小病痛

1. **换季疲劳**。在枕套下面放些气味芬芳的杀菌植物叶片。如：月桂、蕨、榛树叶、针叶、薄荷和玫瑰花瓣等。这样晚上就可安然入眠，并有效地消除疲劳。

2. **眼睛红肿**。将香芹切成小段装入纱布袋，放入开水中。过 15 ～ 20 分钟取出，冷却后放在眼皮上 10 分钟。

3. **牙齿酸痛**。把棉签浸入丁香油后放到病牙上，可以帮助你缓解疼痛。

4. **食欲过旺**。用中指肚按住上嘴唇和鼻子之间的穴位几分钟，饭前喝一杯矿泉水或者西红柿汁。

◎怎样洗冷水澡最科学

俗话说：要想身体好，每天冷水澡。很多人洗过冷水澡之后都觉得神清气爽，甚至一年四季坚持洗。那么，洗冷水澡到底好不好呢？

对于大部分人来说，如果洗冷水澡的方法正确，是有利于健康的。可以增加人体适应气温的能力，特别是适应冷空气的能力，不容易患感冒。

洗冷水澡对人体血管是一个很好的锤炼。洗冷水澡时，血管急骤收缩，大量血液流向身体内部。过一会儿又流向体表，血管一伸一缩，长此以往，可以预防心血管疾病的发生。

用冷水洗澡，神经系统受到刺激，致心跳加快、呼吸加深、血流加速。能促进新陈代谢，还会使皮肤变得柔软、有弹性。此外，洗冷水澡还有助于增强消化功能，对慢性胃炎、胃下垂、便秘等病症有一定的辅助疗效。但体弱畏寒者宜慎。

不过，为了最大限度地享受洗冷水澡的好处，应采取科学、合理的方法。具体来说有以下几点：从夏天开始，一直坚持下去，循序渐进；每次洗冷水澡前先做做热身运动：用手揉搓皮肤数分钟，感觉发红、发热为止；洗澡时，先往四肢部位浇水，数分钟后再冲胸、背部，让身体有个逐渐适应的过程；水温不要过低，以 5 ～ 25℃为宜；时间也不宜过久，10 ～ 15 分钟即可，最长别超过半小时。

◎不适宜洗冷水澡的人群

冷水澡并非人人适宜，以下人群不适宜洗冷水澡：

1. 婴幼儿及60岁以上的老人最好不要洗。

2. 女性在经期、孕期不要洗，平时水温也要避免过低。

3. 坐骨神经痛、关节炎患者洗冷水澡，神经受寒受凉后，疾病会加剧。

4. 高血压患者洗冷水澡，会使血压升高，甚至导致中风、昏迷等。

5. 心脏病患者洗冷水澡，会加重心脏负担，诱发心绞痛、急性心肌梗死甚至猝死。

剧烈运动后也不要洗冷水澡。因为这时体表的毛细血管扩张，如果突然遭遇冷水，会增加心脏负担，引发心慌、头晕等不适。在洗澡过程中，如果出现皮肤持续变白、头昏等症状，要立即停止，以免发生意外。

◎刷牙水温有讲究

很多人为了方便，节约时间，常用冷水刷牙，感觉非常凉爽；也有的人喜欢用热一点的水刷牙，感觉用这种水刷牙更舒适。其实刷牙用水的温度很有讲究，使用温水刷牙才有利于牙齿的健康。

人的牙齿适宜在35～36.5℃的口腔温度下进行正常的新陈代谢。如果经常给牙齿以骤冷骤热的刺激，则可能导致牙龈出血、牙髓神经痉挛或其他牙病。科学家通过研究认为，用温水刷牙有利于牙齿的健康；反之，长期用凉水刷牙，就会加速牙齿的衰老。

科学实践证明，35℃左右的温水是一种良性的口腔保护剂。用这样的水漱口，既利牙齿，也有利咽喉和舌头，还利于清除口腔里的细菌和食物残渣，会使人产生一种清爽、舒服的口感。

◎刷完牙后最好冲洗口腔

许多人有睡前刷牙的习惯，但仍容易患咽炎、喉炎、鼻窦炎，这是为什么呢？其实，刷牙只能清洁口腔的前半部分，起到预防龋齿的作用。但如果睡前吃过东西，那么，食物残渣不仅存留在牙齿上，还会存留在口腔后半部分以及咽部、会咽部。而刷牙对舌根以后的部位是起不到作用的。再加上入睡后唾液分泌减少，对口腔冲洗作用降低。晚上唾液所含的溶菌酶比白天含量减少，降低了杀菌能力，降低了局部抵抗力等，使口腔中存留的细菌得以兴风作浪。并通过口腔深部的一些相互间的通道感染周围器官，常见的便是咽炎、喉炎和副鼻窦炎。

因此，刷完牙还应喝些白开水以冲洗口腔深部。并且不要马上睡觉，然后半小时之后再睡。每次刷完牙后，要用清水将牙刷毛冲净甩干，将牙刷头向上放入口杯中，让其充分干燥。这样可以防止细菌在牙刷毛上繁殖。

◎洗脸勿忘洗鼻子

讲卫生、爱清洁是每个人的好习惯，但洗鼻孔的习惯可能好多人都没有。其实，鼻孔的保洁也是很重要的。鼻子作为人体与空气打交道的第一关口，外与自然界相通，内与很多重要器官相连接。既是人体新陈代谢的重要器官之一，又是防止致病微生物、灰尘及各种脏物侵入的第一道防线。小小的鼻子，却对人体健康起着重要作用。

正确的清洗方法是用掌心盛干净的冷水或温盐水，低头由鼻将其轻轻吸入，再经鼻擤出，反复数次。也可将温生理盐水瓶吊高，连接输液器管，管口伸进鼻腔 2 ～ 3 厘米，边冲洗边擤出。千万不要用指甲干挖鼻孔，指端常是不洁的。

◎治疗血管堵塞、慢性头疼

将 40 克蒜捣碎，兑入 100 毫升白酒，放置 10 ～ 15 天。每日 2 ～ 3 次，饭前 30 分钟饮用，每次 10 滴。这种方法可以清理阻塞，让血管有弹性，还可以治疗慢性头疼。

◎治疗偏头痛

在锅内放入等量的醋和水，用小火烧开。当开始冒蒸气时，将头低至锅上方，呼吸蒸气，吸气 60 ～ 75 次就可以了。

◎烫伤的有效处理

在处理烫伤的时候，取新鲜的天竺葵叶子盖在伤口上，用绷带缠好。过 10 ～ 12 小时重复一次。烫伤通常会在短短的几天里痊愈，不会留下疤痕和斑点。或者将干净的土豆皮敷在烫伤处，并用消毒纱布固定，一般烫伤 3～4 天后即可痊愈，且无剧痛，无疤痕。

◎口腔溃疡治疗小妙招

将维生素 C 片贴在溃疡处，等它溶化，溃疡基本就好了。

◎生姜止血

把捣烂的生姜敷在伤口流血处，范围以敷满伤口为宜，具有很好的止血效果。

◎节食改善消化不良

每逢节日期间，胀肚、消化不良就会成为节日综合征的一种。这虽然不是什么大病，但也有不适的感觉。解决这个问题最简单的方法就是：适当节食，让肠胃好好休息几天；或者多喝茶来帮助消化。也可用胡萝卜、荸荠、山楂、麦芽煮水喝；还要多运动，饭后散步，没事时可以逛逛街。

◎保胃的食品

1. **白菜**。白菜味甘性温，具有清热除烦、通利肠胃的作用。甘温无毒，利胃肠，除胸烦，解酒渴，利大小便，和中止咳。

白菜萝卜汁：鲜白菜 50 克、生萝卜 1.5 克，洗净后捣烂取汁，加红糖适量，分次服用。适用于木薯中毒和其他食物中毒。

白菜炒虾仁：鲜白菜 250 克、虾仁 10 克，加油炒熟，可佐餐食用。

2. **马铃薯**。马铃薯又名土豆，味甘性平，具有补脾益气，缓急止痛，通利小便的作用。用于脾胃虚弱，消化不良，肠胃不和，脘腹作痛，大便不利等。

3. **芹菜**。芹菜味甘性凉，具有平肝清热，祛风利湿，健胃利尿的作用。甘凉清胃，涤热祛风，利口齿、咽喉，明目。

芹菜蜜汁：鲜芹菜 150 克，洗净捣烂取汁，炖片刻，温热后调入蜂蜜服用。

4. **牛肉**。牛肉性味甘平，具有健脾养胃，补益气血，强壮筋骨的作用。治消渴，止吐泻，安中益气，补虚壮健，消水肿，除湿气。

陈皮牛肉：牛肉 500 克，陈皮、砂仁各 3 克，生姜 15 克，桂皮 3 克，胡椒3克，大葱、食盐适量，加水同煮，牛肉熟后取出，切片食用。

◎益母草、鸡蛋治疗痛经

取鸡蛋2个，益母草30克，元胡15克。放入砂锅中加适量清水同煮，鸡蛋熟后去壳再煮片刻，去药渣，吃蛋喝汤。经前1～2天开始服，每日1剂，连服5～7天。鸡蛋具有滋阴养血的作用，益母草则可活血化瘀，是历代医家用来治疗妇科疾病之要药。可通过松弛痉挛状态下的子宫、缓解炎症等多种途径起到抗痛经的作用。元胡具有行气活血、散瘀止痛的作用，是临床上治疗痛经的常用药。三者合用可起到行气、养血、活血、去瘀、止痛的作用，是痛经患者的食疗佳品。

◎治感冒用蜂蜜

俗称的伤风或感冒，是指鼻、咽、喉部的感染（上呼吸道感染），是最常见的呼吸道感染性疾病。蜂产品及其配方对此有良好的预防作用。下述配方可供大家参考选用：

1. 蜜姜感冒饮：

【材料】：蜂蜜、姜汁各适量。

【制作方法】：将蜂蜜、姜汁按1∶1的比例配制饮用。

【主治】：普通感冒。

【说明】：普通感冒即伤风。多由病毒引起，全身表现较流行性感冒轻微，如头痛、牙痛、发热等。

2. 柠檬蜜茶：

【材料】：蜂蜜100克，柠檬1个。

【制作方法】：将柠檬榨汁，溶解在800毫升沸水中，待温后与100克蜂蜜混合，作为1天的用量。

【主治】：流行性感冒或普通型感冒。

3. 鲜蜜红茶：

【材料】：蜂蜜60克，红茶若干。

【制作方法】：沸水冲浓红茶，待温后调入蜂蜜饮用。

【主治】：流行性感冒或普通型感冒。

◎食盐尽量少吃

做汤时尽量少放盐，汤中少放

盐可提高唾液中溶菌酶的含量，保护口腔、咽喉部黏膜上皮细胞。让其分泌出更多免疫球蛋白及干扰素来对付感冒病毒。因此，每日吃盐量控制在5克以内，对防治感冒大有益处。

◎蜂蜜冲服增强免疫力

蜂蜜中含有多种生物活性物质，能增强人体的免疫功能，每日早晚冲服，可有效地治疗和预防感冒及其他病毒性疾病。

◎酒类饮用宜忌

每天饮用20～30毫升红葡萄酒，可以使心脏病的发病率降低75%。而饮啤酒过量会加速心肌衰老，使血液内铅含量增加。

◎电脑族的注意事项

1.每星期吃3次胡萝卜，即可保持体内维生素A的正常含量。整天待在办公室里日晒机会少，容易缺乏维生素D而患骨质疏松症，需要多吃海鱼、动物肝脏、蛋黄等富含维生素D的食物。

2.电脑已经成为我们生活中不可缺少的一部分。电脑辐射也因此而无孔不入，危害人体健康。我们应该熟知一些防止电脑辐射的知识，尽量减少辐射对身体的伤害。绿茶不但能消除电脑辐射的危害，还能保护和提高视力。菊花茶同样也能起到抵抗电脑辐射和调节身体功能的作用，螺旋藻、沙棘油也具有抗辐射的作用。

3.上网前先做好护肤隔离。如使用珍珠膜，独特的南珠翠膜在肌肤上形成一层珍珠膜，可以有效防止环境污染的侵害和辐射。使用完电脑后，要及时用清水洗脸，这样可使所受辐射减轻70%以上。

◎抵抗眼疲劳小妙招

1. **眼珠运动**。头向上下左右扭转时，眼珠也跟着一起移动。

2. **眨眼**。头向后仰并不停地眨眼，使血液畅通。眼睛轻微疲劳时，只要做2～3次眨眼运动即可。

3. **热冷敷交替法**。将一条毛巾浸入比洗澡水还要热一点的热水；将另一条毛巾浸入加了冰块的冷水；先把热毛巾放在眼睛上约5分钟；然后再放冷毛巾5分钟。

4. **眼睛体操**。中指指向眼窝和鼻梁间，手掌盖脸来回摩擦5分钟。然后脖子左右慢慢移动，接着闭上双眼，握拳轻敲后颈部10下。

5. **看远看近**。看远方3分钟，再看手掌1～2分钟，然后再看远方。这样远近交换几次，可以有效消除眼睛疲劳。

◎工作时依然可以健身

1. **脸部运动**。工作间隙，将嘴巴最大限度地一张一合，带动脸上全部肌肉以至头皮，进行有节奏的运动。每次张合持续50次约1分钟，脸部运动可以加速血液循环，延缓局部各种组织器官的老化，使头脑清醒。

2. **伸懒腰**。可加速血液循环，舒展全身肌肉，消除腰肌过度紧张，纠正脊柱过度向前弯曲，保持健美体形。

3. **揉腹**。用右手按顺时针方向绕脐揉腹36圈，再逆时针方向绕脐揉腹36圈。对防止便秘、消化不良等症状有较好的效果。

4. **撮谷道**。即提肛运动，像忍大便一样，将肛门向上提，然后放松，反复进行。站、坐、行均可进行，每次做50次左右，持续5～10分钟即可。提肛运动可以促进局部血液循环，预防痔疮等肛周疾病。

5. **躯干运动**。左右侧身弯腰，扭动肩背部，并用拳头轻捶后腰各20次左右，可缓解腰背佝偻、腰肌劳损等病症。

◎可以排毒的食物

1. **地瓜**：地瓜所含的纤维质松软易消化，可促进肠胃蠕动，有助排便，作用最明显的是烤地瓜。

2. **燕麦**：燕麦能滑肠通便，促使粪便体积变大、水分增加，配合纤维促进肠胃蠕动，起到通便排毒的作用。

3. **黑木耳**：黑木耳可清洁血液，还可以有效地清除体内的污染物质。

4. **猪血**：猪血中的血浆蛋白被消化液中的酶分解后，产生一种解毒和润肠的物质。能与侵入人体的粉尘反应，转化为人体不易吸收的物质，直接排出体外，有清肠、通便的作用。

◎适合高脂血症者吃的食物

1. **降胆固醇食物**：大豆、黄瓜、大蒜、生姜、茶叶、蜜橘、酸奶、香菇、黑木耳、胡萝卜、空心菜、茄子、山楂、玉米、海藻等。

2. **低脂肪食物**：鱼类及豆类的脂肪酸含量少，可作为蛋白质来源，取代肉类。烹调用油：大豆、米油、玉米油、红花籽油、橄榄油、花生油、芥花油、苦茶油等。

3. **高纤维的食物**：各类水果、豆类、燕麦片、海带、紫菜、菇类、瓜类、荚豆类及蔬菜茎部。

4. **宜喝的饮料**：绿茶中的茶苷宁有降压、降血脂、增加血管韧性的作用。红酒中含有各种酶类，可以扩张血管、降低血液黏稠度，具有降压、调脂、防衰老的作用。

◎超级防癌的八类食物

1. **洋葱类**：大蒜、洋葱、韭菜、芦笋、青葱等。

2. **十字花科**：花椰菜、甘蓝菜、芥菜、萝卜等。

3. **坚果和种子**：核桃、松子、开心果、芝麻、杏仁、胡桃、番瓜子等。

4. **谷类**：玉米、燕麦、米、小麦等。

5. **荚豆类**：黄豆、青豆、豌豆等。

6. **水果**：柳橙、橘子、苹果、哈密瓜、奇异果、西瓜、柠檬、葡萄、葡萄柚、草莓、菠萝、柠檬等各种水果。

7. **茄科**：番茄、马铃薯、番薯、甜菜。

8. **伞状花科**：胡萝卜、芹菜、荷兰芹、胡荽、莳萝等。

其他的重要食物：小黄瓜、番瓜、莴苣、青椒、红椒、菠菜、姜、姜黄等。

◎香菇对大脑的补益作用

香菇能增进食欲，促进发育，增强记忆，对促进儿童智力的发展和延缓老人智力的衰退有着特殊的功能，所以日本有人称香菇为益智菇。香菇含有蛋白质、氨基酸、脂肪、粗纤维、维生素C、烟酸、钙、磷、铁等成分。其中蛋白质含量在菌类食物中是最高的。氨基酸中有组氨酸、谷氨酸、丙氨酸等18种氨基酸，其中人体必需氨基酸就有7种。香菇中还含有香菇素、胆碱、亚油酸、香菇多糖及30多种酶。这些营养成分对脑功能的正常发挥有重要的促进作用。

◎多味瓜子要少吃

多味瓜子是瓜子加香料、食盐、糖精制成的。香料有天然香料和人工香料两大类。天然香料如茴香、花椒等都含有微量黄樟素。人体摄入黄樟素多了，会引起肝脏病变。现在市售的多味瓜子，多数用的是人造香料。人造香料是从石油或煤焦油中制取的，有一定的毒性。人的嘴唇和舌头经常接触渗透性较强的糖精是有害的。多味瓜子在高温中易氧化，多食容易使人衰老。所以多味瓜子不宜过多食用。

◎七种能排毒和解毒的食品

1. **海带**。有软坚结散、清热利水、祛脂降压及预防白血病的作用，也可排泄体内的镉。

2. **多饮茶**。可防止计算机辐射。

3. **豆类**。绿豆汤、绿豆芽可解毒。

4. **胡萝卜**。可加速体内汞离子的排除，是有效的解毒食物。

5. **深紫色葡萄**。有排毒效果，能帮助肠内黏液组成，清除肝、肠、胃、肾里的垃圾。

6. **苹果**。内含半乳糖荃酸，对排毒颇有帮助，其果胶也能避免食物在肠内腐化。

7. **无花果**。富含有机酸和多种酶，可清热润肠，具有助消化、保肝解毒的功效。近来发现它对二氧化硫、三氧化硫等有毒物质有一定的抵御作用。

◎糖尿病患者的六大饮食疗法

1. **什么都吃、吃什么都有量、吃的时间要掌握**。糖尿病患者的饮食需讲究科学性，关键是在什么时候吃。如果在血糖控制好的前提下，包括空腹血糖，餐后两个小时血糖都在正常范围以下，就什么都可以吃（当然在基本符合糖尿病饮食治疗原则的情况下）。但是应掌握吃的量，不能贪多。所以在清晨空腹血糖较低的时候和餐后两个小时血糖在7～8之间或更低的时候（如在餐后运动以后）可以吃点自已想吃的食物。

2. **吃升糖指数低的食物**。在平时配餐时要尽量选择低血糖食物。包括：全麦、全谷类的食品，如面条、黑米、黑麦、玉米（碴）子；荞麦与燕麦及其麸子；各种干豆及黄豆制品中的豆腐、干豆腐；蔬菜、药；水果中的香蕉、李子、樱桃、柚子等食物。它们在胃肠中停留时间长，可使葡萄糖可以缓慢地释放到血液中。这样血中的葡萄糖下降的曲线也缓慢，对调节血糖水平发挥重要作用。

3. **吃含碳水化合物相对少的食物**。薯类和一些蔬菜的碳水化合物含量相对少。如果用薯类代替早餐主食，不但可以减少一定比例的碳水化合物摄入，还有明显的饱腹感。薯类和蔬菜的营养保健作用对糖尿病的治疗也很有帮助。具有预防便秘、降糖、降脂、降压、降体重、抗癌等多种功能的碱性食品，可以中和糖尿病患者的酸性体质。本着这一条，在血糖控制较好的前提下，可以有更多的空间去选择食物。采取八分饱、少量多餐这一配餐原则，自由地选择可以吃的食物。

4. 吃有食疗作用和调整脾胃功能的食物。吃有食疗作用和调整脾胃功能的食物，不但有保健康复作用，而且也使食物的选择空间加大。可常吃的蔬菜有洋葱、苦瓜、西红柿、黄瓜、茄子、辣椒；谷类中的荞麦、燕麦、麦麸及黑豆、黑米、豆豉都有降血糖的作用，三餐不间断可调换食用。另外桂皮、咖喱粉、食醋也有调解血糖的作用，也是可常用的调味品。

5. 加餐可以增加食物的种类。餐后 2 小时血糖较低，在饥饿的时候可以吃点想吃的食品和水果、坚果、点心、酸奶、牛奶、豆奶、烤地瓜等。但是对量的掌握较严格，加餐后一般都要出去运动一会，多采取快步走的办法。这样既能满足口福，又能使血糖不会太高。

6. 运动可控制血糖。在用药的前提下，除了在饮食上进行严格控制外，另外就是适当运动。不仅可使血糖降下来，同时运动的健康效果明显。每当吃完饭或加餐 30 ~ 40 分钟后，可去快步走，把血糖消耗掉。运动后可看一会电视或报纸。每天除吃、睡外，运动必不可少，运动可以降血糖、降血脂、降血压、降血黏度、降体重，是糖尿病患者必须长期坚持的生活内容之一。

◎治疗便秘的食物

1. 萝卜。分白皮、青皮、红皮等不同品种。既可生吃，又可熟食。其 VC 含量为梨的 10 倍。含有干扰素诱生剂，具有抗病毒、抗癌作用。萝卜性味辛、甘、凉，有消除积滞、化痰解热、解毒等功效。对气管炎和咳嗽有疗效。所含木质素和辛辣味物质有防癌作用，且富含维生素 C。萝卜能通便、抗菌，防止胆结石的形成，降胆固醇，可预防高血压和冠心病。生吃萝卜通便，每次可吃 250 克左右。

2. 苹果。苹果 1¯2 个，每日早晚空腹服用，连服数日，主治热秘。

3. 香蕉。香蕉 500 克，饭前一次食完，每日 1¯2 次，连服数日。主治热秘者。

4. 柑橘。柑橘含丰富的纤维素及多种营养素，能促进胃肠蠕动和消化，又降血脂、降血压。适量食用有一定疗效。

5. 梨。梨有润肠通便，利尿降压作用。可适量食用，防止便秘。更适宜于高血压便秘者。

6. 柚。柚既能润肠通便，又能降血脂、降血压。适量食用，有通便之功效。

7. **草莓**。草莓不仅含有丰富的维生素，而且含果胶，能润燥生津，调理胃肠，降血脂，防止便秘。

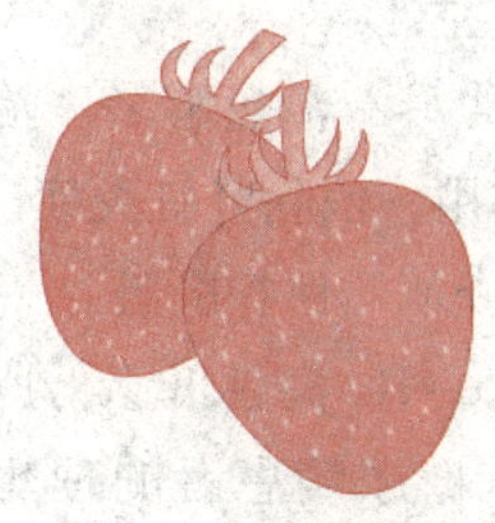

8. **鲜桑葚**。鲜桑葚1000克，鲜蜂蜜300克。先把桑葚煎煮2次，取煎液1000毫升，文火浓缩，以黏稠为度。待温后加入蜂蜜，冷却即可装瓶。

◎乙肝患者饮食注意事项

1. **要补充足够的蛋白质**。蛋白质是维持人类生命活动最重要的营养素之一。成人每天至少进食40克蛋白质才能达到最低生理需要量，一般正常人每日所需蛋白质为70克。乙肝患者应多吃一些，以每日100克为佳。这是因为蛋白质可以维持人体组织生长、更新和修复，而坏死的肝细胞正需要蛋白质来修复、更新。牛奶中蛋白质含量为3%左右，消化吸收率高达97%～98%，豆制品、牛肉、鸡肉、鱼肉、鸡蛋等也是高蛋白食物。例如，一个乙肝患者每日喝750毫升牛奶(含蛋白质25克)，1个鸡蛋（含蛋白质5克），400克粮食（含蛋白质30克），再进食适量的鱼、肉、豆制品，这样才算摄取了足够的蛋白质。

2. **糖、脂肪、维生素要适量**。如果乙肝患者的主食以谷物（含淀粉、多糖）类食物为主，就没必要再多吃精制糖。另外，脂肪摄入不宜过高。蔬菜、水果要适量摄入，它们可为机体提供充足的维生素和纤维素。

3. **食量要恰当**。乙肝患者消化功能相对较弱，吃得过饱常导致消化不良，加重肝脏负担。所以吃饭以八成饱为宜。暴饮暴食对肝脏、对胃肠功能都不利。

4. **适当补充微量元素**。乙肝患者体内往往缺乏锌、锰、硒等微量元素，部分患者还缺乏钙、磷、铁等。因此宜补充含丰富矿物质的食物，如香菇、芝麻、大枣、枸杞子等。

◎肝病患者不宜多吃的食物

罐头食品、油炸及油煎食物、方便面和香肠等，肝炎患者都不宜多食用。因为，罐头食物中的防腐剂、食物色素等会加重肝脏代谢及解毒功能的负担。油炸、油煎食物属高脂肪食物，不易消化和吸收。

◎养肝护肝食品

1. **西红柿**。凉血平肝，清热解毒。

2. **西葫芦**。预防肝肾病变，有助于肝肾功能衰弱者增强肝肾细胞的再生功能。刺激人体产生干扰素，提高免疫力，辅助治疗肝硬化腹水、肾炎等。

3. **山药**。山药能增加人体 T 淋巴细胞，增强免疫功能。

4. **豆腐**。原料大豆中含大豆异黄酮和皂苷，防癌。中医认为它益气中和，生津解毒。

5. **绿豆**。清热解毒，保肝明目。

6. **苹果**。醒酒平肝、生津解毒。防铅中毒，防癌。

7. **香蕉**。润肠通便、清热解毒，但含钾量高，肾功能不全者、肾炎患者不宜多吃。

8. **葡萄**。含花青素、白藜芦醇等天然抗氧化剂。滋肝肾、生津液。

9. **山楂**。含黄酮类化合物和维生素 C、胡萝卜素等物质能阻断并减少自由基的生成。

10. **大枣**。保肝，抑制癌细胞。

11. **梨**。患肝炎、肝硬化的人，常食大有益处。

12. **西瓜**。清热解暑，治疗黄疸有一定作用，消除肾脏炎症。

13. **香油**。保护肝脏。

14. **兔肉**。高钙低脂低胆固醇，是肝病、糖尿病患者的理想肉食，荤中之素。

15. **鸡蛋**。对人体肝脏组织的损伤有修复作用，蛋黄中的卵磷脂可促进肝细胞的再生，所含的微量元素也有防癌作用。

◎冷水擦背预防感冒

当身体内部有发冷的感觉时，这就是感冒的前兆。所以，在感到身体不舒服时，就要采取预防措施。早上起床后，用干布蘸冷水，摩擦背部上方 20 ～ 30 次，直到背部发热为止。最好临睡前再做一次，必可收到效果。

◎冷水洗鼻腔预防感冒

每天早晨洗脸时，将冷水轻轻吸入鼻腔进行清洗，既刺激鼻腔又“打扫了”卫生。鼻腔经过这样的每日一练，渐渐习惯了低温，再有冷空气入侵，也就见怪不怪，不会动不动就感冒了。

◎葱姜蒜治疗初发感冒

感冒初发的时候，身体尚未发汗。而在中医的诊断上，发汗与否非常关键。若已发汗，表明已是里症，而不发汗则表明仍是表症，病毒尚未侵入内脏，此时可用葱姜蒜来治疗。

1.温一点大蒜汁液来喝。或是将切碎的大蒜和切碎的姜泡开水或拌面吃，冒出汗后即愈。

2.葱白6根切片，放入研钵捣碎，老姜30克切片，和豆豉12克一起入锅。加一杯水熬至只剩半杯的浓度，沥出残渣，趁热喝下。多穿衣服或闷在棉被中，使身体出汗即愈。

◎酒煮鸡蛋治疗感冒

患了感冒，可将100毫升的黄酒放入锅中煮。酒精蒸发掉一部分后，打入鸡蛋1个，搅拌，再加入蜂蜜或砂糖适量，也可加入少许开水冲淡酒味。喝过鸡蛋酒，好好睡一觉，隔天就没事了。

医学证明，鸡蛋含有免疫体的物质，而酒精则具有轻微麻痹作用及解热作用。

◎一贴灵治风寒感冒

患了风寒感冒，一般会有畏寒发热，全身酸痛，头晕乏力等症状。这时可去中药店买麻黄、香薷各15克，板蓝根、蒲公英各10克，桔梗12克。将上药共研为细粉，成人一般用量约3.5克，儿童用量约1克。将药粉倒入肚脐中心，然后用一般胶布贴敷固定，勿令药粉撒漏。贴上1小时后，患者一般会感到全身舒适，诸症减轻，体温下降，全身无不适感，可再用1剂以巩固疗效。

◎治疗头痛症状的感冒

患了感冒的人，用大蒜3瓣、葱白10根切碎，加入煮熟的粥中，再熬一次，趁热吃完。多穿衣服或盖上棉被，保持身体的温暖。这种方法用来治疗初期的感冒，尤其是有头痛症状的感冒，特别有效。

◎治疗头痛小偏方

葱白15克切碎，老姜15克切片，茶叶10克。放一杯半的水同入锅，煮好，沥去残渣。将汤汁倒入杯中，趁热服用，并注意不要受风寒。材料中的茶叶，对治疗头痛很有效用。近来的感冒药中，大多含有茶叶的成分。

◎葱治疗感冒鼻塞

感冒时，如因鼻塞而感到呼吸困难，可用葱来治疗。

1.把生葱的葱白部分切断，将切口处放在鼻孔前用力呼吸，数分钟后，鼻塞的现象自会消失。如果鼻塞的症状太严重时，可将生葱的葱白部分，垂直方向切开，取出葱白内带有刺激性黏液的薄膜，贴在鼻孔下。5～10分钟后，呼吸就会畅通，这时再取下即可。

2.取葱白适量、捣碎过滤取汁，加生理盐水配成40%的溶液，装瓶备用。用时每日滴鼻3～5次，每次2～3滴，病愈停药，对感冒鼻塞也有良好效果。

◎感冒初期的治疗偏方

感冒初期,可吃汤面作为发散剂。面要煮得烂熟，汤要多，再加大葱1根煮熟，放入红辣油1匙。这样能发散风寒，吃完面后能使鼻塞畅通。

◎陈皮汤治疗感冒引起的关节痛

中年以上的人，患了感冒后，往往会引起关节疼痛。即使感冒已愈，关节痛的症状却不一定会随之消失。有时反而会恶化，甚至连下床走路都会感到十分吃力。用陈皮20克，以200毫升的水煎至剩2/3的量时，趁热服下。该法对关节痛很有效果。因为关节之所以会痛，是由于身体长期过度疲劳所导致。将陈皮捣碎，同白酒50毫升一起入瓶浸半月。在呼吸道及消化道传染病流行季节，每晨空腹温服5～10毫升。

◎紫苏黑枣汤治疗感冒关节痛

春秋季节流感流行期间，每日用棉棒蘸药酒5毫升擦洗鼻孔、咽部。每日2～4次，或每次用5毫升加入温水100毫升漱口。

取鲜紫苏叶50克、香菜30克、胡萝卜150克、苹果150克、洋芹100克、黑枣数枚。诸味切碎，放入果汁机内，酌加蜂蜜及冷开水制汁，滤去残渣即成。每次服1杯，1日3次。本方有疏风散寒、利尿健身之功效。

◎香菜黄豆汤治感冒

香菜、黄豆做汤，有疏风祛寒之功效。做法是：将黄豆10克洗净打碎，加水适量，煎煮15分钟后，再加入新鲜香菜30克同煮10分钟，1次或分次服完。服时加入食盐少许调味，每天1剂。

◎敷胸治疗小儿感冒

治小儿感冒、高热不退，可备绿豆粉100克，鸡蛋1个。将绿豆粉炒热，取鸡蛋清，二者调合做饼，敷胸部。3～4岁小儿敷30分钟取下，不满周岁小儿敷15分钟取下，有解毒退热之功效。

◎香菜米汤治疗小儿感冒

治小儿风寒感冒，可先将米汤半碗蒸或炖沸。放入切碎的香菜30克及饴糖（麦芽糖）15克，待糖溶化后服下。如用炖法，放糖后须不断搅拌，以免饴糖沉入杯底焦而不溶，无饴糖可用红糖代替。

◎热敷治疗小儿感冒鼻塞

小儿感冒鼻塞时，可用以下方法治疗：将毛巾浸入热水中，取出拧去水，但不要拧得太干，温敷于小儿脑门上，稍凉再换，可使小儿鼻通。敷后，要给小儿戴上帽子或围巾，以免着凉。

◎葱乳饮治乳儿风寒感冒

将葱白5根洗净剖开，放入杯内。加入母乳50毫升，加盖隔水蒸至葱白变黄，去掉葱白，倒入奶瓶喂服。每天2～3次，连服2～3天。可疏散乳儿风寒。

◎香袋治小儿感冒

用清洁的棉布制成长方形小袋放入适量荆芥，封口，挂在患儿前胸6小时，必要时隔6小时换1次。此方治疗及预防小儿感冒有一定效果。1岁以内5～10克，1岁以上酌增。

◎按摩脖子治疗头痛

犯了头痛病，可于每天早上起床后，先用右手在脖子后来回搓摩10～20次。然后再用左手搓摩10～20次，接下来用左右手同时在两个耳朵后上下搓摩10～20次。方法虽然简单，但效果确实不错。

◎血管神经性头痛的治疗偏方

有血管神经性头痛，伴恶心呕吐。治疗可采用古方：吴茱萸9克，党参15克，生姜5片，红枣9颗，每日1剂，分两次煎服，连服一周后，头痛即可消失。上方是《伤寒论》中的吴茱萸汤，有温中祛寒之效用。

◎用热姜水泡脚治疗感冒头痛

将双脚浸于热姜水中，水以能浸到踝骨为宜。浸泡时可在热姜水中加点盐、醋，并不断添加热水，浸泡到脚面发红为止。

◎酒精棉球塞耳朵治疗头痛

现代人由于学习和工作紧张，容易患紧张性头痛，治疗起来十分简单。方法是：将两个蘸有酒精的棉球置于两个耳道内，片刻后头脑有凉爽和清醒的舒服感觉，头痛症状会大大缓解或消失。

◎韭菜根治疗头痛

失眠引起慢性头痛时，可备鲜韭菜根（地下部分）150克、白糖50克。将韭菜根放砂锅微火熬煮，水宜多放，汁要少剩（约1玻璃杯）。出汁前5分钟将白糖放入锅内。每晚睡觉前半小时温服，每天1次，次日另换新韭菜根，连服3～5次。此偏方既可治头痛，又可起到安眠的作用。

◎治疗神经性头痛

取远志150克，分成10份。每天煎1份，每份需加大枣7颗。像煎中药一样早晚煎服，晚上服药时把7颗大枣吃掉，连用几剂即有效果。

◎三叉神经痛的治疗偏方

治三叉神经痛，可把收获后的葵花底盘切成小块，放在清水中煮，每天当茶水喝，一般月余即有较明显的效果。

◎拉耳垂可治头痛

每天早晚各一次，用双手的食指和中指拉拽双侧耳垂，向双肩外侧横拉百次可防治头痛的毛病。

◎洋葱治疗偏头痛

头痛、偏头痛往往由脑血管硬

化引起，应该每天多吃些洋葱。如果坚持下去，头痛病就会在不知不觉中康复。

◎按摩头部治疗偏头痛

患了偏头痛，如果吃药打针没有明显效果时，不妨试试梳摩疗法。患者可用双手10个指头尖放在头部最痛的地方，像梳头那样进行轻度的快速梳摩。每次梳摩约100个来回，每天早、中、晚饭前各做1次。通过梳摩，可将头部痛点化为痛面，疼痛即可缓解。

◎萝卜子冰片治咳嗽

取萝卜子5克、冰片2.5克共研细末。少放冷水，调匀，用纱布过滤，滴入耳内，数日后咳嗽即愈。此方疗效颇佳，久咳不愈肺部无异常者可尝试。

◎炖香蕉能止咳

日久不愈的咳嗽，备香蕉2根、冰糖30克。将香蕉剥皮，切成1厘米见方的小块，冰糖捣碎，加入半饭碗冷开水。入锅用水炖约10分钟，冰糖溶化冷后，即可食用。经过这样处理过的香蕉非常难吃，吃后舌头会发麻，但若每晚服用1次，只需一星期即可产生一定的效果。

◎麦芽糖治疗咳嗽

买1500克麦芽糖，装在玻璃瓶中。病重时，每15～20分钟抓一撮拇指大小的麦芽糖吃下。随着病症的减轻，逐渐延长到30～60分钟吃一次。也就是感到喉咙痒，想咳嗽时就吃，如此最慢两个星期即可产生效果。发病期间，避免吃辛辣的东西。

◎常服百合汁可止咳

备野百合60克，甘蔗汁、萝卜汁各半杯。将百合煮烂后和入两汁，于临睡前服下，每日1次。常常服用效果好，对于虚弱的患者，于病后容易患气管炎或肺结核，吃了更为有效。

◎小枣蜂蜜润肠止咳

500克小枣洗净放入砂锅内，加清水750毫升烧开后，转入小火熬煮。煮熟后晾凉前调入蜂蜜75克，放入冰箱内，加上保鲜膜，随食随取。有润肠、止咳的食疗作用。

◎加糖蛋清治疗咳嗽

有的患者咳得咽喉发痛，咳嗽很厉害。取几个新鲜的鸡蛋，只用蛋清，充分搅拌。加上适量白糖再搅拌，到成为泡沫状止。每半小时服用1匙，较严重的，可每隔1刻钟服1次，效果奇佳。

◎白糖拌鸡蛋治疗咳嗽

治疗慢性支气管炎引起的咳嗽不止。可取鲜鸡蛋1只，磕在小碗内。不要搅碎蛋黄、蛋白，加入适量白糖和1匙植物油，放锅中隔水蒸煮。在晚上临睡前趁热一次吃完。一般2～3次即可止咳。咳嗽顽固的可多吃几次。

◎蒸柚子治咳嗽气喘

老年人咳嗽气喘。取柚子1个去皮，削去内层白髓，切碎，放于盖碗中。加适量麦芽糖或是蜂蜜，隔水蒸至烂熟。每天早晚1匙，用少许热黄酒服下，止咳定喘的效果颇佳。

◎自制止咳秋梨膏

将梨洗净，切碎捣烂取汁液，小火熬至浓稠，加入蜂蜜搅匀熬开，放凉后即是秋梨膏。可常服，有润肺止咳的功效。

◎茄子妙用治咳嗽

将茄子磨成汁，喝下一杯。或取茄子蒂晒干后，熬成汤汁饮服。此法对因咳嗽而无法入睡，或痰里杂有血液的情况，最为有效。

◎巧用烤柑橘止咳

将未完全熟透的柑橘去蒂，用筷子戳1个洞。再塞入食盐约10克，放于炉上慢烤。塞盐的洞口避免沾到灰。烤熟时，塞盐的洞口果汁会沸滚。约5分钟后，取出剥皮食之，能止咳。咳嗽较严重者，可于果汁沸滚后先取出，加入一些贝母粉再烤熟，效果更佳。

◎深呼吸能止咳

患支气管炎的人，夜间睡下总是咳嗽不止，彻夜难眠。这时用力做缓慢而深长的呼吸，很快就能止住咳嗽，安然入眠。如果中间醒来，继续用深呼吸法，仍能止咳入眠。

◎小儿咳嗽治疗法

有的小孩春夏季常轻咳不愈。治疗时可用百合 10 克、鸭梨半个、川贝 1 克煮水。每日 1 剂，分两次服，见效很快。

◎缓解哮喘的妙招

哮喘发作时，可让患者安静、缓慢地从床上坐起或坐在椅子上，然后喝水。以喝热开水为宜，水温以不烫口为限，喝至周身发热后，哮喘可很快缓解。

◎哮喘发作期治疗方法

冬瓜子 15 克，白果仁 12 克，麻黄 2 克，白糖或蜂蜜适量。麻黄、冬瓜子用纱布包，与白果仁同煮沸用后文火煮 30 分钟，加白糖或蜂蜜，连汤服食。本方具有清肺平喘之功效，适用于哮喘发作期。

◎仙人掌治疗哮喘

仙人掌适量，去刺及皮后，上锅蒸熟。加白糖适量后服用，对哮喘病有一定疗效。

◎紫皮蒜治疗哮喘

紫皮蒜 500 克去皮洗净，200 克冰糖同放入无油、干净的砂锅中。加清水至略高于蒜表面，水煮沸后用微火将蒜炖成粥状。凉后早晚各服 1 汤匙，坚持服用到哮喘病愈。

◎萝卜、荸荠、猪肺可治哮喘

白萝卜 150 克，荸荠 50 克，猪肺 75 克。白萝卜切块，荸荠、猪肺切片。调入锅中加水共煮熟食用，可治疗痰热引起的哮喘症。

◎治哮喘家常粥

芡实 100 克，核桃肉 20 克，红枣 20 颗。将芡实、核桃肉打碎，红枣泡后去核，同入砂锅内，加水 500 毫升煮 20 分钟成粥。每日早晚服食。本方敛肺止喘，主治肺肾两虚型哮喘。

◎葡萄蜂蜜治疗哮喘

治疗哮喘，可备葡萄、蜂蜜各 500 克。将葡萄泡在蜂蜜里，装瓶泡 2 ～ 4 天后即可食用。每天 3 次，每次 3 ～ 4 小匙。

◎栗子炖肉治哮喘

治疗肾虚引起的哮喘。可准备栗子60克，五花肉适量，生姜3片。以上各料分别切丁，共炖食，常吃有效。

◎冬季哮喘治疗法

治疗冬季哮喘，可备蜂蜜、黄瓜、猪板油、冰糖各200克。将黄瓜子用瓦盆焙干研成细末去皮，与蜂蜜、猪板油、冰糖放在一起用锅蒸1小时，捞出板油肉筋，装在瓶罐中。在数九第一天开始每天早晚服1勺，温水冲服。

◎鸭梨治疗老年性哮喘

准备鸭梨5000克，大盐粒2500克。将鸭梨洗净擦干，在干净的容器中撒上一层大盐粒，然后码上一层梨，再重复撒盐放梨，直到码完为止。从农历冬至腌到大寒，即可食用。用此法腌制的鸭梨香甜爽口，对老年性哮喘疗效很好。

◎冬瓜治疗小儿哮喘

小冬瓜（未脱花蒂的）1个，冰糖适量。将冬瓜洗净，刷去毛刺，切去冬瓜的上端当盖，挖出瓜瓤不用。在瓜中填入适量冰糖，盖上瓜盖，放锅内蒸。取瓜内糖水饮服，每日2次。本方利水平喘，可辅治小儿哮喘症。

◎归参敷贴方治胃痛、胃溃疡

胃痛常犯时，可用当归30克、丹参20克、乳香15克、没药15克，另备姜汁适量。将上药前4味粉碎为末后，加姜汁调成糊状。取药糊分别涂敷于上脘、中脘、足三里穴，每日3～5次。

◎胃寒症治疗偏方

有的胃寒症者，特别怕冷，遇寒风则隐隐作痛，吃了凉的东西会更痛。这类患者的普通症状是心中忧闷，饮食无味，食积不消。用干姜12克，生白术10克，茯苓、香附、砂仁、淮山各6克，炙草、半夏、陈皮各5克，另备生姜5片，大枣5颗。以上诸药煎水服用，治疗胃寒症有良效。

◎柚子蒸鸡治疗胃痛

寒冷时腹痛、胃痛，可取柚子1个（留在树上，用纸包好，经霜后采下）切碎，童子鸡1只（去内脏），放于锅中，加入黄酒、红糖适量，蒸至烂熟，1～2日吃完。柚子属于柑橘类，它与陈皮有相同的功能，能排除淤积在器官中的滞留物。特别适用于有消化不良症状的胃寒症患者。

◎失眠、盗汗的治疗法

晚上失眠时，索性起来靠在床上。用双手搓两耳的内外和耳垂，一会就打哈欠，有睡意了。但不要就此停手，要继续搓十几分钟，等睡意浓时再睡下去，会睡得很香。

◎阿胶鸡蛋汤治失眠

先将米酒500毫升用小火煮沸，放入阿胶40克。溶化后再下4个蛋黄及盐，搅匀，再煮沸，待凉入净容器内。每日早晚各1次，每次随量饮服，治失眠有良效。

◎大蒜治疗失眠

大蒜有治疗失眠的作用。患者可于每天晚饭后或临睡前，生吃2瓣大蒜。如果不习惯生吃大蒜，可把蒜切成小碎块，用水冲服。

◎枸杞蜂蜜治疗失眠

取饱满新鲜的枸杞子，洗净后浸泡于蜂蜜中，1周后每天早中晚用水冲各服1次。蜂蜜用槐花蜜最佳。没有新鲜枸杞子也可选质量上乘的干品替代，但要在蜂蜜中多泡几天。

◎失眠简易疗法

治疗失眠有一简单方法：每晚睡觉时躺平仰卧、用手按摩胸部，左右手轮换进行，由胸部向下推至腹部。每次坚持做3～5分钟，即可睡着。本方舒肝顺气，能提高消化系统的功能。

◎桂圆白酒治疗失眠健忘

用桂圆肉200克，60度白酒400毫升，装瓶内密封，每日摇匀1次，半月后饮用。每日2次，每次10～20毫升。对失眠、健忘有一定疗效。

◎虚烦引起的失眠治疗法

有的失眠症因虚烦引起。可用新鲜百合300克，清水泡24小时。取出洗净，然后将酸枣仁10克煎水去渣，加入百合，煮熟食用，治失眠疗效很好。

◎红果核大枣汤治疗失眠

适量红果核（中药店有售），洗净晾干，捣成碎末。每剂40克，加撕碎的大枣7颗，放少许白糖，加水40毫升，用砂锅温火煎2分钟。每晚睡觉前半小时温服，可治失眠。

◎小麦大枣甘草治疗失眠

取小麦60克、大枣10颗、甘草30克，与4杯水一起放入锅中，煮至剩1杯水的量，沥去残渣，喝其汁液，分2次饮用，早、晚各1次。小麦、大枣、甘草都是家常食材，也是中医治疗精神状态异常的药剂。失眠及其所引起的情绪异常、打呵欠等，可用此三种药材来治疗。

◎百合蜂蜜治疗睡眠不稳

取生百合6～9克、蜂蜜1～2匙，拌和蒸熟，临睡前适量食用。对睡眠不宁、惊悸易醒的失眠患者有所帮助，但要注意：服用此方，睡前不可吃得太饱。

◎小麦治疗盗汗

1.将浮小麦用大小火炒为末，每次服7.5克，米汤送服，1日3次，也可煎汤代茶。对于治疗虚汗、盗汗有效。

2.小麦1撮、白术25克共煮干，去小麦研末，每次服3克，以黄芪汤送服，此方可治愈老少虚汗。

3.对于热病的虚汗，用黑豆10克、浮小麦10克煎水服，也有良效。

◎胡萝卜、红枣、百合治疗乏力盗汗

胡萝卜100克，百合10克，红枣2颗。将胡萝卜洗净切块，与红枣、百合共放砂锅中水煮。熟后，饮汤食胡萝卜、百合、红枣。主治乏力盗汗病症，也适用于久咳痰少、咽干口燥的调治。

◎韭菜、牡蛎治疗阴虚盗汗

用干牡蛎60克，蚬肉60克，韭菜根30克全部入锅，加水煮，熟后食用。盗汗的原因是阴虚，即身体阴气不足的结果。无论是生牡蛎还是干牡蛎，均有滋阴作用。蚬能增强牡蛎的作用，韭菜根则能帮助体力的恢复。

◎南瓜汤辅治糖尿病

患了糖尿病的人，往往口渴多饮、形体消瘦、大便燥结。治疗可用南瓜 100 克，煮汤服食。

◎蚕蛹辅治糖尿病

每天早晚餐各用蚕蛹 20 枚洗净，用植物油翻炒至熟，也可将蚕蛹加水煎煮至熟。炒的可直接食用，煮的可饮用药汁。每日 1 次，可连用数日。本方可调节糖代谢，主治糖尿病及合并高血压病。

◎吃梨治疗便秘

每天早晨起床后空腹吃梨 2 个，连服 2 周以上，有润肠之功效，也可有效缓解便秘。

◎红薯粥治老年便秘

老年便秘患者，可用大、小米各 100 克，加红薯 200 克，熬成红薯稀饭。晚饭前后食用，翌日早上，大便即可缓解。可常食，无不良反应。

◎苹果醋治疗便秘

苹果 1000 克，洗净晾干后切成小块；冰糖 400 克加水以小火煮化；酒曲 1 个碾碎。将苹果、冰糖水、酒曲混合后装入干净的小缸内密封；两周后，每天打开搅拌 10 分钟，使空气进入，这样做两周后，苹果醋就做成了。常喝苹果醋不但能根除便秘，还能促进皮肤的新陈代谢。

◎蒲公英治疗小儿热性便秘

小儿热性便秘，可取蒲公英 60 ～ 90 克，加适量水煎至 50 ～ 100 毫升。每日 1 剂，1 次服完，年龄小服药困难者可分次服。犯病时，服 1 ～ 2 剂即可。

◎熏洗法治疗痔疮

治疗痔疮可用熏洗法，做法是：用地龙（即大蚯蚓，中药房有售）20 克，活河蚌 1 只，掺入黄连粉约 0.3 克，加冰片少许，待流出蚌水时，用碗承接，以鸡毛扫涂患部，一日数次，治疗痔疮有奇效。

◎蜂蜜香蕉治疗痔疮

痔疮便血患者可于每日清晨，空腹吃下抹上蜂蜜的香蕉2～3根。香蕉愈熟愈好，蜂蜜则愈纯愈佳。重症患者服用40～50日，轻症患者服用30日，一般就可见效。

◎皮炎平治痔疮

患有外痔的人，若涂抹痔疮膏没有效果，可试用皮炎平药膏，往往会有意想不到的效果。有人涂抹两三次即告愈。

◎姜水洗肛门可治外痔

治疗痔疮，可取适量鲜姜或老姜，切成1毫米左右的薄片，放在容器内加水烧开。待水不烫手时洗患处，泡洗最佳。每次洗3～5分钟即可，每日洗3～5次。

◎脚裂治疗一方

治疗脚裂，可备甘草100克，甘油半瓶，酒精半瓶。将甘草装空瓶中，然后将酒精倒入甘草瓶中浸没甘草，用盖封好。1周之后，用纱布过滤液体，再将等量的甘油倒在同一个瓶中混合后即可使用。每天晚上用温热水洗脚泡20分钟，擦干后用药棉花蘸双甘液擦在破裂处，早晨起床后再擦一遍，3～4天即可痊愈。

◎冬季手脚干裂疗法

冬季手脚干裂的人，如果每天喝一杯果汁，并坚持一段时间，就会有明显的好转。冬季手脚干裂，既由气候寒冷干燥造成，同时冬季新鲜蔬果摄取量相对减少也是重要因素。

将菜帮、菜叶及水果皮煮沸，晾到适温后洗脚。每次洗30分钟左右，每天1次，1个月左右，患脚即光滑无痛。

◎食醋治疗手脚干裂

手脚容易干裂的人，可取5毫升食醋，放在铁锅里煮。开锅后5分钟，把醋倒在盆里，待温后把手脚泡在醋里10分钟。每天泡2～3次，7天为1疗程。一般两个疗程即可治愈。

◎苹果皮治疗手脚干裂

将削苹果剩下的果皮搓擦足跟

患病处，一般只需搓擦 3 ~ 5 次，足跟干裂处就会有效果。

◎脚跟干裂治疗法

脚跟干裂疼痛难忍时，可用热水泡一下脚。然后拿酒精消毒过的刀片，将脚跟的硬皮和干皮一层层削掉，一直到露出软皮部分为止。将凡士林油纱布裹在脚跟上，再用绷带固定好。隔 3 天换 2 次油纱布，一般 1 周后就可产生一定的效果。

◎香油黄蜡治疗手脚干裂

治疗手脚裂，可备香油 100 克，黄蜡（中药店可买到）20 ~ 30 克，用火将香油熬热，放黄蜡，待黄蜡融化即成。先用温热水泡洗手（脚）部 10 ~ 15 分钟，待手（脚）泡透擦干，擦蜡油于患处，用火烤干，当时就有舒适感。每日 2 次，一般 1 周即有效。

◎塑料袋巧治脚跟干裂

脚跟干裂的人，可取用过的干净塑料袋，对角剪开，取袋底部的一半（呈三角形的一个兜儿）。晚上洗完脚或第二天早晨，将塑料兜儿套在脚后跟处，穿上袜子。一天下来，脚后跟湿润润的，一点儿干裂都没有。每隔 2 ~ 3 天（视干裂程度）套 1 次即可，效果极佳。

◎脚气治疗法

有些脚气患者，足背浮肿，延至脚踝，连小腿部分也微胀不适，如用手指按之有凹坑，很久才会回复原状。此时可用花生仁、赤小豆、大蒜头（去皮）各 120 克，煮服数次即愈。不可加盐，否则无效。

◎啤酒治疗脚气

患脚气久治不愈的人，可试着用啤酒治疗。方法是：把瓶装啤酒倒入盆中，不加水，双脚清洗后放入啤酒中浸泡 20 分钟再冲净。每周泡 1 ~ 2 次，即可见效。

◎芦荟叶治疗脚气

治疗脚气，可于每晚洗完脚后，揉搓芦荟叶，将叶汁往脚上挤抹，自然风干，没味，也无疼痛感觉。每次 1 只脚用 1 叶，一般 3 ~ 5 次即可见效。

◎紫罗兰治疗溃疡脚气

用市场上常见的紫罗兰擦脸油（增白的，约4～5元）1瓶。用醋根据情况调匀（陈醋效果最佳）。一般调匀至颜色暗淡为宜，涂抹到患处。该处方适于治疗有异味、奇痒、呈溃疡状或脚上有网状小眼等症状的脚气。

◎治疗因脾胃引起的脚气

鲫鱼1尾清理干净，大蒜60克，赤小豆60克，陈皮3克，老姜30克共放入锅中，加适量的水煮，熟后食用。脚气与脾、胃有连带关系，所以恢复脾、胃的正常功能即能消除脚气水肿。赤小豆和鲫鱼都有消除水肿的功能；陈皮、老姜也各具辅助作用，能使小豆与鲫鱼充分发挥它们的功能。

◎黄豆治疗脚气

用150克黄豆打碎煮水，用小火约煮20分钟，加水1000毫升左右，待水温能洗脚时用来泡脚，可多泡会儿。治脚气效果极佳，脚不脱皮，而且皮肤滋润。一般连洗3～4天即可见效。

◎川椒冰片油治阴囊湿疹

将鸡蛋数个煮熟，取蛋黄放在铁勺内搅碎，用文火熬炼即得蛋黄油。取蛋黄油40毫升，兑入川椒粉1.5克，五倍子粉3克、冰片粉2克，摇匀后备用。主治男性阴囊湿疹，一般1周内见效。急性湿疹渗出多时，本方不宜使用。

◎生石灰入眼的处理技巧

若是不小心将生石灰溅入眼睛，不能用手揉，也不能直接用水冲洗。因为生石灰遇水会生成碱性的熟石灰，同时产生大量热量，会伤眼睛。正确的方法是，用棉签或干净的手绢一角将生石灰拨出。然后再用清水反复冲洗伤眼至少15分钟，冲洗后勿忘去医院检查和接受治疗。

第二节

心理保健小窍门

◎清晨减压法

在头脑中酝酿一句能对自己产生积极和强烈共鸣的名言警句。每天出发上班前，在头脑中将这句话回放 5 分钟。会使心绪更积极向上，以更好的热情投入到工作中。

在洗漱室抬眼就能看见的地方挂上一幅赏心悦目的风景画，每天刷牙前先想象一下自己就在那画里面。让自己冥想几分钟，人的压力水平顿时会下降很多。

◎利用塞车时间放松身心

塞车时，不要只是抱怨交通的糟糕状况，这时候不妨进行呼吸放松。注意力集中丹田位置，做 4 ： 7 ： 8 呼吸法，即先呼气，再以鼻吸气，默数 4 下，闭气 7 下，再用口呼气，带出咻声，默数 8 下。这样做不但可以使浮躁的心平静，还可以缓解失眠症状。

◎多闻花香心情好

植物和花卉可舒缓神经紧张，给人带来轻松愉悦的好心情。每天上班，到了办公室以后，深呼吸一下，用手指尖顺着头发的方向用力在头部循环梳理一下头发。可清除头部的紧张感，让头脑有清醒感，更好地投入工作。

◎多抱婴儿治疗心情低落

心情低落时，多抱婴儿，会激发潜藏在心底的爱，让人变得包容、关怀、勇敢和积极。触摸老人家的手也有相同效果。

◎长吁短叹缓解心情

长吁短叹是人们在遇到不顺心的事时，人体产生的一种生理现象。当人们在悲哀惆怅的时候，长吁短叹几次，有安神解郁的坦然感。在工作、学习紧张疲劳的时候，长吁短叹一番，会有气定神闲的豁达感。就是心满意足、愉快兴奋之时，长吁短叹一次，也会顿觉轻松愉快。

◎深呼吸减压法

当感觉到情绪开始紧张或者焦虑时，做几个深呼吸，对于缓解压力，消除焦虑和紧张有很大帮助。因为当人开始焦虑或紧张时，心脏跳动会加速。通过深呼吸可以调节呼吸的频率，让人从心理上认为焦虑情绪已过去。

◎散步有利身心健康

周末或假日散步于树林里，将食指、中指、无名指并拢于肚脐，做深呼吸。同时手指轻轻按下肚脐周围，这是恢复元气、使人兴奋的主要区域，这个动作可重复15次。

◎进食甜品、果汁放松心情

进食糖类可透过血清素的提升来舒缓压力和改善情绪。当焦躁不安和精神沮丧时，适当进食一些甜品和果汁，能让心情放轻松，使紧绷的神经得到舒缓。

◎少喝咖啡减少抑郁

大量研究表明，精神障碍患者大量饮用咖啡更可能患抑郁症，而且咖啡成瘾者大多有抑郁症状。如果是焦虑症患者，长期饮用咖啡进行提神，就会加重焦虑症的症状。可乐等饮料中也含有咖啡因，能引起神经亢奋。所以心情低落时，尽量避免喝这类饮品。

◎跑步可以调节心情

跑步时大脑分泌一种功能类似吗啡的化学物质。它不但能止痛，还能给人以愉快感，对减轻心理压力具有独特的作用。跑步时间选择在傍晚为宜，每周至少3次，每次坚持30分钟以上，可以快跑、慢跑和快走相结合。

◎缓解抑郁窍门

情绪抑郁时，屈曲右膝关节。将拇指置于膝内侧皱折处，正好在膝关节下方，按压1分钟左右，然后重复左腿。每条腿按压3次，有助于改善抑郁症状。

◎香精油能够缓解精神疲劳，帮助睡眠

心情低落时可以将香精油放置

于一碗蒸馏水中（2～3滴）、浴缸中（5～6滴）或在枕边（1～2滴）。

◎流眼泪可以缓解情绪

心情极为难过时，向好朋友倾诉内心的感受和心事，不要把所有事情都闷在心里。当越说越难过时，不妨尽情地哭一场。流眼泪是一种绝佳的发泄方式。

◎适当发泄情绪

愤慨难当时，可以找个安静的角落大骂几句，但是要保证发泄简短、私密，并有一定控制。也可以将洋葱剁成碎片，将牛排砸成肉酱或者将花生磨成粉末，这种对他人无害的破坏是提升情绪的可行方法。

◎绘画可以调节心情

心情烦闷时，不妨坐下来画画，颜色能洞悉情绪。例如，选用红色可能代表愤怒，黑色代表悲伤，灰色代表焦虑。通过选择不同颜色，

可以安全地释放内心的焦虑和烦躁。

◎按摩穴位犯放松法

1.用大拇指指腹轻轻按住太阳穴，顺时针揉按15下左右，可以松弛颈部和其他部位的肌肉。

2.用手按揉印堂、百会、气海、涌泉等穴位1～2分钟，能起到很好的安神作用。对焦虑症患者的失眠症状有非常好的缓解效果。

◎热水洗浴可以消除焦虑

当人处于紧张和焦虑的状态下，身体的血液循环较慢，流到四肢的血液量随之减少。而热水可以起到促进血液循环的作用，帮助消除焦虑的一些不良反应，使身体得到放松。如果在睡前30分钟洗浴，对于睡眠也有很大的帮助。

◎眺望远方调整情绪

当焦虑紧张的情绪来袭时，不妨将手头的事情放一放，眺望一下远方，或者闭上眼睛小憩一会，去走廊里走一会等等。这些方法都能够起到缓解焦虑的作用。

第三节

运动的女人最美丽

◎游泳减肥健身

1. **游泳消耗的能量大**。这是由于游泳时水的阻力远远大于陆上运动时空气的阻力。在水里走走都费力，再游游水，肯定消耗较多的热量。同时，水的导热性大于空气24倍，水温一般低于气温，这也有利于散热和热量的消耗。因此，游泳时消耗的能量较跑步等陆上项目大许多，故减肥效果更为明显。

2. **可避免下肢和腰部运动性损伤**。在陆上进行减肥运动时，因肥胖者体重大，身体（特别是下肢和腰部）要承受很大的重力负荷，运动能力降低，易疲劳，减肥运动的兴趣大打折扣，还可能损伤下肢关节和骨骼。而游泳项目在水中进行，肥胖者的体重有相当一部分被水的浮力承受，下肢和腰部会因此轻松许多，关节和骨骼受损伤的危险性大大降低。

3. **可享受天然的按摩服务**。游泳时，水的浮力、阻力和压力对人体是一种极佳的按摩，对皮肤还可起到美容的作用。

鉴于上述的原因，肥胖者确实可将游泳作为自己主要的减肥运动。但在游泳前，要做好准备工作，同时注意安全，防止发生意外事故。

◎跳绳减肥健身

国外一些健身运动专家近年来格外推崇跳绳运动。因为它具备许多优点：

1. 简单易行。跳绳花样繁多，随时可做，一学就会。特别适宜在气温较低的季节作为健身运动，而且对女性尤为适宜。从运动量来说，持续跳绳10分钟，与慢跑30分钟或跳健身舞20分钟相差无几。可谓耗时少、耗能大的有氧运动。

2. 锻炼多种脏器。跳绳能增强人体心血管、呼吸和神经系统的功能。研究证实，跳绳可以预防诸如糖尿病、关节炎、肥胖症、骨质疏松、高血压、肌肉萎缩、高血脂、失眠症、抑郁症、更年期综合征等多种症病。对哺乳期和绝经期妇女来说，跳绳还兼有放松情绪的积极作用，因而也有利于女性的心理健康。

◎跳绳要注意的事项

1.跳绳者应穿质地软、重量轻的高帮鞋，避免脚踝受伤。

2.绳子软硬、粗细适中。初学者通常宜用硬绳，熟练后可改为软绳。

3.选择软硬适中的草坪、木质地板和泥土地的场地较好。切莫在硬性水泥地上跳绳，以免损伤关节，并易引起头昏。

4.跳绳时需放松肌肉和关节，脚尖和脚跟需用力协调，防止扭伤。

5.胖人和中年妇女跳绳时宜双脚同时起落。上跃也不要太高，以免关节因过于负重而受伤。

6.跳绳前先做些足部、腿部、腕部、踝部准备活动，跳绳后则可做些放松活动。

◎“怪走”健身法

在行走运动中，慢跑和散步是最常见的锻炼方式。其实，进行多姿势行走运动，对祛病延年、养生健身是大有裨益的，下面就介绍几例。

脚尖行走：提起足跟用脚尖走路，可促使脚心与小腿后侧的屈肌群紧张度增强，有利于三阴经的疏通。

脚跟行走：抬起脚尖用脚跟走路，两臂有节奏地前后摆动，以调节平衡。这样可加强锻炼小腿前侧的伸肌群，以利于疏通三阳经。

内八字行走：一般人行走多为外八字或直线前进，如改为内八字行走，可消除疲劳。

倒退行走：倒行时全身放松、膝关节不曲、两臂前后自由摆动，可刺激不常活动的肌肉，促进血液循环。另外倒行还可防治脑萎缩，对于腰腿痛有显著疗效。

手脚并用行走：徐徐下蹲，两

手着地，背与地面略成平行，手爬脚蹬，缓缓前进。可增加头部供血量，减轻心脏负担，对颈椎病、腰腿痛、下肢静脉曲张等多种疾病有疗效。

◎快操有助于减肥

10分钟的快速全身锻炼，它虽然不能使你立即变瘦，但会让你感到肌肉绷紧，锻炼引起的肽在身体中的急速流动会令你自我感觉良好。本套运动由5个动作组成，循环往复，使你全身运动，心情愉快。整套动作连做4次。

1. 舒展：两脚平分站立，双手向上伸，然后慢慢弯腰，直至掌心平放到地面。

2. 弓箭步：双手保持在地上，一条腿向后伸，成弓箭步；随后手扶臀部，使躯干挺直，做5次压下、起来的弓步动作，用另一条腿再做5次同样动作。

3. 俯卧撑：弓箭步之后，前腿向后伸出，改俯卧撑姿势，做5个俯卧撑。

4. 臂、肩姿势：做完俯卧撑以后，臀部放松，直至腹部几乎接触地面，向前挺胸，双手撑地，两臂伸直，保持1分钟。

5. 腿提起、放下：现在把屁股撅向天花板，双臂保持平直，从地上提起脚跟，然后再放下。（你会感到小腿肌肉在颤动）将这提起、放下的动作连做20次。最后手、脚一齐移动。轻轻抬起成站立姿势，并恢复到第一节初始姿态，开始重做本套动作。

◎滑冰提高身体协调力

滑冰对于协调能力的锻炼是很有帮助的，这项运动没有什么年龄的界限。它有助于锻炼身体的协调能力，可以使你的腿部肌肉更加结实而有弹性。同时，滑冰属于大运动量的运动，还会提高你的肺活量。

◎自行车运动健身

这是一项我们再熟悉不过的运动了，它有效地把健身与我们每天的生活结合在了一起。也就是说，它不会占用我们多余的时间。人们应该多骑自行车，以中速骑车，对心肺功能的提高很有帮助，对减肥也有特效。

不论你是平常人还是运动员，它都适用。骑车可以锻炼你的腿部关节和大腿肌肉。并且对于脚关节和踝关节的锻炼也很有效果。同时，它还有助于你的血液循环系统。

◎慢跑、散步健身法

没有什么运动比慢跑和散步更大众化了，它不需要太多的投入，却可以有很大的收益。

尽量每周散步 4 ～ 5 次，每次 30 ～ 40 分钟，这是对身体非常有益、有规律的活动。有助于身体健康，还具有减肥功效。无须花费巨资参加健身俱乐部，只要买一双舒适的鞋穿就行了。

◎高尔夫有益于身心

高尔夫一贯被认为是绅士的运动。其实它对女性也同样适合。优美的场地环境，适中的运动量，让你的身心都得到了锻炼。

8 岁到 80 岁的人都适用。但它更倾向于有耐心及头脑灵活的人。同样，它也可以使你变成有耐心和头脑灵活的人。

这项运动是和散步紧密结合在一起的。在一个 18 个洞的球场里，你走路的距离会达到 6 ～ 8 公里。挥杆的动作有助于你身体的伸展。此外，美丽的球场更会使你心情舒畅。

◎骑马锻炼肌肉

骑马是一种时尚，是一种潮流。可以锻炼敏捷性与协调性，并且可以使全身肌肉都得到锻炼，尤其是腿部肌肉。这是一项接近自然的运动方式，让你的身心都感到愉悦。

◎快步走健身法

女性快步走最有益健康。快步走的好处是高尔夫球、保龄球、游泳所不能代替的。

锻炼身体有多种形式，快走就是其中一种。快走有利于女性的身心健康。中老年女性较少参加激烈运动，但是只要每天快走 30 分钟，中风的概率可以降低 30%。预防中风的效果与慢跑、骑自行车等较激烈的快节奏运动是相同的。

◎多走楼梯增强体质

最好少乘电梯，多走楼梯。爬楼梯是一种非常好的锻炼形式，对心血管有益，还可以改善你的腿部肌肉。此外，腹部肌肉也得到锻炼。

对长时间坐办公室的女性来说，爬楼梯是一个简单可行的锻炼方法。健身专家研究发现，一天多次爬楼梯运动，可降低体内胆固醇，增加静止时脉搏跳动次数，增进心血管功能。

◎经常伸伸脖子减轻头痛

每天最好抽时间轻轻地伸一伸脖子。很多慢性头痛病都是由于颈骨接合处和神经损伤引起的，而人们长时间保持坐姿最容易引发这种损伤。尽量将下巴压低，抵住胸口，这样可以帮助你预防或减轻头痛。

◎逛街健身法

逛街应该是最受女性欢迎的消闲方式，是很好的有氧运动。女性逛街一般都需几个小时。这样不停地走动可增加腿部力量，消耗体内大部分热量，达到健身效果。

Part4

这样居家最整洁

——教你做个称职的居家能手

第一节

让家中变得整齐有序

一、居室的收纳与整理妙招

◎选择大小合适的家具

家中主卧的空间一般来说都相对比较大，因此，在主卧里可以放一些较大的衣柜和床。当然，在挑选家具时不可只顾美观，还要注重实用性，即顾及卧具和衣物的收纳空间。床具最好选用下面带抽屉、可以储存棉被和衣物的那种；衣柜则最好选择组合式的立体衣柜，它不但让房间有整体感，还扩大收纳空间。

◎床凳的有效利用

选择床凳时最好选择带抽屉的，这样就可以将薄被、睡袍等常用衣物放在里面，从而节省一部分衣柜空间。如果在床凳下面摆放一个大托盘，也可以将拖鞋收纳在里面。

如果觉得带床凳的床具价格太高，可以自己亲手制作一个简易床凳。你可以将家中组装式的格子柜拆下一层来，开口朝外放在床尾处。然后用一块与床品风格相同或相仿的布盖在上面（想要美观的话，还可以专门定做一个套子），从而使它表面看起来与买来的床凳没有区别。

◎床头柜空间的有效利用

在买床具的时候，最好选择带床头柜的床具。这样台灯、闹钟、相框等小物品就会都有了家。注意床头柜收纳的最好是常用物品或应急用品。其中桌面可为美化环境所用，比如摆放些插花、灯具或电话等。抽屉则可放置药物、体温计、常看的书报等。最下面的柜子可放置一些贵重用品或常穿用的小衣物。

◎小卧室的布置技巧

起居空间的收纳功能主要在于把娱乐设备、家电系统有机地组合在一个柜子内。其他周边的物品诸如书籍、报纸、杂志、光盘等，需经过整合之后，再作适当的安排。在布置小卧室时应注意以下方面：利用空间本来的凹凸空隙；悬吊式收纳；将墙面设计成隔板；依照使用频率摆放；选用移动方便的带脚轮家具；防止杂乱产生；组合式收纳。

◎凉席的收纳技巧

凉席不再使用时最好收起来放置，而不是铺在被褥底下储存。收纳凉席的正确方法是：先用湿布将席面擦拭干净，然后放在阴凉通风处晾干，卷起来，在外面裹上一层塑料布，再用丝袜或细绳捆绑好，立在不碍事的墙角或者放在床下面。

◎储物箱的妥善放置

各种各样大小不一又推拉方便的储物箱为我们的杂物提供了良好的归宿。有了它们，不同形状的物品便很容易找到自己的栖身之地。至于储物箱放在哪里，则应按其内置物品的用途来决定，比如衣物箱最好放在卧室床下，玩具箱最好放在孩子的房间一角或客厅一角。

◎海绵垫的收纳技巧

当夏天来临时，冬天保暖用的海绵垫就该放置起来了。天气好的时候将海绵垫拿出去晾晒一下。在收纳海绵垫的时候，先将海绵卷外面，扣上扣子，再用两只袖子捆绑在床头上方安装一条窄窄的玻璃隔板，就能将海绵垫结实地包裹住了。可以将海绵垫卷储存在床下的柜子里。

◎卧室门后的空间利用

在卧室门后粘上或钉上一排连体式衣钩，每天下班后可以将手提包、遮阳伞等挂在门后。

◎多功能储物桌用处多

购买或者自制一个多功能储物桌，放在卧室里，心爱的贴身小内衣就有处可放了。如果觉得浪费，也可以把它放在客厅里，作为收纳暂时不用的毯子、靠垫等物品的柜子。然后给它盖上盖子，那么就会出现一个别致的咖啡桌或者小书桌。

◎沙发内收藏衣物

如果将沙发底下配上储物柜，就会节省很多空间，专为沙发配置的储物柜，可以用来收藏沙发垫、沙发套，或者是秋冬季才用的大衣。另外，你也可以把当季不穿的易皱衣物平整地放置其中，这样既能免去熨烫的麻烦，又能节省空间。

◎用茶几巧收纳

不要小看了茶几，它可是潜力十足的储物场所。在桌面下放一个分格的抽屉，杂志和杂乱无章的小饰品就有了家。这一招不仅会让客厅空间变得干净整齐，还能美化茶几。

◎自制椅子

在箱子上放一块泡沫垫子，再盖上色彩鲜艳的织物，一把美观而又实用的椅子便制成了。把它固定在相对常用的地方，比如放在窗前做靠窗椅，然后在箱中贮放书籍，就免去了拖来拖去的麻烦。等到闲暇时，就可以坐在椅子上阅读从椅子中拿出来的书籍，尽情享受美好的生活了。

◎巧编架子

可以灵活调校高度、宽度的架子是最好不过，使用起来也方便得多。我们可以根据实际需要随意装配，以便其适应形状各异、体积不一的物品。如果不想花太多的钱在这种架子上，你也可以分批购买——购买铁丝、塑料绳以及硬质纤维板等，然后按照需要将之组合成不同形状和高度的架子。

◎临时杂物箱的妙用

一些零碎东西无法归类，怎么办呢？那就在客厅或阳台一角设置一只临时杂物箱吧。把那些看起来重要又不知道该放到哪里的东西，如一枚螺钉、一只袜子等都放进去。经过一段时间之后，整理箱子，把始终无用武之地并且依然不知如何归类的无用之物扔掉或卖掉。

◎挂钩与挂杆的妙用

在门背面或者角落里设几个挂钩或挂杆，把正在穿或用的衣帽、雨伞等挂上去，既不影响房间的整齐和美观，又方便了物品的归置与查找。

◎设立家庭中转站

在一个家人都经常经过的地方设一个小小的中转站，注意不要让它成为障碍，如放一把椅子、一个小柜子等。把洗熨好的衣物、已经修理好的玩具以及零星杂物放在上面，并培养家人及时取走属于自己物品的习惯。

◎儿童玩具的收纳

孩子的房间里往往会堆积大量被四处乱丢的玩具，但是为了孩子玩时方便着想，又不能把这些玩具都规规矩矩地摆放在某处。最好是在房间内准备一个大玩具箱。这样在收纳时，只要将玩具丢进箱子里即可，不用管它的顺序或位置。要知道在箱子里乱翻自己喜欢的玩具对于孩子来说也是一件很好玩的事情。

◎对付不爱整洁的家庭成员

如果家人中有不爱整洁的成员，又不可能在短时间内改正其坏习惯的，就把他随手乱放的物品都扔到一个大纸箱里去。当他寻找物品时，就告诉他去纸箱里面拿。这样时间一长，他或者会改掉这种毛病，或者会把大纸箱当成自己物品的固定去处，从而大大减轻清理杂物的负担。

◎零散空间的有效利用

1. 制造一个形状、大小都合适的书架或鞋柜放在楼梯与地板夹角的空间处，能在有效利用畸零空间的同时省下客厅（书房）的其他地方。如果搭配适当的话，这个小角落还能带来视觉上的美感，一举三得。

2. 对于那些面积不大的居室来说，阳台完全可能具有第三种功能，那就是休闲。用漂亮的布帘把阳台隔成两半，一半用来晾衣物和堆放杂物，另一半用来休闲娱乐。

◎房屋的收纳与整理技巧

有时候朋友要来家里做客，可是又没有太多的时间去整理家务，怎么办？下面这些小窍门十分有效。

1. **力求高效**。要想既省时又能达到良好的效果，集中力量做一些收效明显的清洁、整理工作是一个好办法。比如着力把客厅打扫干净，在明亮的茶几上摆放干净的茶具，或者形状、颜色都很漂亮的水果等。

2. **合理安排次序**。再忙也要讲究秩序，以免忙中出乱。除了要力求高效整洁外，还要注意清洁工作时的先后顺序。比如应先清理家具上的灰尘，而后再清理地板，以免前功尽弃。

3. **巧妙利用视觉错觉**。“骗骗”精明的访客也无妨，把浅色的椅子擦净，客人便会认为深色的椅子也同样干净；把最具品位的饰品摆在显眼的地方，客人眼中你的品位也会大大提升，把地毯的边穗刷齐，客人会认为其他东西也一样整洁；把一些容易显现光泽的物品擦亮，客人会以为暗色的器具你也一样仔细擦拭过。

4. 在客人马上抵达之前，以尽可能快的速度把厕所，尤其是马桶冲洗一下。另外，和马桶正对着的墙面最好也用纸巾或抹布擦拭一下。

◎小户型选择家具技巧

1. **先选家具再装修**。拿到房后最好先看家具，定了风格再装修，装修的风格跟着家具的风格走，因此家具的选择就很重要。购买家具，首先看个人喜好。建议选择现代感的家具，因为现代感的家具时尚、简约。小户型的家具不适合成套购买，最好是充分考虑大小家具的包容性、性能的整合，以混搭出完美的效果。

2. **家居应轻装修，重装饰**。在经济承受力以内，每 2 ～ 3 年换一批时尚的家具，这将成为一种趋势。尤其对小户型而言，家具更应作为快速消费品，只要有足够的能力，不妨挑剔一点。

3. **巧妙安排有窍门**。以楼市上较多的 40 平方米、50 平方米的小户型为例。隔开厨房、卫生间，还要保证宽敞的居室，关键看家具怎样安排。专家建议最好使用“魔鬼”身材的家具，够用即可。市场上畅销的一些造型简单、质感轻、小巧的家具，以及可以随意组合、收纳、移动的家具，运输方便，拆装方便，安排起来也很方便。这样不仅节约空间，增加了房间的功能，而且又富有现代感，在以后变换家具的时候，也不用大费周折。

◎厨房收纳必备品

把成套的物品放在一起，要想把厨房归纳得井井有条，下面几种收纳工具是不可或缺的。

1. **塑料粘钩**。塑料粘钩是收纳厨房小对象必不可少的工具。它可以将一些细小杂乱的常用物品固定在门背后、墙上、桌子下面，使空间看起来不凌乱。

2. **网兜**。网兜可以用来存放垃圾袋、食品袋、吸油纸等厨房里经常用到的物品。

3. **铁架子**。铁架子可以将橱柜、水槽下面等较大的空间隔出层次，使更多的厨具得以放入托盘。托盘不但能够托饭菜，还能够进行简单的收纳归类。你可以将碗碟按种类分别放在不同的托盘上，拿取更方便。

4. **活动支架**。可以自由调整高度的粘贴式支架可以随意架在你所需要的任何空间里，搭毛巾、挂杯子、放厨具十分方便。

◎厨房用具怎样布置更合理

厨房的布局设置要考虑合理性。厨房设计的基本概念应为三角形工作空间。洗菜池、冰箱及灶台最理想的情况是呈三角形，即三样物品相隔的距离不超过1米，可以节省时间及体力。

装修厨房时要注意安全性。灶台与洗菜池的距离不宜太远，一旦发生意外，短距离内就有水灭火。灶台千万避免接近窗口，以防风吹熄灶火。现代生活中厨房的电器越来越多，装修时要考虑到多预留一些插孔，这些插孔均需安装漏电保护装置。

成套的物品放在一起，不但用时方便，还是一种不可忽略的收纳要领。如将红茶与茶勺、咖啡杯与碟子、水杯与水瓶等常常一起使用的物品存放在一起。

◎整理餐具的小窍门

1. **定期检查**。养成定期检查餐具的习惯，及时将有破损的餐具处理掉。

2. **按套码放餐具**。不要将不同套的餐具穿插在一起收纳，否则容易将餐具弄损。

3. **按使用频率放餐具**。将经常要用的几套餐具整齐地码放在橱柜中伸手就能拿到的地方。不经常用的餐具洗净晾干后则放入收纳箱里，放在不易碰到的地方保存起来。

4. **不常用的玻璃杯**。将不常用的玻璃杯洗净、擦干后，装在小型储物箱里（注意：箱子的底部和顶端都要垫上一些报纸），然后将储物箱收藏在橱柜深处。这样不但可以保持杯子干净，还具有防震效果。

◎摆放成套杯碟的技巧

整理成套的杯碟时，可以将几个杯子倒着分别放置在小碟子上；再把剩下的扣放在上面，然后再摆放在碗架的最里面。这样既美观，拿取又方便。

◎高脚杯的收纳技巧

高脚杯与其他器皿不同，不但易碎，而且上宽下窄的结构也很占空间。对于这类器皿，可以这样收纳。在厨房吊柜的下方装上几根横杆，然后将洗净、擦干的高脚杯倒挂在横杆上，这样既节省空间又美观，拿取方便。

◎盘子的收纳技巧

通常，我们都是将盘子摞起来码放。这种收纳方法虽然简单，但拿取下面的盘子时却十分不方便，盘中残留的水渍还容易留下水痕。以下方法简便实用：

1. **收纳较小的盘子**。如果盘子大小不一，但都不算太大，那么你可以用资料架将橱柜分割成竖的小格子，然后按大小不同将盘子分别竖排在不同的格子里。这样不但拿取方便，盘子上还不容易落灰。

2. **收纳大盘子**。收纳比较大的盘子，内胆中带有防震薄膜的大信封是个极佳的工具。另外，那些专门用来招待客人的上好瓷盘，平时又不怎么拿出来用的，也可以装在这种大信封中竖起来保存在不易碰到的地方。这样既可节省空间，又可使盘子整齐、不易破碎。

◎巧用奶粉罐收纳调料

长时间将调料装在塑料袋里储存，调料会因受潮而变质，进而丢失其原有的美味。可以将用完的奶粉罐储存调料，因为奶粉罐的密封性较强，一旦盖上盖子便可阻止潮气进入罐内，所以是极好的调料收纳用具。

◎杯子挂在碗柜上

平时经常使用的杯子每天拿进拿出很不方便，在碗柜靠上的部分固定一根支杆，在支杆上挂上几个挂钩，然后将马克杯挂在上面即可。不必担心碗柜里的餐具因此会拿取麻烦，因为那些挂钩是可以灵活推拉移动的，在拿取餐具时，左右或前后一推，将杯子移到旁边就可以了。

◎将托盘吸在冰箱门上

端饭用的大托盘每天收起、取出十分频繁，为了避免麻烦，可以在盘子下面或冰箱门上吸上两粒小磁石，然后将托盘吸到上面即可。如果托盘非铁质，无法被磁石吸住，则可在合适的位置粘一块双面胶，然后将磁石粘到上面，再在冰箱门上也放一粒磁石，这样托盘就能间接被吸住。用这种方式收纳托盘，随取随用会十分方便。

◎给菜谱留个合适的位置

归置厨房空间时专门留出一小块空间摆放菜谱，这样做饭需要翻阅菜谱时会更加方便。如果空间有限，则可在吊式橱柜的下面粘一个挂钩，然后将一个可折叠的书架固定在上面。做饭时，将相应页码的菜谱夹在上面，这样既简单又方便。

◎砧板的收纳技巧

砧板经常处于潮湿状态，如果经常得不到通风，就很容易发霉。因此，应该找一个通风比较好的方位来收纳砧板，可以在厨房吊柜的底部平行地固定两个毛巾杆，然后将砧板放在上面。这样既防潮又节省空间，取放起来还很方便。另外，在橱柜的侧面挂一个文件架，较小的砧板也可以放在里面。

◎调味品的合理摆放

大小不同的调味瓶堆放在调味架上会显得十分凌乱，而且拿取时也非常不方便。可以找几个大小相同的小瓶子，将调料分别装在里面，并按内容物贴上标签，然后统一放在一个长方形的小篮子里，再把小篮子放在灶具旁边。这样不但看起来比较整齐，还可以有效地节省空间。注意调味瓶要按照使用频率进行摆放，经常使用的放在伸手就能拿到的地方，不太常用的放在稍远的地方。

◎抽屉空间巧分类

如果将筷子、刀、叉、勺子等统一放在一只小抽屉里，推拉过程中很容易将餐具弄得混乱不堪。可以买一些细长的储物盒，并排着放入抽屉内，然后将这些餐具按照种类的不同分别放在不同的格子里，这样既卫生又容易放取了。

◎巧用架子隔空间

空间较大的橱柜可以放许多厨具进去，但是拿取摞在一起的厨具时却会非常不方便。如果你也遇到了这个麻烦，那么建议你根据橱柜的高度选购高度合适的架子放入里面，将空间隔出上下两层，然后将厨具分类放入，这样取放起来便会容易一些。在选购架子之前，一定要先测量好橱柜的高度和宽度，然后再购买。

◎灶台下方空间巧利用

煤气灶下面的空间内多会隐藏许多煤气和电器管道线路，因此收纳物品时一定要小心。一般来说，在那里储放食用油、酱油、醋、料酒等常用的调味料还是比较合适的。

◎水池上下空间巧利用

在水池上方安装一个吊架，可以节省下许多操作台的空间，比如洗菜时可以将菜篮放在上面控水；炒菜的时候可以在上面摆放调料；清洗厨具后，还可以在上面摆放洗涤剂、海绵刷等清洁用品。

水池下面可用来储存不怕潮的厨具。水槽下面的空间比较潮湿，但是空间一般都不小，因此可以将不常用的钢锅、蒸锅、砂锅、水桶等不怕潮的厨具码放在下面，用的时候用水清洗一下就行，这样存取都方便。

◎橱柜门后空间巧利用

在橱柜门后面粘上挂钩，可以将无处放置的锅盖挂在上面；在橱柜门后钉上一个网兜，可以将垃圾袋、小夹子等物品收纳起来；在橱柜门后装上一根毛巾杆，可以将抹布挂在上面，也可以将大号的锅盖架在上面。

◎厨房门后空间巧利用

在厨房门后粘几个挂钩，用细绳在抹布角上缝一个挂套，抹布就可以轻轻松松挂在门后面了。将没用的录像带盒子粘在门后，可以存放报纸、吸油纸等物品。

◎多用带滑轮的箱子

厨房操作台下面的橱柜一般都比较深，放在最里面的厨具不容易取出。不过你可以在橱柜内放两个带滑轮的箱子或架子，然后将厨具放在箱子里，这样拿取时只要拉动箱子就能轻而易举地拿到最里面的厨具了。

◎冰箱上方空间巧利用

冰箱上方不宜放重物，但是可以摆放一些常用的轻便物品。比如可以在上面固定几个资料架，然后将无处安放的托盘插在里面，常用的保鲜膜、调味品等也可以摆放在里面。

◎巧用厨房角落空间

厨房角落的剩余空间塞不进去家具也搭不开支架。但如果将几个废弃的啤酒箱竖着粘在一起，然后用胶带绑好，做成一个瘦长的小箱阁，就可以用来收纳砧板、锅盖、托盘等厨具了。

◎厨房小物品巧整理

厨房里多会有些零七八碎的小物品，比如抹布、海绵刷、垃圾袋、保鲜膜、洗涤剂等。可以专门准备一个抽屉存放这些小物品，将它们按照形状和用途进行码放。在需要添置新用品时，一眼就能看出哪些东西缺少。

◎垃圾袋的收纳技巧

平常购物时的塑料袋可以存起来当垃圾袋用，但是怎么储存这些散乱的塑料袋呢？在橱柜门后用图钉竖着钉两根松紧带，将塑料袋展开，卷成长卷，然后用松紧带绑在门后，需要时只要抓住一个塑料袋卷一抽即可。

◎冰箱抽屉码放食物的规律

想让冰箱抽屉更加整齐有序，可以把所有东西都拿出来，先分类，再按照种类分割冰箱内部空间。然后将相同的食物按照保质期来码放。新购入食物则应将其码放在同类食物的最后面。

◎牛奶盒巧分冰箱空间

将已经空了的牛奶盒剪开、擦净、晾干。按照冰箱抽屉的大小做成硬纸隔板，将抽屉隔成几个小格子，然后将食物按照种类分别放进不同的小格子里。食用时只要将相应的牛奶盒拉出来，里面的食物即可一目了然。

◎在卫生间安装吊柜

大部分家庭的卫生间空间都不会很大，再加上卫浴、方便设施一般都摆在下面，所以多会显得狭窄甚至拥挤。其实，卫生间上面的空间还可以有效利用。可以在盥洗台和洗衣机的上方安装一组吊柜，将暂时用不着的洗发水、牙膏、牙刷、毛巾、浴巾等常用盥洗用品存放在里面，既节省空间又使卫生间显得整齐。

◎善用卫生间的墙角

卫生间的角落可以摆放很多物品。比如在墙角上面安置两层扇形的玻璃隔板，就可以将日常洗漱用品摆放在上面。而玻璃隔板下面的墙角处则可以放置脏衣篓，供家人将换下来的脏衣物暂时放在里面。这样不但清洗时拿取方便，还可以不占卧室或客厅的地方。值得考虑的建议是：最好将卫生区和洗浴区进行简单的分割。洗浴区最好安排在卫生间最里面的角落里，卫生区则安排在一进门的地方。你可以用一块磨砂玻璃板或一个帘子将这两个区域进行模糊的分割，这样不但不会破坏空间的整体感，还会看起来不凌乱。

◎卫生间小物品巧收纳

收纳卫生间里的小物品时，最好将同类物品放在一起。比如将洗发用品、牙具等按种类摆放在一起，将洗涤剂类的物品集中到一个篮子里放在洗衣机旁等。这样每种物品还剩多少可以一目了然，添置时会很方便。

◎拖鞋的收纳技巧

卫生间湿气较重，洗澡专用的拖鞋如果一直放在里面，很容易因长期不干而寿命大减。如果不方便把拖鞋放在外面晾晒，可以将毛巾杆上的空间专门腾出一块来晾拖鞋。将用完的拖鞋清洗干净，架在毛巾杆上。

◎塑料篮子的妙用

在卫生间洗浴区附近的墙壁上粘上两个挂钩，在上面挂一个塑料篮子。这样就可以将每天洗澡用的洗发水、沐浴露、放在里面了，洗澡时拿取很方便。

◎用镜柜代替镜子

装修卫生间时，大部分人会选择在洗手池上方安装一块镜子。其实，如果可以的话，最好将普通的镜子换成镜柜。这样那些洗漱和清洁用品就可以放入镜柜内，使用时只要打开柜子就能拿到。这样既节省了摆放用品的空间，又解决了卫生间需要一块镜子的问题，可谓一举两得。

◎洗涤用品巧收纳

卫生间的洗涤用品一般有洗衣粉、消毒水、衣物柔顺剂、肥皂等。收纳这类物品的原则是：常用的洗涤用品要按类别放在随手可拿到的地方；暂时用不着的洗涤用品存货则要码放在吊柜里储存；已经打开使用的洗涤用品要注意防潮。

◎巧用洗手池下面的空间

洗手池下面会有一根粗大的下水道管子，既难看又碍事。不过，如果在池子下方安置一个储物柜或架子，就可以既将下水管挡住，又可以将盆具、洗发水、肥皂等物品放置在里面，既美观又实用。

◎浴室墙壁空间巧利用

空间狭小，要放的东西却很多，这是大部分家庭在浴室收纳方面最头疼的地方。其实，只要善于利用空间，这个问题就会迎刃而解。比如，你可以在墙壁上安装几条毛巾杆，将毛巾、浴巾、浴帽等用品挂在上面；在墙壁上粘几个吸盘式挂钩，将吹风机挂在上面等。

◎巧用浴帘

如果利用合理，浴帘不但能够起到分割浴室空间的作用，还能够有效遮挡住储存在浴室内的杂物，使空间显得整齐。另外，许多个人卫生用品比较隐私，客人来的时候不宜被看到。也可以在存放杂物的架子前面挂上一个浴帘，将杂物遮盖起来，拿取时只要拉开帘子即可。

◎洗衣机侧面巧利用

在洗衣机侧面加装钩子，挂上不怕潮的小篮子，洗衣粉、肥皂等用品即会有安放之处；安上一个吊衣架，沾满水珠的小物品便可以挂在上面控水；什么都不挂，保持钩子的原状，雨天刚从外面回来时，还在滴水的雨伞就可以挂在上面。

二、衣物的收纳与整理妙招

◎叠开衫的小窍门

将开衫正面朝上放好，不要拉拉链或者系纽扣。用有扣眼的一边盖住有纽扣（拉锁头）的一边，然后将开衫抻平。在正中间放上硬纸板，将衣袖两边向内折叠，抽去硬纸板，将衣物下摆上折，成方形。

◎叠马甲的技巧

将马甲正面朝上抻平，竖着对折，使左右身整齐地重叠在一起。然后将一边的前身向后翻，套住另一半前身，使马甲的里面朝外，最后叠成适当的大小。这种叠法不会让马甲产生褶皱，而将里面翻出套住整体更是会让马甲紧实，从而不会轻易碰散，还可以防止弄脏。

◎T 恤的折叠技巧

根据收纳 T 恤的抽屉的宽度剪一块稍小的板，然后将 T 恤背面朝上，将硬纸板放在衣身的正中间。再以纸板边缘为界，将 T 恤的衣袖两边分别向中间折叠。抽出硬纸板，将衣摆向上对折，这样 T 恤就能整齐地折成大小合适的方块了。

◎衬衫的折叠方法

将衬衫最上面的两颗纽扣扣好，然后翻过去，让其背面朝上，展平，将前襟和后背的褶皱也抻平，将硬纸板放在衬衫中间。然后，按照硬纸板的宽度将两侧衣袖向中间折好，再将下摆沿硬纸板向上对折。最后，将折好的衬衫翻过来，从领口处抽出硬纸板，再在领口里填充上干净不用的布团，使领子挺立起来。

◎长裤的折叠方法

与西服成套的西裤最好用带夹子的衣架夹住裤脚，倒挂在衣柜里收纳，这样可以保持西裤挺括，不生褶皱。如果打算叠起来收纳，则最好将两条裤子放在一起叠，这样能够增大摩擦，减少裤子的褶皱。

具体方式是：将一条裤子按中线对折，另一条按裤线对折，然后将一条裤子放在另一条裤子的中间，再将两条裤子多出来的部分向中间折，使它们相互重叠，最后成为一体。

◎毛衣的折叠技巧

先将毛衣两侧的衣袖往内折，从而使衣物上下呈一条直线，整件衣服呈一个规则的长方形。再由毛衣下摆开始往上卷一卷。毛衣不怕压，这样卷起来放置不但节省收纳空间，而且不容易散乱。

另外切记，放置时要按照颜色分类收纳，不同色系的毛衣之间最好垫棉纸，以免毛絮之间彼此沾染。

◎带领的衣物折叠技巧

带领的衣物应该根据领子的质地采取不同的折叠方法。领子比较坚挺的衣物，要将领子立起来，然后再进行折叠；领子较柔软的衣物，要将领子折下来，压平整后再进行折叠。

◎连衣裙的折叠技巧

连衣裙的裙摆和上身宽度不统一，所以很不容易折叠，如果折叠不当会生出许多褶皱。

可以将连衣裙背朝上铺平，用手将连衣裙的褶皱抻平。然后以裙腰的宽度为准，将裙摆和衣袖两侧多出来的部分向内折叠成一个竖条，再将领子向腰部折叠，最终将裙子折成一个适当大小的方块。

◎短裤的折叠方法

折叠短裤时，折叠处非常容易出现褶皱。你可以用一根棒状物做辅助工具，将短裤正面朝上抻平。不要系扣子或拉拉锁，按照裤线的痕迹将裤子竖着折好。然后将棒状物放在裤子中间，再将裤腰向裤脚处对折即可。

◎帽衫的折叠技巧

将帽衫正面朝上放好，用手抻平褶皱。将帽子折下来、压平，然后放上硬纸板，将衣袖两边沿着纸板的大小向内折叠，抽出纸板，将衣物下摆向上对折成方形。帽子无法拆下的帽形，可在上身叠好后，将帽子拉平向前折。

◎胸罩的折叠技巧

胸罩如果折叠不当很容易变形，影响穿戴效果，还让人感觉不舒服。折叠胸罩时，要将后面的挂钩按层次全部勾起来，然后将胸罩从中间对折，将一边的罩杯藏进另一边中。再将肩带套在手背上，顺势套住叠扣在一起的罩杯，从而使两个罩杯紧密地重叠在一起，这样胸罩就不容易散开，并且还会保持住原状。

◎内裤的折叠方法

将内裤正面朝上，两边向中间折，折成三层的长方形。然后，从底部开始，取全长的1/3处（从上往下的1/3处）向腰身处折叠，并将折叠起来的部分藏进腰身处的皮筋里。最后，将叠好的内裤竖着放入收纳盒里。

◎领带的折叠技巧

领带非常怕皱，因此不容易收纳，但如果全部挂起来又会占太多地方。你可以准备一个较浅的抽屉，然后将领带卷起来存放，先将领带对折，正面朝下铺平，然后从头部向尾部卷成一个卷，再挨个放在抽屉里，这样既整齐又便于整理。

◎短袜的折叠方法

袜子宜成双折叠，以便于收纳也便于拿取。将两只袜子重叠在一起，抻平，从袜头开始向袜口方向折叠，一般折叠两折即可。然后将最下面的一层袜口翻下来，套住袜身，包成一个小方块。

◎长筒丝袜的折叠技巧

长筒丝袜极易脱丝，因此折叠收纳时一定要细心。将两只袜子重叠，抻平，对折三次，然后像折叠短袜那样将最下面一层的袜口皮筋翻过来套住袜身，将长筒袜包成一个小方块。

◎衣柜空间的有效利用

立式衣柜的空间很大，但如果使用不当，就会出现挂不了几件衣物感觉就放满了的现象，而且看起来还会十分凌乱。如果在挂衣物的时候将长款衣物和短款衣物分开来挂，这样短款衣物下方的空间就会空出来，诸如鞋盒、存有衣物的小型收纳箱等就可以放在里面，从而使整个衣柜空间看上去既充实又整齐。

◎储物箱巧分衣柜空间

有些衣柜的格子很大而且很深，将衣物叠放进去不容易摆放更不容易取出。可以根据格子的深度，买一些大小合适的推拉式储物箱或整理筐。收纳时只需将衣物放入筐内，再将筐子整齐地竖着码放在衣柜格子里，取衣物的时候则可以直接将筐子拉出来。这样既不会弄乱旁边的衣物，还能将衣柜的每一块空间都充分利用起来。

◎用横杆和衣架将衣橱分层

巧用横杆和衣架将衣橱分层，就可以使一个小衣橱能比平常多装一倍的东西。比如在衣橱中一高一低地安装两条挂衣物用的横杆，可以挂更多的衣物；在设有横杆的衣橱中，使用可以悬挂多件衣物的衣架，可以让空间利用率大大提高。

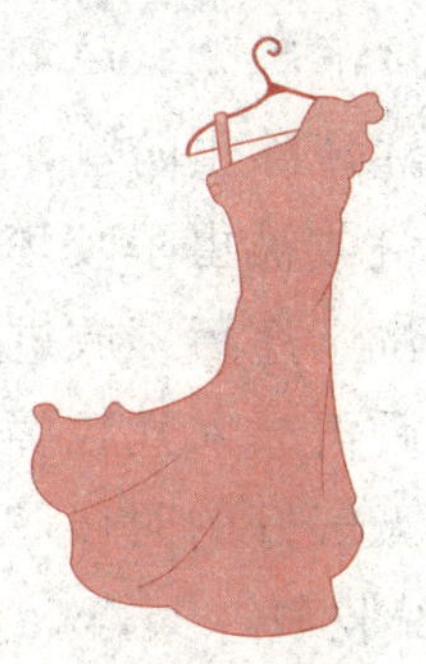

◎衣柜的巧妙组合

你正为一些诸如手套、袜子等小东西的存放而发愁的话。可以看看衣柜上有没有作为抽屉柜和衣柜一部分的储物盒。它们可以成为这些体积小但却十分重要的物品的理想存储处。如果你想节约更多的时间，那么可以试试开放式储物组合，它可以使存放的东西一目了然，从而省去更多的找寻时间。

◎衣柜放置衣物的最佳顺序

如何置放衣物才能使空间最大限度地利用，而且拿取方便呢？首先，把经常用的衣物放在触手可及的地方，过季的衣物则按照大小、轻重分别放在衣柜的最上面和最下面，这是基本的收纳原则。

每当换季时，都要将家里的衣物做一次重新整理，将不再穿的衣物洗净叠好后放入收纳箱里，然后放进衣柜最里面不容易碰触到的地方。重的衣物和被子要放在下面的柜子里，轻薄的衣物则要放在上面的柜子里。变天时偶尔会穿的外套最好放在较靠上或靠下的地方。

◎自制方便衣架

如果总是为衣物折叠起来有痕

迹而犯愁。可以找两个保鲜膜纸筒，拿一把剪刀将纸筒从中间剪开，剪成两个长度相仿的小纸筒，再将其分别套在衣架的两侧。用这种衣架撑衣服，由于衣服两肩被纸筒的圆滑角度撑起，因此即便挂很久，也不会造成任何折痕。

◎小塑料挂钩的妙用

买袜子、内衣或者是某些小饰品等时，包装袋里一般都会自带一个小塑料挂钩。拆封时切记不要扔掉这种小挂钩，它虽然看起来不起眼，用处却很大。在壁橱或衣柜的门背面固定一根挂物架，并排挂上一排这样的小挂钩。这样你和家人的腰带、领带、围巾甚至耳环、戒指等就可以挂在上面，既不占空间又不易掉落。

◎整体衣柜的优点

1. 节省空间。整体衣柜可以按照个人的需要进行设计。装进家中后，形成衣柜凹入墙内的感觉，不但里面可以切割成挂衣空间、摆放空间，顶部空间也可以放被褥或者孩子玩腻的玩具。如果你的卧室足够大的话，还可以用整体衣柜设计一个步入式衣帽间，外面设置一个颇具风格的推拉门，一个私有空间就这样制造出来。

2. 经济实用。整体衣柜在时下的流行，不仅因为它非常实用，而且因为合理运用空间，在经济上也有不少优势。它的造价是根据柜体的用材面积来计算价格的，不同的内部配置价格也有所不同。

◎衣物收纳的基本方法

1. 先将衣物清洗。换季的衣物不要直接收进衣柜中，否则很容易生虫、发霉。收纳衣物前，要将衣物全部拿出来清洗一遍，即使是只穿过一次的大衣也一样。清洗时，要按照衣物的种类、颜色、质地分开清洗，以免染色和缩水。

2. 再将衣物分类收纳。将衣物按照种类和款式分别收进不同的箱柜中，比如棉质的贴身衣物可以折叠起来放在箱子里；而丝质和毛呢的衣物则要上防尘套，挂在衣柜中；经常穿的衣物要放在取放方便的外手边；换季下来的衣物则应放在箱柜中密封保存等。

3. 最后不忘除虫防潮。收起来的衣物要注意除虫防潮，否则很容易生出霉斑或被虫子咬坏。将换季的衣物清洗干净后，放进密封的箱子里，然后再放入几粒樟脑丸，密封起来。天气好的时候晾晒一下，然后再继续收藏。

◎衣物收纳的顺序

1. **先将衣物竖着码放**。将衣物竖着码放在储物箱里，会一目了然，拿取时也比较方便，但怕起褶皱的衬衣则要叠摞起来。

2. **再按穿戴频率高低从上往下存放**。经常穿的衣物要放在上面，不经常穿的要放在下面或单独收在一个箱子里封存起来。

3. **最后按衣物的耐潮程度存放**。由于湿气一般积聚在衣柜下面，因此羊绒、毛呢、丝绸等比较怕潮的衣物最好放在上面，或放在储物箱中，再放在高处。

◎按衣物的大小归类

整理衣物前，先观察放置衣物的抽屉形状和大小。如果抽屉较宽，可以用纸板将抽屉隔成几等份，然后按照格子的大小收纳衣物；如果抽屉较深，可以将衣物叠成方块，竖着放入抽屉内。

◎浅色衣物的收纳技巧

浅色衣物容易沾上污渍，在收纳的时候不妨将该类衣物的里子翻出来，以避免弄脏。

◎西装的收纳技巧

将西装洗净、熨烫好后，先将西装套上衣套，再挂在衣柜里收纳。为了防止其受潮生虫，可以在衣套里放入一包樟脑丸。冬天的时候还可以将西装挂到外面吹吹冷风。

◎羊绒衫、针织衫的收纳技巧

羊绒衫和针织衫之类的毛织品不宜长期悬挂收纳，否则很容易变形。在折叠此类衣物时，可以在对折处加一块硬纸板，从而让折痕不那么明显。叠放时，切记要将针织衫放在下面，羊绒衫放在上面，因为羊绒衫质地较为特殊，不宜重压，否则会失去其特有的蓬松感。

不可将该类衣物码放得太过紧密，以免相互摩擦损伤本身的毛质。如果在每件衣物之间放一块丝质手帕，可以减小彼此之间的摩擦。

◎裘皮大衣的收纳技巧

收纳裘皮大衣最需要注意的是防潮和防虫，尤其是雨季，更是要经常将裘皮大衣拿出去晒一晒，否则其皮毛很容易脱落，皮板也会发霉、变硬。另外，如果裘皮大衣生潮，千万不可用火烤或用电熨斗烫，以免其皮板收缩变形，甚至出现裂痕。

正确的方法是将裘皮大衣挂在干燥阴凉的地方风干，再用刷子将绒毛刷顺，这样衣物便会恢复原样。

◎丝巾围巾的收纳技巧

丝巾质地比较柔滑，不易折叠，而且折叠后还易出现褶皱。可以用带夹子的衣架将丝巾悬挂起来挂在衣柜里，列成一排，这样在挑选拿取的时候十分方便。

◎不能使用防虫剂的衣物

很多衣物，如弹力呢、尼龙绸、涤纶之类的纯化纤衣物在收纳时不会生虫，因此收纳时不用放置防虫剂。而且，这些衣物与防虫剂接触后会产生化学反应，从而引起纤维膨胀，使衣物出现破碎的现象，因此切记不可使用防虫剂。与之相反，毛涤、棉涤之类的混纺衣物则很容易受潮生虫，因此应视其含毛量的多少放入适量的防虫剂。

◎皮衣的收纳技巧

在收纳皮衣的时候，最好将其悬挂收纳，不要折叠，否则会出现难看的褶痕。收纳前要先用干布将皮衣擦干净，然后给其涂上皮衣油，两小时后擦去，再放到通风的地方风干，最后再挂进装有干燥剂的衣套里保存。

◎帽子的收纳技巧

帽子经过折叠、挤压会变形，从而影响戴的效果，因此，在收纳时需要讲究方法。可以吹一个和帽子一样大小的气球放在最小的一顶帽子里，然后再按照大小顺序将帽子逐一摞起。

◎腰带的收纳技巧

如果家里有很多皮带，又没有合适的地方放置，可以在衣柜靠边的地方或衣柜门后安装一个与衣柜长度相同的可拉伸衣架杆，在上面挂上挂钩，然后将皮带扣整齐地挂在上面。这样储存皮带不但不易变形，也更容易挑选。如果家里的皮带较少，则可以将皮带卷起来，用橡皮筋绑住，直接放在抽屉里收纳。

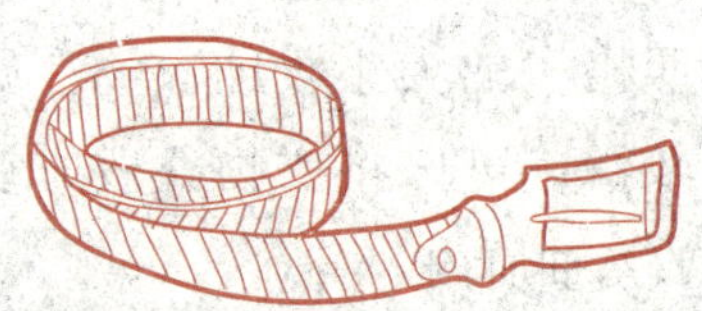

◎箱包的收纳小窍门

箱子和皮包是比较占空间的物品，尤其是女士用的高档皮包，既不能折压也不可受潮，否则就会变形。最好腾出一个空间来专门放置箱包，并且在收纳时还要注意，将使用率较小的大个皮箱放在最下面，然后在上面摆放小一些的皮箱或较大的皮包。

其他的常用手提包和背包则可以从小到大地码放在衣柜的隔板上，这样既整齐又容易拿取。对于不怕折压的布质包，则可以按照大小将小包塞进大包里面，以节省空间。

◎鞋靴的收纳技巧

靴子最好用鞋架收纳，专用的鞋架是收纳靴子最适合的方法。鞋架的造型不需要太复杂，颜色也没必要太花哨，方便取放、实用就行。当然，靴子必须做到排列有序。靴子与普通的鞋子不同，如果和其他鞋子上下重叠混放在一起，靴子的靴筒就不能放直，靴帽就会出现褶皱。

三、其他物品的收纳与整理技巧

◎钥匙的收纳技巧

很多人总是怕钥匙找不到或忘了拿，可以在用完钥匙之后就把它放到随身携带的包里。还可以在客厅门背后合适的高度贴一个小挂钩，进门就把钥匙挂上。这样，在打算出门时，只要走到门前一眼就能看到，自然也就不会再忘记带上。

◎环状小饰品的收纳技巧

耳环、戒指等物品又小又容易滚动，放进大的首饰盒里又往往不方便拿出。这时候，你可以在梳妆台上摆个小碟子，把这些小玩意放在里面，什么时候都能一目了然。

◎自制发饰盒

找一个没用的盒子，盒子的大小根据饰品的多少来定。再找一块海绵，将其剪成盒子容积的大小。找一个合适的整理盒，将发簪等笔直的发饰放在筒状的盒子中。再将发圈或其他形状的发饰分类整理。这样你就不用再担心用的时候找不着心爱的发饰了。

◎耳钉的收纳小窍门

耳钉与耳环不同，不能随意挂起来收藏。如果分别放在耳钉盒里，选戴时又会很不方便，而且还占地方。可以找一些没用的普通扣子，再找一块海绵，将耳钉穿过扣眼固定在海绵上。因为每个扣子只少有两个扣眼，这样正好能够一对对地收藏。然后，将这些扣子放进一个专门的小首饰盒里即可。

◎常戴首饰的收纳技巧

经常需要与当季服饰相搭配的手链、毛衣链、耳环等首饰，可以挂在衣柜的门后面。你可以在衣柜门后面用一次性粘钩挂一张铁丝网。在铁丝网上挂一些小的 S 形挂钩，将手链和毛衣链挂在钩子上，耳环直接挂在铁网上即可。

◎巧用吸管收纳项链

平时不戴的项链放在首饰盒里收藏很占地方，装在首饰袋里又容易打结。你可以专门准备一个小型抽屉或细长盒子，在下面铺上衬布，然后将项链穿进塑料吸管里，一根根整齐地码放在抽屉里，这样既节省空间，又能保证项链不相互打结，拿取时只要将吸管拿出来竖起就可以了，十分方便。

◎胸针的收纳技巧

在衣柜门后用图钉钉一块漂亮的布，将胸针全部别在上面，佩戴时直接从上面摘取下来即可，既方便又节省空间。

◎洗衣粉的收纳技巧

洗衣粉包装打开后，一旦收纳不慎就容易洒得到处都是。有小孩子的家庭，孩子还可能误食中毒。如何收纳洗衣粉更安全呢？你可以将塑料空瓶子洗净晾干，将洗衣粉倒入，然后拧紧盖子再放置就没问题了。剩下的洗衣粉可以用皮筋捆好，放在儿童不易拿到的地方。

◎修剪刀的收纳技巧

修眉刀、指甲钳、修指甲刀等小物品最好装在专用的小盒子里，放在固定的地方。如果没有小盒子，可以在镜柜门背面粘几个小号挂钩，然后将修剪刀等挂在上面，这样就不容易找到。

◎手机的收纳技巧

很多人喜欢手机随意放在某个地方，这样就会很容易遗忘，因此经常会发生出门前或使用时找不到电话的状况。你可以将喝完的牛奶盒剪去上半部分，然后将上面的开口剖面剪成坡形，再包上一层漂亮的包装纸。你的眼前就会出现一个既简单又美观的手机盒。将手机盒放在固定的地方，每天回来后就将手机插在里面，拿取方便又美观，还不容易出现找不着的状况。

◎DV 带的收纳技巧

家用DV 机比较重要又容易损坏，因此需要小心收纳。已经空了的香烟盒就可以用来收纳录完的DV带，因为香烟盒与录像带的尺寸大小相似。可以将录好的DV 带放入香烟盒中，并将同一个主题的录像带编上编号放在一起；再用双面胶将烟盒套粘在一起。这样一组录像带就变成了一个整体。既不会混乱也不会丢失，查找起来还轻而易举，更可废物利用，可谓一举多得。

◎遥控器的收纳技巧

电视机、DVD、音响、空调等电器的遥控器随意放在桌子上既容易丢失又容易被误洒的水弄湿，使其受损害。怎么办好呢？你可以在沙发侧面或在客厅不影响美观的隐蔽墙面上悬挂一个有许多小口袋的布袋。然后将遥控器分别装在不同的口袋里收纳，这样就会既整齐又方便。

◎应急药品的收纳技巧

患有随时可能发作疾病的人，需要时刻随身携带药品，这是一件很麻烦的事情。如果将药物按照每日或每次发作时所需的药量装进简易药盒里面，长期放在上衣口袋里，就会方便又卫生。另外要注意的是，创可贴、止痛膏等药物一定要放在塑料密封袋里保存。

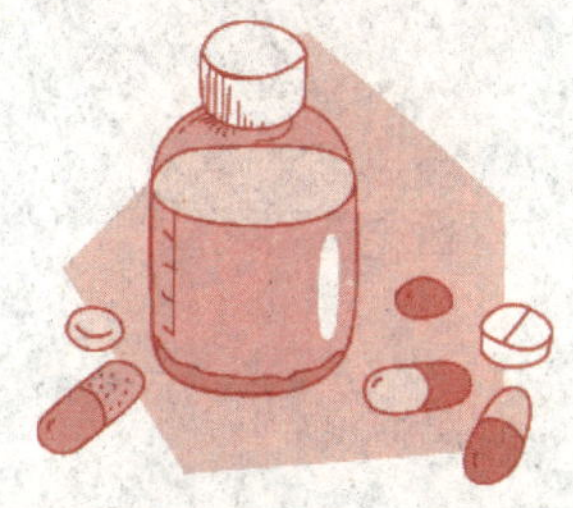

◎书籍的收纳技巧

收纳书籍时要按照书籍的分类进行整理。将所有的书籍从书架上拿下来，先按照内容分类，然后再根据书籍的内容和卷册进行安排和码放。最好将同类的书放在一起，并在书架上贴上相应的标签，这样查找图书时会轻松许多。

◎重要资料的收纳技巧

将日常收集的重要资料装在透明的文件夹里。用标签注明文件的内容及相关日期。然后再按照文件的重要性将其分别放入不同的文件盒中进行归档。比如，可以将票据按照月份分别放进小的塑料密封袋里；然后将塑料密封袋用双面胶粘在硬纸板上；再在硬纸板的边缘写上票据的年月，竖着立在书柜里。这样不但不易丢失，查找起来也十分方便。

◎自制简易杂志架

定期寄来的杂志看完就随手扔在桌子上，会让房间显得凌乱不堪。不妨试着用厚纸板做一些杂志架放在沙发旁边，将看完的杂志放在里面，看起来既整齐又美观。

◎奖状的收纳技巧

奖状和证书是比较珍贵的资料，如果长期挂在墙上或放在外面，容易生潮变黄。可以将其卷成筒状，塞入用完的保鲜膜筒芯或卫生纸筒芯里面；然后在筒芯外面写上奖状或证书的内容，并用保鲜膜裹好保存。这样可以防止奖状生潮、变色。

◎报纸杂志的收纳技巧

将过期的报纸、杂志收集起来摆放在阳台上，每到月底便清理一次，可以节省很多空间。有用的杂志可以放在书架上分类收藏，如果只是其中几页有用，则可以剪下来放在带有透明塑料袋的文件夹中收藏。

◎抽屉式储书柜

有些较深的大抽屉收纳小物品不太方便，但却可以用来收纳图书。将不常看又舍不得丢掉的书籍竖着放入抽屉内。让书脊朝上，不但可以一目了然地看到书名，而且拿取也十分方便。

◎零碎物品的收纳技巧

把常用的零碎东西进行分类收藏是一个值得重视的好办法。如果专区是由几个盒子组成最好不过。如果是只小抽屉，则可将之分成数个格子，然后将零碎东西按照不同类别、不同数量放进合适的盒子中。不必为分小抽屉而苦费心思，更不必花钱去买专门的分类收藏箱，利用家里现有的废物就可以解决这个问题。

1. 牛奶盒分格法。把几个已经空了的牛奶盒切割成相同高度，排列在抽屉中或者并在一起。美观实用的分类收藏箱就出现了。用它来存放内衣、袜子、暂时不用的纸巾包等，会既整齐又方便。同样的道理，漂亮的糕点盒、好看的小罐等都可以通过这种方式二次利用。

2. **纸板分格法**。把纸质较硬的纸板剪成相同的高度和合适的长度，然后按一定顺序卡放在小抽屉中，能够收到和牛奶盒分格相似的效果。并且更为方便的是，你可以自由控制格子的大小，还可以根据需要随时变换纸板的排列。即便没有硬纸板也不用发愁。把卫生纸卷的内筒抽出来压平，然后用订书机订起来，比硬纸板还挺括好用。

◎名片的整理技巧

名片太多，有时就会有越需要越找不到的烦恼，整理名片有窍门。

可以将收到的名片按照对方的工作内容和工作单位进行分类。将相同行业的名片放在同一个名片夹里，然后贴上标签。这样查找时就会比较方便。如果对方更改了联系方式和名片，则要将旧名片丢掉，以免耽误事情。

◎票据的收纳技巧

洗照片时冲洗店免费送的小相册是收纳散票据的最佳工具。比如水、电、煤气等家庭固定支出的缴费单等。还可以将饭店、超市的打折卡和优惠券等统一放在面，这样查找或使用时就会方便很多。

◎雨伞的收纳技巧

在鞋柜的外侧安装一个宽度适宜的毛巾杆，雨伞就有挂的地方了。如果是下雨天气，则需在下面放一个接水盘，以便接住从雨伞上滴下来的雨水。如果伞没有弯勾手柄，可以借用 S 形挂钩将其挂在杆上。

◎常用文具的收纳技巧

书桌上的文具用品最好随用随收，养成用完后放回原处的好习惯。将经常用的圆珠笔、铅笔和钢笔放在笔筒里，整齐地摆放在桌面上。用不着的或者未开封的笔要装在小盒子里，收进书桌的抽屉里。放在电话旁边做记录用的笔则应和便笺本夹在一起。

◎灯泡的收纳技巧

备用灯泡如果储存不当，很容易破碎。不过，如果用收纳女士内衣的蜂窝收纳箱来储存灯泡，就很安全耐用。将灯泡用泡沫纸包好，头朝下插进蜂窝箱的格子里即可。小号灯泡则可用泡沫纸包好，再用胶带将开口处粘紧，放入首饰盒中收纳。

◎电线的收纳技巧

电线是家庭常见物。但长长的电线拖在地上十分碍事，尤其是多条电线交错缠绕时，还可能发生危险。

可以将电线拉到适合的长度。然后用细铁丝或电线卡钉，将其束成一束或固定在两面墙的夹角处。再将多出来的部分用铁丝重新束好。这样不但安全，还可以有效保护电线，延长其使用寿命。

◎清洁工具的收纳技巧

扫把、拖把、簸箕等清洁工具体型较大，码放不当会让房间显得十分凌乱。收纳这些物品的原则是，要将其全部放在一起，而且在收纳前要全部清洗干净。可以将它们全部码放在阳台角落里。扫把要放在簸箕里面，拖把要倒立放置，以便让拖布能够通风和吹干。千万不要将潮湿的拖把头朝下放在浴室或厨房里。那样拖布会因长时间潮湿而腐烂，还会生出细菌和虫子。

◎擦鞋用具的收纳技巧

擦鞋用的鞋刷和鞋油应该收纳在同一个地方。将喝完的大饮料瓶从中间剪开，冲洗干净。将擦鞋用具收入里面，放在鞋柜的角落里，既拿取方便又不占用空间。

◎螺丝和螺母的收纳技巧

螺丝和螺母这些家庭维修经常用到的小东西最好统一放在一个盒子里。比如，可以专门挪出一个抽屉。在里面码放几个纸盒，然后将不同型号的螺丝和螺母分别放在不同的盒里，再在盒盖上贴上标签。这样使用时拿取会十分方便。如果家中有多余的化妆箱或者医药箱，将装有螺丝和螺丝母的小盒子放入箱子中储存也会很方便。

第二节

居室的清洁与物品的保养

一、卧室的清洁技巧

◎枕头的清洗方法

用两个枕套保护枕头，可以防止头发、皮肤上的油脂、唾液或化妆品等渗入里面污染枕芯。这样就能在整体上减少清洗枕头时的工作量。

如果有液体溅在枕头上，要立即用海绵擦洗掉。如果液体已经渗入了枕芯，那就只能对枕头进行清洗了。千万不可用自助干洗机来清洗枕头，因为这样枕芯里可能会留下有毒气体，对人体造成伤害。

◎床单和毯子的清洗方法

把床单完全浸泡在生物性洗涤粉的溶液中，1 个小时后再清洗，这样床单比较容易洗净。如果没有洗衣机和旋转式干衣机，最好不要在家清洗毯子，因为很多毯子在不科学地清洗后都会变形、失去弹性或者保暖性等，可以拿到洗衣店去清洗。

◎床垫的清洁技巧

有时候床垫上的污迹很难除去，所以最好在使用之前给床垫垫上一个可洗的、原色的白色床垫罩。清洁泡沫塑料床垫时，必须用带有软刷头且已调到最低吸力的吸尘机去吸尘。

溅到床罩上的污物要立即除去，以免时间久了渗入其中，形成不易清除的污迹。具体方法是: 拉出床垫，侧向竖起，用干布或干净的毛巾吸出污物。然后在床罩下相应的位置上垫一块毛巾，以免残留污物向下渗透。注意: 处理该类污迹时要不停地吸，并尽量不要弄湿里面的填料。处理完毕后，再用湿布轻轻擦拭。

换洗床罩和床单时，不妨顺便

用吸尘器或微湿的抹布，将床垫上残留的皮屑、毛发等清理干净。有条件的话，可以在床垫和床单之间加一层保洁垫。保洁垫内置特殊棉层，可防止潮气进入床垫，以保持其清洁干燥。另外，还可以选购带有外罩的床垫，这种外罩有拉锁，便于拆下来清洗。

◎窗帘的清洁方法

1. **普通窗帘**。普通布料的窗帘可用湿布擦洗，也可按常规方法放在清水中或洗衣机里清洗。

2. **软百叶窗帘**。把窗帘关好，喷上适量清水或擦光剂，然后用抹布擦干即可。如果窗帘较脏，则可用抹布蘸温水溶开的清洁剂清洗，也可用少许氨水溶液擦抹。注意：由于百叶窗大多系铝涂装板制成，所以在清洗时应选用不损伤铝材的清洗剂，比如中性或碱性清洗剂等。

3. **滚轴窗帘**。将它拉成平面状，然后用蘸有清洁剂的绒布擦拭即可。另外，用一端系有绒毛的细棍伸进滚轴筒中不停地转动，也可除去灰尘。

4. **天鹅绒窗帘**。把窗帘浸泡在中碱性清洁剂中，用手轻压，洗净后放在架子上，晾干即可。

5. **帆布或麻质窗帘**。帆布或麻质窗帘不宜直接用水清洗，可用海绵蘸些温水或肥皂溶液、氨水溶液进行揩抹，然后置于自然环境下晾干。

6. **静电植绒布窗帘**。静电植绒布窗帘不可直接浸泡于水中。你可用棉纱布蘸上酒精或汽油轻轻擦拭。擦完后用双手轻压（注意不是拧）的方式挤去其中水分或直接晾晒即可。注意：即便绒布很湿，也不可用力去拧，否则绒毛美观将会受到很大影响。

7. **奥地利式花边窗**。在清洗前，首先要用吸尘器吸掉上面的灰尘，然后再用羽毛刷轻扫。

窗帘的拉绳如果积有灰尘，可用一把柔软的毛刷轻轻刷拭。如果太脏，则可用蘸有洗涤溶液的抹布擦拭。

◎擦镜子小窍门

镜子是家里必不可少的东西。大到衣橱镜，梳妆镜，小到手拿的带柄镜和妆镜。但不管是大镜子还是小镜子，脏了都要擦拭的。擦镜子的小窍门就是：用软布蘸煤油来擦拭，镜子最容易擦干净。擦镜子最大的忌讳就是用湿布，那样不但擦不干净反而会越来越模糊。

◎地毯的日常保养技巧

地毯应避免强烈阳光的直射，以减缓地毯老化褪色的速度（这就是为什么阳台上不宜铺地毯）。定期使用吸尘器吸尘，以阻止灰尘、细砂等嵌入地毯底部。需要注意的是：吸尘器的行走方向应顺着地毯的毛绒纹理。

◎给木地板除垢小窍门

在洗涤剂里面加适量的乙醇，会使洗涤剂的去污力变得更强。所以在清洗地板时可以将洗涤剂和乙醇混合起来做清洁剂使用。胶木地板是可以用这种方法的。不过木质地板却得十分小心，因为乙醇可能会使木地板变色。建议使用此方法清洗木地板时，先做一下测验。先把混合液用湿布蘸着在污处擦一下，再等上几分钟。如果之后木地板没有变色，则说明可以用，否则不可以用。

◎巧除天花板的霉斑

天花板上如果长了霉斑，看起来既不好看也卫生。去除天花板霉斑的方法一般有两种：一种是重新刷漆，另一种就是清洗。最好是选择清洗天花板，具体方法是：

1.先用水将洗衣粉冲开，然后均匀涂抹在霉斑上，待稍干些时用粗毛刷刷去霉菌。

2.也可以用火碱和温水调成的火碱水来擦洗，其效果和上一种方法差不多。需要注意的是，以上方法只适用于霉斑面积不大时。如果天花板上出现了大面积的霉斑，则只能铲去底层重新刷漆了。

◎巧除居室内的霉菌

居室内如果生了霉菌，住起来会很危险。霉菌会加大患气管炎或者咽喉炎的概率，还可能使人出现花粉热和哮喘等病症。而霉菌一旦在房间内滋生就很难自行消失，想要彻底去除也可能需要几个月的时间。怎么办最好？首先应尽量保持室内通风和干燥外；其次就是做到发现霉斑及时清理。一旦发现霉菌，即便还不太明显、不太严重，也应该马上用湿布蘸取酒精来擦拭生霉的地方。而且短期内要定期用酒精来擦拭该处，以杜绝细菌产生和再生。

◎死角卫生巧打扫

居室清洁工作是最令人头疼的一件事。特别是死角的卫生，一旦被忽略，就会逐渐堆积很多飘进去的尘土或毛发，从而成为空气中尘土或霉菌孢子的栖息地。要想彻底清除该类死角，可以找一根长棍。在其一端包上海绵或者软布，使其形成蘑菇状或扁平状。然后浸上清洁剂，放到死角处来回擦拭，直至海绵或软布没有明显的脏污痕迹为止。也可以用吸尘器处理该类角落。为避免出风口把灰尘吹到其他地方，最好先在吸尘器的出风口处放一块湿布。由于发动机过热有可能损坏吸尘器的电机，所以盖湿布的时间不宜过长。

◎巧除新居甲醛味

乔迁新居是件让人高兴的事。但是新房子里的甲醛味却很令人烦恼，而且一不小心会有甲醛中毒的危险。所以，在搬家之前，除新居的甲醛味是首当其冲的事情。教您一个办法，用红茶水去甲醛味。将300克红茶分别放在一个盆中。然后倒进热水，沏成热茶，放在有甲醛味的室内，并开着窗户使气体交换。大约48小时后，室内的甲醛含量会大幅度下降。

◎防治害虫小窍门

1. **蚊子**。黑暗处和脏污处容易滋生蚊子。要防止这类害虫，应该着重清理它易滋生的地方。如下水道口、居室的角落、橱柜与墙及地板的隔缝、深色的盆罐等。另外，给门窗钉上纱窗，在室内点蚊香等也可以有效减少室内的蚊子数量。

2. **黄蜂**。为防止室内的甜食等东西引来黄蜂，可以在窗户上钉上纱窗。如果黄蜂已经进入室内，则可用特制的杀黄蜂剂将之杀死。另外也可用一个放有水、果酱和少许洗洁精混合物的瓶子来诱捕黄蜂。注意：一年中，八九月份时黄蜂最多，应该重点防治。秋末以后黄蜂会自行死亡。

3. **蛀木虫**。蛀木虫对木质家具有着极大的危害。要防止该类害虫对家具的破坏，可在家具表面涂上一层蛀木虫杀灭剂或有杀虫作用的家具罩面漆。如果家具已经生了蛀木虫的话，也可将杀灭剂直接注入到蛀洞中。

4. **蟑螂**。潮湿、阴暗、温暖是

蟑螂滋生的三大环境条件。所以，保持居室的干燥、明亮和通风是消灭蟑螂的最有效方法。另外，经常在蟑螂容易滋生的地方喷洒杀虫剂或使用毒饵，也可在一定程度上消灭这类害虫。

5.跳蚤。跳蚤通常在猫、鸟等动物身上滋生。所以如果家中养有宠物的话，经常给宠物洗澡是非常必要的。对于已经发现跳蚤的居室，则可用吸尘器彻底清扫房子，并喷洒杀虫剂。

6.猫。猫的身上容易生蚤，狗的身上几乎不生蚤。生蚤的猫躺卧过的软家具（如沙发、地毯、床等）也容易生蚤，所以应及时处理。

7.苍蝇。要想对付无处不在的苍蝇，及时清理家中的垃圾是必须要做到的。而对于附近有垃圾堆的家庭，时不时给垃圾堆喷洒杀虫剂，以杀死蝇卵和蛆是有必要的。另外，给需要打开的窗户都装上纱窗也能有效防止家中出现苍蝇。

8.老鼠。常用的防治老鼠的方法有：

（1）用水泥或金属条封住老鼠洞，以断其粮炊，绝其后路。

（2）在老鼠经常出没或必经的地方安放捕鼠器。

（3）在存放粮食、食物等的地方放置巧克力、坚果等诱饵，并混入老鼠药。

注意：鼠药是一种毒性较强的毒药，使用时一定要保证家人的安全。有小孩子和养宠物的家庭尤其要注意这一点。

◎巧除去玻璃上的双面胶

双面胶用起来方便，清除起来却很麻烦。以下列几个小窍门，可以让您轻松去除双面胶：

1.把平常用的擦脸油涂上去抹匀。稍候用指甲把能抠掉的部分先抠掉，剩下的拿湿毛巾一擦就掉了。

2.用吹风机吹沾有双面胶的部位，把胶烤热就能很轻易地弄下来了。将风油精涂擦在胶渍位置，过一会儿胶渍一擦即掉。

3.用橡皮擦也可以。刚开始时你会觉得越擦越脏。别灰心，擦的时间长一点，就会看见效果了。这种方法比较累，不过效果还不错。

4.如果可以的话，先用水泡一下，然后涂一点洗洁精，再用旧牙刷刷拭。

5.用布沾点酒精擦拭也会有不错的效果。

◎清扫天花板注意事项

打扫天花板和墙壁高处时，最好用梯子。站在凳子、椅子和桌子上打扫比较危险。站在梯子上时，不要为清除够不到的地方而用力探出身体，以防发生危险。清洗头顶上的污迹时，要带上护目镜。打扫灰尘很多的地方时，要带上防尘口罩。溅在地板上的东西要立即擦去，以防滑倒。

◎擦拭地毯注意事项

在清除地毯小污渍时，除了需要清除技巧，还需注意下列事项，以降低各种清洗剂对地毯的损伤程度，同时也使污渍范围不再扩大：

1.擦拭时应从污渍边缘开始，逐渐向中心推进，以防止污迹被润湿后向外扩散。

2.纯毛、真丝地毯应慎用腐蚀性较强的氨水、碱水清洗。

3.使用有毒的草酸时，应先用温水稀释，以避免过度损伤地毯纤维。

4.擦拭力度宜轻柔，过猛容易损伤纤维组织和地毯表面。

5.高锰酸钾氧化性非常强，使用不慎会破坏地毯的颜色。

6.使用松节油、汽油等易燃溶剂时，切忌靠近火。

7.清洗玻璃纤维地毯时不宜使用酒精。

◎常用居室空气消毒法

1.自然通风。这是改善空气质量、调节微小气候的有效措施。每天早晨起床后，打开门窗通风30分钟，可使室内空气净化。

2.空调通风。空调中最好有空气经过时的消毒器械，这可使得通风更清洁。

3.臭氧消毒。市售的管式、板式和沿面放电式臭氧发生器均可选用。注意：消毒时间不少于30分钟，消毒时人必须离开房间。

4.紫外线消毒。可选用产生臭氧的紫外线灯，以利用紫外线和臭氧的协同作用。一般照射时门、窗应关闭，照射时间应大于30分钟。注意：使用紫外线灯直接照射消毒，人不得在室内。

二、厨房的清洁技巧

◎碗筷巧清洗

很多人都喜欢用洗涤剂清洗碗筷上的油腻，因为这样洗起来既省事又干净。其实洗涤含有化学成分，一旦有残留的话对人体健康不利。有什么东西可以代替洗涤？那就是淘米水。如果碗筷的油腻程度严重，在淘米水中加些醋再来清洗碗筷，就能轻松洗掉；如果碗筷油腻不怎么严重，直接用淘米水清洗就可以洗得很干净；如果碗筷有异味，也可以用柠檬皮或者橘来消除异味。

◎叉子、勺子的清洗技巧

叉子，勺子等餐具用久了上面就会生出一层污垢，用起来很不卫生，但又不易去除。要想解决这个问题，就要针对材质不同的餐具，选择不同的清洗方法：

1. **普通金属质餐具**。清洁普通金属质餐具，用纱布或者呢绒软布蘸取小苏打粉擦拭。擦过之后再用清水冲洗、最后用干净的软布抹去上面的水分。

2. **银质餐具**。银质餐具用久后会变黑或生锈，但清洗时如果用醋或者牙膏，就可以很容易地将污迹去除了。

3. **塑料餐具**。塑料餐具不可以用去污粉来清洗，否则会磨去表面的光泽。可以用布蘸醋、碱或者肥皂来擦洗，不但能洗干净还能使其光泽依旧。

◎巧洗咖啡杯

咖啡杯上积了咖啡渍，可以用两种方法来清除：

1. **苏打粉清洁法**。用湿布沾少许苏打粉，然后在杯子里反复旋转几下，咖啡渍就会很容易清除了。

2. **牙膏清洁法**。直接把牙膏挤在咖啡杯子里，然后用湿布把牙膏涂匀，来回擦几下，也可以把咖啡渍除掉。

◎巧去不锈钢餐具污垢

不锈钢餐具虽然不容易生锈，但却容易积污垢，用起来很不卫生。用一般的方法不容易清洗干净，除非用钢丝球摩擦。但这样对餐具的损害太大。

告诉你一个既省时省力又可令餐具光洁如新的方法：把要清洗的不锈钢餐具放在锅中，倒上水。水量以稍淹没餐具为宜。然后放入柚子皮或菠萝皮。准备好一切后，开火煮水，水沸后再继续煮20分钟，然后等待水凉。水凉后拿出来看看，污垢早已经不见了，而且一锅水可以煮好多餐具。所以建议你使用此法时，把家里所有的不锈钢餐具都找来一起煮，这样既不浪费火也不浪费水。

◎茶壶嘴巧清洗

茶壶如果有了茶垢，用白萝卜来回擦拭，能够很容易将污垢除去。如果污垢多，积累的时间又长，可用萝卜沾些去污粉来擦。壶身内外好清洁，壶嘴污垢难去除。

可以试试这样一种巧妙方法：找一根一次性筷子，用锤子敲筷子的一端，直到把筷子敲扁成扇状。用手掰几下，使扇状展得更大。然后，将敲好的那端沾上少许盐或者去污粉，用力伸进壶嘴中，由近及远一点点摩擦，直到感觉差不多为止。最后再用清水冲洗。如果一次过后感觉还不够干净，可以再重复一遍。这是清洗茶壶嘴的极佳措施。

◎茶壶要勤清洗

用茶壶沏茶之后，茶叶中的茶多酶与空气和水接触后，氧化生成的茶垢会附着在茶壶面上。如果不及时清理，下次再沏茶时，茶垢会随茶水进入到人体内。茶垢含有镉、铅、铁等多种金属物质，对人体是非常有害的。还会阻碍人体对营养的吸收和消化，所以茶壶是要勤清洗的。一般来说，及时清洗，壶中的茶垢会很容易除掉，尤其是在用细软布用力擦拭时。

◎菜板的清洗方法

菜板用过之后需要及时清洗干净，否则很易生细菌。菜板除菌仅靠冲洗是不够的，还应该在100℃的开水中洗烫，再冲洗才可以洗干净。尤其要注意的是，切生菜的菜板和切熟食的菜板是要分开。因为生菜有较多的细菌和寄生虫卵污染菜。如果再用来切熟食的话，熟食也会被污染了。

◎菜刀的清洗方法

菜刀也按用途的不同可以分成多把。切熟食的和切生菜的要分开；切菜的和切肉的也要分开。而且菜刀用完以后要洗干净，再擦干净水分，才能搁置起来。这是日常保养的基本方法。对于清洁那些因为使用时间过长而积蓄了污迹的菜刀，先用淘米水泡一下，或者直接用鲜萝卜片擦洗。

◎巧洗玻璃杯

亮晶晶的玻璃杯看起来很漂亮，但如果上面沾满了茶渍和手指印，就会变得不美观。特别是家里来了较多客人时，玻璃杯就更容易挂花。只用清水是洗不干净的，用洗涤剂又难免会在上面残留化学成分。

如果你的时间充足，不着急用玻璃杯的话，可以按以下三步来试试：

1.先用盐水来清洗玻璃杯，这样可以将杯上的油渍完全洗掉。

2.用醋水来洗第二遍，这样可以使玻璃杯更干净透亮。

3.为了防止干后出现水痕，洗好第二遍后，应再用干净的不掉细绒的软布或者厨房用纸将洗好的玻璃杯子擦干。

这样，玻璃杯子就能够再次恢复亮晶晶的漂亮容颜了。

◎筐篮巧清洗

菜篮子或筐上面都是网眼，很容易积一些油污、灰尘，清洗起来不太容易。如果用毛刷子或者旧牙刷蘸着醋来回刷洗网眼，然后再用水冲洗，筐篮就能即刻干净如新。除了蘸食醋外，还可以蘸肥皂水或者洗涤剂，这样也能把筐篮网眼中的油污彻底清除。

◎巧除水壶中的水垢

家里的水壶使用久了，就会积存很多的水垢。使劲用铲子刮也刮不干净，而且还容易把壶弄坏。你可以在水壶里放几勺醋，然后再加上水，放到小火上烧一两小时（一定要注意及时添水，以免空烧发生危险），这样水垢就能够彻底清除掉。如果感觉烧一两小时太麻烦的话，你也可以不烧，而是放进醋后直接加开水浸泡几小时，这样水垢也能被清除掉。

还有一种方法可以保持水壶的干净。就是在已经清洁好的水壶里面放块干净的磁铁，这样水壶不但不易积蓄水垢，还可以把水磁化。而磁化水对预防便秘和咽喉炎有一定作用。

◎巧除塑料菜板的污渍

塑料菜板表面多会有比较粗糙的纹路。使用时间一长，很容易变得不干净，比如纹理中积满蔬菜的汁液。尤其是在经过长时间切菜后，菜板上的剁痕就会增多。更容易藏污纳垢，清洗起来也会更困难。

有没有清洁塑料菜板的好办法呢？一张粗质的水磨砂纸就可以帮你把这个问题轻松解决掉。拿一张砂纸，一边摩擦菜板一边用流动水清洗摩擦处，菜板上的污渍很快就会完全清理掉。

◎锅粘底的处理技巧

熬粥或炒菜时经常会有粘锅底的现象。如果立即就刷锅的话，锅底不但很难刷洗干净，而且用硬物刮也容易伤到锅本身。一个比较便捷的做法是，往锅里加些清水。水量不要超过锅粘底的范围为佳。然后把锅放在小火上烧，几分钟后熄火浸泡。再过一会儿，粘锅底的食物很容易就洗掉了。

另外提醒大家的是，其实粘锅是可以避免的。比如熬粥的时候勤搅动一些，用火不要太大。炒菜的时候一旦干锅便适当加些水等。

◎锅底焦黑巧处理

锅粘底到了一定程度，就会变得焦黑。这样不但很难清洗，而且还不宜用硬物用力刮，否则很容易损伤锅底。要解决这个问题其实并不难。你可以用醋来清洗，把醋和水以1∶2的比例放进锅中。高度以盖住焦黑部分为佳。然后开火煮沸5分钟，再盖上盖子浸泡一夜。第二天再清洗时，只需轻轻一刮焦黑就全都下来了。

◎巧洗铝具的污垢

铝壶或铝锅用久了会蒙有一层水垢，不但影响导热速度，还不够卫生。去除铝壶铝锅上水垢方法有很多种。比如把削掉的土豆皮放进铝锅里，再加上适量的水，煮沸10分钟左右，铝锅中的水垢就会轻松地去除了。另外，铝锅上除了水垢还有其他的污垢，可以用糊状去污粉来清除。用湿软布沾上去污粉，在锅上反复擦拭几次，污垢就能够清除掉。

◎厨房玻璃巧清洁

厨房里若有窗户，时间久了就容易被油烟蒙住，变得不再通透。这时，不妨先将玻璃内外的尘埃用鸡毛掸子掸除，再喷上一些玻璃清洁剂。然后用抹布、干报纸或厨房纸巾等从外面的玻璃先擦起，再擦拭内部的玻璃。一般这样就可以擦得非常干净了。如果是有花纹的毛玻璃，则必须先用旧牙刷洗，再用清水冲干净，最后以干布擦拭。

◎咖啡壶的清洁技巧

咖啡壶的内壁有棕色痕迹，一般方法很难洗干净。将咖啡壶里放入几块碎冰块和少许食盐，然后再反复摇晃擦拭，咖啡壶就洗干净了。

◎巧洗抽油烟机油盒

很多家庭厨房都配备抽烟机。用的时间一久，油烟机的油盒里就会留下了不少废油。时间一长，不但量越来越多，而且会变得极难清洗，怎么办呢？可以事先在油盒中灌进一些水。根据油的密度小于水的密度这一原理，油就会漂浮在水上而不是腻在盒子底。再清理的时候，你只要将水倒掉再稍一清洗就可以了。

◎微波炉巧清洗

可以把一大碗水放在微波炉中煮沸，利用开水产生的大量蒸气来把炉内的污渍软化，然后再用抹布擦。擦的时候可以先用洗洁精擦第一遍；然后再用干净的湿抹布擦一遍；最后再用干抹布擦一遍。这样差不多就彻底干净了。

如果污垢过多过厚，上述方法还不能完全清洗的话。你可以用小塑料卡片来刮除剩余的污渍。不过请注意，千万不要用金属片来刮微波炉，否则有可能将微波炉刮坏。

◎墙壁上贴保鲜膜防油污

厨房里临近煤气灶的墙壁，由于经常炒菜的原因而沾满油污。在清洁这部分墙壁时，很多人都先用清洁剂将油渍除下来，再用抹布擦干净。这样不但费事又维持不了多长时间。教您一个小窍门，可以将墙壁清洁干净后，根据墙壁溅上油渍的范围扯一块大小相仿的保鲜膜贴在上面。

你会发现不用双面胶也不用胶水，保鲜膜就能很服帖地贴在墙壁上，把墙壁给保护住。这样等上面的油污再积多了时，你只需将保鲜膜扯下，换块新的就可以了，这样既省时又省力，效果还不错。

◎冰箱异味巧清除

冰箱使用一段时间后，就会产生些许异味。若不及时把异味清除，放入其中的食物就可能因为串味而受到污染，进而变质。以下方法可以有效去除异味：

1. **啤酒去异味**。用蘸过啤酒的湿布擦拭冰箱内部，异味会消失得无影无踪。

2. **废茶叶去异味**。先将冰箱内部清洁一下。然后用布包一些泡过的茶叶，放在冰箱内部，大概半小时就能达到良好的去除异味的效果。注意：如果没有废茶叶，也可以用一块鲜柠檬来代替。

3. **橘皮去异味**。吃完橘子后，不要将橘子皮扔掉，将之洗干净晾干放入冰箱中。几天后再打开冰箱时，你会发现里面清香扑鼻。

4. **木炭去异味**。用盘子盛些木炭放入冰箱内，也能够达到去除异味的效果。因为木炭有极强的吸附能力，对异味也不例外。注意：不可包裹木炭，以免影响其吸附性。

5. **小苏打去异味**。将小苏打少量装入瓶内放入冰箱。24 小时后，冰箱异味即可有效清除。

◎厨房纱窗巧清洗

厨房纱窗用的时间久了，很容易被油烟封住，使得厨房内的油烟透不出去。外面的新鲜空气也不容易进来，让厨房的空气变得污浊。

清洁厨房纱窗有一个很奏效的方法。将面粉加水搅拌成面糊状。然后再放入一些洗洁精，调匀后均匀地涂抹在纱窗的两面上。待涂上的面糊干透后，用刷子来回刷纱窗。油污就能和干了的面粉屑一起脱落下来。

◎巧除水泥地污垢

若水泥地面上的油污很难去除。可在头天晚上弄点干草木灰，用水调成糊状铺在地面上。再用清水反复冲洗，这样水泥地面便可焕然一新了。

◎厨房灯泡巧清洁

厨房的灯泡也容易被油烟熏得很脏，影响亮度。这时你可以将灯泡拧下来，用抹布蘸取温热的醋来擦洗，灯泡很快就会透亮如新。

◎抹布要经常消毒

抹布如果不注意消毒，会积聚大量的细菌，用抹布擦过的物体表面也细菌遍布。但给抹布消毒并不是一件很容易的事。因为即使用洗涤剂反复清洗，能够去除的也只是抹布上很浅层次的细菌。给抹布消毒的正确方法是：先将抹布放在微波炉中加热 1 分钟；然后在沸水中煮半小时；捞出后再用消毒液浸泡半小时。这样才能杀死大部分细菌。

◎厨房水池巧清洗

厨房的水池是非常容易脏的地方。蔬菜上的泥沙、餐具上的油污都有可能附着在池子里。长久不洗再加上环境潮湿，水池会很容易滋生细菌。所以，水池要长清洗，才会更卫生。水果内的果胶在清除油污方面很有效。削完果皮后不要扔掉，把它切碎装进纱布包内。然后拿来清洗水池，水池就很容易清理干净。

◎堵塞的水池巧清理

水池子因为被堵而不漏水时，可以用筷子捅几下。更方便更快捷的方式是：在池子里积三四厘米深的水。找一软塑料空瓶，将瓶口对着水池的漏口处捏紧再迅速松开。重复几次，这样堵塞的水池子就会疏通开了。

◎排水管巧疏通

水池子不往下漏水，如果是靠近口的地方堵塞，同样用筷子捅几下。如果堵塞的地方在较深处，上述方法就行不通了。这时候，你可以找一根长短粗细适当的胶管。将胶管的一端紧紧地套在水龙头上，另一端插到排水管下面 30 厘米左右再用破布将胶管壁和水管壁之间的缝隙塞死，并用手按紧，以防松动。然后把水龙头的水开到最大，利用水的压力将堵塞物从排水管冲到下水道内。这样，排水管就疏通了。

◎绞肉机巧清洗

绞肉机用完后，若不及时清理，再加上较长时间不用，残留的肉末就会腐败发臭，造成下次使用的诸多不便。怎样清理绞肉机呢？你可以在每次绞肉完毕后，再往绞肉机里放入面包、馒头绞一下。这样滞留在机内的油脂、肉末等就会被带出，再清洗时绞肉机很容易就变得干净了。

三、卫生间与浴室的清洁技巧

◎清洁卫生间的正确顺序

卫生间的清洁是应该有一定顺序的。如果把顺序打乱的话就会出现污染物搬家的情况，从而使污染扩散。正确的顺序应该是：先清洗相对干净的部位，比如洗脸池、台面，再清洗浴缸，然后是马桶。最后，再由内到外地进行地面清扫。

◎冲马桶时宜盖上盖

你有可能不知道，冲马桶是会影响到卫生间内放置的其他物品的。研究表明，冲水时，马桶内的瞬间气旋最高可将病菌或微生物旋到6米高的空中。并可使之悬浮在空中达几个小时，然后再落下来，落在其他物品和墙壁上。所以在冲马桶的时候，应该盖上盖子。大部分家庭中，在卫生间放置牙刷、漱口杯、毛巾等，都与马桶共处一室。这自然就很容易受到细菌的污染，并通过这些物品进入口腔和呼吸道，感染疾病。

据有关人员调查研究发现，32%的马桶上都有痢疾杆菌。其中一种名为宋内的痢疾杆菌在马桶圈上存活的时间可长达17天。另外还有一份实验报告也指出。将1亿个脊髓灰质炎病毒投入马桶内，溅到座圈上的病毒竟有3000多个。

◎清洁马桶的几个步骤

1. 清洁马桶内表面。先把马桶的座垫掀起，然后用洁厕剂喷淋内部。数分钟后用马桶刷把马桶彻底刷洗一遍，然后再刷洗马桶座和其他缝隙。

2. 清洁马桶内缘的出水口。马桶内缘出水口处较容易藏污纳垢，最好使用独特的鸭嘴头式洁厕工具来清洁。它可以深入马桶出水口的内部，清除其顽垢。

3. 清洁马桶外侧底座。马桶外侧底座也应用清洁剂喷淋刷洗。然后用水冲洗干净，最后用干净的布擦干。

4. 清除马桶内的硬水垢。如果马桶内有不易清除的硬水垢。你可以使用下述方法进行处理：把马桶内的水排出，然后给水垢涂上白醋和家用硼酸调配的糊状物。两个小时后再用马桶刷反复刷水垢处。如果水垢过于顽固，重复 1 ～ 2 次一般就能清除。

该类水垢也可用硫酸或盐酸来清除。在清洗马桶的时候是离不开马桶刷的。但是往往马桶被刷干净了，马桶刷却成了细菌的小温床，里面积满了污物和细菌。如果不及时清洗的话，上面的细菌会越繁殖越多。从而导致有异味冒出，成为病菌传染源，同时也缩短使用寿命。

因此，清洗完马桶后马桶刷也要冲洗干净，然后再把它晾干。放在通风干燥处。切不可放在密不透风的容器里或者卫生间阴暗潮湿的角落中。另外，马桶刷即便没有损坏，使用时间也不宜太长，每半年左右就应该换一次。

◎卫生间除臭小窍门

卫生间一般都是通风不顺畅、透气性不好，所以往往气味不佳，或者会因潮湿而散发出难闻的霉味。下面这些小窍门可以帮你解决这些问题：

1. **香醋去异味**。在卫生间里放置一小杯食醋，利用空气挥发，让醋味代替臭味。一小杯香醋大概可以用六七天，也就是说，每周换一次即可。

2. **清凉油除臭**。将一盒打开盖的清凉油或风油精放在卫生间的角落处，既可除臭又可驱蚊。

3. **废茶叶去异味**。平时沏茶后剩下的茶叶不要扔掉。把它拿到阳光下晒干，然后在卫生间内将其燃烧，其熏烟会很快将卫生间内的污秽空气清除。

4. **火苗去异味**。在卫生间内点燃一根蜡烛或者划几根火柴燃烧，同样也可以起到改变室内空气的作用。

5. **空气清新剂除臭**。喷洒少许空气清新剂，卫生间可以在短时间内保持气味清新。

◎卫生间纸篓的处理

方便后丢在废纸篓的厕纸上含有大量细菌，再加上卫生间里的环境比较温暖、潮湿、封闭，极适合细菌繁殖。因此厕所纸篓很容易成为细菌滋生地。要想解决这个问题，建议用带盖子垃圾桶来盛放废纸。而且尽量当天就倒掉纸篓里的废纸，尽可能把细菌的污染率降到最低。

◎巧除卫生间瓷砖污渍

卫生间的地板如果铺的是瓷砖，经常打扫或者是淋浴喷头长期漏水滴在地上，都很容易导致瓷砖有顽渍或者变黄，看去很难看。遇到这种情况，可以借助漂白剂，将漂白剂稀释成10倍的漂白水，然后把卫生纸泡在漂白水中，几分钟后取出卫生纸敷在有渍的地板上。一段时间之后再把湿卫生纸套拿下来，再用清水清洗贴过的地方，这样，顽渍很快就没了，地板瓷砖也干净而不黄了。

◎浴室门的清洁技巧

浴室环境比较潮湿，如果门是木质的话，很容易生出霉斑。而且这种霉斑用一般的清洗方法不太容易清除。清理这种脏污的小窍门是用碱水溶液来擦拭生霉处，然后再用清水洗净。

为了防止浴室木门生霉，应该尽量防止渗太多水进去。你可以在浴室门还很新的时候多刷几层油漆，然后再用防水胶板贴层，以减少水分的渗进。

◎巧防镜子上的雾气

浴室里的镜子很容易在洗澡时被雾气弥漫，变得模糊照不出人影来。有一个神奇方法可以帮你解决这一难题。那就是把土豆切开，把刀切面贴在镜子上来回磨。磨匀镜面待干燥后再用干布擦拭，镜子就不容易再沾雾气了。你也可以将土豆换成乳液。把乳液在镜面上涂匀后，先晾干再用干布擦拭，效果也是一样的。

◎巧除淋浴喷头里的水垢

淋浴喷头积聚水垢会导致水流不畅，但是一个孔一个孔地连着清洗又太麻烦了。教您一个方法，你可以找一个较大的碗或者杯子，倒入米醋，然后将喷头放下来，让喷水孔朝下泡在醋中。几个小时后，打开淋浴器，将水流放到最大。让清水快速从喷头中冲出来，喷头就很容易洗干净了。

◎洗手池的清洗方法

洗衣粉、洗涤剂或者去污粉都可以用来清洗卫浴间的洗手池。这几种清洁用品比较起来去污粉的效果最好。不过，除了用去污粉，用牙膏清洗的效果也是很显著的。由于牙膏中含有摩擦剂，所以涂在洗手台上用抹布搓擦时，上面的脏污很容易被带下来。最后只需用清水冲洗一下，洗手台就能焕然一新。也可以用同样的方法清洗瓷砖。

◎瓷浴缸恢复光亮小窍门

瓷浴缸的清洗有讲究。如果清洁不当，就会出现不但没清洁干净，反而还会有将浴缸表面洗花的可能。所以给瓷浴缸选清洁剂时要慎重。

一般来说，洗衣粉或洗涤剂是比较适用的。但不可用去污粉用力擦。而且用来擦洗瓷浴缸的工具只能是软毛巾而不能是百洁布或丝瓜布。如果擦洗后瓷浴缸不再光亮，较好的补救方法是用火碱加热水再擦拭一次。然后用安全漂白剂浸泡一会儿。最后用软布蘸取增光剂研磨，浴缸就会重新恢复光亮。

◎浴缸皂垢清洁小窍门

浴缸内如果不及时清洗，很容易出现皂垢。这样不但影响美观，还会使污垢越积越多，细菌滋生。有一个清洗方法很简单。先用醋擦洗一遍；再用碳酸氢钠抹一遍；最后用清水清洗一下；皂垢、积垢就会清除干净了。

◎巧取浴缸漂浮脏物

泡完澡后要清除浴缸中漂浮着的脏物，用漏网是最方便的。你可以自制一个漏网，用铁丝和旧丝袜就能做出简单的代用品。具体方法是：先弯曲铁丝，做出一个捞鱼网般的圆形和手柄。给圆形部分套入丝袜，预留适当的长度后剪断丝袜，然后用晒衣夹或橡皮筋夹住铁丝的尾端。像捞金鱼一样，将做成的漏网在热水中顺势移动。就可轻易将水中的脏东西捞得干干净净了。

◎涂蜡巧去霉点

卫生间里环境潮湿，如果长时间不打扫的话，瓷砖接缝处就很容易出现墨绿色的小霉点。这时你可以先彻底清理一遍卫生间，然后给瓷砖的接缝处涂上蜡，这样就会大大减少瓷砖缝发霉的可能性。

◎浴室墙壁的清洗技巧

1. 清除墙壁上的肥皂泡迹。1 ∶ 4 的白醋和清洗溶液可用来清洗浴室墙壁上的肥皂泡迹，擦完毕后再用清水冲洗一下即可。

2. 清洁变灰的瓷砖。用旧牙刷

蘸取1∶6的漂剂和水溶液刷洗变灰的瓷砖，用清水冲干净即可。

◎排水管的清洁与疏通

排水管是往下漏脏水的通道，不但容易出现堵塞现象，还可能有阵阵恶臭散出。下面几种方法可以解决这个难题：

1. **苏打醋水清洁法**。将醋和小苏打煮沸倒入水管内。二者产生化学反应后，会使管道内出现多有润滑效果的泡泡。这时再用清水冲洗，水管就能够在被疏通的基础上异味全无。

2. **浴室疏通剂清洁法**。浴室疏通剂是一种分解配方，可以将阻塞物中的蛋白质彻底瓦解。因此可专门用来清理卫浴用的排水管。

四、家居用品的使用与保养

◎电风扇的清洁技巧

清洁电风扇的时候，千万不要用汽油、酒精擦拭。因为风扇上涂有油漆的地方，尤其是扇页，很容易地被这些东西损伤而失去光泽。清洗风扇的时候要先将网罩、扇叶、电机壳的尘土污垢擦拭干净。然后再用软布蘸着皂液来擦拭，最后再用干布擦干。

◎清洁电话机

家庭用的电话机虽然只是接打电话，看似不会沾染上污渍。但是使用的时间久了，灰尘或污物还是会留在上面的。清洗电话机的时候不可以用湿布或者沾水来清洗。否则机子里面会泛潮，进而影响通话效果甚至会使电话机报废。正确的方法应该是：用干燥柔软的纱布或者棉布，蘸取专用的电话清洁剂或电话消毒除臭剂来擦拭送话器。然后再用过氧乙烯擦拭一遍电话机身。注意，主要是擦而不是洗。

◎空调过滤网的清洗窍门

夏天是用空调较多的时期。但是不要只使用而忽略了清洗。尤其是空调过滤网，如果不经常清洗，会很容易生出各种有害微生物和螨虫来。而装有空调的房间一般都是门窗紧闭的，所以很容易滋生对人体健康不利的细菌。

一般来说，空调过滤网最好是每两三个星期就清洗一次。清洗过滤网的方法很简单。只需拿下来后用清水冲洗干净，然后喷洒上少许消毒剂，再安装回去即可。

◎清洁冰箱的表面污垢

冰箱内部由于放置了各种食物，很容易变得不干净，所以人们一般都比较注意清洗冰箱的内部。其实冰箱表面的卫生也是不容忽视的。因为表面有污渍同样会导致细菌滋生。清洗冰箱表面最有效的方法就是用牙膏做清洁。你可以找一块不太湿的湿布，挤上一些牙膏在上面，然后开始擦拭冰箱表面。对于污渍比较多的地方，可以多挤些牙膏或者多擦几次。这种方法是利用牙膏中的磨擦剂既能去污又易清洗的特点，用这种方法清洁冰箱会很容易旧貌换新颜。

◎洗衣机的清洁技巧

不要以为洗衣机经常洗衣物而有水的流动就不用清洗了，其实它还是会有污垢的。洗衣机在排完水后桶内总会残留一些水，时间一长，潮湿的机体内就会产生大量的细菌。所以洗衣机也是需要清洗的。

不过在清洗洗衣机时要注意，不要用汽油和强碱清洗。因为洗衣机里有许多塑料材质是经不起腐蚀的。清洗塑料部件时，可以用干布涂上牙膏来擦洗。另外提醒大家注意的是，每次用完洗衣机后，都一定要将管内剩余的水排光，不然会缩短排水管的寿命。

◎电热水壶的清洁方法

电热水壶的内壁或发热器表面如果有水垢或污物，应及时清洗。清洗方法为：在壶中放上适量的食醋（也可再加入少许水）。以将有水垢的地方完全浸没为标准。然后接通电源，等食醋沸腾后切断电源。10 分钟后，将食醋倒出。

一般来说这时里面的水垢已经除去或已经变得非常松软、容易清理。如果水垢较厚，按上述方法一次不足以清除彻底。则可多浸泡几分钟，或再加热一次。注意：清洗电热水壶时，千万不能将其直接浸入水中，以免电器部件受潮，下次使用时发生短路或出现漏电。

◎电视机的清洗技巧

在清洗电视机屏幕时注意一定要关机。然后再用清洁剂和干净的软布擦洗。或者用棉球蘸取磁头清洗液来擦拭，最后都要将其擦干。

不要用鸡毛掸子或丝质物来清扫。因为它们与屏幕上的玻璃摩擦后会有电荷产生。这样其上面的灰尘、丝毛等会更多地附着在屏幕玻璃上，从而让清洁工作适得其反。

以上清洗方法只是对于一般的电视机屏幕来说的。而液晶、等离子、背投电视机等的屏幕就不可能这些方法了，而是需要请专业人员来清洗。

◎快速清洗抽油烟机的小窍门

1. **高压锅蒸汽冲洗法**。把高压锅内水烧开后，取下限压阀，将蒸汽水柱对准旋转扇叶，同时打开抽油烟机。高热水蒸气被吸收冲入扇叶等部件时，会不断清洗抽油烟机，而油污水则会流入废油杯里。等到油污水基本流尽的时候，清洗工作就完成了。

2. **洗洁精、食醋浸泡法**。将抽油烟机的叶轮拆下。浸泡在滴有3～5滴洗洁精和50毫升食醋的温水中。20分钟后取出，用干净的抹布擦干，再重新装上就可以了。

3. **肥皂液表面涂抹法**。将肥皂制成糊状涂抹在叶轮等器件表面。10多分钟后，用抹布擦去肥皂，油污一般即可去掉。

◎灯泡和灯管的清洁方法

普通灯具的灯泡或灯管每个月清洁一次即可。清洁灯泡或灯管时，一定要先关灯，等灯泡和灯管冷却后再取下清洁。擦拭灯泡的工具应选择较软的棉布，并蘸取适量的洗涤剂溶液。

如果灯管或灯泡上粘有普通清洁剂难以去除的昆虫尸体污迹，可以用布蘸甲醇进行擦拭。对于厨房灯等油污较多的灯泡或灯管，要用专用的液体清洁剂。将灯泡或灯管重新安装回灯具时，切记要保证其已经完全干燥。

◎烛台式吊灯的清洁技巧

清洁烛台式吊灯时，需要注意下列几个方面：

1. 最好不要拆下来清洗，否则可能会把吊灯弄坏。

2. 一定要先截断保险丝，然后给每个灯泡都罩上一个塑料袋，以免灯头沾上水滴。

3. 最好用专门的烛台吊灯清洁

剂清洁烛台式吊灯及其垂饰。用干软布擦拭其灰尘，然后让其自然滴干。

4.为保护地板，最好给烛台式吊灯正下方的地板铺上塑料布或旧报纸。

◎清洁灯具注意事项

1.无论清洁哪种灯具，都切记首先要切断电源。

2.不可用汽油、酒精或其他化学品来清洁灯罩。

3.灯具表面少量的灰尘等附着物直接用软毛刷或干软毛巾扫除或擦除即可。

4.灯泡的金属部分应尽量保持干燥。

5.清洗完毕后，确认灯头、插头等干爽无水时再连接电源。

◎清洁开关和插座的技巧

1.**清洁开关**。电灯开关经过不断开关后会留下一些手印痕迹或者其他污渍。想要清除掉的话，不可直接用清水或者湿布。因为不小心的话可能会有水或者潮气进到里面，从而对里面的零件产生不利影响。最好的方法用橡皮来擦，既安全又干净。

2.**清洁插座**。插座脏污多数都是因为灰尘。清洁时要先把电源拔下来。然后用软布蘸少许的去污粉来擦拭或者直接用湿布擦拭，再拿到通风处晾干即可。

◎银器不发暗的小窍门

银器亮晶晶的才好看，为防止银器发暗，可以参考以下建议：

1.让银器远离明火、煤气火等火源，因为火源会让银器加速变暗。

2.用专用的纸袋或无酸的纸巾包裹银器，然后再储藏。注意：报纸、牛皮纸、橡皮筋等均会加速银器的变暗。银器的储藏环境应无光、干燥。

3.如果有可能，最好把银器置于封闭的玻璃柜中观展，并在柜中放上抑制氧化的药剂，以减缓其灰暗的速度。

◎皮沙发的使用方法

新买来的皮沙发不要立即使用。应该先用拧干的湿毛巾擦一下，然后再在沙发的表面擦两遍护理剂，使其表面形成一层保护膜。这样污垢不会深入皮革的毛孔，造成以后清洁的困难。

◎巧除新家具的油漆味

新家具或刚刷过油漆的家具油漆味会很大，而且长时间内都难以消退。怎么办呢？想要尽快去除该味道，你可以试试将牛奶煮开倒在盘子里，然后放在橱柜内关紧家具的门。大约过5个小时后，里面的油漆味就变小了。

◎金属家具的清洗方法

金属家具表面的灰尘和指纹痕迹直接用湿布擦拭即可。如果金属家具的表面出现了锈迹，先用刀子刮去；然后涂上除锈剂或抑锈剂，刷上金属底漆；最后再上一层装饰漆就可以了。

◎布艺沙发的清洁方法

布艺沙发极容易吸附和储藏灰尘，所以最好每周都用吸尘器吸尘一次。要将扶手、靠背和缝隙都清洗到位，大约两个月就要用清洁剂彻底清洗一次。

尽量不要让清洁剂在沙发上有残留，否则更容易染上污垢。如果污渍比较严重，清洗时用水较多。可在清洁完毕以后，用干布或纸吸附沙发上残留的水分，以避免干后产生痕迹。至于沙发套，取下来直接清洗。

◎塑料家具的清洗方法

洗塑料质家具时，可将干净的棉布蘸取含有洗洁精的温水溶液，拧干后再进行擦拭。然后再用清水洗净即可。

注意：金属上光剂有助于擦除塑料家具上的刮痕，但粗粒的去污粉却不行。将小苏打加水调成糊状，塑料家具上的顽固污迹多能轻易去除。

◎电热毯的清洁方法

电热毯内部的构造主要是发热线和陶瓷导体，质地都比较脆，很容易被折断而损坏。放置电热毯的时候，不可折叠重压，而应将其卷起来放进袋中。

清洗的时候切记不要用水洗，更不可将电热毯全部泡在水中。只在有污渍的地方用棉花蘸汽油或者洗洁精轻擦拭。然后放在通风处晾干即可。绝对不可揉搓和拧干，更不可以通电烘干。另外，使用漂白剂洗也是不可以的。因为洗涤会对电热毯的绝缘材料造成破坏。

◎木质家具的保养技巧

木质家具要避免太阳直晒，以防止家具表面的油漆氧化。也不要放在高温、干燥的地方，以免木材变形。不要放在潮湿的地方，以免木材膨胀。不要用重物敲击家具表面或在家具表面直接切割东西，以防损坏家具表面。不可强行推移家具。不要让孩子在家具上玩耍，以免损坏家具结构。如果要移动的是小型家具，那么搬动时要搬家具的底部；如果要移动的是大型家具，则最好请专业的搬家公司来帮忙。不要用水冲洗或用湿布擦拭胶合板制作的家具。

◎家具漆面恢复光泽小窍门

表面涂漆的家具，如写字台、书柜、门窗、大衣柜等，使用久了漆面的光泽就变得很暗。怎样恢复光亮？你可以泡上一壶浓茶，等稍凉后用软布蘸上擦洗漆面，即可恢复原来的光泽，使家具变旧为新。

◎旧家具除漆小窍门

如果想把旧木器家具重刷上色，这里有两种陈漆去除法，可供您选用。

1.用碱加热水调成溶液，调在陈漆上，待陈漆变软后再用马莲根刷子刷洗。

2.买一袋洗印相片的显影粉。按说明的方法配成溶液后，再适量多加一些热水，涂在家具上。旧漆很快会变软，用抹布擦洗即可除掉陈漆。

◎塑料贴面家具保养小窍门

1.塑料贴面家具上有了积水应及时擦干，以免积水沿胶缝渗入，使板边鼓起。

2.塑料贴面家具应尽量远离暖气片或火炉，以免影响使用寿命。塑料贴面板的表面虽然耐水、耐烫，但也要避免直接装有滚烫热水的水壶或过热的器具。

3.不要用锤子敲击面板或用刀在面板上切割东西，以免划上刀痕。

◎家具拉门保养窍门

书柜、橱柜等家具上，常安设玻璃或木制拉门。如遇有拉门发紧或磨损严重，可采用以下方法处理。

在拉门的下拉槽内，滴上一些蜡，也可将蜡削末，放入下拉槽内。由于蜡的润滑作用，拉门就会滑动自如了。如家具中的抽屉发紧，也可用此种办法来润滑，既好用又能使家具耐磨。

◎地毯去污小窍门

300克面粉、精盐和石膏粉各50克。用水调成糊，再加少许白酒，在炉上加温调和。冷却成干状后，撒在地毯脏处，用毛刷或绒布擦拭，直到干糊成粉状，地毯见净。然后用吸尘器除去粉渣，地毯就干净了。

◎塑料地板去污小窍门

塑料地板上若沾了墨水、汤汁、滑腻等污迹，一般可用稀肥皂水擦拭。如不易擦净，可用少量汽油擦拭，直至污迹消除。

◎粘玻璃条的小窍门

书柜、酒柜等用具上的玻璃门，需要安一个小拉手。这里介绍一种方法，可解决这一问题。方法是：用玻璃刀割出很小的玻璃条，四边磨钝（防止割手）。然后将玻璃擦净，在要粘处抹上大蒜汁。把小玻璃条放正，用手按一会，玻璃条就会牢牢地附着在玻璃上，成为一个方便的小拉手。

◎保养地毯小窍门

地毯是家庭装饰、美化空间环境的装饰材料。地毯色彩多样，质地柔软，走在上面舒适，所以被广泛应用。地毯在使用时，最好每天用吸尘器清洁一次，这样就能保持地毯干净。如何清洁地毯呢？以下几种方法可供参考：

1. **日常使用刷吸法**。滚动的刷子不但能梳理地毯，而且还能刷起浮尘和附着性的尘垢。所以清洁效果比单纯吸尘要好。

2. **及时去除污渍**。新的污渍最易去除，必须及时清除。若待污渍干燥或渗入地毯深部，对地毯会产生长期的损害。

3. **定期进行中期清洁**。行人频繁的地毯，需要配备打泡机。用干泡清洗法定期进行中期清洗，以去除粘性的尘垢。

4. **深层清洗**。灰尘一旦在地毯纤维深处沉积，要送到清洗店清洗。

◎开锈锁小窍门

锁如果用的时间长了，就会因锁内上锈而不易打开。怎么办呢？可用小刀刮一点铅笔芯，放进钥匙孔里，开关几次，锁头就容易打开了。

◎室内重物移动小窍门

大多数家庭中都有几件较大较重的摆设和家具。在清扫卫生或调换位置时感到很费劲。这里介绍一种方法，可省力不少。方法是，在地面（或地板上），擦上一层肥皂，然后再拉移重物。由于肥皂具有润滑作用，重物就很容易移动了。

◎漆片快溶小窍门

按1分漆片2分酒精的比例，先放漆片后倒酒精。24小时即可溶完。如仍有残片，可再加几滴稀酸。

◎手沾油漆去除的小窍门

如果手不小心沾上油漆，不容易去除。教您一个小窍门，先用食油擦一遍，再用肥皂洗，再用汽油擦拭即可。既干净又不伤皮肤。

◎壁灯安放、选择小窍门

壁灯是集灯光装饰和造型装饰为一体的装饰灯具。它光线柔和，造型优美。一般布置在床、桌、沙发、茶几等低矮家具的空阔墙面上或安装在墙角上。不宜安装在床头板正中的墙面上。壁灯的高度应距地面1.8米上下，一般不宜过亮，以30瓦为好。

壁灯的灯罩应根据墙的颜色而定。白色或奶黄色的墙，宜用浅绿、浅蓝或茶色灯罩；湖绿或淡天蓝色的墙面，宜用浅黄色、乳白色或茶色灯罩。

◎选用台灯小窍门

读书、写字时，仅有屋顶的灯是不够的，还需要打开台灯。最好是弯管台灯，它可以随意调节光线的方向。视力正常的成年人和学生有60瓦的灯就足够了，近视眼患者和老年人则需要75～100瓦的台灯。

台灯要摆在自己的左前侧。理想的灯罩是绿色。打开台灯后，不要关掉屋顶的灯。否则，眼睛会很快感到疲劳。因为每当我们的眼睛以明亮的桌面转向暗处时，眼睛就需急剧地调整以适应新环境，这样对眼睛十分有害。

◎延长日光灯使用寿命小窍门

日光灯使用一段时间后，灯管两头会发黑，这时可将灯管掉头并旋转180°再使用。这样可提高发光率，又能延长寿命。因为日光灯在点燃时，灯管两头的两个灯脚中只有两个点上的钨丝会蒸发，使用日子久了，这两点附近会开始发黑老化。而另两点往往还未老化，此时将灯管旋转 180° 就可延长使用寿命。

◎消除日光灯镇流器噪声小窍门

日光灯工作时，镇流器有时会发出嗡嗡响声，有时响声特别大。教您一个小窍门，可以不让镇流器出响。先打开镇流器盖，把蜡烛液滴在镇流器的硅钢片缝隙处，改变硅钢片的固有振动频率，使其不与交流电的高变频率发生共振，响声就可以清除了。

◎巧焊灯头的小窍门

日光灯头、照明灯头使用中会发生松动现象。若一时没有万能胶粘合，可在熔化的蜡烛液内加入适量的明矾，调匀后注入灯头松动处。几分钟即可干透，且很牢固，效果并不亚于万能胶。

◎碎灯泡灯头摘取小窍门

如果不小心将灯泡打碎，而灯头又不易取下时。可先关电源关，然后把灯头上的碎玻璃敲掉。再用一大个马铃薯塞进碎灯泡中旋转，就可使灯头转出。

◎拉线开关修理小窍门

电灯拉线开关，由于使用频繁，很容易拉断、拉不动等故障。许多人家为此而频繁更换新开关。教您一个小窍门，这类毛病主要是因为开关簧片（拔爪）接触不良。只要用毛线针（竹质的，千万别用铁钢质的毛线针）在簧片接触处涂抹一些稠状润滑油（黄油、冬天用猪油也可），故障即可排除。

◎家具变新小窍门

1.用一块绒布蘸上牛奶擦拭桌椅等家具，不仅可清除其污垢，还可使家具光亮如新。

2.用半杯清水加入四分之一的醋，用软布蘸着擦拭木质家具，能使家具重现光泽。

3.用晾凉的浓茶去擦失去光泽的漆面，一般擦上两三次就能使家具恢复原有光泽。

◎藤竹器清洗小窍门

1.洗积尘较多的脏竹器和藤器

时，可用食盐水擦洗，食盐水既能去污又能使其蓬松有韧性。

2.用毛质略柔和的刷子从网眼由内向外拂去灰尘。若污迹严重，可用洗涤剂或洗涤灵洗去重污。最后用清水冲，擦干即可。

◎家具烫痕去除小窍门

1.热水、热汤的杯盘放在家具漆面上，会留下一圈白色的烫痕。你可以用煤油、酒精、花露水或浓茶水蘸湿擦布轻轻擦拭，会擦掉。

2.若烫痕过深，可将毛巾浸过温水拧干，滴上少许氨水。用手掌摩擦毛巾，使氨水布满手心。然后用手心轻轻迅速拍打烫痕，最后涂上一层蜡，这样烫痕可除。

3.用碘酒在烫痕上轻轻擦抹，或涂上一层凡士林油，隔两天再用抹布擦拭，烫痕可除。

◎家具烧痕去除小窍门

书桌、餐桌、办公桌上不小心被烟头、烟灰或未熄灭的火柴等燃烧物烫出焦痕。如果仅是漆面烧灼，可以用牙签包一层细纹硬布，轻轻擦抹痕迹。然后涂上一层薄蜡，焦痕即可除去。

◎家具擦伤处理小窍门

如果家具漆面不小心被擦伤，又未触及漆下木质。可用同家具颜色一致的蜡笔或颜料，把家具的创面涂抹到不露底色。然后用透明指甲油薄薄涂一层即好。

◎家具蜡痕消除小窍门

蜡油滴在家具漆面上，千万不要用刮刀或指甲刮剔。应等到白天光线良好时，用一塑料片向前倾斜，慢慢刮除，然后用细布擦净。

◎家具水渍痕消除小窍门

家具上如果滴上热水滴，会泛起水渍痕印。对此，可用湿布盖在痕印上，然后用电熨斗小心地按压湿布数次，痕印遇热蒸发，水渍消失。

◎白色家具变黄巧处理

白漆家具如果泛黄，教您一个小窍门。可用牙粉（或牙膏）来擦拭，但不要用力太大，便可改观。

◎家具装饰贴面鼓泡巧消除

家具装饰贴面如果鼓泡，可先

用锋利刀片在泡的中部顺木纹方向割一刀。然后用注射器将胶水注入缝中，用手指轻轻地按压泡的上部，将压出的胶水用湿布揩净。再用一个底面平滑并大于鼓泡面积的重物压在上面，这样鼓泡就平整了。

◎锡箔纸擦茶桌污迹

家里若是有贴防火板的茶桌，日久茶桌上会留下片片茶污。可以在茶具桌上洒点水，用香烟盒里的锡箔纸来回擦拭，再用水洗刷，就能把茶迹洗掉。

◎桐木家具碰伤修复小窍门

桐木家具质地较软，碰撞后易留下凹痕，教您一个小窍门可修复。先用湿毛巾放在凹陷处，再用熨斗加热熨压，即能恢复原状。如果凹陷再深，则须用充填物粘合。

◎竹器防虫蛀小窍门

新买来的竹器，最好先用沸水煮透，或用高温蒸汽蒸透。然后再浸入到浓度较低的漂白粉中浸上3天，取出擦干，可防虫蛀。

◎家具摆放小窍门

家具摆放让很多人感到颇为麻烦，怎么摆都觉得不合适。家具搬过来移过去，往往擦伤崭新的家具表面的油漆。教您一个小窍门。先将居室面积丈量好，按比例缩小，画在硬纸上。再将各种家具也按同比例缩小，画在硬纸片上，将其一一剪下。然后，您就可以将家具硬纸片在家居平面图上反复摆放。选择最佳位置后，一次性摆放好，既省时又省力，又不会损坏家具。

◎居室生香小窍门

1.把香水喷在台灯、吊灯、壁灯上，利用灯泡的热量让香味在房间内弥漫。

2.可用吸墨纸吸足香水后，放在抽屉、柜子、床褥等角落，香味可保持很久。

3.将具有香气的熏衣草、树叶等用丝袜头包起来，放进衣橱、床边，香气宜人。

4.将食用香料，如橘皮、丁香等用薄布包起来，放在放衣服的木箱内，也有奇香。

5.将采集的香料与花瓣晒干混合放在一个小竹篮内，能满室飘香。

6.将细辛等香味浓的中草药晒干或直接去药店购买，置于袋中，放在衣柜中，开柜就有浓香。

7.将菠萝等具有香味的水果置于篮中，也能满屋生香。

8.将荷兰芹或薄荷放在篮内，也有乡野的香味。

◎居室保暖小窍门

要想让居室保暖，先把门窗关好。阳光直射的窗户，可使房间暖和，应让阳光畅通无阻。阳光照不到的窗户，应将窗缝贴严、窗子用塑料布或布帘遮严。不开启的窗子和门应用纸将缝隙贴严实。另外，最好设双层门窗，特别是北方，可增加御寒的能力。据资料介绍，双层门窗能使屋内热损失减少50%，冷空气侵入减少25%。

◎识别真、假漆小窍门

好漆黑如油，光亮照人头，摇时琥珀色，悬丝极似钩，用时干得快，酸香漆更优。识别方法：

一看形，漆内含杂质少，搅动呈乳白色，漆好。

二看色，好漆自然分三层，表面酱油色或猪肝色，中层淡黄色，底层灰白色；全是一个色则是假漆。

三嗅味，好漆具有芳香或酸香味，若有腐败或其他怪味，是变质或假漆。长久不干的漆，成色再好也是坏漆。这点要注意。

◎家装安全小窍门

1.地面不能全铺大理石。大理石比地板砖和木地板重几十倍甚至上百倍。如果全用大理石，会使楼板不堪重负，一旦遭遇地震或年代略久，后果不堪设想。

2.不要在墙壁上挖槽，将电线直接埋进去，否则墙体受潮会短路漏电或引发火灾。

3.不要在厨房装修中将煤气灶放在木制的地柜上，更不能将其包在木制的地柜中。一旦地柜着火，煤气总阀在火中难以关闭，会导致大祸。

4.装修中，不能吸烟，因装修材料有些如木板、油漆等是易燃物质，一旦烧起，后果不堪设想。

◎保护家具小窍门

妥善地保护家具，可以大大延长家具的使用寿命。不要将家具放在靠近取暖设备和太阳光直射之处，以防家具干裂和翘起。家具上的尘土，应用清洁的干绒布、呢绒布擦去。为使家具保持光泽，可打地板蜡，而后用干软布擦光。软家具上的灰尘，应用吸尘器吸除或者拍打除去。软家具套上的油污，可用抹布沾汽油擦掉。

◎选用窗帘小窍门

单层窗帘质料不宜太厚，要有一定的透光性。但也不能太薄，以晚上开灯后从户外看不到室内活动为宜。用花布做窗帘，可以打破沉闷单调的气氛。不过切忌颜色过于强烈，图案过于琐碎。双层窗帘的材料，外层应力求轻柔、稀疏透气性好，以浅色为宜；里层的窗帘要具有隔音保暖遮阳光的性能，因而要求质地实厚，柔软。

◎给地板打蜡小窍门

先将地板刷洗干净，待干后，再用清洁的软布蘸上蜡，均匀地抹在地板上。地板第一次上蜡量应该多些，但不宜过厚，0.5千克的蜡打10平方米左右的地板最佳。刚上完蜡后，用蜡刷拖一遍，切忌在蜡刷下加钢丝绒拖拭。经常打蜡的地板，先用钢丝绒垫在蜡刷下，顺着地板的纹路前后推动。如果遇污垢积尘，把钢丝绒踩在脚下用力来回搓擦。

◎房间色调协调小窍门

房间色彩应以一种色调为主。一般以家具色彩为主，墙壁、地面、窗帘、床罩、沙发套等都围绕它取得协调。一套茶色家具，涂上米黄色墙面，再以一两件颜色鲜明的小摆设点缀其中，人处其中便会产生一种愉悦的心情。若把墙面下半部分涂成苹果绿，上半部涂成绿油色或淡黄色，配上白色或浅红色地面，房间整个气氛会变得安宁、恬静。

◎煤气中毒处置小窍门

发现有人煤气中毒，要赶快把门窗打开，并把病人搬移到空气流通的地方。解开病人的衣扣，使其呼吸不受阻碍，但要注意不要着凉，以免发生肺炎。如果病人呼吸不畅、心跳加速，要立即进行人工呼吸。病人若失去知觉，可针刺人中、十宣穴位。醒后给他喝大量的浓茶。严重的病人，要立即送医院抢救。

◎计算墙纸小窍门

家居装饰选用墙纸时，因墙纸幅度各异，各家的墙、门、窗也不同，买墙纸要做到买的不多也不少真不容易。教您一个简单实用的小窍门。可用下面公式计算：(L/M+1)×(H+h)+C/M。其中，L是扣去窗、门后四壁的长度；H是所贴墙纸的高度；M是墙纸的幅宽；h是墙纸上两个相邻图案的距离，作纵向拼接余量；加1是拼接留的余量；C是窗、门上下所需墙纸的面积。计算时以米为单位，面积用平方米。计算时整除不尽时，小数点后面的数字只入不舍。该窍门也可用于选墙布（以墙布不缩为前提）。

◎油漆画线小窍门

用油漆画线条时，特别是画较细的线条时，往往画不直。教您一个小窍门，取一支普通的医用注射器和一只6号以上的注射针（将针的细长部分去掉）。将注射器内吸入油漆，再套上针头即可。画线时，右手的拇、食指和中指捏住针筒下端，手心抵住注射器上部慢慢推压，油漆就会均匀流出，形成光滑均匀的线条。用此方法既可在平面上画，立体的物体上画，又可以在垂直于地面的屋顶上画线。

◎墙上钉钉小窍门

悬挂字画，不用钉钉子这是最好。而许多新居没有挂镜线，所以只能钉钉子，教您一个小窍门：

1.先用粘合带粘在要钉钉子的地方，再钉钉子，钉好后撕下胶带纸。这样，墙壁上不会留下裂痕。这种方法更适合使用很久的油漆墙壁。

2.墙上钉子松动了，可以用较稠的浆糊或胶水浸透棉花绕在钉上。再将钉子钉进原洞，压紧，干后钉子非常牢固。

◎巧手编制小地毯

如果有不用的旧毛线或碎布头，就可以按自己的想象编织小地毯。首先用粗棒针将旧毛线织成20针宽长条，长度根据材料自己定。然后用缝毛衣针将织出的各种颜色的长条缝成洗衣衣管似的线管，将碎布塞进去。最后，根据设计的图案将线管盘好，用针缝好定型。美丽、别致的小地毯就做好了。编出来的小地毯不仅美观且脚感松柔。这样既处理了废物，又增加了艺术感。放置在沙发或写字台前，为房间增辉添雅。

◎巧妙放置拖鞋

生活中，很多家庭穿用的拖鞋都摆在门边。这样既占地方又不雅观，若精心制作一个门后简易挂鞋袋，就好多了。

具体方法是：在门背后下方钉一块约 50×80 厘米的人造革、帆布或簿板。在上下间隔十五厘米的地方，钉上两排 2 厘米左右的宽边松紧带，然后将拖鞋一双一双插入松紧带中即可。为防止落灰，可蒙上一块同等大小的花布，或用双幅折叠遮挡。

◎冬季取暖保持湿度小窍门

冬季取暖的时候，室内空气就会变得很干燥，不仅使人感到鼻子、嗓子干得难受，而且影响人体呼吸道黏膜的功能。呼吸道黏膜是防止空气中细菌侵入人体的哨兵。当室内空气湿度低于 20% 时，就会影响黏膜作用。这时，应采取各种办法增加室内空气的湿度，如洒水、种花浇水、在室内晾湿衣服等，让室内保持合适的湿度。

◎识别塑料袋有无毒的小窍门

日常生活中，人们常用的塑料袋有两种。一种是聚氯乙烯制品，结实耐用但有毒，不能用来装食品；一种是聚乙烯制品，质地柔软但无毒，食品袋都是用它来制成的。当这两种塑料袋放在一起时，不易识别，这里介绍一种方法。有毒的塑料袋在用火烧时，会产生黑、蓝色烟和一股特殊味，离开火焰后塑料就熄灭。无毒的塑料用火烧后无味，烟也较少，离开火焰后能继续燃烧。

◎橡胶不要沾机油

常用的热水袋、自行车胎等橡胶制品都是在天然胶或再生胶中，按一定比例配入硫磺和其他化工原料。在一定温度和压力下进行硫化，变成了立体网状结构的硫化橡胶。它的强度、弹性、耐磨性能，都比原生橡胶好。当这种硫化橡胶沾上机油以后，油分子就会把硫化橡胶的分子链推开、拉直。使橡胶分子间的吸引力减弱，犹如馒头浸水一样，出现膨胀、起包、弯曲、变形、松散等现象。所以，橡胶制品不要沾机油。

◎书架少磨损的小窍门

书架上的书需要经常取出，但由于书与书之间紧挨着，很难向外抽，教您一个小窍门。找几条软质泡沫（1厘米厚即可），用胶水粘在书架里面，然后再把书放进去。取书时，只要把所取书的两边的书向里一推，所要取的书脊就全露出来了。取出书后，推进去的书由于泡沫的弹性作用，就又回到原来的位置。经过这种办法处理的书架，可使书在取用中少受磨损。

◎擦玻璃小窍门

先用湿布擦一下玻璃，然后再用干净的湿布蘸一点白酒，稍用力在玻璃上擦一遍。擦过后，玻璃即干净又明亮。

◎镜子保养小窍门

镜子玻璃使用时，一般均经过裁划。而经过玻璃刀裁划的地方，水汽很容易从侧面进入镜面中去。时间一久，就会腐蚀镜面，产生霉斑、锈点。因此，不妨在镜子买回来后，在侧面涂上一层油漆，如果背面也涂一层则更好。平常，经常用干的软布擦拭镜子的表面，使镜子经常保持干燥、整洁。

◎选购灯罩小窍门

用不透明材料制成台灯灯罩，会使桌面上局部亮度加大，四周亮度缩小，造成明暗对比过强，会引起视觉的疲劳。如果采用半透明的灯罩，使一部分光线透过灯罩向四周射出，灯下与四周亮度的差别不大，这样就会使人的视觉感到很舒适。

◎塑料制品不能暴晒

塑料是一种高分子聚合物。在阳光中紫外线的照射下，容易破坏他们的化学链，使分子中的双链分开，尤其会加快氢基过氧化物的断裂或游离基的反应速度。因此，显著地加速了聚合物的氧化降解，产生老化。特别是在氧、热水和金属杂质的影响下，老化更为显著。所以，一般塑料制品洗涤后，应放在阴凉通风处晾干，而不宜在日光下暴晒，也不能用火烤，以便延长使用寿命。

◎新旧电池不能合用

电池用旧了，电池内部的电阻增大，电压降低，就不能输出较强的电流。如果把新旧电池放在一起用，旧电池内的电阻实际上就成了电路中的一个电器，会把电白白消耗掉，而且一直消耗到新旧电池的电压相等时为止。所以新旧电池不能合用。

◎平房防潮窍门

平房住起来虽然方便，但很容易潮湿。教您一个防潮的办法。先将原地面刨去15厘米左右，然后铺上碎石，用拌好的水泥抹平；或用三合土（煤灰、石灰、黄土）垫平，干后，上面先泼一层沥青，再铺一层油毡纸，泼三次沥青，铺三次油毡后，打上水泥地面，同时提高踢脚线。这样处理的平房，屋内就一点不潮湿。农村盖平房，此法最有效。

◎雨季防潮小窍门

梅雨天气，住平房和楼房的一楼，常常会感到烦恼，物品发霉，人也难受。可以用以下方法解决：

1.买石灰10～20公斤，盛在木箱或纸箱内，放到床下面或屋角。天不潮时，盖上盖，天潮湿时，打开盖，不要开大窗，石灰吸潮，屋内干燥宜人。

2.许多居住在阴面楼层的住房，采光不好，雨季潮湿，长此以往，对人体有害。教您一个小窍门。可以自制吸湿剂，用锅把砂糖炒一炒。再装入纸袋，放在潮湿处让之吸潮。或如上面办法，买石灰吸潮也可。

◎除蟑螂小窍门

天热潮湿易出蟑螂，蟑螂就会到处爬飞，要想杀灭不容易。教您几个小窍门：

1.洋葱驱蟑螂。蟑螂怕切开的洋葱浓刺激味。如果您放一盘切好的洋葱片在蟑螂出没处，保证蟑螂立即逃走。

2.药品灭蟑螂。目前许多地方都卖灭蟑螂药。您可买点，按说明书去放置，也是灭蟑螂的好办法。

3.糖水瓶子捕蟑螂。用罐头瓶1～2个，放3匙糖水加开水化开。将瓶放在蟑螂活动的地方，蟑螂闻到香甜味，就会掉进罐头陷阱，此法用于蟑螂少时。

4.桐油灭蟑螂。买150克桐油，熬成粘性胶体，涂在木板或纸板上。中间放上带油香味的食物作诱饵，其他有用的食物则加盖保护，蟑螂只能到桐油上来觅食，会立即粘住。

5.配毒饵杀蟑螂。取硼砂、面粉各一份，糖少许，调匀做成米粒大的诱饵，蟑螂吃后即毒死。注意别让幼儿或宠物吃到。

6.蟑螂害怕鲜黄瓜和鲜桃叶。若是食品柜中有蟑螂，可放鲜黄瓜片或鲜桃叶，蟑螂闻到气味便避而远之。

◎灭臭虫小窍门

1.桉树叶粉、桉树油各适量，加适量肥皂水、松节油调匀，抹在臭虫爬扰处即可。

2.煤油洒在床的边沿，臭虫闻了即死，其他虫也能被杀灭。注意别有明火。

3.买一些灭臭虫的药洒在床缝隙中，也能杀灭臭虫。

4.将生有臭虫的床用开水烫，用煤油擦也能杀灭臭虫。

◎除蚊蝇小窍门

1.在室内燃烧一些干桔皮，可代替卫生香，既能除异味，又能驱除蚊蝇。

2.夏天蚊子多的地方，可用空瓶装3～5毫升糖水或啤酒，放在室内。蚊子闻到甜酒味就会往瓶里钻，碰上糖水或啤酒就粘住。在蚊子多的地方，一昼夜可除蚊子几十只。

3.将晒干的野艾草点燃，不出明火，只有烟。夜里室外乘凉时，蚊子不叮人。

4.电蚊香除蚊。目前市面上有多种灭菌用具，如灭蚊灯、电蚊香等效果均好。

5.用一只铁夹子将蚊香夹上一段，待烧至此处，蚊香自灭，又灭蚊又节约蚊香。

◎防蛀虫小窍门

辣椒晒干磨粉缝在布包中，代替樟脑放在箱柜中，能防虫蛀。中药店中的细辛，用手帕包好，放在衣箱中或衣柜中，可驱逐或麻醉蛀虫。其挥发油还具有抑制霉菌的作用。衣物放细辛后，可起灭菌防腐的效果。

◎灭虫蚁小窍门

1.在放碗、盘的柜子里撒点花椒粉，可除虫蚁，还能驱鼠避疫。

2.将鸡蛋壳烧焦研粉，撒在墙角或蚂蚁穴处，可杀死蚂蚁。

◎杀鼻涕虫的小窍门

将鸡蛋壳晒干研碎，撒在厨房墙根四周或菜窖及下水道周围，鼻涕虫就不敢再到这里来。

◎驱蝇小窍门

1.在厨房内多放切碎的葱、葱

头、大蒜，苍蝇不敢来叮。

2.室内喷洒一些食醋，苍蝇远远避开。

3.室内放盘西红柿，苍蝇吓得赶快跑。

◎不宜使用电热毯的人群

电热毯确有使用方便、升温较快、温度可调等特点，然而，以下这些人群不宜使用电热毯。

1.婴幼儿。婴幼儿的体温调节能力差，使用电热毯后会因失水过多而导致脱水等病症，同时婴幼儿组织器官比较脆弱，电热毯使用时所产生的电磁波会阻碍其生长发育。

2.孕妇。电热毯由布料和电阻丝等物品制作而成。电热毯通电后会产生电磁场，影响胎儿细胞的正常分裂。严重者可导致流产或者胎儿畸形。怀孕早期的妇女就更不要使用电热毯。

3.育龄男子。由于电热毯会产生高温，而这种高温会影响育龄男子睾丸产生精子的能力，故想要孩子的新婚夫妇不宜使用。

4.出血性疾病患者。如烧伤、烫伤等患者使用电热毯后容易加速体内血液循环，导致出血加剧。

5.有炎症及过敏性体质者。凡患有口腔炎、慢性咽炎、喉炎、口腔溃疡以及皮肤瘙痒、皮疹等疾病者，不宜使用，以免病情加重。

6.呼吸道疾病患者。如哮喘、感冒等呼吸道疾病患者使用电热毯后会引起咽干喉痛、声音嘶哑，甚至会引起咯血等更为严重的后果。

7.心脑血管疾病患者。患有高血脂、糖尿病、高血压、动脉硬化、冠心病和脑血栓等疾病者应注意。由于电热毯是机械性升温，可破坏人体的平衡机制，促使血压升高，易使心肌梗塞和脑溢血发作，故应引起高度警惕。

◎电热毯通电时间不宜过长

在使用电热毯的时候，一般在睡前1小时左右通电加热。入睡时关掉电源，尽量不要通宵使用。电热毯不要与人体直接接触，最好在上面铺一层毛毯或床单。千万不要折叠使用，否则易烧坏电热线的绝缘面，造成漏电，发生意外伤害。经常使用电热毯的人，早晚增加饮水量。

◎点蚊香小窍门

1.往往一根火柴烧完了，蚊香还点不着。如果将蜡烛烧化后，在每盘蚊香头上滴点蜡烛油，再点蚊香就容易了。

2.蚊子活动有规律性，常在黎明5点半钟或傍晚7点钟，飞到屋檐附近或进屋交尾并叮人吸血。所以，傍晚点蚊香最好。先将门窗关好，待室内烟雾大时，蚊子会飞向门窗或落在墙壁上，赶快拍打。然后熄灭蚊香，开窗留纱窗透气，烟散尽好睡觉。

◎定期清洗饮水机

据有关环境卫生监测部门检测显示，桶装饮水机内冷热水胆三个月不洗就会大量繁殖细菌、病毒，沉淀残渣、重金属，甚至孳生红虫，严重危害人们的身体健康。所以，饮水机一定要定期清洗，一般3个月清洗1次。清洗饮水机除了请专业人员来操作外，还可采用以下简单易行的方法。

1. *去污泡腾片清洗法*。去污泡腾片这种含氯的药片经水分解后，可以有效杀灭大肠杆菌、金黄色葡萄球菌、白色念珠菌等病菌。具体的清洗过程是：先打开饮水机后面的排污管，并打开所有开关以排空所有的剩水。将1片去污泡腾片溶解在2升左右的清水里制成消毒液，可以用一小部分消毒液擦洗饮水机的各部位，其余的灌入胆内。过15～20分钟后，再打开饮水机的开关和排污管，排尽消毒液。用7～8升的清水多次冲洗内胆就可以了。

2. *消毒剂清洗法*。用消毒药（有些饮水机随机配）1片与5～6升纯净水混合配制成消毒液，注入饮水机。持续浸泡消毒20分钟后，打开热灌的排水阀排空消毒液。然后关闭排水阀，再用纯净水注入机内进行冲洗，直至水龙头出水无异味为止。

3. *柠檬清洗法*。一个简单便宜而又时尚的办法就是用柠檬来清洗。准备一个新鲜的柠檬，切开后挤出柠檬汁。按照1∶10的比例调匀，倒入饮水机水槽内，浸泡半个小时。柠檬的酸度能够起到杀菌的作用，还能中和部分水垢。而且，用柠檬清洗，饮水机里的水不会像用消毒水清洗之后带有浓浓的怪味，而是清新的柠檬香。

◎便后清洁更科学

大多数人对勤洗手、勤洗脸、

勤洗澡等个人卫生很注重。但人体最脏的部位却一直被忽视，一个更应该经常清洗的部位就是肛门。

越是脏的地方，越是容易滋生与传播病菌，这是一个不争的事实。据世界卫生组织的报告资料显示，粪便中的病毒有100多种，这些病毒在粪便中能生存数月。

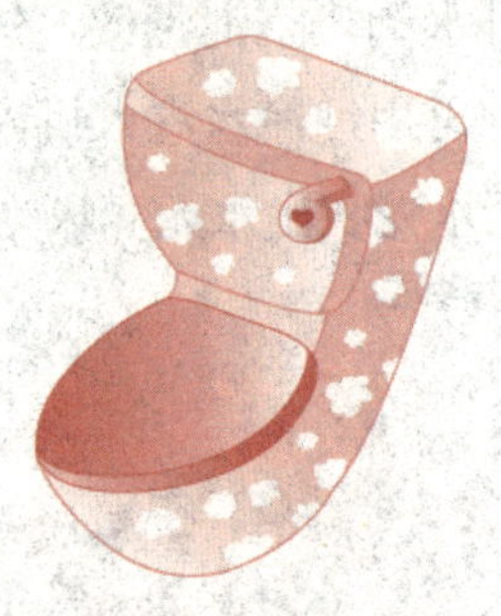

肛部肌肤有较深、较多的皱褶，每次排便都会隐藏粪便残渣，无论用什么擦，都难以将残留物擦干净。而且擦得越仔细，越用力，越是容易将粪便残渣推向深处。用水洗才彻底干净和舒爽，没有异味，可预防痔疮病发生，女性更不易得尿道炎、膀胱炎。所以便后水洗是彻底清除粪便残留的有效方式。洗的时候会感到舒适，洗后会觉得非常干爽、快乐和心情舒畅。

◎洗澡时候要注意

1. 浴液的科学使用。很多人都喜欢用浴液，因为它泡沫丰富，性质温和，不刺激皮肤和眼睛，有足够的去污能力。

浴液在去掉污物时，难免也会带走正常的皮脂，会使皮肤干燥紧绷，甚至浑身发痒。皮肤自身有中和酸碱的作用，少量偏碱性的洗浴用品不会对人体产生损害，因此这种短暂不适感过一会儿就能消失。但如果洗澡较频繁，或者长期使用碱性过强的浴液洗澡，则会伤害皮肤角质层，加速细胞内水分的蒸发。除了使皮肤干燥、瘙痒外，严重的还会使毛囊过度角质化。因此，如果皮肤不是太油的话，最好选择中性的浴液。使用过程中，应尽量减少浴液在身体上停留的时间，尽快将泡沫冲洗干净。

冬季干燥，每周洗澡两到三次比较合适。在干燥的冬季，每天洗澡很容易破坏正常的皮肤结构。人的皮肤最外面是角质层，自动脱落的角质层和皮肤汗液混合的皮垢不会很多，但对皮肤有一定的保护作用。如果洗澡过勤，将角质层伤害，其保护皮肤的作用就会失去，皮肤细胞内的水分更容易蒸发掉，皮肤就会干燥。

2. 水温与时间。水温在24～29℃为宜。水温过高，皮肤表面的油脂更易破坏，毛细血管扩张，加剧皮肤干燥的程度，给皮肤带来损伤。同时，还会增加心脏负担。洗浴时间不宜过长，盆浴 20 分钟，淋浴 3 ～ 5 分钟即可。否则，皮肤表面会很容易脱水。

◎科学使用洗衣粉

洗衣粉的主要成分是苯磺酸钠，具有很好的去污作用，使用又很方便，所以深受人们喜爱。在生活中，有不少人把洗衣粉当万用清洁剂用。除了洗衣服，还拿来洗涤瓜果、蔬菜、餐具，擦洗家具、地板。这样使用洗衣粉是不科学的。可导致洗衣粉进入人体，即使进入体内的洗衣粉数量十分微小，也会引起毒害。

市场上的很多洗衣粉都添加了一些新的成分，具有了更强的洗涤功能。这些成分主要包括表面活性剂、助洗剂、稳定剂、分散剂、增白剂、香精和酶等。动物实验表明，长期接触大剂量的洗衣粉会导致肝脏和神经功能受损，并引发癌症。

人体的皮肤是弱酸性的，它具有抑制细菌生长的作用。而洗衣粉是碱性，当人的皮肤和它接触时间久的话，皮肤的弱酸环境就会遭到破坏。这样的结果就是会出现皮肤瘙痒的现象，某些过敏体质者还会出现皮炎等症状。人的皮肤有一层起保护作用的油脂，一旦接触了洗衣粉后，这层保护油脂便会被洗掉，从而使人的皮肤变得越来越干燥。

购买洗衣粉要尽量选功能简单、添加成分少、气味淡的。从环保角度讲，最好选择对水质污染小的无磷洗衣粉。

◎消毒液不能随便用

许多人打扫卫生喜欢用 84 消毒液，清洗衣物用滴露，就连平时洗手都恨不得用上消毒液。有关专家提醒人们，消毒液不能随便使用。

常用的消毒剂主要包括过氧乙酸、来苏水、84 消毒液等。消毒用品要有针对性地使用。像 84 消毒液的原液是必须按说明要求稀释，而且只适用于擦洗台面、地面或用来洗手等方式消毒。人们使用消毒剂大都出于心理作用，觉得用了之后心里踏实。但如果一味通过消毒来追求无菌环境，反而助长了病菌肆虐。以下是一些使用误区：

1. 在洗衣服、刷餐具时加入消毒液杀菌。洗衣粉多含有表面活性剂，如果将洗衣粉和消毒液混合使用，很容易发生化学反应，使各自的功效减弱。若将含氯的消毒液与含酸的洗衣粉混用，会导致氯气产生。当氯气浓度过高时，会刺激人的眼、鼻、喉等器官，严重时还会损伤人的心肺组织，甚至危及生命。

2. 喷洒消毒液，给家里空气消毒。要想让家庭空气保持新鲜，最好的办法不是消毒杀菌而是开窗通风。家里毕竟不是医院，细菌量有限。如果消毒液水汽滞留在空气中，被人吸入反而会损害呼吸道。其实日用品的消毒无需通过消毒液就能做到。太阳紫外线的照射是最好的消毒剂。

3. 新衣服刚买来最好用盐水洗一洗。新买回来的衣服往往有一股怪味，这就是甲醛的气味。因为衣服在生产加工时，都加入了甲醛。它是用来处理棉布易皱的缺点的。在高压、高温环境下，让甲醛分子与棉纤维分子结合，可产生防皱效果。但是如果处理过程不够严谨，或处理后清洗不净，会造成甲醛单体由布料中释放出来，甚至布料本身就有甲醛。研究表明，甲醛除了引起咳嗽、过敏性鼻炎等疾病，还可以致癌。

食盐能消毒、杀菌。为了安全起见，买回来的新衣服最好用盐水浸泡、洗一洗，然后再穿。这样能彻底清除遗留在布料上的甲醛，并且食盐还有防棉布褪色的作用。盐水的浓度不用太高，一般两汤勺盐足够了。经过盐水处理的衣服应晾晒在通风处，且要避免阳光直晒。

◎不宜用洗衣机洗的衣服

用洗衣机洗衣服方便快捷，但是有些衣物则不宜用洗衣机洗涤。

1. 沾有汽油的工作服。因为汽油易燃易爆，容易腐蚀洗衣机，运转中的洗衣机还有可能出现打火现象而引起爆炸。所以，沾有汽油的工作服万万不可在洗衣机内洗。

2. 丝绸衣物。丝绸衣物质地薄软，耐磨性差。在高速运转的洗衣桶内洗涤极易起毛，甚至在表面结成很多绒球，干后再穿很不雅观。丝绸衣物脏了，可放在溶有洗涤剂的冷水中，用手反复揉搓几次就可以了，它不宜用洗衣机洗涤。

3. 嵌丝衣料服装。嵌丝衣料最怕拧，因此不可用洗衣机洗涤，尤其不得用力揉搓。只宜放在35度左右的中性肥皂液或合成洗涤液中浸泡。泡透后用手翻动几次，待脏物洗掉用清水漂洗后，挂在衣架上，让其自然滴水晾干即可。

4. 粗厚的粘纤织物。如粘纤布、皱纹布、平绒布等，可以用洗衣机洗。但是，洗涤时间要短。细薄的粘纤细布、富纤细布、格子布都不宜用洗衣机洗。

5. 毛料衣服。在洗衣桶中旋转翻滚会因为吸水后收缩率不均而变形，不仅影响美观，而且牢度下降。所以不宜在洗衣桶中水洗，宜干洗。

6. 乳罩。如果乳罩同其他衣物放进洗衣机中搅洗。随着波轮的转动和冲甩，其他衣物上的绒毛、绒头、纤维就会附着在乳罩上。戴用它以后，这些细微物质就有可能堵塞乳腺管。引起乳房肿胀、化脓，诱发乳腺炎症。

◎衣物穿之前先晾晒

放在衣柜里面的衣物，再拿出来穿时，一定要先晾晒。这是因为衣物虽然在存放前都已经洗得干干净净，但这些放在衣柜里的衣物会吸附大量的游离甲醛。拿出来穿时，就可能对人体造成伤害。甲醛是一种过敏源，当从纤维上游离到皮肤的甲醛量超过一定限度时，就会使人产生变态反应性皮炎。轻者会发生皮肤过敏、红肿、发痒等症状，重者会连续咳嗽，继而引发气管炎和多种过敏症。

因此放在衣柜里的被子、毛毯，一定要充分晾晒后再用。衣物能够漂洗的，尽量漂洗以后再穿，不便于漂洗的要充分晾晒。另外人造板内的甲醛释放期为 3 ～ 15 年，一些已经使用一段时间的衣柜也应该注意甲醛对衣物的污染。

◎干洗的衣服不能马上穿

很多人为了省事，都习惯将衣物拿到洗衣店干洗。干洗是利用清洁剂或溶剂，除掉衣服上的污渍。

干洗用的最普通的溶剂是四氯乙烯。四氯乙烯是一种有毒的溶剂。使用四氯乙烯干洗剂，可使衣服颜色鲜艳柔软，洗净力强。但若长期使用将对人体，特别是从业人员造成肝功能损害，还可能致癌。人吸入了四氯乙烯的气体会引起头晕眼花、恶心等症状。

因此最好不要干洗衣物。如果你的衣服一定需要干洗的话，干洗的衣服拿回家后应立即将塑料罩取掉，并将衣服挂在通风的地方，等衣物上的干洗溶剂挥发后再穿，千万不要马上就穿。

如果要干洗衣服时，最好选择正规的大型干洗店。干洗过的衣服如果残留有气味，或者用手拍打时出现手印，衣服上的四氯乙烯有可能残留超标。

◎临街窗台上适合养的植物

对于临街居住的人，如果觉得吵闹或者灰尘大，可在阳台或窗台上摆放一些阔叶植物。叶面错落交叠的植物效果最佳，可以使户外嘈杂的声音在传入室内的过程中受到阻隔。

此外，由于临街居室很容易受到粉尘污染。在窗台上养些阔叶植物，还可以形成一道天然屏障。大多花卉通过光合作用，可吸收多种有害气体，吸附粉尘，净化空气。对大气中的一氧化碳、二氧化硫等污染物质起到很好的抑制效果。

适合在临街窗台上种养的植物有龟背竹、金绿萝、常青藤、文竹、吊兰、秋海棠、菊花等。但高层居民应该注意安全，避免花盆掉落伤人。

◎保鲜膜的保鲜作用不大

目前，大多数家庭都使用保鲜膜为蔬菜瓜果和食物保鲜。有的使用保鲜膜包装食物，存入冰箱；有的用保鲜膜覆盖在盛装剩菜剩饭的碗盆上；有的覆盖在切开的半边西瓜上；有的在用微波炉加热剩饭剩菜时覆盖保鲜膜。从而带来一些保鲜膜在使用上的误区。

保鲜膜，顾名思义，应该是能使食品保持新鲜、脆嫩的一种产品。专家认为，保鲜膜的使用价值不仅不大，有时还会带来不良反应。保鲜膜的作用是保持瓜果蔬菜和食物的水分，而温度才是保鲜的重要条件。没有适宜的温度环境是达不到理想保鲜效果的。因此保鲜最好在10℃左右。如果在常温下覆盖保鲜膜保存食品，不仅起不到保鲜的作用，反而会加速食物的腐烂、变质。

对于剩饭、剩菜，实验证明加盖保鲜膜可以使维生素C等营养得到保护。当在饭菜尚有余热时一定不要加盖保鲜膜，那样会使维生素C损失更大。很多人反映，使用保鲜膜后，在加热时间长或油性大的食品时，容易出现焦化现象。因此，凡是需要加热超过130℃～160℃的食物时，最好不用保鲜膜。

◎厨房用具使用四忌

1. **忌用乌柏木砧板。**人们总以为乌柏木砧板又结实又好用。殊不知它含有毒素，所切的菜，沾上毒素后，人吃后会引起呕吐、抽搐或腹痛。所以砧板宜使用柳树和白果木做的。

2. **忌用铁锅煮藕。**铁锅煮莲藕会引起化学反应，使藕变黑。人吃了不仅起不到清热止血的作用，反而还会引起胃部不适。煮莲藕宜用砂锅或铝锅。

3. 忌用聚氯乙烯篮子盛物。不少人用包扎商品的聚氯乙烯编篮子盛物，实际上聚氯乙烯是有毒的。用这种篮子盛物，特别是盛油腻的食物，食物很容易被污染。人吃后，严重的会引起呕吐、瞳孔放大、烦躁不安。一般来说，用竹篮盛物则较清洁。

4. 忌用卤缸或坛子盛米。用卤缸或坛子盛米，米容易吸收这些容器上残留的臭肉、臭咸蛋之味；用这样的米做饭，既不好吃，又有异味，粮食中的营养也遭到一定的损失。所以，盛米一定要用透气的用具，如米罗、笆斗等。

营养学家研究表明，用红色或黄色的碗碟盛食物，会增进人的食欲；白色、蓝色、浅绿色的碗碟则给人以饱满感，会令人少进食；混浊刺眼之色，会使人倒胃口。

◎隔夜龙头水不宜用

早晨起来后，很多人往往一打开水龙头就接水用来刷牙、洗脸或做饭，更有人在夏天早晨起床后就直接饮用水龙头的自来水。实际上这种做法是不卫生、不科学的。

研究发现隔夜水龙头里窝藏着一种细菌——军团菌。人如果不慎感染了这种嗜肺的军团菌，就会患上一种症状酷似肺炎的怪病。以往医生们常常将其当成肺炎来治疗，但治疗起来却根本无效。感染了这种细菌后，患者常有胸痛、嗜睡、烦躁、抑郁、神志不清、定向障碍等中枢神经症状。有的还会出现腹泻、腹痛、恶心、呕吐等消化道疾病症状。

要预防这种疾病的发生，最主要的一点就是正确合理地使用自来水。在清晨用水时，应先把水龙头打开，让停留在里边的隔夜水流出来，然后再接水做饭或洗脸、刷牙。

◎饭菜趁热放进冰箱

很多人习惯把食物凉透后再放进冰箱，这样既省电又可以保持食物风味。问题是，常温下细菌最容易繁殖，只要几小时，就足以致病。

35℃左右是细菌最易滋生的温度。较高、较低的温度均会影响其繁殖。在10度以下的环境中，绝大多数细菌的生长速度会放慢。冰箱保存食物的常用冷藏温度是4～8℃。温热的饭菜立即放进冰箱中冷藏，以一般冰箱内的温度4度来看，虽然无法杀死细菌，但可抑制细菌继续繁殖。

炎炎夏日，饭菜在常温下放置

几个小时进入冰箱。以毒性较高的痢疾杆菌为例，只要几千个细菌便足以让食用者拉肚子。其中的痢疾杆菌很快就能达到这个数量。剩饭菜容易吃出毛病，就是这个原因。而且，饭菜趁热放入冰箱，并不会影响其营养。但存放食物要生熟分开，用保鲜膜或保鲜袋包好。这样既可防止食物交叉污染、串味，又能防止食物的水分蒸发，保存食物的原汁原味。

◎马桶使用需注意

不少人冬天喜欢在马桶上套个绒布垫圈。这更容易吸附、滞留排泄污染物，传播疾病的可能性更大。污染如此严重的地方恰恰和人们皮肤的接触最亲密。因此要重点进行清洁，每隔一两天应用稀释的家用消毒液擦拭。至于布制的垫圈最好不用。如果一定要使用的话，最好是经常清洁消毒。

◎使用马桶要做到

1. **马桶内的脏物及时清洗**。马桶容易沾染尿渍、粪便等污物，冲水后如果发现仍留有残迹，一定要及时用马桶刷清除干净。否则容易形成黄斑污渍，也会滋生霉菌和细菌。除了管道口附近，马桶内缘出水口处和底座外侧都是藏污纳垢的地方。清洗时先把马桶掀起，并用洁厕剂喷淋内部，数分钟后，再用马桶刷彻底刷洗一遍。最好用细头的刷子，这样能更好地清洁马桶内缘和管道口深处。然后再刷洗底座和其他缝隙。

2. **马桶边尽量不设废纸篓**。平时可以在水箱中放置自动洁厕剂或挂上壁挂式消毒栓，。通过每次冲洗达到清洁、除垢、消毒除菌的效果。大多数家庭都会在马桶边设一个废纸篓，存放使用过的厕纸。但这样会造成细菌随空气散播。因为很少有人能做到随时清理，至少会存放一两天。而时间越长，滋生的细菌就越多。应该将厕纸丢进马桶内冲走，只要不是太厚、太韧，厕纸一般都能在水中很快变软，所以不用担心堵塞。有需要时，备一个卫生袋就可以，没必要再设废纸篓。如果一定要用，也要选带盖子的，以防细菌散播，并及时处理用过的厕纸。

3. **马桶刷要经常保持清洁干燥**。马桶刷是保持马桶清洁的功臣，然而，如果不注意清洁和干燥，它也会成为污染源。每次刷完污垢，刷子上难免会粘上脏物。最好随手再冲一次水，将其冲洗干净。把水沥干，喷洒消毒液，或定期用消毒液浸泡，并放在合适的地方。专家建议，最好把马桶刷挂起来，不要随便放在角落里，也不要放在不透风的容器里。

◎微波炉的正确使用

微波是一种超高频电磁波。在电磁波谱中介于超短波和红外线之间。微波的穿透能力很大，对人的皮肤表面可加热，对深部组织也可加热。由于深部组织散热困难，所以升温比表面皮肤快而且散热也慢。因此，皮肤还未感到疼痛时，深部组织已受到损害。所以使用微波炉时，应与其保持一段距离。

如果人受到超剂量微波照射或经常受到大剂量微波照射时，就会损害健康，出现失眠、健忘、头痛、乏力、多汗、脱发、易怒、抑郁等症状。甚至精神错乱或失常；抑制或削弱睾丸生精能力；损害卵巢功能，使月经失调，月经量过多；更年期妇女引起停经现象；孕妇可引发流产或怪胎。

除此之外，还极容易引起烫伤。因为微波炉加热的汤、奶等，瓶子表面只是温热，而瓶子内部的温度很高。如不事先试一试瓶子内部的温度，就极易发生烫伤。细节提醒：用微波炉烹调食物时，中途绝不可以将微波炉的门打开。一旦发现微波炉的门关不紧时，就应立刻停止使用，以免外泄的微波损害人体健康。

◎电视综合征的预防有妙招

电视机摆放位置不宜过高，最好是荧屏中心与视线持平；人与电视机距离保持在3米以上；看电视持续时间不应超过4小时；看电视时保持室内空气新鲜、眼部不适时可戴墨镜；在看完电视后清洁面部，防止静电污染面部发生斑疹；电视机旁安装一个低度灯泡，调节视线免受强光刺激。

Part5

这样烹饪最快乐

——教你做一个会烹饪的巧主妇

第一节

食物的选购与鉴别

一、食物的巧选购与巧鉴别

◎选购肉类小窍门

猪肉质好有窍门。鲜肉表面有一层薄薄的膜，肌肉细密富弹性，纤维细软夹带油丝儿，肥肉如脂没有疮痘，颜色鲜亮无异味。

牛肉选购有窍门。肥白瘦红见肉纹，瘦肉质坚棕红色，肉丝间杂脂肪多。

购买新鲜羊肉有窍门。眼看手摸差不离，肥瘦分明无异味，用手一压沾油腻。

母猪肉，皮特厚，毛孔深，有奶头；病猪肉，颜色发锈，长疤痕脂生痘。千万别买这种肉，病从口入损人寿。

◎看分档、部位小窍门

猪肉

1.上脑的肉紧靠颈处，肉质嫩，肥肉夹带瘦肉，焖炖好，不能炒，典型菜式咕噜肉。

2.血脖上的肉又叫槽头肉，此肉难分肥和瘦，多作馅、红烧肉，或者叉烧、香酥肉。

3.夹心肉，上脑下，筋膜多，肉质差，常作馅、烧肉丸，焖、炖、酱也用它。

4.前蹄膀，瘦肉多，皮发厚，筋交错，白煮、红烧、酱肘子，富含胶质常冷切。

5.猪蹄子，多筋骨，可红烧，可汤煮。

6.通脊肉，质最好，脊椎下面只一条，肉质细嫩熘或炒，爆肉烧烤也都好。

7.中方肉，呈五花，红烧肉，常用它。

8.肚囊肉，质最差，没瘦肉，像棉花，网泡多，炖不烂，家制菜肴不买它。

9.臀尖肉，尾骨下，瘦肉多，

肉坚实，肉质嫩，代里脊，爆炒熘酱都好吃。

10.坐臀肉，肉质老，不能爆，不能炒，白切肉、回锅肉，焖肉炖肉用它好。

11.弹子肉，靠中方，肉质嫩，宜炒爆。

12.抹档肉，臀尖下，肉很嫩，可煎炒。

13.后蹄膀，腱子肉，红烧、清炖少不了。

14.后蹄爪，蹄筋好，用它煨汤最好。

15.内里脊，看不见，位于腰后比例小，肉亦嫩、肉亦好，煎炒烹炸随您烧。

牛肉

牛肉烹制得看料，选择部位很重要，部位不同质不同，否则不易烹制好。

1.上脑位于脊背前，肉质肥嫩可烤炒。您若喜欢牛肉饺，用它制馅也很好。

2.前腿肉质比较好，红烧卤酱最适合。

3.颈子上的肉质比较差，红烧煨汤常用它。

4.前腿的肉较少，肉老筋也多，炖煮的时候很费火。

5.牛排位于脊背后，其中包括里脊肉，肉肥纤维斜且短，烤炒烹炸都不错。

6.腑肋位于胸肋处，肉中筋膜密密布，肥瘦均匀韧性好，适合清蒸、煮炖和红烧。

7.牛白奶在腹部，肉层薄，有白筋，有人爱喝牛肉汤，用它煨制最来劲。

羊肉

绵羊肉，最上乘，羊体大，肉质嫩，瘦肉之中夹肥肉，老少皆宜都食用。

1.脖子上的肉质较老勿选购，倘若价格较低廉，巧制酱炖也可口。

2.前腿位于颈头后，包括前胸及上腱肉。前胸肉脆适合烧扒，腱子适合烧炖卤。

3.前腱子，肉老脆，酱卤烧烤有滋味。

4.扁担肉味鲜美，用它涮肉最得味。

5.肋条肉，多云膜，越肥越嫩烧法多。

6.胸脯肉，在腹部，无皮筋，多肥肉。此肉适合烧烤煨，加好调料也得味。

7.后腿肉，有讲头，包括臀脊、磨档肉。臀脊肉，嫩又瘦；磨档肉主要是肥肉，磨档相连有条肉，用它可代里脊肉。

8.后腱子，夹筋肉，纤维较硬肉质厚，家庭烹制多酱卤，爆炒熘扒烧不透。

◎冻肉选购技巧

冻肉好，瘦肉红，脂肪洁白如玉凝，无霉点，肉坚实，不粘手，味道正。

◎咸肉选购技巧

咸肉上乘表面净，质地紧密切面平，肥白瘦红色泽艳，闻之固有腊味浓。

◎鱼类选购技巧

鱼要想烧得好，选鱼很重要。鲜鱼是指活鱼死后未经冷冻而用冰水保鲜的鱼。而活鱼多指淡水鱼，因为海鱼离开海水就会死去。选购鲜鱼不用多费时间，只要观五处，保证鲜鱼质量上乘。一看鱼眼，要光亮透明，眼球突出；二看鱼鳃，要口鳃紧闭，内红不腐；三看鱼肛，要肛门紧缩，清洁无屎泄；四看鱼腹，要腹部发白，不能胀肚；五看鱼身，要挺而不软，有弹性。

◎选购火腿小窍门

火腿名贵品种多，质量上乘有原则。外观最好黄褐色，红棕色彩也不错。切面瘦肉玫瑰色，桃红色泽也较多。脂肪色白或微红，上面一定有光泽。

◎选购活鸡小窍门

1.看鸡冠红又挺，眼睛圆大很灵活，嘴巴紧闭而且干燥，羽毛整齐有光泽，尾部高耸肛门洁，没有鸡屎往外泻。

2.摸鸡肉发育好，腿部健壮胸肉多，这种鸡仔最鲜活。

◎选购活鸭、活鹅小窍门

头颈高昂，羽毛紧密，尾巴上扬，肢体有力，胸脯丰满，背部宽阔，翅下有肉，选购没错。

◎风鸡、板鸭选购小窍门

风鸡整洁有光泽，膘肥肉满没有湿液，肉有弹性无异味，霉变、虫蛀勿选择。

板鸭鸭体呈白色，切面瘦肉玫瑰色。用手触摸鸭的腹腔没有黏液，鼻闻香味很浓烈。

◎选购肉松的小窍门

太仓肉松金黄色，絮状纤维有光泽。福建肉松颗粒多，重油重糖香味烈。

二、食物储存小窍门

◎辣椒保鲜小窍门

将鲜辣椒均匀地埋在草木灰里，可长久不坏，严冬也能吃上鲜辣椒。

◎萝卜贮藏方法

1.挖坑埋藏法：将新鲜的萝卜削顶去毛根，将虫咬、刀伤、裂口和小萝卜剔除。挖1米深1米见方的土坑，萝卜根朝上，头朝下，斜靠坑壁，顺序码好，码一层萝卜，压上一层10厘米的净土。可码放四层、埋土封顶，上层厚薄根据气候定。冷天多填土，天暖少填土。萝卜可存至来年三月上旬。

2.水缸外贮藏法：在室内放一水缸，里面装满水。把萝卜堆放在水缸外围，上面再培15厘米厚的湿土即可。

3.泥浆贮存法：将削顶萝卜在泥浆中滚一圈，萝卜结一层泥壳，堆放在阴凉处或培上点湿土即可。

4.塑料袋贮存法：买几根萝卜为防糠化，用一个塑料袋白天扎起来，晚上打开，也可存放很长时间。

◎食品袋巧藏大白菜

若没有菜窖，冬天用食品塑料袋也可以贮存大白菜。如果室温较低，用食品袋从大白菜的根部套上去，然后把上口扎上。如果温度在摄氏零度以上，可以用食品袋套上大白菜，不需扎口，根朝下摆在地上即可。

◎蒜黄、韭菜的保鲜法

买来的蒜黄、韭菜、青蒜等菜。一时吃不完，要想保持新鲜，可用带帮的大白菜叶子把它包住捆好，放在阴凉处，不要着水，能保存一段时间不萎不烂。

◎垂直放蔬菜好处多

收获的蔬菜垂直放置比水平放置有利于保存蔬菜的营养成分。据科学测试发现，垂直放置的蔬菜，叶绿素含量比水平放置的要多，而且贮存时间越长，差异越大。同时，垂直放置的蔬菜，生命力比水平放置的强些。

◎大蒜头保鲜小窍门

1.将大蒜头放入石蜡液中浸一下，捞出放入篮子里，悬挂在屋檐下，可较长时间保鲜。大蒜头也可以编成辫子，挂在通风的地方（阴面），一般保存一冬天没问题。

2.春天时蒜头容易发芽。若吃不完，及时将蒜皮剥去，紧密地摆在碗或碟中。然后注入清水，没几天可长出蒜苗，炒鸡蛋吃时味道很好。不及时处理，蒜头就会跑空，最后只能废掉。

◎家庭贮菜的合适温度

西红柿、菠菜、蘑菇、菜花最佳贮存温度在零摄氏度左右；青椒、茄子、姜、黄瓜等最佳贮存温度在10摄氏度左右。

◎萝卜贮存要切头去尾

贮存萝卜、胡萝卜，一定得切头去尾。切头是不让萝卜发芽，免得吸取萝卜、胡萝卜内部的水分；去根免得萝卜、胡萝卜长须根，同样会耗费养分。

◎不能冷藏的蔬菜

很多蔬菜怕冷藏。很多人，特别上班的双职工，买来菜往冰箱里一放，就觉得万事大吉。其实有许多蔬菜不能冷藏，否则果肉会变黑和变味。如地瓜、茄子、芒果、香蕉、芋头等。

◎洋葱装丝袜里贮藏

许多女同志将穿破的丝袜随手就扔掉了，很可惜。用破丝袜贮藏洋葱最好。洋葱贮存不当，常常会烂掉。如果将它装进丝袜中，然后打一个结，装好一串后，将其吊在阴凉通风的地方，洋葱可保存很长时间，仍然很新鲜。久藏不坏、也不会干，随吃随取。

◎用黄沙保鲜生姜

有菜窖的人家，在菜窖一角用砖堆围上一堆黄沙，最好是干燥黄沙。将鲜姜埋在里面，可久藏不坏、也不会干，随吃随取。没有菜窖的居民，可把少量润湿的黄沙放进坛里。

把鲜姜埋进去，也能久藏，既不坏，也不会干，随吃随取。

◎冻洋葱复鲜小窍门

将冷冻过的洋葱，放在清（凉水）水中浸泡，可使洋葱解冻复鲜。

◎大葱的贮藏方法

大葱贮藏很容易。首先将买来的大葱去泥，3～5根一束用葱叶作绳挽在一起打结。打结后，有菜窖的人家。在窖壁上钉几个平行钉子，扯一条塑料绳，将葱一束一束挂上去。吃时，一束一束地拿，这样大葱可保存至春天。

没菜窖的人家，将打好结的大葱或堆在房角或扔上房顶均可。不用盖不用管，大葱冻了也不怕，吃多少拿多少。切记不能乱翻动，俗话说：大葱不怕冻就怕动。经常翻动葱会烂掉。不过这种贮存法必须在春分之前将葱吃光。

◎红、青椒保鲜小窍门

熟透的红辣椒、新鲜的青辣椒，将它们用绳子串起来，充分的晾干。然后找一个大小合适的塑料袋，将塑料袋套在辣椒串上。将绳子从塑料袋底部穿出来，挂在屋檐或通风的地方。隔一两个月取下塑料袋再晾晒一下。这样保存辣椒既卫生也不会腐败霉变。

◎西瓜贮存小窍门

先选皮好质优的大西瓜，用干布将外皮擦干净。再用浓度为15%的盐水再擦一遍。最后用干布将西瓜擦干净，放在阴凉通风处，经常去给西瓜翻翻身，这样可保存很长时间。

◎苹果贮藏小窍门

苹果品种很多，贮藏要求也不一样。但总的原则是买那些适合贮藏的品种，如国光、青蕉、红富士等。同时注意选购的苹果不要过熟。苹果最适合的温度是-1～0摄氏度。

最好是用菜窖贮存，没有菜窖可以放在后阳台或紧挨住宅的空屋里贮存。少量的苹果，可用纸包、塑料袋密封。苹果较多时，在北方可用大缸装，或用木箱或果筐，内垫干草，将苹果码放好。

有条件的家庭可用网套或纸将苹果一个个包好，放在温度较低的地方即可。如果是红富士、金冠等品种，它们喜潮，旁边放一盆水，保持湿度最好。

◎柑橘保鲜小窍门

橘、柑果放在小苏打水里浸泡1分钟后捞起，控干。表皮无水后，装进塑料袋内封口，用此方法能保鲜3个月，不妨试试看。

◎防苹果切开变色小窍门

苹果切开后，切面很容易变色。教您一个小窍门，在苹果切面上滴点柠檬汁，不但不变色，还能保持原来的风味。其他切开容易变色的水果也可仿此方法处理。

◎新鲜水果保鲜小窍门

不管是什么水果，只要水果新鲜，就可以用淀粉、蛋白质、动物油混合液体喷水果。干后在水果表面形成一层薄膜，对水果有保鲜作用。水果能贮藏半年不坏不腐。

◎土豆、红薯不能放一起

土豆和红薯不能存放在一起，它们适宜存储温度相差很大，不是红薯僵心、就是土豆发芽不能食用。所以，土豆和红薯不能存放在一起。

◎大米贮藏小窍门

夏天的时候，大米往往会生虫长飞蛾。不仅糟蹋了粮食，而且满屋子飞蛾。教您几个小窍门，可防大米虫蛀：

1.按120：1的比例取花椒，包成若干纱布包，混放在米缸内，加盖密封。

2.按100：1的比例取大料，包成若干纱布包，一层大米放2～3包，加盖密封。

3.取干透的檀香木，劈成小条，插在米缸内，加盖密封。

4.取大蒜、姜片许多，混放在米缸内。

5.米缸内，留有一段空间，放上防蛀无毒的药品、效果好。

6.将大米打成塑料小包，放冰柜中冷冻，取出后，绝不生虫，米多时，轮流冻。

◎面包芹菜巧搭配

面包袋中放进一根干净的芹菜，能使面包保持新鲜。

◎月饼存放小窍门

每年中秋，亲朋好友送上的月饼，吃不下、放不住。怎么存放起来好呢，教您一个存放小窍门。首先月饼不能放在盒里。取来一只竹篮，下面垫上纸，将月饼摆放在里面，上面再盖一张纸，隔天上下翻动一次。像火腿、五仁、百果、玫瑰、蛋黄等月饼，可存放半个月；豆沙、豆蓉、水果馅的月饼也能存7～10天。

◎绿豆保存妙招

绿豆先在开水中浸泡两分钟，把绿豆中的虫卵杀死，。晒干后，用罐子密封起来，可以安全过夏不生虫子。已经生了虫也可用开水泡，以后不再生虫。

◎红枣保存妙招

红枣有三怕，怕风、怕高温、怕潮湿。受风易干缩，皮色由红变黑；高温加潮湿，易变软出浆，生虫发霉。保存时，可在清明前暴晒四五天，因清明前不起风。为防止发黑，可以遮个席子，待凉透后放入缸内，加木盖或拌草木灰，都行。也可用30～40克盐，炒好研成粉末，分层撒到500克红枣上，然后封好，红枣会保鲜。

◎名贵药材的贮存方法

1.人参、西洋参的保存方法是：用食品塑料袋或纸袋包好，放入盛有石灰的箱内或者放在炒黄的大米罐内。这样可以保持参体干燥，质地坚实，煎汤时汁水充足醇正清香。研磨粉末也容易。人参不能放冰箱，参体从冰箱取出后吸附空气中的水分，参会发软，极易生虫、发霉。

2.三七的保存。三七容易在根折断处生虫，且虫孔很小，不易发现。因此应先将支根折断处剔除干净后，装入布袋放在木盒或纸盒中，再放入石灰缸中密封贮存。

3.阿胶、鹿角胶、龟板胶遇热遇潮后易软化，放在干燥处又易碎。

可用油纸包好，埋入谷糖中保存。夏季放在密封的生石灰缸中保存。

4. 麝香棕褐色或黑褐色，具有特异的强烈的香气，可装在瓷罐或玻璃瓶内。用蜡封口，放在干燥且阴凉处保存。

5. 鹿茸干燥后用细布包好，放于木盒里，在其周围塞入用纸包好的花椒粉。不仅防虫蛀、霉烂或过于风干破碎，而且还能保持鹿茸皮毛的光泽。

6. 蛤蟆油容易吸潮发霉，以冷藏为佳。也可在蛤蟆油上喷适量白酒，包成小包，装在双层塑料袋内，贮存在瓷罐中密封。若出现色深或不光亮时，说明已有吸潮现象。若外表发粘，则要发霉，这时最忌日晒、火烤。正确的处理方法是，可在小木箱底部铺一层煤炭灰，放上一碗白酒。上面盖上带纸的竹片，再将蛤蟆油铺在纸上，严密封口即可。

◎海味保存小窍门

海带、海虾、干鱼等海味，收藏不好易发霉。如在收藏之前将海味烘干，将剥去皮的蒜瓣铺在坛子下面。等海味冷透后入坛，严封坛口，就能保存很长时间，吃时仍得味。

◎水果催熟有窍门

有的水果没熟透，吃起来有涩味；有的水果虽已成熟，但糖化过程慢，吃上去也不甜。我们可用下面方法催熟水果。将不熟或将要熟的水果，如桃、李子、杏、香蕉、梨、青西红柿、青枣子等装入坛或罐子里，喷洒上一些白酒，盖紧盖子。经过 2 ～ 3 天，青色变成鲜艳的红色，甜味也增加，从而美味可口。

◎柿子脱涩有办法

刚摘下的柿子不能吃，发涩麻嘴。因为新柿子含有大量的单宁的缘故。想吃柿子必须脱涩。

1. 温水脱涩法。将柿子放在缸里，缸的周围用稻草保温。倒入 40 ～ 50℃的温水，将柿子淹没，略微翻动一下，使之受热均匀。盖上缸盖儿，太生时换 1 ～ 2 次温热水，24 小时柿子即脱涩。

2. 石灰水脱涩法。50000 克的柿子用 3500 克石灰水脱涩。先将石灰调成石灰浆，待热稍降后，倒进柿子。加清水浸泡柿子，3 ～ 4 天即可食用。

3. 埋米袋中脱涩法。少量的新柿子，埋在大米袋里，几天后也脱涩可食。

◎红薯的存储方法

红薯块大皮薄含水多，所以容易腐烂。那么家庭贮存红薯怎么办呢？

1.买来的红薯最好先晾晒几小时，但不可在外过夜。

2.放在木箱里，别受潮，否则会烂。

3.防止冷风直吹，红薯怕冷，室温 15℃为宜。

4.轻拿轻放不破皮，红薯一破皮就会霉烂，因此放在屋里搬动时轻拿轻放。

注意以上几点，室内存红薯就没有问题。

◎葱的存放方法

1.葱最好放在阴凉处，将买来的葱挑一挑，将葱叶作绳 5～6 根捆一把，根朝下，头朝上，放在阴凉的地方，即可，放在朝阳通风处，葱易干、空心，不好吃。

2.葱栽在地上，让它缓慢生长或埋住根部，吃时用多少拿多少，也是好办法。

第二节

食物的清洗与加工

一、肉类清洗与加工妙招

◎巧用淘米水洗肉

淘米水，别倒掉，用它洗肉很好用。新买的肉，有脏物，冷水冲洗油糊糊，放进热淘米水中泡一泡，脏物很快就洗掉。

◎红茶水洗肉效果好

鲜肉如果粘上了煤油味（包括柴油、机油），教您一个去除小窍门。用浓的红茶水泡一泡，30 分钟后冲掉，油味异味即可除，放心食用味道好。

◎生猪油用温水清洗

猪油弄脏很难洗，将猪肉放在 30 ～ 40℃的温水里，取一块净纸慢慢擦，污物就能全部除去。

◎巧用面团除羊肉上的绒毛

羊肉粘毛，冲不掉来摘不完，最好拿块小面团，滚来滚去就粘完。

◎巧用冷水化冻肉

化冻肉用冷水，如果用热水化冻就会失去肉的鲜味。将冷水中加点盐也很好，化冻会更快，而且味道不变。

◎巧用面粉洗猪心

买来的猪心先不要用水冲，将猪心放在面粉上面滚一滚。一个小时后再冲洗，味道不但香浓而且纯正。

◎冻鸡、冻鸭巧清洗

首先准备姜汁液将鸡鸭泡在姜汁里，30 分钟以后洗。不但脏物能洗净，还能除腥增香气。

◎活鸡和活鸭巧清洗

在宰杀活鸡活鸭之前有做法，取酒或醋一汤匙，10分钟前灌鸡鸭。烫毛时，水放盐，拔毛易，不脱皮。烫毛后，逆着推，毛卷毛，快如飞。接鸡血，少放盐，血容易凝固又保鲜。

◎咸肉退盐有办法

咸肉退盐用水洗，这种方法不可取。咸肉放在淡盐水里，泡上一会再用清水洗，味道正适宜。

◎剁肉不粘小窍门

剁肉时，肉末往往会粘在刀上，又黏糊，又费力。如果先将菜刀放在热水里浸泡5分钟，取出后再剁肉，肉糜就不会粘刀，且省力。

◎切肥肉防滑小窍门

先将肥肉沾点水，放在案板上，一边切一边撒凉水。这样切肥肉不会滑动，肥肉也不会粘案板。

◎切火腿小窍门

整只火腿切开很费力。若拿一把锯来，将火腿放在板凳上，用锯锯开。又省力又整齐，速度又快，很快就能锯下一块。

◎斩猪大骨小窍门

用菜刀斩大骨头既费力又容易把菜刀崩坏。拿一把锯子，在大骨的中间锯上一毫米深二毫米宽的一个缺口。然后用菜刀的背砍一下缺口，猪大骨就会断开。真是又方便，又省力，又安全。

◎香肠保鲜小窍门

夏天香肠容易变坏。可以找一个小菜坛，坛内放上一小杯白酒。然后将香肠整齐地码放在周围，将坛口密封，整个夏天都不会坏。

◎肉馅保鲜有办法

刚买来的肉馅或刚剁好的肉末，来不及烹调或制馅，可将其调上佐料，放好姜、葱和油，放进冰箱的保鲜室，一两天内没问题。

◎冻肉返鲜小窍门

冻肉洗干净后，先用姜汁浸泡，然后再烹制，肉质鲜美。

◎火腿保鲜小窍门

火腿切下后暂时不用，可用干红或葡萄酒将火腿切面擦一遍，再放进冰箱保存火腿不容易变质。

◎肥肉除腻小窍门

肥肉好吃就是太腻人。若想让肥肉不腻人且可口，先把肥肉切成薄片，放在锅里炖。然后取腐乳加适当温水，搅成糊状，腐乳要按 500 克猪肉 1 块腐乳放。待肉开锅后放进，继续炖 5 分钟，肥肉出锅后又鲜又不腻。

◎橘皮烧肉味道好

炖肉或烧肉汤时，取几片橘皮放入锅内，不但肉的味道鲜美，且能去油腻。

二、果蔬的清洗与加工妙招

◎酸菜腌制小窍门

把大白菜洗净（最好取有心的小棵菜，大棵菜要切成两半），甩去浮水。山海关以北地区，要将洗净的大白菜放在开水锅里烫 3 分钟，捞出摊晾。然后把白菜分层码在大缸内，用重物压实。为防止发霉，再加 10% ～ 15% 浓度的食盐水，封上盖。放在 8 ～ 10 C 的室温里，10 ～ 15 天就可以吃了。

山海关以南，气温较高、冬季不冷、室温也高，渍酸菜的做法更简单。将大白菜洗净，甩甩水按在缸里，放满自来水，待水浸过白菜即可，上压大石头。过个二十几天，就可以吃酸菜了。酸菜不烂的窍门在于：缸、水、手，一切用具都应洗净，不能沾一点油。否则酸菜会烂在缸里，无法食用。

◎酸辣疙瘩的腌制方法

把芥菜疙瘩洗净削成棱形小块煮熟（根据个人喜爱或煮烂些、或煮脆些）。趁热劲儿连疙瘩带汤倒在坛里，再加点食盐、花椒作调料。然后封好坛口，放在温暖处（勿放暖气边），10 天左右就可以吃了。

◎酸辣萝卜条的做法

先把萝卜洗净，切成条和辣椒

一起放在坛子里。加入5% ～ 10%浓度的食盐水，再放些花椒，放在温暖处（勿放暖气边）。半个月左右就可以吃了。

◎泡菜的腌制方法

很多人喜欢吃泡菜，特别是酒席宴后，吃点泡菜，感觉十分爽口。那么泡菜如何腌制呢？

腌泡菜，首先得买一个泡菜坛子。这种坛子比较特殊，坛口周围有一圈凹形托盘，可以盛水。坛口带有钵形盖，托盘放水盖盖即可密封。

1.先将坛子洗净晾干，装入冷开水，加食盐（一碗水放一匙盐）。

2.可加花椒、大蒜、辣椒。

3.将要泡的菜如萝卜、大白菜心、刀豆、豇豆、莴笋、辣椒、黄瓜、佛手瓜等，洗净、切块、晾干，放入坛中。

4.盖好盖，倒水密封，放在阴凉的地方。大约一星期即可食用。泡菜吃完后，可再往里续新菜。

5.味道嫌淡，可再加一些盐和盐水。若嫌酸，可加少许白酒。

◎炒青菜点开水味道好

炒青菜时，用开水往菜上点，炒出来的菜，质嫩色佳。若用冷水点青菜，会影响菜的口感。

◎巧放芥末做泡菜

做泡菜时，如果能加上点芥末、芹菜屑和鱿鱼屑，可使上桌的泡菜色、味俱佳。

◎炒菜放盐有讲究

如果用花生油炒菜，应在放菜前下盐。这是因为花生油中有可能含有一种黄曲霉菌，而盐中的碘化物，能够除掉这种有害物质。

如果用动物油炒菜，最好放菜前下盐，这样可减少动物油中有机氯的残留量。但多数人为了使炒菜可口，开始可先少放些盐，菜热后再调味。

用豆油、茶油或菜油，则应先放菜，后下盐，这样可以减少蔬菜中营养成分的流失。

◎切辣椒、葱不刺眼小窍门

切辣椒或葱时，常会呛得人眼睛流泪，让人感到很难受。如果将辣椒、葱放在冰箱里冻一下，或者先将菜刀在凉水中浸一下再切，也可在菜板旁放一盆凉水，一边切一边蘸水，都能有效地减轻辣味的散发。

◎糖醋汁的配法

糖醋汁如果配不好，不是甜就是酸，如果按2份糖1份醋的比例调配，甜酸即可适度。

◎拔丝糖浆的熬制方法

许多人不会熬制拔丝糖浆，不是丝拔不出来，就是将糖熬糊。教您一个小窍门，在糖浆中加入一粒大的明矾，即可延长凝结时间，糖丝会拉得很长很长。

◎菜肴放醋小窍门

凡在热炒中需要加点醋的热菜。在起锅前不要将醋直接淋在菜肴上，应将醋沿锅边淋入，菜肴香味更醇厚。

◎凉拌菜加啤酒可调味

夏天做各种凉拌菜时，加适量的啤酒调味，可以增加香味。

◎用盐洗菜、洗水果效果好

洗青菜时，如果在水中放点盐，会把蔬菜里的虫子洗出来。水果如葡萄、草莓很难洗净。若用盐适量配清水，将水果在盐水里泡上1个小时，会洗得很干净。

◎巧用盐让黄菜叶返绿

菠菜等青叶菜，如果有些发黄（轻度），焯时少放点盐，黄叶就可以返绿。

◎炒辣椒不呛人小窍门

辣椒辣味太浓烈，烹制时先将辣椒切成细末或丁。再用油盐煸熟，再倒入一个鲜鸡蛋液，炒成蛋包椒丁，辣味即可减轻。

◎牛奶菜花白嫩可口

炒菜花时，加1匙牛奶，炒出来的菜花白嫩可口。

◎凉拌西红柿宜放盐

用糖凉拌西红柿时，放少许盐会更甜，因为盐能改变西红柿的酸糖度。

◎芥末辣味巧去除

将芥末用水调匀，盛在容器里，

放在火炉上烤或上笼稍蒸一下，可除去部分辣味。若在酒席宴会上，吃芥末时辣味上冲。可立刻将酒杯取来嗅一下，就不会打喷嚏或打嗝。此法很有效。

◎腌豆角有新法

挑选刚摘的鲜脆嫩的豆角，直接加入适量的盐，在容器内轻揉。等到手有潮湿感后，再放入缸或坛中。别让破豆角和虫蛀的豆角混入，层层压紧、压实，撒盐，加重石压顶、封口。用此法腌豆角，不变质，不变腐，成品味正，色泽黄亮，口感松脆，且可贮存一年以上。

◎腌雪里红小窍门

雪里红咸菜炖豆腐。咸雪里红炖肉末，都是百姓喜爱的冬令菜蔬。

教您雪里红的腌制小窍门。将新鲜雪里红摘除黄叶、去根洗净，放在外面将水控干。待雪里红无水即可取回放入干净盆中。取一把雪里红放一些盐，轻轻揉搓。直至雪里红自身出水，码入坛中。放一层撒点盐，如此直至全部腌完，菜顶上再撒点盐，用石头压好、密封。取时，别沾油。雪里红咸菜翠绿新鲜、可吃到来年的七八月份。

◎巧除泡菜的白霉

泡菜坛中常会生一层白膜。这些白膜看起来很不卫生，所以见了白膜一定得去除。若用勺子或汤匙，只能越除越多，甚至一坛子泡菜全得扔掉。教您一个小窍门，可取干蚕豆250克，炒熟后放凉，用干净纱布包好放入坛内，第二天取出，就可彻底去除白膜。

◎菜汤过咸如何处理

1.如果汤做得过咸，用纱布包一些煮熟的大米饭放进去，饭吸收盐分，减轻咸味。

2.可切几片土豆片下锅一起煮熟后捞出来，汤就不太咸了。

3.汤太咸，放几块豆腐或西红柿片同煮，效果也不错。

◎萝卜干冰冻更好吃

把切好的萝卜干先放在冰箱里冷冻一段时间，再拿出来放在太阳光下晒干。这样制得的萝卜干风味独特，且可保存长久，冬季烧肉放上一些，味道会很鲜美。

◎蒸吃萝卜巧去味

蒸吃萝卜，总有一股异味。应该先将萝卜切碎，按 300 ∶ 1 的比例放点醋，再上锅蒸，异味就没有了。

◎油炸花生米保脆小窍门

通常油炸花生米，放 12 个小时后，再吃就不酥脆了。如果油炸花生米刚出锅时，洒上少许白酒，搅拌均匀，稍凉后再撒上少许食盐。这样，放上几天都酥脆如初，不易回潮或糯软。

◎炸花生米小窍门

炸花生米，千万不能把油烧热再下花生米，这样很难掌握火候，往往会使花生米外熟内生。

正确的做法是同时放油和花生米，冷锅起炸。待油烧热后，花生米也炸好了。因为逐渐升温，花生米受热均匀，酥脆一致，外观好看，香味可口。应该注意的是花生米不能炸的时间长了，油热了即关火，花生米在锅油中会继续熟化，待一会儿取出花生米，正合适。

◎冻土豆去怪味小窍门

北方天冷，土豆存放不当往往就会冻，冻土豆烹制时有种怪味。教您一个小窍门，冻土豆也可烧出美味来。先将冻土豆放在冷水中浸泡，再放进混有一汤匙食醋的开水中。慢慢冷却后，拿出来烧菜，无论怎样制菜，烧出的土豆都没有怪味了。

◎新土豆去皮小窍门

新土豆皮不容易去除，教您一个小窍门。把新土豆放在热水中浸泡一会儿，取出再放到冷水中，就很容易去皮。

◎土豆皮里有营养

土豆皮里含有较丰富的营养。因此削土豆皮时，不能削得太厚。土豆一旦削去皮，立马就变黑。把土豆迅速放到冷水中，再向水中滴几滴醋，可使土豆洁白。白水煮土豆时，加一点牛奶，不但味道好，也可防止土豆肉质发黄。

◎烧土豆小窍门

烧土豆有窍门，待土豆变色后

再加盐再升温。否则，土豆会形成硬皮，流出的汁液与油混合，成菜易碎，影响色香味。做土豆泥时，正相反，而且要不断捣拌，使土豆泥松软可口。

◎茄子切开防氧化

茄子一切开，放一会儿就会变成褐色了，那是茄子被氧化了。防氧化的办法是一切开茄子，应立即浸入水中。这样茄子就会白净如初。

◎清水炒藕会变白

炒藕丝时，通常会变黑。如果能边炒边加些清水，就会使炒出的藕丝洁白。

◎海带容易煮烂小窍门

海带多吃有好处,如果方法不当，就会让海带发硬不易熟烂，下面两种方法，可以很容易将海带煮烂。

1.把干海带上锅蒸半个小时。最好先在清水中泡开再蒸。取出后用碱面搓一遍，用清水泡 2 ～ 3 小时。无论炒、拌、烧汤都脆嫩可口，且无海带腥味。

2.用淘米水发海带，然后上锅蒸，烹制时也易熟烂。海带千万不能用水煮，越煮越硬。

◎木耳的清洗和泡发小窍门

黑木耳容易粘上木渣和泥沙，不容易清洗。可用盐水（盐是干木耳的十分之一）清洗，轻轻揉匀，待水变浑，即可用清水淘洗。然后用凉水发木耳，就会脆嫩爽口。若用烧开的米汤发木耳，能使木耳肥大、松软、味道鲜美。

◎蘑菇的选择和渍制方法

采蘑菇要十分当心，毒蘑可能会致人以死命。有毒的蘑菇，往往色泽鲜艳美丽，采后容易变色，挤出的浆汁混浊如牛奶。无毒蘑菇多白色、浅棕色、旧纸色，挤出的浆汁清澈如水。如果您辨认没把握，请教有经验的专家辨认，切不可先食，毒蘑中毒后果严重。

食用蘑菇洗净切好，放在 1000 克温水加 25 克糖的液体中泡 12 个小时。泡蘑菇加糖，可使蘑菇吃水快，保持香味，烧起来也特别好吃。

◎黄花菜烹前加工技巧

鲜黄花菜一般是不能吃的。因

为鲜黄花菜中含有秋水仙碱。食入人体后，可被氧化为氧化二秋水仙碱，有剧毒，可致人死命。因此，普通百姓均不食用鲜黄花菜。但有些饭店会烹饪鲜黄花菜。开水烫后再浸泡，除去汁水后，彻底炒热才吃。

◎笋干的涨发小窍门

先将笋干用开水煮上 30 分钟，再转小火焖煮，捞出，去老根，洗净。然后浸泡在淘米水或石灰水中待用，2 ～ 3 天换一次水，烹调前切丝切片，与肉同烧，食之均鲜嫩美味。

◎香菇的泡发技巧

用冷水浸泡香菇，大香菇泡 2 小时，小香菇泡 1 小时。除泥沙方法，用手在水中捏香菇，让泥沙沉入水中。过脏的蘑菇，要反复挤捏多次。洗净的香菇泡在清水中，清水也有香味可用来烧菜作汤。用适量的水浸泡香菇，时间半小时左右。

◎洗香菇小窍门

在水中洗香菇，水朝一个方向搅动，不可逆转。否则，沙粒不但不落下来，落下的沙粒还会被反转的浪纹重新卷入香菇的鳃页中。

◎陈香菇的加工技巧

贮存一年以上的香菇就是陈旧香菇了。如果加工不当就会影响汤、菜色和味。先用清水泡发，剪去足根，反复捏洗，除去苦涩味。然后挤去水分。加上少许食盐、淀粉和鸡蛋清，搅拌均匀，入开水汆熟。捞出在清水中过凉后待用。这样即可使陈香菇如同新鲜香菇一样了。

◎干蘑菇宜用热水泡

干蘑菇最好用 80 摄氏度的热水浸泡一会儿。促使蘑菇含有的核糖核酸成分具有鲜味的乌苷酸。吃的时候味道才会鲜美可口。若加点糖，味道会更好。

◎老莲子巧去皮和莲心

干老的莲子及莲心不易去除。教您一个窍门，在锅里加水 1000 毫升煮开加食碱 25 克搅匀。再放入莲子 250 克，盖上锅盖焖一会。然后用刷炊帚对锅中莲子反复推擦，直至莲皮剥干净。动作要快，时间一长，极不易脱，用凉水冲净后，用针或牙签捅掉莲子心。

◎清洗青菜小窍门

白菜、鸡毛菜、菠菜、油菜等绿叶菜，往往有蚜虫等小虫子。用清水冲洗不易洗净，又很浪费水。可用盐水洗（少放点盐即可），小虫子受到盐的刺激，就会与叶子分离。盐水比重大，小虫便会漂浮在水面上，也容易倒掉，再冲洗，又干净又省水。

◎快速剥蒜小窍门

大蒜可以去腥气提香味，做菜时常用它，但剥蒜费劲常来不及。告诉您一个小窍门，又快又省事。将带皮的蒜瓣放在案板上，用菜刀拍一下，蒜皮破裂，蒜瓣就跑出来了，烹调急用没问题。

◎巧剥蚕豆皮

干蚕豆去皮，比较费劲。把干蚕豆放入陶瓷器中，加适量的碱。倒入开水闷一分钟，即很容易去掉蚕豆皮了。剥出的豆肉用水冲一下，碱味就没有了。

◎巧取核桃仁

取核桃仁不用锤子砸，而且还得是完整的核桃仁。教您一个小窍门。将核桃放在蒸笼内用大火蒸上8分钟取出。立即倒入冷水中，3分钟捞出时，逐个破壳，就能取出完整的核桃仁。若要去核桃仁上的皮，再投入开水烫4分钟，用手一捻，皮就脱落了。

◎生板栗快速剥皮小窍门

把板栗用刀切成两面三刀瓣。去外壳后放在盆里，倒上开水。浸泡一会儿后，用筷子搅拌，板栗的皮就会脱离。浸泡时间勿长，否则会流失营养成分。

◎晒干菜保绿色小窍门

夏天上市的蔬菜多，特别是价格便宜。很多人买来一些蔬菜留作干菜。制作时，如何不让菜发黄？方法很简单，将青菜放在开水中烫一下，取出后现晾干。这种菜干，就会保留原来的绿色。

◎防止切菜后染色小窍门

在削土豆皮或切紫苋菜时，手指很容易被染上颜色。如果在加工前，先在手指上蘸点食醋，待干后再切菜，保您手指不会染上颜色。

◎刮芋艿时防手痒

吃芋艿时必须先去皮。刮皮时芋艿中有一种乳白色汁液会渗出，它有很强的刺激性。手碰到奇痒难受，用水洗也洗不掉，弄得您连觉都睡不好。教您一个小窍门，如果您觉得手痒，立刻到炉火上烤一下，手就不痒了。因为手上沾的白色乳液叫皂角甙，怕火。

◎快速渍酸白菜小窍门

取大小合适的小棵白菜 2 ～ 3 棵。用干布擦去表面浮土，去掉外层老帮和枯叶。取一个大小合适的盆或缸，把白菜整齐地码好。用力压实后，烧上滚开的热水，要淹过白菜 3 ～ 5 厘米。上面压上一块石头，放置在室温 20 ～ 25℃的地方，一般在 3 天后即可食用。

◎菜必须腌透才能吃

许多人都喜欢吃腌菜，因为它开胃、下饭。但是，菜必须腌透了才能吃。因为时间短，盐分少，大量繁殖的还原性细菌会把菜中原本无毒的硝酸盐还原成剧毒的亚硝酸盐，因此人吃了会中毒。避免腌菜腌制不透的方法：时间长些，腌透了再吃。多放些盐，不让细菌繁殖。菜过咸，放在水中泡一天，咸淡正好。

◎泡菜坛沿放盐有好处

泡菜坛子盖好钵后，坛沿要放满水。这是密封的需要，也是保证泡菜质量的主要一环。但水总是会很快蒸发，细菌就会侵入。甚至在夏季天热时，坛沿水中也大量繁殖着细菌。为此，在坛沿的水中加适量的盐。即可压抑细菌的滋生又能减缓水分的蒸发，泡菜的质量也就可以保证了。

◎瓜果的消毒小窍门

新鲜瓜果入口前，除了洗涤还得消毒。因为现代环境污染，果瓜皮上附着物太多，如果消毒不彻底，吃了会生病。

1. **盐水消毒法**。葡萄、草莓、樱桃、杨梅等水果，用清水冲洗后，应放在盐水中浸泡 10 ～ 15 分钟。取出后再用凉开水冲洗，才能食用。

2. **开水烫泡法**。荸荠、苹果、梨、李子、杏等水果，洗净后在开水中泡半分钟，能杀死诸如大肠杆菌、痢疾杆菌等病菌。有益健康。此法在吃之前用。

3. **高锰酸钾浸洗法**。高锰酸钾溶液不要太浓，呈淡红色即可。将瓜果放入浸洗 5 ～ 10 分钟，取出洗净用凉开水最好。

4. **漂白粉消毒法**。以 20% 的漂白粉浸泡 5 分钟，然后去掉氯味（用凉开水冲洗）。切忌用洗涤灵等浸洗水果。有的洗涤灵标有消毒水果功能，但冲洗费水，且难说能冲干净，最好不用，以免化学合成剂滞留瓜果上，对身体不利。

◎别用菜刀削水果

菜刀切些青菜、肉类，往往会粘上寄生虫或虫卵及其他病菌。用菜刀切瓜果，很不卫生。特别是菜刀上的锈和苹果中的鞣酸碰上会起化学变化，会使苹果色泽味道变差。切西瓜应准备专用刀，削水果应有专用水果刀，最好是不锈钢的。且经常冲洗消毒，才能保持干净。

◎西红柿贮存有窍门

西红柿大量上市时，质好价廉，选些半红或青熟的放进食品袋。然后扎紧袋口，放在阴凉通风处。每隔一天打开袋口一次，并倒掉袋内的水珠，5 分钟后再扎紧口袋。待全部转红后，就不要扎袋口，以后将熟红的西红柿取出食用。此法可贮存一个月。若用于秋贮则更好，那么整个冬季都会有新鲜的西红柿享受。但换气时间要一周一次。

◎西红柿的几种加工方法

西红柿营养好，为了长期保存并调制多种口味有以下加工方法：

1. **西红柿汁**。挑一些熟的西红柿用开水烫 5 分钟。剥皮榨汁，加白糖，倒进煮过的玻璃瓶中，最好是医院的滴流瓶。加少量胡椒面和 1% 的食盐，放蒸锅蒸 20 分钟，取出可长期存放。

2. **西红柿块**。将西红柿切块，放入玻璃瓶中。加入 8% ～ 10% 食盐，上蒸锅蒸上 20 分钟，趁热盖瓶盖（瓶盖也要开水烫过）密封保存。保存时间很长，可存 1 ～ 2 年。

3. **腌西红柿**。红透的西红柿用开水烫一下去皮，凉后放入坛中。一层西红柿一层盐，然后封坛口。冬天拿出来炒菜、做汤，味道如鲜西红柿一样。

4. **泡西红柿**。生西红柿放入

20% 浓度的盐水中泡，这种泡西红柿鲜脆可口。

◎快速剥毛豆小窍门

南方人喜欢用毛豆烧菜，但剥毛豆太费时间。教您一个小窍门。先将毛豆荚倒入锅内煮开后闷一小会儿，然后立刻倒入冷水中，用手轻轻一挤，毛豆就出来了。毛豆很快剥出来，而且豆粒不受任何损伤，与生豆一样圆润。

◎蔬菜上的农药巧去除

取清水一盆，放入 2 匙小苏打。将菜浸入 5 ~ 10 分钟，再用清水冲洗，即可洗掉蔬菜、果瓜上的农药残留物。

◎生姜清洗小窍门

洗生姜，别抠掉皮，皮掉了，调味功能差了。洗生姜可将生姜掰开洗。

◎豆腐清洗技巧

先用水泡豆腐，再用小水流冲洗，然后开水中汆一下，可去除涩味，烧制菜肴很得味。把豆腐浸在淡淡的盐水中，豆腐不会变质。

◎清洗香菇有妙招

香菇通体味鲜，用大量的水泡，倒掉水太可惜，用之又脏。教您一个小窍门。先用流动的水冲洗一下，然后用湿布擦，最后用干布或洁净的消毒纸拍。这样洗出的香菇烹制菜肴时，香味浓烈。

◎巧洗海蜇皮

海蜇好吃却很难洗。教您一个小窍门。先将海蜇放到 5% 的食盐液中泡一会儿，再放进淘米水中清洗，最后再用清水冲洗。海蜇皮上的沙粒、泥浆即可洗掉，变干净了。

◎海带的清洗技巧

买来的干海带，表层上有一层白霜，海带上也有砂粒和泥土。通常人们将泥、砂洗净后，又用力搓白霜，以为是霉点。其实，它不是霉点，它是海带的晰出物，具有利尿、消毒、降低颅内压的作用。所以，下回洗海带可别再使劲抠白霜了。

◎巧去芋艿黏液

芋艿削皮后，放入醋水中煮4～5分钟，捞出泡在水中，黏液即可除去。

◎西红柿去皮有窍门

将西红柿屁股划十字，放在开水中烫一下，立刻取出浸入冷水中，剥皮从十字处起，很容易除去。

◎巧发海参

海参用冷水洗净。将暖水瓶倒空后装入海参，倒入开水，浸过海参，盖上瓶盖。，放置8个小时或晚上放进，清晨取出，然后将海参肚中脏物取出，即可制菜。

◎生发鱿鱼

将鱿鱼干放在清水中泡上一天。然后按500克鱿鱼放50克烧碱的比例将烧碱用水化开。将鱿鱼放入浸泡，勤翻动，待鱿鱼变软变厚时，捞入清水中待用。

◎巧吃香椿

将香椿洗净、切碎放在鸡蛋里搅拌均匀，加盐，炒香椿蛋，好吃美味；将香椿洗净，用鸡蛋汁和淀粉调糊，然后将香椿放在糊中沾满，放入油锅中过油炸；香椿洗净，加盐，腌成咸香椿，早晚饭当小菜，味道也鲜美。

第三节

烹饪窍门还真多

◎去除鱼鳞小窍门

1.自制刮鳞刷，找一块小木板，根据使用方便程度决定木板的大小。捡些铁质的啤酒瓶盖反钉在木板上，通常钉上 3 ～ 5 排。这样，自制的刮鳞刷就做好了。用它刮鲤鱼、青鱼等鱼的大片鱼鳞特别好用。

2.放醋易刮鳞。刮鱼鳞时，在放鱼的冷水中放 2 汤匙食醋，将鱼泡上 2 小时，然后用自制刮鳞刷一刷就干净。

3.热水涮带鱼。带鱼鱼鳞又小又粘，刮鳞很麻烦。若将带鱼放在 80 摄氏度的热水中涮一下，然后放在冷水中，拿出用布一擦，带鱼鱼鳞一干二净。

◎洗鱼小窍门

1.**用盐洗鱼，去黏液**。鱼身上都有黏液，黏液易沾上污物。若洗鱼时，用细盐将鱼身撸一遍，然后用清水冲一下，鱼儿就会洗得很干净。

2.**先剖鱼肚，后刮鳞**。人们通常拿起鱼来就刮鳞，这样容易压破苦胆，污染鱼肉，食之很苦。先剖鱼肚，后刮鳞，肚内东西先掏出来，就不用担心了。

3.**苦胆破了放苏打**。加工鱼时，万一不小心，弄破了苦胆，可快速在有苦胆的地方放上小苏打，或者撒点酒。然后，用清水洗净，苦味可去除。

4.**洗鱼放大葱，能防苍蝇叮**。在洗的鱼段、鱼片或鱼块上放几段大葱，蚊子不咬苍蝇不叮。

◎除鱼腥小窍门

1.**盐能去泥味**。鲤鱼、泥鳅有泥味，去除不干净，烧出的鱼有怪味。可在清水中放盐或用盐轻搽，泥味可除。

2. **醋和花椒能除土腥味**。夏天，自己垂钓的或买来的活鱼，常常有一股土腥味，食之令人作呕。可先将鱼肚剖开，掏空里面的污物，泡在清水中。水中再放少许食醋，或在鱼肚中撒些花椒。再烧鱼时，则无异味。

3. **牛奶、茶叶清除腥味**。鲜鱼剖开洗净，在牛奶中泡一会儿，即可除腥，又能增加鲜味。吃过鱼后，口有味时，嚼上三五片茶叶，立刻口气清新。

4. **鲤鱼挑筋可去腥味**。鲤鱼脊背上有两道白筋，此物奇腥无比。剖鱼时，在靠近腮处上方横切一刀，白筋即可显露，抽掉白筋后，烧好的鲤鱼肉鲜味美。

5. **加工鱼时去腥味**。在厨房中洗鱼，腥味弥漫，令人作呕。若洗鱼之前，将鱼放在温茶水中泡上几分钟，味道就小多了。洗鱼、剖鱼时，手上总沾上些腥味，只要用点白酒或牙膏洗手，再用清水冲净，腥味立刻可除。烧黄鱼时，必须揭去头皮，否则有异味。

◎腌鱼小窍门

1. 牛奶腌鱼味道香，将剖好的鱼块、鱼段或鱼片放在牛奶中泡一下，若再撒上一点干面粉，或煎或炸，味道都好。

2. 生姜、葱段加醋，能使鱼入味。将洗净的鱼，用细盐搽鱼肚。除腥味后，清洗、控干，放入少量料酒。再放上 3 ～ 5 片生姜、几根葱段，上下颠几下，使鱼入味均匀。然后将碗盖上，腌半小时后，鱼烧熟后，味道好。

◎烧鱼加调料小窍门

1. **烧鱼加啤酒，撵你也不走**。烧鱼时，加上少量啤酒，既能缩短烧鱼的时间，还能彻底去除腥味，鱼香浓烈。

2. **红枣烧鱼，味道美极了**。烧鱼时，放上几颗红枣，枣能去腥，且可暖胃，鱼的味道鲜美。

3. **山楂子烧鱼，老少皆宜**。烧鱼时，在鱼锅里放些山楂子，能使鱼骨苏软可口，老少皆宜。

4. **冻鱼加牛奶，味道可比鲜鱼**。冻过的鱼，味道总比不上鲜鱼。若在烧制时，倒上点牛奶，小火慢炖，会使鱼味接近鲜鱼。

5. **姜片擦锅底，煎鱼不掉皮**。锅烧热时，用生姜擦两遍锅底再倒油煎鱼，不粘锅，鱼也不掉皮。

6. **鱼丸放白糖，下锅形不散**。鱼丸下锅容易散开，若在鱼丸中放点白糖，则鱼丸有形有味，不易散开。

7. **鱼身粘鸡蛋，煎鱼油不溅**。煎鱼时，鱼身上粘一些鸡蛋或干面粉，煎鱼或炸鱼时，油不会溅。

8. **炖汤加足水，小火慢慢煨**。炖鱼汤时，一次加足水，用小火慢慢炖。放点啤酒，味更好，炖至鱼汤呈乳白色即好。切不可中途加水，那样会冲淡鱼汤的浓香味。

◎鱼类保鲜小窍门

1. **活鱼存放有绝活，灌酒或贴膜**。夏天自已垂钓的活鱼或一次购买的活鱼较多，如何使鱼能较长时间存活？一是可往鱼嘴里灌少许白酒，放在阴凉的地方，使鱼透气。用自来水要隔日的，且每天换一次，鱼能存活一个月左右。二是将新钓的鱼或新买的鱼立刻用湿纸膜将鱼眼贴上。这样短时间离开水的鱼，再放到水中，仍然能够存活。

2. **泥鳅冷冻，死而复活**。把买来的泥鳅，用清水漂一下，放在装有少量水的塑料袋中，扎紧口，放在冰箱中冷冻。烧制时，取出泥鳅，倒在一个冷水盆内，待冰块化冻时，泥鳅就会复活。

3. **盐水能使鱼保鲜**。活鱼剖杀后，不要刮鳞，不要水洗。用布去血污后，放在凉开水中泡一小时后，取出晒干，再涂上点油，挂在阴凉处，可存放多日，味道如初。

4. **盐水中冻鱼，鱼不干**。将鱼剖开，取掉内脏，洗净后，放在盛有盐水的塑料袋中冷冻。鱼肚中再放几粒花椒，鱼不发干，味道鲜美。

◎青菜汤比青菜更有营养价值

许多人爱吃青菜却不爱喝菜汤，事实上，烧菜时，大部分维生素溶解在菜汤里。以维生素C为例，小白菜炒好后，维生素C会有70%溶解在菜汤里。新鲜豌豆放在水里煮沸3分钟，维生素C有50%溶在汤里。

各种新鲜蔬菜中，含有大量碱性成分并易溶于汤中。常喝各种菜汤，可使体内血液呈正常碱性状态，保持酸碱平衡，防止血液酸化。可使沉积于干细胞中的污染物或毒性物质重新溶解后随尿液排出体外。

饭后喝菜汤是比较科学的，有益于防病，促进健康，值得提倡。但在做汤时不提倡添加调味品，应尽量保持原汁原味，少放盐。

◎炒菜时下菜须及时

一般烹调者在烧菜时习惯锅中

油冒烟时才下入原料，认为这样炒出来的菜才会香，其实这样做有很多害处。油锅一旦冒烟，表明油温已经超过200℃。在这种温度下，油中的脂溶性维生素破坏殆尽，人体各种必需的脂肪酸也大量地氧化。而且当食品与高温油接触时，食品中的各种维生素，特别是维生素C也大量损失。

食油在高温中会产生一种丙烯醛的气体。它对鼻、眼黏膜有强烈的刺激作用，使人流泪甚至造成头晕、恶心、厌食等不良反应。烹调时，油锅温度不要超过200℃。不能让油锅冒烟，少用煎炸烹调方式，选用精制油作为食用油。

炒菜起锅，油的温度最好控制在180℃以下，同时厨房要注意通风，以降低室内空气的污染程度。这样对炒菜人和吃菜人的健康都有利。

◎熬汤怎么用水最合适

热气腾腾、香味四溢的汤是很多人都喜欢的。但是，熬汤所用的水也非常重要。水温的变化，用量的多少，对汤的营养和风味有着直接的影响。既不直接用沸水煨汤，也不中途加冷水，以使食品的营养物质缓慢地溢出，最终达到汤色清澈的效果。

熬汤不宜用热水。如果一开始就往锅里倒热水或者开水，肉的表面突然受到高温，外层蛋白质就会马上凝固，使里层蛋白质不能充分溶解到汤里。此外，如果熬汤的中途往锅里加凉水，蛋白质也不能充分溶解到汤里，汤的味道会受影响，不够鲜美，而且汤色也不够清澈。

鸡、鸭、排骨等肉类煲汤时，先将肉在开水中氽一下。这个过程就叫出水或飞水，不仅可以除去血水，还可去除一部分脂肪，避免过于肥腻。

◎煲汤时间越长越没营养

很多人喜欢小火煲汤，而且一煲就是一整天，认为这样食物的营养才能充分地溶解到汤里。其实，这一做法并无科学依据。

煲就是用文火慢慢地熬煮食物，煲可以使食物中的营养成分有效地溶解在水中，利于人体消化和吸收。但是，在长时间高温下烹煮，食物中的很多物质会发生改变，甚至遭到破坏。

煲汤时，肉类食物的烹煮最好不超过120分钟，加入中药后煎煮的时间要控制在40分钟之内。青菜要在汤煲好后再放，否则营养将受到不同程度的破坏。

食物中的营养，一般是碳水化合物、脂肪、蛋白质、维生素和微量元素等。在烹饪过程中，时间越长，其温度就会越高。如果加热时间过长，氨基酸遭到破坏，营养反而降低。同时还会使菜肴失去应有的鲜味。而且维生素损失得就越多。

◎肉类食品的烹饪技巧

不粘锅具有轻便、易清洗等优点，受到许多家庭的青睐。但它却不能烹调肉类食品。

这是因为，不粘锅涂层的主要成分是聚四氟乙烯，它有一个先天缺陷，就是结合强度不高。不粘锅并未被聚四氟乙烯涂层完全覆盖，酸性物质容易腐蚀金属机体。机体一旦被腐蚀就会膨胀，从而把涂层胀开，导致涂层大面积脱落。

不粘锅在高温 260℃以上才会产生有害物质，小火、不爆炒的情况下使用不粘锅是安全的。但是按照中国人的烹饪习惯，锅内温度至少也在 300 ～ 500℃之间，加上肉类食品本身含油比例很高，温度容易迅速升高，使锅表面附着的化学物质释放出有毒物质。

除了不能烹调肉类，不粘锅也不能制作蛋、白糖、大米等酸性食物。另外，像西红柿、柠檬、草莓、山楂、菠萝等酸味食物，也不宜使用不粘锅。

◎不同的菜用不同的锅

目前市面上有不粘锅、铁锅、不锈钢锅、陶锅、瓷锅、紫砂锅、纳米技术锅等各种各样的锅。而在做不同的菜时，也要选用不同的锅。

砂锅内壁如果有色彩，则不宜存放酒、醋及酸性饮料和食物。同时，砂锅的瓷釉中含有少量铅。所以新买回来的砂锅，最好先用 4% 食醋水浸泡煮沸。这样可去掉大部分有害物质。

不锈钢若长期接触酸、碱类物质，也会起化学反应，使其中的微量元素被溶解、释放出来。因此，不锈钢餐具和容器不应长时间盛放盐、酱油、菜汤等，也不能用来煎煮中药。

铝锅使用有说法，铝会大量溶出，长期食铝过多，会加速人体衰老，对健康不利。铝餐具更不能和铁餐具一起用，两者发生化学作用会导致更多的铝离子进入食物，对人体健康影响很大。

锅具用毕之后，最好立即清洗干净。不要留着食物或油在里面，到下一餐或隔天才清洗。以免油脂污垢一点点渗入锅面细孔，积久了更难清洗干净。

◎烧菜、煮粥时不能放碱

为了使食物发粘好吃，一些家庭在烧菜时有放碱的习惯，。这是一种很不好的习惯。因为杂粮和蔬菜中含有丰富的维生素 B_1、B_2 和维生素C 等，它们都是喜酸怕碱的物质。大米和面粉中，所含维生素 B_1 较多。有人曾做过试验，在 400 克米里加 0.06 克碱熬成的粥，有 56% 的维生素 B_1 被破坏。

豆类食物中含有丰富的维生素 B_2，豆子不易煮烂，放碱后烂得快。但这样会使维生素 B_2 几乎全部被破坏。一个人每天只要吃 150 ~ 200 克大豆，就足够满足身体对维生素 B_2 的需要了。如果经常在食用的豆类食品中放碱，就会引起阴囊瘙痒发炎、烂嘴角和舌头发麻等不适。

蔬菜和水果中维生素 C 的含量最多。维生素 C 本身就是一种酸，碱对它起破坏作用。人体内如果缺乏维生素 C，会使牙龈肿胀出血，易得坏血病。

杂粮中还有较多的维生素 B_1，尤其在大米和面粉中。在做粥时，如果经常放入碱，就会使身体因缺乏维生素 B_1 而发生脚气病、消化不良或浮肿等。

◎白开水三天后不宜饮用

白开水不仅能解渴，而且不含卡路里。最容易透过细胞促进新陈代谢，调节体温，增加血液中血红蛋白含量，增进机体免疫功能，提高人体抗病能力。但是，要注意的是，白开水超过三天之后就不宜饮用。

水储存过久，就会被细菌感染产生亚硝酸盐。装在保温瓶里的开水变温后，细菌繁殖得更快，还原的亚硝酸盐更多。亚硝酸盐一旦大量进入人体，能使组织缺氧，出现恶心、呕吐、头痛、心慌等症状，严重的还能使人缺氧致死。亚硝酸盐在人体内还能形成亚硝胺，促发肝癌、胃癌等。

凡在炉灶上久煮和在热水瓶内久放的开水，其中所含的微量元素和亚硝酸盐都会升高。这些物质对人体有致癌的潜在危险。

◎油炸食品越薄越有害

食物经高温油炸，其中的各种营养素会被严重破坏。高温使蛋白质被炸焦变质而降低营养价值，高温还会破坏食物中的脂溶性维生素，如维生素 A、胡萝卜素和维生素 E，妨碍人体对它们的吸收和利用。长期食用，人会出现嗜睡，情绪与记忆改变，产生幻觉和震颤等症状，并伴随末梢神经疾病。

油炸食品越薄对身体的危害就越大。食物切得越薄，在油炸时接受的温度就越高，产生的有害物质如丙烯酰胺等就越多。同样是以土豆为原料的食物，薯片的丙烯酰胺含量就比薯条高 10 倍。

许多人都爱吃炸薯条、炸薯片，还有许多人早餐爱吃又薄又脆的油饼。老人新陈代谢缓慢，儿童的身体尚在发育中，解毒能力较差，皆不宜长期吃油炸食品。油炸会破坏食物的蛋白质、维生素和矿物质等营养成分，而变成高热量、高脂肪食物，不仅易引发肥胖、高血压等疾病，对本身较胖的中老年人和患高血脂、高血压、心脑血管病及糖尿病等慢性病的人来说，也无异于雪上加霜。

因为身体是一个有机的平衡体。我们每天吃的食物中，如茶叶、石花菜、西红柿等，含有大量抗癌的物质。科学证明，大量食品中的抗癌物质可以抵消一部分油炸食品中的有害物质，新鲜的蔬菜和水果还有一定的解毒作用。

◎巧除蔬果的农药残留

日常生活中大家都离不开蔬菜和水果，但是这些蔬菜水果中的农药问题也很令人头疼。为了降低摄入残留农药蔬果的几率，可以采用以下的方法。

1. **冲洗法**。清除附着在菠菜、鸡毛菜等叶菜上的农药。可将菜放在水槽或脸盆里，一边冲、一边洗、一边排水。即流水洗菜，反复冲几次，可有效地将残留农药冲洗掉。冲洗中要注意节水。

2. **碱水浸泡法**。将瓜果蔬菜在食用碱水中浸泡 5 ~ 15 分钟。可以去除蔬果表面所含的有机磷杀虫剂。但在浸泡后，注意要将碱水冲洗干净。

3. **储存法**。空气中的氧气，有分解部分农药的作用。因此可以通过延长存放时间的方法。将一些可以存放的蔬菜和瓜果放置 1 ~ 3 天后再吃，以减少一部分农药残留的毒性。

4. **加热法**。氨基甲酸酯类杀虫剂随着温度升高分解加快，对芹菜、菠菜、小白菜、豆角等蔬菜可以采用这种方法。将蔬菜在沸水中煮 2 ~ 5 分钟，可去除 90% 以上残留农药。

5. **去皮法**。因为农药残留基本上是在蔬菜瓜果的表面，削去外皮对于去除农药残留来说，当然是很有效的。

6. **淘米水清洗法**。农药多呈酸性，遇碱性物质会因中和作用失去部分毒性。而淘米水呈弱碱性，可起到解毒作用。将买回的蔬菜水果先用清水冲一遍，再放入淘米水中浸泡 30 分钟，然后用清水漂洗干净，也可以清除农药残留。

◎在厨房巧健身

一日三餐进厨房是家庭主妇无法逃避的，既费时间又很劳累。如果您在厨房干活的同时，充分利用现有条件，做些简单的健身活动。就能使身体得到调节，减轻疲劳感，心情也会轻松许多。以下介绍几种活动方法：

1. 走进厨房先在墙边停一下，后脑勺、肩膀、臀部和脚后跟贴墙而立，会有一种轻松愉快的感觉。

2. 从墙柜上层取东西时，要让双手从两侧向上举起，手掌朝里，抬起脚后跟，探起身子，眼瞧着手，然后再取您所需要的东西，您就会有舒展感。

3. 从电冰箱或柜子底层取食品时，请不要俯身弯腰，而应蹲下来取。最好重复 2 ~ 3 次，要有弹性感。当您站在灶前做饭时，可将头前后摆动几次，再左右摇动几次，使颈部得到放松。

4. 煎食物不能离开灶火旁时，可把手掌放在后脑勺，胳膊肘朝两边分开，再向后弯腰，尽量使肩胛骨靠拢。

5. 长时间地切菜或揉面，可将双手下垂，放松肌肉，抖动抖动手腕，能减轻手的疲劳。

6.拿擀面杖擀面之前，请您先不要急于干活，可利用擀面杖做2～3分钟的活动：

（1）双手握杖，放在背后，左右转动身体几次；然后将擀面杖举起，俯身向前（不要低头）；再将身体挺直，向后弯腰。

（2）背对墙，离墙一步远的地方站立，双手握擀面杖，向上举起，再向后弯腰，使擀面杖触及墙壁。

（3）向前俯身，双手握擀面杖向前平伸；然后做几次向后拉的动作，身体不要伸展。

7.在厨房里尽量多走动几下，做一些简单的跳舞动作，就会有轻松感。

◎速冻食品最好买带包装的

很多人喜欢到超市选购散装的速冻食品。因为散装的冷冻食品比起有包装的食品来，价格较低廉实惠。但是这些散装冷冻食品的卫生和保质期问题却隐患多多。

速冻食品的保存对冷冻温度要求很高。而裸露在空气中的食品则会存在很多卫生问题。一旦温度高于零下10℃，保质期将大大缩短，摆放三五天就有可能变质。

一些超市对速冻食品的储存温度，根本达不到国家规定的零下18℃的标准。这样很容易导致速冻食品的霉菌超标。人食用后会引发霉菌性肺炎和过敏性支气管炎等疾病。速冻散装食品直接暴露在空气中，还容易发生水分蒸发、干裂、油脂氧化、酸败等现象。

由于散装速冻食品存在的一些问题很难避免。同时对其生产日期、产品含量及卫生状况的监控也存在一定难度。因此购买速冻食品时最好还是选择有独立包装的产品更为安全。

Part6

这样生活最惬意

——营造情趣舒适的快乐生活

第一节

房屋的选购与布置

一、购房小窍门

◎购房不上当小窍门

将自己多年积蓄拿出购房的时候，必须慎重，目前卖方市场尚未规范，因此购房需要十分小心。

若想购房不上当，首先要看售房方是否“五证”俱全（以北京市为例）：

1. 北京市计委立项批复证。
2. 建设工程规划许可证。
3. 国有土地使用证。
4. 建设工程开工许可证。
5. 北京市商品房销售许可证。

五证齐全，才能考虑购房，其他城市或地区也都有相似规定，购房前，一定要了解彻底。

◎住房有困难可申请廉租房

国家住建部《城镇廉租住房管理办法》已出台。城镇常住居民可申请廉价的普通住房，但必须是家庭收入最低无力购房的人。您可以向您所在的区县房地产管理行政主管部门提出申请，按照住房困难的程度和登记顺序等条件，经综合平衡后轮候配给。这是政府对人民生活关心的一项举措，也是解决城镇常住居民最低收入家庭住房困难的主要途径。

◎限制房不能随便买

下列房屋的买卖要受到国家规定的限制，不能购买。

1. 违章，违法建筑的房屋不能买卖。
2. 房屋使用权不能买卖。
3. 房屋产权有纠纷或产权不明确的房屋不能买卖。
4. 著名建筑或文物古迹等保护房屋不能买卖。
5. 国家需要征用或已确定为拆

迁范围的房屋，禁止买卖。

6.享有国家或单位补贴廉价购买或集资建造的房屋有一定的限制，一般也不能买，以避免麻烦。

7.单位擅自购买的私房。

8.教堂、寺庙和庵堂等宗教建筑。

◎楼房购买哪层最好

对于楼高五六层的楼房来说，金三银四。即三层、四层。对于十几层或者二十几层的高层住宅来说就不能用这个标准来衡量。每层有每层的特点。您得从各方面因素综合考虑才好。

底层的特点是出入方便，房价比较便宜，但采光、卫生差一些。中层相对干燥，景观好，但价格较高。高层清静，视野开阔，但电梯出入多受限制。顶层夏天较热，视野模糊，有时会漏水，但价格低廉，无干扰之苦。

◎购房一定要看好

售房广告现在五花八门，令人眼花缭乱。明明没有多少人买的房子，却说欲买从速，还剩下最后几套了。还有一些楼价最低，不过却是朝向、楼层最差的一套。明明离市区很远的，却说离得很近；明明离景点也特远，却说风景秀丽；明明是破砖烂瓦的一个大工地，却说是绿茵如烟的绿色环保环境。所以，买房的时候一定要实地考察，不要轻信广告的胡吹乱侃。要选那些诚信的房地产公司的房子，才能买到称心房。

◎购买二手房需注意

很多人想购买二手房，认为二手房价格应该便宜得多。但是二手房市场情况复杂，一不小心，就会出现麻烦。因此，购买二手房时，卖主应该出示产权证书、身份证件、资格证件及其他证件。产权证件包括房屋所有权和土地所有权证，身份证明包括身份证、工作证和户口簿。

购买二手房，买家除了看卖家出示的有关证件外，还应该向有关房产管理部门查验产权的来源和产权记录，包括房主、档案文号、登记日期、成交价格等。

还需要查验房屋有无债务。买主还应该了解二手房有无抵押，房屋有否被法院查封。还要了解是否是房改房，因为房改房是职工以标准价买的，应在补交房价后才能获得产权。

◎购房怎样请律师

买房子找律师，您不会吃亏。如何聘律师，何时请律师：

首先，选择专业的房地产律师。专业律师对房地产市场有较深了解。能为购房人提供法律服务，还能提供价值分析。律师介入越早越好。律师介入越早，购房人的利益越有保障。签订委托代理协议出具授权委托书。购房人应与律师签订委托代理协议（包括委托人姓名、律师姓名、具体委托事项、委托代理权限、律师费的支付及双方其他权利义务等。）

其次，购房人向律师出具授权委托书（包括委托人姓名、住址、律师姓名、律师代理权限、代理期限等），之后，律师依法尽职责为购买人办理具体的购房事宜。

◎买房都看什么

1. **看房屋质量**。了解房地产设施、施工单位的资格是否符合国家有关标准、规范。通过质量验收、质量监督机构的核验和综合验收是否达标。国家按照商品住宅性能评定方法和标准将住宅划分为由低至高 1A（A）、2A（AA）、3A（AAA）三级，3A 最好。

2. **看开发商的实力和信誉**。开发商必须符合资质等级的要求，住宅的开发建设符合国家的法律、法规和技术，经济规定以及房地产建设程序的规定。

3. **看合同签定**。房地产商应向购者出示五证（前面已介绍）。此外提供《商品住宅质量保证书》、《商品住宅使用说明书》。购房人要谨慎签订定金条款，并明确合同条款所涉及的各项内容。

◎购期房避风险需注意

1. 开发商的信誉、实力和对物业管理的承诺。

2. 购房者资金千万别一次性投入。

3. 购期房要选好时机。

4. 注意周围环境，并核实之后，才可谨慎购房。

5. 会看项目。对于开发商精心选取的这个园、那个苑，不要被名字所迷惑。就当它是 1 号房、2 号房，千万别主观或被误导以为某某花园，一定是个花园，那可能错了。

6. 会识地理位置。所有房地产广告就会画个位置示意图，越画越艺术，仿佛个个毗邻天安门。其实，能差几十里路，您只有对照地标，在真正的地图查找，您才会知道这楼盘的位置。

7.看清价格。购房人应弄明白是均价还是起价，如果是起价，是楼盘房屋的最低价格，而实际价格，会因楼层、朝向、户型以及施工进度而增加。当然没有人买，也会下调。还要弄明白是美元还是人民币，部分外销房是以美元标价的。要看清价格。

8.会辨外观图。您得将漂亮的外观图看清楚，是实景图还是效果图。千万别将效果图当成实景图，那是电脑拟制的，别当真。否则，您会失望的。

9.别迷户型图。户型图对购房人有吸引力，但是您可别被他迷住，亲自去看看。因为有的户型图，比例明显不当，感觉上会比实测中空旷得多。

10.了解开发商购房人。看房地产广告时，一定要看广告中有哪些是值得信赖的企业。如果您对广告中列出的开发商或其他参与项目单位从不了解，别轻易购房，先了解一下再说。

11.别被优惠迷眼。目前房地产广告中都登有项目的优势与优惠，却从来看不到该项目的弱势与弱项。聪明人您得想想是真是假，别被什么机不可失之类的优惠所迷惑，购房人更别为这优惠而心动，那一小点的优惠对大量的购房款来说算个啥，千万别为蝇头小利，将老本栽进去。

12.资质证号很重要，如果广告中没有资质证号，如京房市内证字第XX号，只说保证产权您可别买。授予产权是一种政府行为，开发商是没有什么保证一说的。

13.仔细看按揭。购房人根据自己的经济状况选择付款方式。很多广告中都会标明按揭哪家银行、多少年、利息如何。您向专家咨询一下贷款政策和知识，然后仔细算算，哪种方法合算。

14.其他也别忘广告中还有绿化、物业、保安、热水等许多承诺。如果现房，应亲自查看，如果是期房则别信广告之词、无凭无据，您在签合同时，还真别忘了这些内容。

◎购房要关注电

购房是大事，更是一项系统工程，哪个环节您没在意，都会出现麻烦。在决定购房前，别忘了问问住宅配电情况。一般来说，关于电需要关注的包括以下内容。

1.**住宅电路负荷**。应选择一些设计负荷在5千瓦以上，电表容量为40A的新住宅。

2. 室内分支回路数量。您最好选择有5个回路以上的新居。

3. 室内插座数量。您最好选择插座数量不少于18个的新住宅。

4. 住宅线路导线材质及截面。按国家规定，住宅照明和插座铜线截面使用2.5平方毫米，电表前铜线截面应选择10平方毫米，而空调等大功率家用电器的铜导线截面至少应在4平方毫米。导线材质应为铜导线。

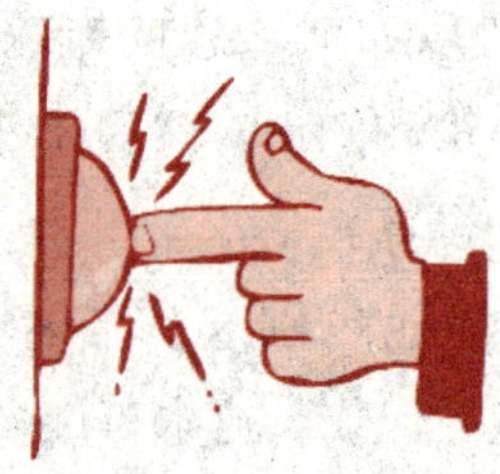

◎公积金、按揭，哪种贷款更合算

1. 从可贷资金的来源来看，公积金暂不会排队等候。

2. 从申请贷款的资格来看，按揭贷款更宽松，外地人也可以申请。

3. 从能够取得的贷款金额来看，公积金贷款更适合购买经济适用房。公积金贷款有数额限制，按揭只与房屋总价挂钩，即最高不超过房价的80%，无其他上限规定。

4. 从贷款的期限来看，两种贷款从理论上均可申请30年，但实际贷款期限各银行不一样。

5. 从贷款的利率来看，公积金的利息负担要比按揭贷款少。

二、室内布置与装饰技巧

◎家装时注意事项

1. 不要装成宾馆饭店的豪华套间，家要温馨。

2. 不要请不正规的装修队。

3. 不是工期越短越好。

4. 买材料不是越便宜越好。

◎人多房小巧布置

房间布置合理，会使我们居住适宜，心情愉快。人多房小的住户应该用心合理布置房间，效果会更好。以下几点可供参考：

1. 家具安排应充分利用地面面积，尽量不使屋拥挤，具体措施：家具要小、少、实用一些。

2. 陈放应充分利用空间，尽量使用组合家具。将具有实用价值的组合柜一个个往高叠，不让其占有更多地面空间。

3. 室内墙面、地面，家具的色

彩要注意协调，用色不要太杂乱。但地面和家具颜色不要太接近，否则影响家具的明快感。

◎厨房色调巧搭配

装饰厨房选择材料颜色的原则：地面宜取深色调，它耐脏，且有重心稳定的感觉。

橱柜的色调有多种，可根据个人爱好选购，现代派选白色；传统式多用鹅黄和樱桃色。

厨房是备餐的地方，厨房大也可作为进餐的地方，选取黄色调较好，可以产生联合效应增加食欲。因为食物多黄色，可调动食欲。

◎装修不要随便

现代住宅都很重视装修。但装修一定要找合法的装修公司，虽然价格稍贵一些，但是施工质量有保证，万一出现不满意的地方，可以按合同要求返工或修补。找正规的装修公司，房屋使用时安全也有保障。路边施工队，价格虽然便宜，但伙计粗糙，多偷工减料，出现质量问题，无处找人维修。而且您不了解底细，会招致偷窃财物甚至杀身之祸。因此，装修找合法公司是安全和质量的保证，千万别贪小便宜吃大亏。

◎房间变大小窍门

1. 巧用镜子。在房间走道的尽头或窄房间的墙壁上，装上一块大镜子。通过镜子的反射作用，会感到房间比原来大得多。如果在门的背面装上一块和门等大的镜子，不仅房间显得大，而且还有无门的感觉，更妙的是出门前整理仪表，每天都会整洁，端装而大方。

2. 巧用布置。房间小，可在墙壁上挂一幅森林、花园、海洋等景深的绘画，会感觉房间开阔，而且显得很有艺术品味。

3. 巧用线条。房间若短，可在墙壁的下部装一组横向联合线条，看上去房间显长；房间若矮，可在两边墙壁上装上直线条，看上去房间显得高些。

4. 巧用涂料。房间涂上明快的淡色彩，看上去房间十分敞亮。

5. 巧用隔断墙。如果几个房间都很小，可将隔断墙涂上浅色调而且颜色一样。这样形成大房间的错觉。

6. 巧用装饰布。装饰布用得好，特别是多个小房间选用同样的装饰布会使房间变大。而且同房间的装饰布颜色式样要一致，才会有整体的感觉。

7. **巧用摆件**。房间小，摆件要少而精。会使房间显得雅致，宽敞，有品味。

8. **巧用玻璃家具**。桌子、茶几等表面采用玻璃板，半透明的家具表面在视觉上有扩大空间的作用

9. **巧用直条花纹布**。房间小，床罩可选择平行直条花纹布的图案。沙发套也选择同样直条花纹布，在视觉上也有拓宽房间的效果。

◎使房间明亮、雅致小窍门

中国人居室喜欢淡雅，因此多用淡色墙面。而外国人居室喜欢富丽，因此喜欢深色调的颜色。中国人多用淡色小花作窗帘、床罩、桌布，再与墙面淡色相匹配，显得居室明亮、雅致。若在墙上挂一幅山水画或一张个人墨宝，花瓶中插上一、二枝鲜花，配以吊灯或壁灯，居室虽小，明快雅致、韵味无限。

◎铺地面小窍门

1.将地面弄平、擦净。将一块块塑胶地板块四边粘上双面胶，拉直线一块块拍在地上，缝隙小，平整，若按图案拼贴，地面十分漂亮。这些简易地面铺装窍门，适合投资小、临时租用房的地面装饰。

2.块板的铺装，要事先选择色调，表面均匀、花纹好的块板可拼装在露出的地面上。按个人喜好，拼立体、人字、花瓣、菱形、罗席纹等图案。色彩不均的便宜块板，可放在床下，家具下面，这样既漂亮，又经济。

3.铺装块板，宜从地面对角线的交点或十字中线的交点铺起，向四周扩散。这样可保证图案的方正和平直。

◎家具打蜡小窍门

先把家具灰尘抹去，取来上光蜡喷擦在家具表面上。稍干后，用干擦布反复用力擦拭，直至光亮后停止。

夏天，每隔十几天打一次蜡，冬天次数略多些，这样能使家具光泽常闪，崭新如初。

◎地板打蜡小窍门

木地板打蜡，可防虫蛀，防潮，防开裂。用涂料装修的水泥地面，拖净后，也可以用打蜡刷把地板均

匀涂蜡。10分钟后，再用干擦布或打蜡的刷子反复擦拭数次，直至地上出现光亮为止。每隔1个月或2个月上一次蜡，用量可减些，第一次上蜡略多些。每30平方米的地面，可打300克地板蜡左右。房间地面打蜡以后，光亮滑爽，干净舒适，且不用常拖，用软布轻轻一擦，即很干净。

◎巧挂窗帘可防晒

炎炎夏日里，人们总会想出很多办法给居室降温，窗帘就是家中的清凉主角之一。巧挂窗帘，不但能阻挡强烈的阳光，还能为居室留下足够舒适的自然光。

1. **东边窗户**。挂垂直帘。向东的窗户给人始终是温暖、明亮的感觉。伴随着太阳东升，东边房间的窗户能迅速聚集大量光线，热能也会通过窗户的金属边框迅速扩散开来，气温由夜间的凉爽迅速地转为白天的炎热。因此，东边的窗帘最好能让清晨醒来的主人感受到柔和的光线。具有柔和质感的垂直帘能通过淡雅的色调和柔和的光线，让主人享受一天里第一缕美好的阳光。

2. **南边窗户**。挂遮光帘。南边的窗户一年四季都有充足的光线，可采用遮光帘。白天的时候，展开上面的帘，能透光，赏景色；晚上，拉起下面的帘，强遮光性和强隐秘性让主人可以尽享夜晚的宁静。

3. **西边窗户**。百叶帘、风琴帘、百褶帘、木帘。夕阳西下虽然很美，但也是一天中温度最高的时候。因此，西边的窗户应经常关闭，或予以遮挡，可尽量选用能将光源扩散和阻隔紫外线的窗帘，给家具一些保护。

4. **北边窗户**。挂布质垂直帘、薄一点的透光风琴帘、卷帘。如果光线从北面进入家中，会显得十分均匀而明亮，是最具情调的自然光源之一。所以在窗帘选择上一定要选用耐用不易褪色的材料。北边窗户最好选择高透明度的窗帘，而忌用质地厚重的深色窗帘。

◎窗帘布中的甲醛污染

甲醛来自于家庭装修使用的人造板、复合地板或者家具，事实上，窗帘也可能会造成甲醛污染。每一种纺织品，只要与印染机结缘，都会含有甲醛，只是含量和挥发性不同而已。含量大的，挥发性就强；反之，就弱些。

在纺织生产中，为了改善织物

的抗皱性能，提高纺织品的防水性能、耐压性能以及提高色牢度、改善防火性能等，在织物中常加入人造树脂等常用助剂。而在纺织品印染和整理过程中，还要加入各种染料、助剂、整理剂，其所含的树脂中就含有甲醛。这些含有甲醛的树脂在整理完成后还会有残余，就会释放甲醛。当窗帘长时间暴露在空气中并不断受到强光照射时，也会释放出甲醛。这些甲醛不但使人皮肤过敏，还会损害呼吸系统，造成咳嗽不止或者憋气，长期吸入还能伤害肝脏，诱发癌变。

◎防止窗帘甲醛污染小窍门

在进行室内装饰装修时，购买窗帘布时要注意：

1. 闻异味。如果产品散发出刺鼻的异味，就可能有甲醛残留，最好不要购买。

2. 挑花色。挑选颜色时，以选购浅色调为宜，这样甲醛、染色牢度超标的风险会小。

3. 看品种。在选购经防缩、抗皱、柔软、平挺等整理的布艺和窗帘产品时也要谨慎。最好向供货商索取一份《质量保证书》，从中查验甲醛等污染物的含量比例以及对人的伤害程度。

买回来的窗帘应先在清水中充分浸泡、水洗，以减少残留在织物上的甲醛含量。水洗以后最好把窗帘布在室外通风处晾晒，然后再用。如果房间窗户比较多，可以选择不同材料的窗帘，比如百叶帘、卷帘等等。

◎房间颜色不宜超过三种

在现代装修中，房间颜色的调配大有学问。协调的配色不仅可以让家居充满浪漫温馨，而且更让家人心情愉悦。颜色的使用还会对健康产生影响。

一个房间内的颜色不宜超过三种，以防造成视觉污染。颜色过滥会对人的视觉神经造成刺激，自己会逐渐感到不舒服。颜色很能影响情绪，容易引起兴奋、失眠等。所以，要避免一时看着好看而随意的选色。

要配合居室功能选色彩，客厅要开放热情，卧室要宁静安逸，儿童房要活泼明快，书房要典雅平和。

◎床垫需半年翻一次

很多人都喜欢睡席梦思床垫，因为它柔软舒适。但过了几年后，却会感觉越睡越累，往往是一觉醒来腰酸背痛，全身不舒服。一检查床垫才发现，上面已经被睡出了坑。为了保证自己睡个好觉和不影响骨骼的健康，很多人一般都选择了换新床垫。

其实，一张品质优良的床垫，若使用得当，保养得法，可以延长使用年限。根据弹簧床垫的特点，新床垫在使用的第一年，可以每2～3个月调换一下正反面或摆放方向。使各部位受力均匀，以维护床垫弹性的均衡，避免局部弹性缺乏。之后约每半年翻转一次即可。使用床垫时，应套上床单，定期用吸尘器清理床垫，并适时晾晒，保持干爽，以延长床垫使用年限。

◎选择床垫小窍门

在选择床垫时，可以购买带有外罩的，这种外罩一般都带有拉锁，方便拆下来清洗。如果有条件的话，也可以在床垫和床单之间加一层保洁垫，既防止潮气进入床垫内，保持其清洁干燥，又易于清洗。

◎床的摆放有学问

要保证良好的睡眠，除了床要舒适以外，床的摆放也很讲究方法。以下几点可供参考：

1. **床不宜东西朝向。**地球磁场的方向大致为南北向，对铁、钴、镍等金属具有很强的吸引力。人体血液内存在大量的铁，睡眠时东西走向会改变血液在体内的分布，特别是大脑血液的分布，从而引起失眠或噩梦，影响睡眠质量。

2. **不宜靠近家电。**家电工作时会产生电磁波、辐射，对人体健康有不良影响。如果空调靠近床头，产生的气流也会影响睡眠质量。

3. **不宜太靠近窗户。**床摆放在窗下会增加睡眠者的不安全感，如遇大风、雷雨等天气，不安全感觉更为强烈。

4. **不宜太靠墙角放置。**靠墙角放置不但上下不便，而且空气不易流通，被褥容易受潮，夏季使人感到闷热。床的摆放位置最好是床头靠墙，两侧留出活动通道，上床下床、铺床叠被都很方便，被褥吸收的潮气也容易散发。

5. **床的四周不宜摆放镜子。**睡梦中醒来的人都会有短时间的迷糊，光线较暗时猛然看到镜中自己或别人的影子，容易受到惊吓，对身体绝无好处。

6. **床面不宜太低。**大部分的细

菌病毒都沉积在不流通的、离地面三四十厘米的空气下层。人体在睡眠时的抵抗力比清醒时稍低，床面低于五十厘米，就特别容易致病。

除了放床和床头柜外，卧室里最好别再放其他家具，洁净、宽敞的感觉有助于坦然入睡。反之，杂物拥塞，空间狭小，会使人有闭塞之感，不利于睡眠。

◎最有利于睡眠的盖被子方法

舒适的被窝是人们劳累一天之后最向往的地方，很多人却不懂得盖被子的合理方法。实际上，被窝环境不仅影响睡眠质量，还会影响人体的舒适度和健康状况。

寝室的温度、湿度、光照等都会对睡眠产生影响。一般人睡觉时室内温度在 20 ～ 23℃最为适宜。如果室温不到 20℃，人会因冷而蜷曲身躯并裹紧被子，超过 23℃就会蹬被子。

能否迅速入睡与被窝温度有非常密切的关系。据研究，被窝温度在 32 ～ 34℃时人最容易入睡。被窝温度低，需要长时间用体温捂热。不仅耗费人体的热能，而且人的体表经受一段时间的寒冷刺激后，会使大脑皮层兴奋，从而推迟入睡时间，或是造成睡眠不深。

被窝内相对湿度保持在 50%～60%最好。被子厚薄要适中，一般以 3 千克为宜。被子过轻，达不到隔热、保暖的效果；被子过重，会使肺活量减少，醒后易疲劳，还容易着凉。

被子不能漏风，否则会觉得很冷，最好的办法就是盖大一些的被子。睡觉时被子不要裹成筒状，被子与身体间要有一定的空间。另外，单层被子太薄不保暖，太厚不舒服，如果盖两层纯棉薄被子，保暖效果和舒适程度最好。

人体睡眠时要排出汗和一些异味，因此，被褥要经常晾晒，最好的办法就是在阳光下晾晒，平时要经常摊开通风。

◎床罩颜色合理选择

床上垫的、铺的、枕的、盖的，选用是否得当，与人体健康有着密切的关系。床罩的颜色选择，带给你的绝不仅是体面可人的外观，更是自由自在的心情，是一夜安眠的体验，对健康有着重要的影响。

棕色的家具可配淡红色等暖色调的床罩，奶黄色墙面应该配浅棕色有花纹图案的床罩。这样会使人产生美观活泼的感觉。

空间较大的卧室选用浅咖啡色大花形图案的床罩，可以减轻空旷之感。老年人的居室用浅橘黄色的床罩，能使人精神振奋，心情愉快。

情绪不稳容易急躁的人，居室宜用嫩绿色床罩，以便使精神松弛，舒缓紧张情绪。

倘若居室主人患有高血压或心脏病。最好铺上淡蓝色的床罩，以利于血压下降、脉搏恢复正常。

春夏两季，气温相对高些，床罩的颜色应选择清新淡雅的冷色，质地应选择较薄一些的面料；而秋冬两季气温下降，天气寒冷，床罩的颜色应趋向暖色，在质地上应该选择较厚的面料。

◎巧晒被子

选个晴天，把被子拿到阳光下晒一晒，。不仅能杀灭被子中的有害微生物，还可以使棉纤维舒展蓬松。晒完被子后，用手反复拍打才能去掉灰尘，使被子蓬松。其实这样的做法并不科学。

棉被的纤维粗短易碎，用力拍打会使棉纤维断裂变成粉尘从棉层里跑出来；合成棉被的合成纤维细而长，容易变形，一经拍打，纤维紧缩了就不再复原，成为板结的一块；羽绒被拍打后，羽绒会断裂成细小的羽尘，会使其蓬松度下降，保暖性能变差。另外，被子经拍打后，表面的粉尘及螨虫的排泄物会飞扬起来，易引起过敏反应。晒好的被子，只要用软毛的刷子轻轻刷一遍表面，去掉浮尘就可以了。

棉被可以直接晒。上午 11 点至下午 2 点，阳光最充足。这时晒一下被子，棉纤维就会达到一定程度的膨胀。而羽绒被和羊毛被不要在太阳下暴晒，在阳台等通风处晾 1 小时就可以了。

阳光中的紫外线在杀死病菌的同时，也会对纤维的纤维素产生氧化作用。棉纤维被阳光长时间氧化后，其保暖性能就会有所下降。因此，晒被子的时间并不是越长越好。

以化纤面料为被面的棉被，不宜在阳光下暴晒，以防温度过高损坏化学纤维。晒被时，可在上面覆盖一层薄布进行保护。

◎卧室内不要放电器

很多人将电器放置在卧室中，而卧室是人们休息的主要场所。而且睡眠时生理机能减缓，人体抵抗力下降。这时如果处于电磁辐射之下，危害更加严重。

只要是电器就会有辐射。在家用电器中，电磁辐射危害较大的有电视机、电脑、组合音响、手机、电热毯、电动剃须刀、电子闹钟等。如果长期睡在高磁场的地方，对身体的不良影响非常大。

电磁辐射不仅会引起心悸、失眠、心动过缓、窦性心律不齐等症状；长期处于高辐射环境中，会使血液、淋巴液和细胞原生质发生改变，影响人体循环、免疫、生殖和代谢功能，严重时还会诱发癌症；对儿童而言，甚至会导致智力残缺和白血病。

所以，卧室里尽量不要放电器，即使要放也要离床远一些，最好在1米以外。睡觉时也不要把电子闹钟、手机等放在枕边，如果要放，至少要离头部1.5米远。

◎哪些花卉不宜放在卧室

很多家庭都喜欢用植物、花卉装点居室，除了美化环境，还能增添很多生活情趣。可以活跃气氛，还可以净化空气，排除居室有害物质。但也有一些花卉对人会产生负面影响，应引起注意，以下花卉忌放在卧室：

1. **月季花**。月季花所散发的香味，个别人闻后会突然感到胸闷不适，憋气与呼吸困难。

2. **兰花**。兰花所散发的香味，久闻会令人过度兴奋而引起失眠。

3. **紫荆花**。紫荆花所散发出来的花粉如与人接触过久，会诱发哮喘症或使咳嗽症状加重。

4. **含羞草**。它的体内含草碱能使毛发脱落。

5. **夜来香**。夜间散发的刺激嗅觉的微粒，会使高血压和心脏病患者感到头晕、憋闷，甚至病情加重。

6. **郁金香**。郁金香的花朵含有一种毒碱，如果与它接触过久，会加快毛发脱落。

7. **夹竹桃**。夹竹桃的花朵所散发出来的气味，闻之过久，会使人昏昏欲睡。其分泌出来的乳白液体，如果接触过久也会中毒。

8. **松柏类的花木**。松柏类的花木所散发出来的芳香味对人体的肠胃有刺激作用。如闻之过久，会影响人们的食欲。而且会使孕妇感到心烦意乱，恶心欲吐，头晕目眩。

9. **洋绣球花**。洋绣球花所散发出来的微粒，如果与人接触，会使有些人皮肤过敏，发生瘙痒症。

10. **昙花**。昙花开花时，如果香气的浓度过高，容易使人产生头晕、恶心等不良反应。

11. **杜鹃花**。各种颜色的杜鹃花都含有不同的毒素。比如，黄色花的植株和花均含有较强的毒素，人接触后就会中毒。白色花含有四环二萜类毒素，接触后会发生呕吐、呼吸困难、四脚麻木等症状。

12. **百合花**。百合花所散发出来的香味如闻之过久，会使人的中枢神经过度兴奋而引起失眠。

13. **一品红**。一品红是一种毒性很强的花卉，全身都是毒，特别是茎叶里的白色汁液能引起人体皮肤红肿，产生过敏反应；人若误食了其茎叶，还会有中毒死亡的危险。

大多数花卉白天在光照下主要是进行光合作用，吸收二氧化碳，放出新鲜氧气；而在夜间则主要是进行呼吸作用，吸收氧气，放出二氧化碳。花卉夜间在室内是与人争氧气的。因此，卧室内不宜过多摆放花卉。

◎卫生间防污染小窍门

很多家庭都比较注意居室的开窗通风，客厅、卧室，甚至厨房都考虑到了，但狭小的卫生间却成了死角。它是人们排泄大小便和清洁洗浴的地方，很容易产生污染。人的大小便排泄物、洗涤的脏水、清洁消毒的化学品、热水器的气体燃烧，往往使卫生间的空气更容易污浊，成为家庭中的一个污染源。

卫生间的环境密闭、湿度大、空间小，也为致病细菌、霉菌、螨虫等有害生物创造了良好的滋生条件。导致产生大量致病源和过敏源，使得卫生间成为最容易让人生病的地方。卫生间的臭气、异味是由硫化氢、甲硫醇、中性硫二醇、乙胺等有害物质组成的气体。这些物质是构成家庭污染的隐形杀手，是健康的大敌。时间久了，易导致头痛、眩晕、困倦、乏力、精神萎靡、记忆力下降、免疫功能降低等。并不同程度地引起神经衰弱和植物神经功能紊乱等病症。

防止卫生间污染最重要的就是保持通风透气良好，排水通畅彻底。确保将污浊之气和污浊之水迅速排除干净，而且不可让下水道的臭气返回室内。

◎新房不宜马上入住

刚刚装修好的房子如果急着住进去，以为是一件很开心的事情，但是，这种做法却对身体健康不利。

装修过房子的人，对甲醛、苯及苯系物之类的挥发性有机化合物恐怕并不陌生。甲醛既是一种致癌物，也是一种很低浓度就可以使人产品过敏症状的刺激剂。各种人造板、新式的家具、墙面及地面的装饰物等，都有甲醛释放。另外，房屋隔热层使用的化纤地毯、塑料地板砖以及涂料、油漆等，也均含有一定量的甲醛。

而苯及苯系物不仅会麻醉中枢神经，同样也可以致癌。另外，建筑材料自身产生的污染也不容忽视，如冬季施工在水泥中使用的防冻剂中，就含有刺激性气体氨，氨会引起各种炎症。还有各种石材中含有的放射性气体氡，可引起呼吸道疾病和肺癌等。由于建筑、装饰材料和家具中甲醛释放是一个缓慢的过程，所以装修完后一定要每天通风换气，以保证房间中有足够的新风量，待各种挥发性的有毒物质都挥发完毕后，才可入住。

◎不要把电冰箱当保险柜

很多人将电冰箱当成保险箱和方便柜。将许多食物放进去保存，认为这样就可以将食物安全保存，其实这是很危险的。电冰箱冷藏室的温度一般在0～5℃，虽然这一温度对食物有保鲜作用，对大多数细菌也有明显的抑制作用，但并不能杀死细菌。尤其是对大肠杆菌、金黄色葡萄球菌、伤寒杆菌等细菌来说，正是它们繁殖的适宜温度，可造成食物污染和变质。而且一旦将食品拿出冰箱，细菌在室内常温下便迅速生长、繁殖。

◎电冰箱的正确使用

1.定期清洗冰箱。电冰箱是一个密闭的空间，细菌易于繁殖，因此，定期清洗可以减少冰箱内的细菌。

2.生熟食物不宜放在冰箱中的同一格内。

3.食物存放时间不能太长。试验证明，冷藏后的食物，在冰箱内存放的时间越长，食物中所含的细菌数越多。如果存放时间过久，也同样会发生腐烂变质。

4.从冰箱中取冰块时，要用夹子取，可防止金黄葡萄球菌（一种皮肤细菌）从手传到冰块上。

医用酒精好清洁，可用医用酒精和干净的纱布定期清洁冰箱。75%的酒精可有效地杀灭各种微生物，溶解清除一些附着在冰箱壁上的污渍。并且酒精容易挥发，不会像其他含氯消毒剂那样，在清洁之后留有异味。

◎煮沸也不能杀死细菌

葡萄球菌性食物中毒，是生活中最常见的肠道疾病之一，它们最常引起皮肤化脓性感染、细菌性食物中毒。葡萄球菌易在淀粉食物、牛乳及乳制品、蛋类及肉类食品中繁殖。在炎热的夏日，由于温度高、空气不流通，更易使该菌极快地生长繁殖。夏天食物变味往往就是葡萄球菌吞食的结果。

不少朋友因贪图省事或节约，将头天吃剩的饭菜，热了就吃。但后果往往出乎他们的意料，照样呕吐、腹痛不止。葡萄球菌引起食物中毒的武器是其所产生的肠毒素。肠毒素对热的抵抗力极强，煮沸 30 分钟。摄入污染食物后，经 0.5 ～ 5 小时地短潜伏期，然后急骤发病。先有流涎恶心，迅速发生呕吐、胃部不适、上腹疼痛、腹泻水样便或稀便，体温大多正常。多数患者在 1 ～ 2 天内症状消失并很快恢复，但严重者可发生虚脱或休克。治疗上以缓解症状及注意补充液体、防止失水休克为主。

◎室内放什么花最好

很多人在家中养殖鲜花已不是单纯为了装饰，还更加注重鲜花各种各样的实用功能。尤其是在室内养花养草，可以营造良好的小气候。

一种叫莎草的植物能将沙漠变绿洲。莎草喜水，因此应把盆栽莎草置于深水漕中。

人在室闷的房间里会感觉憋闷，原因不是室内氧气不足，而是负氧离子奇缺。当室内有电视机或电脑开动的时候，负氧离子会迅速减少。有许多可以室内种植的花草能产生负氧离子，这些花草就是柏木、侧柏和柳杉。

刚刚装修完毕的新房，装修、家具的气味还未散尽。入住前摆上吊兰、龙骨等，既可装饰家居，又能去除装修材料和家具释放的有毒气体。

如果室内面积不小，不妨换换种类，种植一些低矮的植物，如仙人掌之类。目前，西方盛行在阳台上栽植云杉和其他低矮的针叶树，它们能让室内充满使人神清气爽的树香。

在居室内摆放一些抗污染的花草，也能起到空气净化器的作用。

如：常青藤能吃苯，吊兰能吞食室内的一氧化碳、甲醛，天南星的苞叶能吸收苯、三氯乙烯。如果10平方米的居室中有一种抗污染的植物，会大大有利于空气的净化。

一些花卉不但有居室净化剂的美誉，还有预防疾病的功效。如在居室中放盆石榴花，既能观花又能观果，还能降低空气中的含铅量；金橘、四季橘和朱砂橘等芸香料植物，富含油苞子，可以抑制细菌，预防霉变，还能预防感冒；深受人们欢迎的万年青，由于含有一种酶，摆放在室内可以驱除蟑螂。

◎防地毯卷角小窍门

地毯铺在地上，经常被踩来踩去，时间一长，角就容易卷起。这样既不雅观，也妨碍行动。教您一个小窍门，在地毯四外角下缝上一个三角形布袋，里面可塞进一块三角形硬塑片，也可以有干净利砂子放在袋中，就再不会卷角了。

◎挑选地毯小窍门

地毯如果用得好，就会使室内增色不少。挑选地毯要注意以下几点：

1.用手摸地毯表面，看看是否掉毛；掉毛的地毯不能买，说明栽绒不牢，日后会大量脱毛。

2.翻看地毯背面，看看是编制地毯，还是粘贴地毯，粘贴地毯时间长了，会大片掉毛。手编地毯过松也不是上品。

3.用手拾起掉毛，用火柴点一下，若嗅出一股毛发味，用手捻一下灰，若一捻就碎，则是纯毛毛毯。一边燃烧一边熔化，则是化纤地毯，化纤地毯，容易沾灰，吸尘，不太容易打扫干净。

◎选择化纤地毯小窍门

目前国内化纤地毯有簇绒和针刺栽绒两种。簇绒毛直立在毯面上，外观像栽绒，针刺地毯是用针刺网纤维而成，毯面挺实，选化纤地毯，比较经济。

选用时，客厅、走廊、人多走动多的地方，最好用针刺地毯，它不易起球，价格便宜。人口少的家庭，或卧室，可选用簇绒地毯，它显得华丽堂皇。

选择颜色、图案时，欧式居室宜用华丽地毯；中式居室宜用仿古地毯。另外应与室内家具和装饰色调协调起来。

◎木制家具养护小窍门

木制家具大方、典雅，特别是加工精致、工艺优美的木制家具。不仅实用也是一件工艺品，因此保养得当，会使木制家具永远崭新如初，赏心悦目。养护木制家具必须注意：

1. 木制家具不要靠近火炉和暖气片，也不能放置在十分潮湿的地方。因为木材遇湿膨化，遇热干缩，容易变形。

2. 木制桌面上，不要放100摄氏度以上的热东西，也不要把酸、碱、肥皂等放上面，以免油漆滑落。

3. 抹桌子的抹布不能用开水、咸水、消毒水冲洗。

4. 家具使用中，不论是固定还是经常搬动的，都要放平放稳，以免损坏结构。

5. 搬运木制家具时，要用破被子把东西全捆好，轻抬轻放。

6. 家具内放些花椒可以防止老鼠入内。放樟脑丸、烟叶可以防止虫蛀和蟑螂。放点石灰可防止蚂蚁和潮湿。

7. 落地放置的木制家具，四只脚用小木块或专用垫板垫起来，免受潮湿。楼房二层以上不需要。

8. 涂漆家具要养护，上蜡打光。

9. 油漆家具被烫发白时，可以用汽油擦去，也可用花露水或酒精擦去，时间久了的可用地板蜡擦去。

10. 家具有了裂缝，用油灰拌颜料拌匀嵌入，可经久不坏。

◎巧除旧漆层

一件造型很别致的木制家具漆膜脱了，扔了可惜，放置不雅。不妨抽空自己动手修理一下重新刷漆。刷新漆前必须先除旧漆层，否则新漆层固着不牢，容易脱落。

1. 用凿子、刮刀轻轻刮掉漆膜，再用砂纸、砂布打磨。

2. 抹上腻子找平，等腻子晾干后，再涂上新漆即光亮如新。

◎巧洗油漆刷子

油漆刷子用后如果不及时清洗就会变硬。软化的窍门是将变硬的刷子浸在苏打水里（一杯水加半两苏打）不让刷子碰到容器的底部。将其放在小火上加热至80摄氏度，然后再将刷子悬泡在加热后溶液中，15个小时后就软化了。先用肥皂水洗净，再放在清水中洗，晾干后即可再使用。

◎木器破裂巧修补

木器如果折断或开裂了，如果能在化工商店里买到脲醛树脂黏合剂，就可补破如新。脲醛树脂黏合剂黏合的木器耐水性、粘合力都强，可以在沸水中煮半个小时不会开裂。黏合木器缝裂更好。

◎电暖器的选购技巧

在购买电暖器时，首先要考虑的是它的质量是否上乘。这主要看其升温速度、传热方式，散热强度是否达到了应有的规定标准。

其次要注意电暖器的安全性能。针对不同的电暖器散热材料，要了解其使用范围是否适合自家的日常生活习惯，以及是否合乎关于电暖器的制作标准。

另外购买时，要根据房间大小选择。10～15平方米的方向选择1500瓦的；20平方以上的房间则需要2000瓦或更大功率的电暖器才能保证供暖。

◎中式客厅巧装饰

客厅的布置往往显示和包含了主人的文化和品味。中式客厅如何显出雍容华贵、落落大方的品味，不妨用点小窍门。

1. 用盆景、植物美化客厅。用假山和流水盆景表现园林艺术于客厅，客人一走进门，就能感受到清雅与众不同。植物不但能净化室内空气，还能减少噪音，调节温度，用梅、兰、竹、菊点缀客厅，更能透出品味。

2. 用装饰画装扮客厅。将整面墙用中国画装饰，气势恢宏，古朴典雅，能透出主人的文化品味。

3. 用民间艺术品装饰客厅。如用剪纸、皮影、服饰装饰，极富艺术情趣，又为室内增加古雅之感。

◎书房巧设计

书房是一个多功能空间。关门可以潜心读书做学问，成为文人的精神世外桃源；开门可以迎客，成为朋友品茗、促膝长谈的场所。因此书房设计十分重要。以下几点可供参考：

1. 商业精英的书房，大书桌，讲究的书柜。书房整体布置高低错落造型丰富、显得紧凑有序，显出主人快节奏的生活。

2. 学者的书房，书柜多，藏书丰富。古玩、宝鼎和字画，使书房现代气息与古志韵味相协调。全无都市浮华之气，透出主人独特的文人气质。

◎木制家具怎样不脱漆

在刚涂过油漆的家具上，用茶叶水轻轻擦拭一遍，家具会变得更光亮且不易脱漆。

◎电视机防潮去尘窍门

将家用吹风机，对准电视机后背通风百叶格，上、下、左、右移动吹风5分钟左右。电视机零件表面的灰尘即可散去。

◎字画防损小窍门

在居室安置适当的字画装饰，会使人有一种爽心悦目的感觉。如不慎损坏，将十分遗憾。装裱成轴的字画，宜挂在明亮通风的墙壁上，在黄梅雨季或多虫的夏日，珍贵的字画最好是收藏起来以免受湿生霉受损。

装在玻璃柜里的字画，背面可衬些新报纸，报纸的油墨气味可驱虫；装卷轴字画，应经常用干净的掸帚指拭灰垢；收藏起来的字画，最好放在密封的箱子里，一年拿出来透风一次，但不宜暴晒，以免纸或绢发脆，画幅起翘。

◎复合地板选购小窍门

实木复合地板分多层复合和三层复合。多层实木复合地板以多层胶合板为基材，以规格硬木片镶拼板或单板为面板，通过树脂胶层压而成。实木复合地板具有较好的尺寸稳定性，同时还保留了实木地板自然的木纹和舒适的脚感。选购时，要看层压得是否结实，木纹是否清晰、美观。

◎强化复合地板选购技巧

强化复合地板的表层由耐磨层、装饰层和底层纸组成。基材为中密度纤维板、高密度纤维板或刨花板。底层是由平衡纸或低成本的层压板组成。强化复合地板耐磨，表面装饰层花纹整齐，但弹性和脚感不如实木地板。选购时，看表面花纹和粘牢度。

◎家庭装修中的技巧

1.先做好设计工作。设计很重要，只有把握好设计这道关，才能避免在装修中不返工或留有遗憾。设计要按财力、爱好提方案。

2. 把好材料关，切不可图省一点钱，将伪劣的材料搬进家门。用了劣质材料，会不断出现让您抱憾的小麻烦。

3. 一定要请正规的装饰公司进行装修。他们有大批熟练的技术工人，而且顾及信誉，管理严格。不至于好材料给技术很差的临时工糟蹋，无法达到预想的效果。

◎好户型的选择标准

1. 平面空间布局合理，功能区分符合人的生活轨迹，例如厨房不要靠近房门（因为厨房是个空气污染源）；起居室是活动中心，要位于一个房型的中心环节，靠近门户，同时与其他室联系密切。

2. 在面积标准确定的情况下，各房间的比例尺度适宜。例如 120 平方米的房屋，两个厅加在一起为 30 ~ 40 平方米，两个卫生间，卧室 18 平方米，小卧 12 平方米，这样搭配才合理。

3. 户型增大，各功能面积也应相应放大，进行多空间设计。

◎哪些装饰风格过时了

装饰风格就像流行服装一样，一个时期有一个时期的流行式样。哪些装饰已过时了呢？以下几点可供参考：

1. 墙面上的装饰线。房间净高一般为 2.5 米～ 2.8 米，如果横的平行线过多，会产生压抑感。

2. 大面积的吊顶。吊顶的目的，一是遮蔽屋顶管线，二是美观。如果您房间没有纵横交错的管线，就没有必要大面积吊顶。只要局部吊顶，既活跃房间又无压抑之感，或四角吊顶，中间留一个灯池也不错。

3. 墙壁上的墙裙，目前房间面积小，摆放的家具会遮住大部分墙壁，墙裙就失去了装饰作用，而且经济上也不划算。

4. 若暖气片不好看，您想掩饰一下，可用木头或铝合金做一个框架，四周用装饰布一蒙，又经济又适用，又不影响室内的采暖和维修。

5. 窗帘盒，目前流行窗帘杆，本身具有装饰性，自然也就淘汰了窗帘盒。

6. 门套主要是装饰门用的，在家装中门套乱用，特别是小房间，会产生杂乱无章的感觉。

◎二手房装修时注意事项

1.首先抓墙面，时间久的房子墙面会脱皮、开裂。所以要处理好墙面后，刷底漆，然后再刷乳胶漆饰面。

2.对门窗加以改造。木窗起皮，经处理后加装饰面，可继续使用，钢窗若锈蚀，改换铝合金窗。

3.对水暖、电要改造，对地面先做防水处理，检查水路、暖气管线是否锈蚀。若生锈、老化必须拆掉换新的。现代家庭电器很多，按国家标准，装修中必须使用2.5毫米铜线，在往墙中埋线时必须用PVC绝缘管。

4.要彻底消毒，可用3%的来苏水、1%～3%的漂白粉水或用3%的过氧乙酸溶液喷洒。洒后关门窗1个小时。

◎厕所也能很美观

卫生间的面积小，除了洗浴方便外，还要放洗衣机、浴缸及一些必备品。教您小窍门，厕所也能变美观。

1.洗脸盆上安镜子，镜子既实用，又有反射作用、营造大空间的效果。

2.便器上面装吊柜，可将手纸、洗涤用品等放入既整齐又美观。

3.浴缸上方装多层玻璃隔板，可放大、小毛巾，经常用洗涤用品。

4.墙上装帘幔，创造纵深层次。

5.抽水马桶套彩套子，显示高贵豪华。

◎家装新理念

现代社会人们的生活好了，追求也就多了，家装也追求一些新理念。如：

1.**绿色空间**。家装材料多用无害无污染绿色环保产品，选用天然纤维饰品，羊毛地毯、竹、藤、布艺沙发、鲜花花卉等。

2.**趣味空间**。显示主人的身份与品味。如将外景借入室内，用手工艺品、手工制品，如壁挂、工艺花篮、草编、布挂、羽毛、扇子等营造纯朴、自然的趣味空间。

3.**文化空间**。摆上电脑、钢琴、书籍、字画等，营造文化氛围浓烈的文化空间，或邀友高谈阔论，或品茗读书，均得其乐。

4.**简洁空间**。少用家具、多留空间，用连墙壁柜营造出简洁、利落、清新的空间。

第二节

宠物饲养小常识

◎宠物卫生管理有办法

1.狗是人们日常生活中最常见的宠物。但在31种主要的人畜共患病中，狗至少是18种病原体的携带者。其中狂犬病是狗对人类最大的威胁。当这些狗摇着尾巴，亲昵地在主人身上舔来舔去，一旦碰到皮肤破损处，病毒便会进入人体。此外，狗还能通过寄生虫、跳蚤、螨虫等传播给人多种疾病。

2.猫性情温顺。既能除鼠害，又能给人以乐趣。因而也是人们最为宠爱的动物之一。但猫的身上也可寄生多种病菌和病毒，并能通过唾液和排泄物传染给人。一只带菌猫24小时可排出10万多个弓形体卵囊，其主人患弓形体病平均感染率在50%左右，高者达80%以上。

3.养鸽子是许多人的爱好之一。但鸽子的呼吸道常会寄生一种叫曲菌的致病性真菌。当这种真菌被人吸入后，可引起支气管炎、支气管肺炎、肺脓肿和肺肉芽肿等疾病。美国曾抽查过数千只鸽子，发现50%的鸽子唾液中还含有另一种致病真菌—新型隐球菌。这种菌不仅可引起支气管和肺部疾病，还可侵犯中枢神经系统引起脑膜炎。

宠物会传染多种疾病，因此，养宠物必须严格管理，注意宠物的卫生。对狗、猫等动物要定期进行预防接种和消毒杀菌，并训练其在固定地点大小便、不要带猫、狗上床睡觉。一旦发生宠物病要及时就医。尤其注意的是，体弱多病者和孕妇不宜养宠物。

◎不宜在居室里饲养宠物

有些人喜欢养猫、养狗、养鸟，并且将小动物养在人居住的屋子里。这种做法是不妥的，既不符合卫生要求，也对人体健康有害。因为猫、狗、鸟等动物身上极容易寄生跳蚤、虱子、螨等害虫。

这些动物整天到处乱跑，还会沾染上各种病毒、细菌和寄生虫卵。如果人感染上了这些病原微生物，就会生病。尤其是猫身上常常带有一种叫做弓形虫的寄生虫，如果孕妇感染上了这种寄生虫，就会导致体内胎儿的大脑发育受损。

动物每天都要排出很多的粪便，这些粪便不但臭气熏天，还含有大量病毒和病菌。例如，鸽子的粪便中就含有一种叫隐球菌的致病微生物，可随尘土在人呼吸时吸入体内，也可污染食物。人如果吸入或吃进了这种致病微生物，就会出现发热、头痛咳嗽、胸痛等症状。动物在室内生活，到处乱跑、乱舔、乱啃食物，也容易造成食物的污染。人吃了这种食物也容易生病。

◎宠物狗的挑选方法

1. 看精神面貌。一只健康的狗应该是活泼、好动，对新鲜的事物既好奇又有恐惧。

2. 看耳朵。要想判断一只小狗的耳朵有没有问题，可以通过以下两种方式：

在它的后方打响指或吹口哨。如果小狗的反应迅速，主动地随着声音源的方向去看、去寻找。则说明它的听力灵敏，或者或者至少是正常的。

把狗的耳朵外翻，如果里面红肿、出血、有异味或者有黏稠状附着物等，说明狗的内耳有损伤或者耳部有寄生虫。如果上述情况都没有，可证明这只小狗的耳部是健康的。

3. 看嘴巴。健康的狗的牙齿应该是白色的。如果狗嘴里有沫状的分泌物，或者有牙垢、牙齿有损坏情况。或者其牙龈为灰白色，都说明这只狗不健康。

4. 看鼻子。如果狗流着黄色的浓鼻涕并咳嗽，则说明狗患有上呼吸系统的疾病。健康的狗的鼻子是湿润微凉的。

5. 看眼睛。如果狗的眼睛充血，眼球有白膜，眼角有大量的眼屎，则说明狗不健康。健康的狗的眼睛是清澈干净的。

6. **摸皮毛**。如果狗的皮肤呈块状或成片状，说明其皮肤已经感染了螨虫或者真菌；如果狗的毛发里有很多黑色的小颗粒，则说明狗的身上已经有了跳蚤。健康的狗的皮肤是淡粉色的。

7. **看排泄物**。如果狗有腹泻的现象，大便很稀，说明它的胃肠有问题。

8. **看步伐**。如果岁数大于3个月的狗走路有问题，说明它的骨骼受伤或者曾经受过其他伤。

◎新买的小狗怎么饲养

如果家中有新的宠物狗入住，按要求安排好下面几点就可以了：

1. **做狗窝**。应提前做好狗窝，让小狗能安居。

2. **安慰小狗**。应该帮助小狗克服刚刚离开母狗和其他小狗的恐惧、不安。把它放到狗窝里，不要让它四处乱跑。

3. **教育孩子和小狗和睦相处**。带着孩子熟悉小狗，并告诉孩子宠物不是玩具，要懂得爱护它。

4. **打扫地面**。地上最好不要有任何小物品，以防小狗吞食。

5. **项圈**。给小狗戴上大小合适的项圈，以便它走失后可以很方便地找回。

6. **保持狗窝的干净和干燥**。在狗窝的附近放上一叠旧报纸，并训练小狗在报纸上大小便，以便它在排便时不弄脏或弄湿狗窝。

◎狗的正确抱法

抱狗是有方法可循的，并且幼犬和成年犬的抱法还不一样：

1. 抓幼犬时，不要只抓狗的脖颈和背部的皮。要抓颈部上方将其拎起，然后用另一只手托住它的腹部。

2. 不要只抓幼犬的前腿往上拎，以免拉伤它的筋骨和肌肉。

3. 抱成年狗时要用一只手放在狗的胸前，另一只手托住它的后腿和尾部，让它靠在你怀里。

◎幼犬饲养需注意

初养幼犬应该注意以下几点：

1. 刚出生两周的幼犬要少接触陌生人，不要带它去人多嘈杂的地方，以免受惊。

2. 不要让幼犬感觉到疲倦。带幼犬出去玩耍时，要适可而止。不要不停地逗弄它让它感到疲惫。当幼犬玩了一会儿后，要让它休息一下恢复体力。

3.幼犬吃东西时不要骚扰它，不要让它跑来跑去地吃东西，以免消化不良。也不要乱给幼犬吃东西，否则会影响它的消化和正常食欲，导致呕吐或腹泻。

4.幼犬的胆子很小，不要在它睡觉的时候惊吓它；不要把它放在高处；不要突然发出巨大的声音吓唬它。

5.不要欺骗幼犬，否则会让幼犬分辨不出是非，对主人没有信任感。训练幼犬时要口气和善、肯定、褒贬分明。

◎狗粮挑选有窍门

狗粮有很多种类，可以根据下列提示选购最合适自己家宠物狗的狗粮，同时也要科学地给小狗喂食：

1.干犬食。一般是膨化颗粒饲料或块状饲料，而且比较便宜，能保存数周，但狗常吃会发胖。

2.罐头犬食。用罐头包装，打开即可喂食，还有肉罐头。建议在喂养时加入狗饼干、米饭等饲料。

3.半湿犬食。可做成饼状、汉堡状等，包装简易，加有防腐剂等，所以在室温下即可保存。

4.冰冻犬食。优点是用新鲜原料制成，有素食和肉食两种。缺点是不容易保存，平时需放在冰箱中，解冻后要尽快喂食。

◎自制狗粮有营养

我国的狗粮大多是自行配制的，下面介绍几种狗粮的制法：

1.幼犬粮食配方。

【配方一】：瘦肉或内脏500克（绞碎），鸡蛋3个，再加入适量玉米粉和青菜、食盐少许，做成窝窝头状蒸熟，加少许肉汤供幼犬舔食。

【配方二】：鸡蛋1个，加适量浓缩肉汤和鲜牛奶，混合后煮熟，加入适量盐。

2.成年犬的粮食配方。

【配方一】：大米、玉米面、豆饼、麦麸，再加盐、骨粉、鱼粉、肉、青菜。

【配方二】：肉、米面、蔬菜、动物脂肪、青绿蔬菜、盐、骨粉各适量，同入碗内用温水调匀即可。

◎哪些因素影响狗的食欲

如果狗突然食欲不佳，可以从以下三个方面来考虑原因：

1. **饲料方面**。口味单一，食物变质和调料太多，有异味或过咸。以上都可能影响狗的食欲。

2. **场所不合适**。如强光、噪声、人或其他动物的干扰等。

3. **疾病**。如人生病后食欲下降一样，狗生病了当然吃得也就少了。

◎狗吃什么最有营养价值

健康的狗毛色发亮，食欲好，精力旺盛。为了让自己的狗也能如此，除了给狗吃狗粮外，还应该定时给它做一些食物，用以补充狗粮供给不足的营养。

1. 粮食应以米饭为主。

2. 蔬菜应以白菜、土豆、红薯为主。将白菜炒熟，将土豆和红薯蒸熟后捣成泥可以直接让狗吃。注意炒菜不要放调料。

3. 让狗吃鸡蛋，可以使它的毛变得润滑油亮。

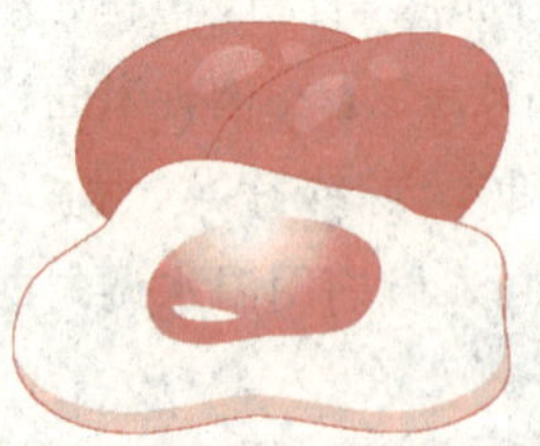

◎给狗洗澡的几个要点

给狗洗澡的要点如下：

1. 幼犬出生2个月后才能洗澡。

2. 洗澡前要先带狗去散步，让其排干净粪便后再洗澡。

3. 给狗洗澡的时间最好选在有阳光的中午或下午，水温要控制在36～38℃。

4. 给狗洗澡时要先在澡盆外面将其肛门洗净，然后再将其放入澡盆内，从头部向后清洗身体。

5. 最好用宠物专用浴液给狗洗澡。

6. 洗干净后，要用毛巾将狗毛擦干，如果是长毛犬，也可以用吹风机吹干。

7. 生病的狗暂时不应洗澡，因为此时狗的抵抗力比较弱，洗澡的话有可能会加重病情，还容易患感冒。

◎给狗除虱有妙招

身体不健康和不经常清洁的宠物狗容易寄生虱蚤，这时应该遵循以下几点：

1. 到花店买一些鱼藤和除虫菊药粉搓擦洗狗的毛发根部，并给狗清洗身体。这样几天后就可去除寄生在狗身上的虱蚤。

2.狗狗恢复健康以后，要注意预防再次被传染。

3.带狗出去玩时，要为其佩戴狗虱圈。

◎狗的日常保健方法

1.要让狗睡在暖和、干净、安静的地方，不要去打扰它。

2.如果狗在24小时内不吃食物或喝水，那就应该带它去看宠物医生。

3.千万不要为了提高狗的情绪而把无精打采的狗带出去散步，这样还不如让它在家休息。

4.如果狗出现了呕吐和腹泻，那么24小时内不要让它进食，但可以喝水。如果喝水后还呕吐，那就应该带它去看宠物医生。

◎防止狗发胖的小窍门

1.不要给小狗吃太多过甜的食物，如蛋糕。

2.用食物作为对狗的奖励，但喂食时不要喂太多。

3.喂食物时要把食物放在狗的碗里，不要边吃饭边喂狗。

4.如果狗的体重突然减轻或大量喝水，应带它去看医生。

◎狗的急救措施

如果狗突然发生了下列诸种情况，可以按照相应的提示进行处理：

1.**惊厥**。预防狗惊厥的措施是防止狗受伤。注意狗惊厥时千万不要去摸，否则会被咬。

2.**中暑**。狗中暑的症状表现为急速喘气、齿根变成鲜红色、头脑发烫、虚脱。这时候应该往狗的全身泼洒大量的凉水，或者给它扇扇子，以使它的体温迅速下降。

3.**中毒**。狗中毒的主要症状包括不安、发抖、四肢无力和流口水。如果症状轻微的话，你可以让它喝一杯肥皂水，以使其呕吐；如果症状严重，应立即送去看宠物医生。

4.**眼睛受伤**。如果狗的眼睛半开半闭或是泪汪汪，证明它的眼睛很可能受了伤。狗眼睛受伤不是一件非专业人员能够恰当处理的事，应立即带它去看医生。

◎如何训练狗定点大小便

小狗在年幼时期，大小便都不太规律，训练起来有一定难度，作为主人，一定要有耐心。

训练狗在指定地点大小便之前，一定要确保它已经听懂自己的名字，还要听懂你对它的赞扬和批评的语气。在小狗每天早晨起床和每次饲喂之后，带它到你想让它大小便的地方去，等候它大小便，如果做对了要及时表扬它。如它没有在指定的地点大小便，要用严厉的语气告诉它这是错的（可以用报纸卷拍打地面以示警告），然后将地面彻底清洗，喷上除臭剂。反复多次，小狗就能记住什么地方可以大小便、什么地方不可以了。

◎猫的挑选方法

1. **看身体是否丰满**。瘦小的或肚子鼓胀的小猫，很可能患有肠道寄生虫病。

2. **眼睛是否明亮而清澈**。流眼泪或打喷嚏的小猫通常是病猫。

3. **尾巴是否干燥清洁**。如果毛上沾有粪便，则表示猫患有腹泻。

4. **毛色是否健康**。看小猫的身上是否有跳蚤，看猫的毛是长还是短。尽量选择短毛的小猫，这种猫养起来会相对容易一点儿。

5. **耳朵是否干净**。如果猫的耳朵里有干燥的深灰色堆积物，则是猫患有耳螨的标志。

◎猫舍的装扮技巧

猫舍的环境应做到温暖、舒适、清洁。猫舍最好方便猫的出入。猫舍内的设施须有猫窝、食盆和水盆。猫窝大多采用木制小箱，里面铺上废报纸和柔软的垫草。

◎猫食的搭配技巧

1.猫最喜欢的肉类食物是瘦肉、鱼类等高蛋白质食物。另外，米饭、馒头及其他淀粉食物猫也喜欢吃。

2.猫喜欢在安静的环境中进食。

3.猫不爱吃半温的食物，饿着也不吃。

4.水是猫必备的饮料，对不愿吃的食物，可泡着吃。猫在吃过高蛋白质的食物后，极需要饮大量的清水，将身体的废物排出体内。除了水之外，还可为猫准备一些牛奶，提供机能上的钙和磷质。但有些猫咪可能对牛奶过敏，或出现腹泻的现象，而胃肠不好的猫，更应少饮。

◎猫的饮食禁忌

1. **动物肝脏**。动物肝脏中含有大量的维生素 A。猫吃了会患上肌肉僵硬、颈痛、骨骼和关节变形、肝脏疾病等。

2. **高脂食品**。如果猫的饮食中含有大量高脂肪食物，会导致猫的身体脂肪发炎和疼痛。

3. **生鱼**。某些生鱼中含有可破坏维生素 B 的酶。如果大量食用或经常食用的话会给猫的生命带来严重威胁。

4. **肉**。不能只给猫喂食肉类食品，否则会导致猫的骨骼代谢紊乱。

5. **狗粮**。不要给猫喂食狗粮，因为狗粮中的营养物质不能够满足猫的需求。

6. **鱼肝油**。过量食用鱼肝油会引发猫的骨骼疾病。

7. **洋葱**。切忌在猫食中加洋葱，否则可能会让猫中毒。

◎如何照料猫进食

1. 猫喜欢吃鱼，但是品种优良的猫不是所有的鱼类都吃。它们只吃习惯吃的东西，遇到不适应的食物时宁可饿着也不会吃。

2. 喂养猫的食物一定要新鲜。虽然猫的食用次数很频繁，但是食量却很少。食物很容易放得变味，所以要经常注意猫餐盘中的食物是否新鲜。

3. 猫食欲不佳或者断粮的时候，可以用有咸味的银鱼拌饭给猫吃，暂时代替猫粮。

◎猫的日常护理技巧

1. **日常观察**。经常观察猫的生活习性。观察内容包括猫的呕吐、腹泻、喷嚏、流泪、流涎、抓耳等情况，以便及早发现猫的疾病。

2. **梳理毛发**。健康的猫不需人工梳理。如果猫的毛受到污染或为了防止猫毛自然脱落而影响室内整洁的话，则最好每天给猫梳理一次毛发。

◎猫感冒的症状

猫如果感冒了，耳朵就会变凉，严重的还会流鼻涕。出现嗜睡、食欲不振、眼睛害怕见光、结膜发红、呼吸加快、皮肤温度不平均等症状。一旦出现以上症状，就说明猫咪生病了，需要马上就医。

◎猫的感冒治疗方法

1. **用醋水治疗猫感冒**。将食醋

稀释成浓度为6%的醋水滴入猫的鼻孔里，每隔3小时滴一次，每个鼻孔滴3～5滴。滴3～5次后猫咪就可以痊愈。如果没有食醋，可以用溶解后的小苏打水给猫咪滴鼻孔，同样可以治愈其感冒。

2. **用维生素C治疗猫感冒**。将2克维生素C和2克冰糖用温水化开后给猫喝，每天喝两次，连续喝2～3天，猫的感冒就会好起来。

注意：如果猫咪一次喝不完，不要留到下顿给它继续喝，一定要倒掉，需要时再弄新的给它喝。

◎猫拉肚子的处理办法

猫咪突然拉肚子可能是突然更换猫粮的品种或一次性吃猫粮太多所引起的。因为猫对好吃的东西没有节制，而一旦吃多了又容易出现积食或腹泻。这时候你应该做的是：停止喂食猫粮，让它改吃鱼肉拌饭。

◎猫肚里生虫的治疗方法

如果猫出现肚胀、食欲不振，很少大便，且尿液很黄等现象，那可能是猫肚里生虫了。这时你可以煮一些薏米水让它喝，然后再喂它吃些驱虫药。如果几天后还不见好转，可能是患了肝肾方面的疾病，要赶紧就医。

◎如何判断猫会捉老鼠

猫出生一个月后，就能判断猫是不是具有捉老鼠的能力了。该怎么判断呢？

1. 从外表看，会捉老鼠的猫咪眼神如炬，看着人时嘴角撅起，胡须较长。

2. 从性情看，会捉老鼠的猫一般不愿被人抚摸。

3. 从姿势看，这类猫的脚上的肉垫厚实饱满，走路缓慢有力，坐下时尾巴会围住身体。

◎养鱼小常识

1. 鱼缸合适，鱼儿才会舒服，鱼儿舒服才会健康成长、生机勃勃。

2. 鱼缸应大些，这样鱼在里面不至于拥挤，水质也不至于变坏。

3. 在鱼缸下铺设聚苯乙烯性砖，帮助鱼承受鱼缸放置不平衡的压力。

4. 在鱼缸中放些化学性质不活泼的植物和岩石，水就不会产生沉淀、腐烂等变化。在把鱼放入鱼缸前，这些植物和岩石要先在百万分之二的高锰酸钾溶液中浸泡2～3天，以进行消毒。在把观赏鱼放进去之前，可以先在鱼缸中养几条便宜的鱼，这样可以判断鱼缸的优劣。

◎鱼缸的设计技巧

在把鱼放入鱼缸时，鱼缸的水温应与装鱼袋中的水温一致，因为鱼最怕水温剧变。也可以先将鱼袋放入水中1～2个小时，待水温相同后再把鱼放入鱼缸中。

一条鱼约需要3升水。如果想多养，则氧气会缺乏，应考虑加装空气泵。

鱼缸需要及时清洁。鱼缸用的时间一长，就会出现一些细菌。缸里的水也难免污染，这时应该清洁一下鱼缸了。

养鱼的水温度要适当，最好应保持在24～26℃。水质不可污浊，污浊时要及时换水。新水至少要预先经过2～3天的晾水处理。换水时要清理鱼缸中的鱼粪和剩余饲料等沉淀物。

◎鱼的食量控制技巧

鱼的食量要以鱼的摄食状态来确定，一般以鱼能在20分钟内食用完的量为适宜。如果20分钟后还剩下好多鱼食，说明投放量太多了；如果投放鱼食后，没一会儿就被吃光了。而鱼还在激烈地四处觅食，说明投放量少了。

还可以根据天气变化来决定鱼食的投放量。天气好的时候可以多投放一点，阴天的时候要少放些。冬天气温低，鱼摄食强度较弱，每天喂一次即可；夏天则要在早晨和傍晚的时候喂两次食。

◎养金鱼要放多少水合适

养金鱼的水深要控制在20～30厘米。水过少不利于金鱼的自由游动，也无法阻隔日晒；水太深则会增加鱼上下游动的阻力，而且还会影响水温。另外，由于接近水面的水体一般溶氧量较高，所以如果水太深，也会导致较深水的位置含氧不足。

◎热带鱼的饲养技巧

饲养热带鱼有下面几个需要注意的地方：

1. 水。人工饲养热带鱼要用软水或低硬度水，酸碱性以弱酸或中性为好。

2. 温度。饲养热带鱼的水温控制在 20 ～ 24℃为宜。繁殖季节水温则以 25 ～ 28℃为宜，并且昼夜温差不能超过 4℃。为保证温度适宜，可以在鱼缸内安置一根电热棒，从而将鱼缸温度恒定在 22 ～ 25℃之间，这个温度基本上所有的热带鱼都能适应。

3. 氯气。水生植物在光合作用下可以产生氧，在鱼缸中种植一些水草，可以提高水中的含氧量。经常换水也能促进水溶解氧。但是要注意水温和含氧量是成反比的。在提高水的含氧量的同时还要注意水温。

4. 光线。热带鱼在有光线的条件下可以生长得很快，而且色彩也会更加漂亮。将鱼缸放在有阳光的房间里，每天接受 1 个小时的日照，或者在鱼缸内装上 40 瓦的日光灯，每天照射 6 小时即可。

5. 热带鱼的饲料有天然饵料及人工合成饵料两种。天然饵料有红线虫、鱼虫等，宠物店或水族店一般都有售。

6. 早晚要定时给热带鱼喂鱼饲料，每次供给限 5 ～ 10 分钟。不要过多投放，否则剩下的鱼饲料会腐烂，导致水质恶化，但也不能过少，否则会引起鱼营养不良。

◎给热带鱼换水小窍门

饲养热带鱼要经常换水，平均每周要换水 2 ～ 3 次，每 3 个月则应进行一次全部换水。部分换水是指用管子将缸底四分之一的水抽出，然后再注入同等量的新水。这是清理鱼粪便最常用的方法。冬天每周换 2 次，夏天每周换 3 次。全部换水是指将鱼捞出，缸内的水草、泥沙等所有装置全部取出清洗干净。用海绵将鱼缸刷净，然后注入新水，放置 2 ～ 3 天后再将鱼放入缸内。

◎能在鱼缸中饲养的鱼

并非任何品种的鱼都适合放在鱼缸中饲养，可以在鱼缸中饲养的鱼类主要有草种金鱼、花斑草种金鱼、三叉尾金鱼、四叉尾金鱼、狮头金鱼、墨龙、鹤顶红、锦鲤等。

◎如何挑选健康的鱼

为避免买到有病或有缺陷的鱼，在挑选鱼时应注意下列几点：

1. 鱼的动作要活泼。要选择在

群鱼之间回游者、首先来抢饲料、用网不易捉到的鱼。

2. **鱼的外观应无缺陷**。畸形、断鳍、有外伤的鱼应该避免选购。

3. **鱼应该无任何病状**。鱼类的大部分病状。如烂鳍病，都可由游姿看出。因此，时常摩擦身体、经常沉底不动者要避免选购。

4. **选择大些的鱼**。如果出自同一母胎，则应尽量选择体格较大者。因为这证明其发育良好，容易饲养。

5. **尽量选小鱼**。年轻的鱼并非指稚鱼，而是比较年轻的成鱼。动作活泼迅速，体色鲜艳，全身姿态让人有活生生的感觉。老鱼的色彩不鲜艳。动作较迟钝。

◎新买的鱼如何检疫

新买来的鱼在饲养之前，最好先进行一定步骤的检疫：

1. 在把鱼放入鱼缸前，至少要先检疫2周。如果是名贵的鱼，则要检疫2～3个月。

2. 检疫时，可以先暂时把鱼放入简单的鱼缸中饲养，缸中只可放石块和过滤器。缸顶可以用网或玻璃盖住，以防鱼跳出来。

◎鱼的几种常见病

1. **感冒**。

【症状】鱼停于水底不动，不浮出水面，皮肤失去原有光泽，鳍条间粘连，不能舒展。

【治疗方法】增加光照程度和时间，将水温恒定。

用小苏打或1%的食盐溶液浸泡病鱼。

2. **眼病**。

【症状】鱼的眼球突出和出血，鱼眼水晶体混浊、瞎眼或眼球脱落。

【治疗方法】用1%的食盐水浸泡病鱼。

3. **细菌性腐败病**。

【症状】体表局部或大部发炎充血、脱鳞、游动缓慢等。

【治疗方法】可选用呋喃西林、漂白粉、抗生素等治疗。

4. **烂鳍病**。

【症状】鱼鳍破损变色无光泽，烂处有异物，或透明的鳍叶发白。此病多流行于夏季。

【治疗方法】可选用食盐、抗生素等治疗。

5. 鳃病。

【症状】病鱼行动迟缓，食欲不振，呼吸困难，常浮于水面，体色黯淡无光泽，头部发乌，鳃丝发白等。

【治疗方法】用高锰酸钾、福尔马林、食盐等治疗。

◎家庭养鱼小常识

1. 根据房间面积的大小选择合适的鱼缸。水族箱的体积不同于一般鱼缸，根据居室的大小，合理地选择鱼缸，不要在小房间里放大鱼缸。

2. 要根据房间大小和功能选择养鱼的品种。一般房间小的可以养一些小型热带鱼，办公室、客厅或者比较大的房间可以养一些大型鱼。同时要注意控制鱼的放养密度和食物投放量，防止多余的食物污染鱼缸水和室内环境。

3. 鱼缸、水具和过滤系统要经常进行清洗，及时清理其排泄物。否则很可能会成为疾病的温床，影响人的健康。

4. 最好不要在卧室内养鱼。这是因为鱼缸散发的水汽很多，会使室内的湿度增大，容易滋生霉菌，导致生物性污染。另外，水族箱的气泵还会产生噪声，影响睡眠。

5. 注意观察观赏鱼的生长情况，防止病鱼和死鱼造成的水质和环境污染。

6. 注意室内的通风和净化。经常进行室内环境的通风换气，有条件的应该配备空气净化器或者空气换风机。

◎鸟笼的挑选技巧

和养鱼要选择合适的鱼缸一样，养鸟也要选择合适的鸟笼，否则会不利于鸟的生长和健康。关于这一点，可以参考下列建议：

1. 购买鸟笼，可根据所养的鸟的种类来挑选，也可问有经验的人。

2. 鸟笼的最小宽度是鸟能在里面展开双翅的宽度。

◎布置鸟笼小窍门

1. 在鸟笼中放一根栖木和一些小玩具（如球）等，但不要放得太多。

2. 笼中的栖木需要直径大小不一。从便于鸟的栖息着想，建议选用白蜡树或柳树枝条。

◎鸟的喂养技巧

在鸟的喂养方面，可以参考下列建议：

1.大多数鸟都吃小米。

2.大多数鸟都可以吃植物的种子，建议在喂养时把许多种子混合在一起。

3.适当喂一些蔬菜叶和水果给鸟也是可以的。

4.经常撒一些沙粒，鸟吃后可帮助消化。

◎应该给鸟吃哪些食物

鸟的饲料可分为主食饲料和保健饲料。其中主食饲料包括谷类和虫类两种。谷类主要包括稻谷、玉米、白苏子、粟、菜子等；虫类则主要包括苍蝇、蚊子、蚜虫、蜘蛛、槐树虫、蚂蚁、油葫芦、蝗虫、蝼蛄等。保健类饲料则包括白菜、萝卜叶、油菜、香蕉、葡萄、苹果、黄瓜、马齿苋等蔬果。

◎养鸟的技巧

要想让鸟更健康活泼、惹人喜爱，可以参考下面几个秘诀：

1.每天都给鸟更换新鲜的食物和水。

2.把鸟笼放在空气流通的地方，并且每天都处理一次鸟的排泄物，每周都用消毒水洗刷一次鸟笼。

3.要学会通过粪便观察鸟的健康程度，一般来说粪便呈半黑半白色的鸟较健康。

◎多给鸟吃菜会变美

如果经常给鸟吃菜的话，鸟的羽毛会变得整齐、色泽鲜艳。我们平时食用的白菜、油菜、卷心菜等青菜都能拿来喂鸟。但是请注意：喂食前应先将青菜洗净，将农药浸泡掉再给鸟吃，否则容易引起鸟农药中毒。夏天的时候，可以给鸟儿吃些马齿苋。这种植物能够起到清热解毒、预防疾病的作用，对鸟的健康很有好处。

◎鸟骨折的急救方法

因为种种原因，不小心将鸟弄得骨折，可以这样处理：

先将鸟骨折的部位用消毒药水清洗干净，再将骨折部位对好，然后将消炎止痛药膏涂抹在纱布上，再将纱布剪成宽5毫米的长条。从骨折下方开始向上缠绕，并且每缠绕一圈都重叠2毫米。直到将骨折部位全部缠好为止。然后用两根小竹棍夹住骨折部位固定好，这样鸟儿10天后即可痊愈。

◎鸟生虱的处理方法

鸟类也会生虱子的，并且还不少见。鸟生虱多发生在冬季，常见的鸟禽虱通常寄生在鸟的头部和翅膀上。你可以通过这些症状来判断鸟是不是生了虱子：

1.患有鸟禽虱的鸟会变得消瘦，就像缺乏营养的样子，严重的还会出现贫血。

2.性情上，它们会表现得烦躁不安，并且经常用嘴和爪子抓自己的毛。一旦发现鸟生虱，应马上用除虫菊药粉为其擦洗身体。每7～10天擦洗一次，一般2～3次后便可治愈。

◎鸟的几种常见病

鸟常生的病主要有啄羽和脸部起鳞屑，这两类病的原因、症状以及处理方法是：

1.啄羽毛。鸟在孤单、烦闷时常常会啄羽毛，所以最好给它找个伴。

2.脸部起鳞屑。该类的症状主要是鸟的嘴呈蜂窝状。治疗该病的方法除了可听从宠物医生的建议进行治疗外，还可以自己配制10%的苯甲酸苄酯溶液涂抹在鸟的患处。一般来说连涂上3周即可治愈。

◎巧捉逃出笼子的鸟

鸟飞出鸟笼了不要着急，可以遵从以下方法：

1.将鸟最喜欢的食物如小米等撒在笼子里，诱使鸟回笼。

2.如果鸟在房间，可把房间弄暗。这样鸟就安静下来，任你上前捕捉。

3.捉住后，不要抓得太紧，但也不能让它挣脱。

4.对于较大的鸟，应该等它合拢双翅时由上向下抓住。否则鸟容易受伤。

◎宠物龟的选购标准

可以作为宠物来养的龟种类主要有：密西西比红耳龟、黄喉水龟、缅甸陆龟、鳄龟等。宠物龟又可以分为陆龟和水龟。选购宠物龟的标准主要有：

1.龟体椭圆，无残缺，形状优美，平整滑爽，无黏物，无棱角。

2.龟背上的花纹排列整齐有序。

3.用手拉它的四肢时，它应该会有力地缩回或挣扎，这表明它是健康的。

4.表皮不应过分粗糙。

5.查看龟的肛门，如有大便污

染，则表明消化道有问题。

6.仔细观察龟的步伐是否正常，反应是否灵敏。

7.龟爬行时的步伐稳重，腹甲不碰到地面者为优。

◎宠物龟的饲养技巧

饲养宠物龟的容器布局尽量模仿自然环境，尽量大些，最好建成水陆两便式。可在容器中放一块石头，以便于龟的攀登（龟不能老待在水里）。水中还可放些水草。

饲养宠物龟的时候，不要经常更换饲养池，导致龟很难适应新的环境。饲养池也不要放在墙角、卫生间等太阴暗的地方，最好要有阳光照耀。

市场上销售的营养均衡的乌龟专用饲料都比较适合用来喂宠物龟。另外，偶尔也可以喂它一些肉屑、狗粮、胡萝卜等，也可偶尔喂些青草。

◎购买宠物兔的几条标准

1.宠物兔的眼睛应该很干净，没有流泪和眼屎。

2.鼻子不应该有鼻涕和打喷嚏的情况。

3.耳朵的深处应很干净。

4.肚子结实代表健康。

5.皮肤表层应没有皮屑或龟裂。

◎宠物兔的饲养

1. **笼子**。建议不要买胶包铁制的。

2. **木糠**。主要用途是铺在底盘上以吸收兔子的尿。

3. **碟子**。用来给兔子盛兔粮吃。

4. **磨牙石**。供给兔子磨牙用。

◎适合宠物兔吃的食物

兔子最喜欢的食物是胡萝卜、土豆以及各类蔬菜，青草也可以。注意：带有露水的青草不可直接喂给兔子，否则会引起兔子腹泻，也极易导致兔子死亡。

第三节

养殖花卉的技巧

◎花盆的选购技巧

花盆的质地对花草的生长影响非常之大。所以在培育不同的花卉时，需要选择不同质地的花盆。以下几种花盆可供参考：

1. **塑料盆**。塑料盆质料轻巧，价格低廉，易清洗和消毒，易随时搬动，但不透气、不渗水。因此只适于栽种非常耐湿或较喜温的花木，如旱伞草、马蹄莲、吊兰、夜来香等。另外，由于经阳光久晒塑料就会变脆开裂，因此该类花盆不宜用来种植多年生植物。

2. **玻璃纤维盆**。如果觉得塑料盆易碎、石盆又太重，你可以选择玻璃纤维盆做花盆。这类花盆轻且耐用、造型美观且颜色多变，毁损时也容易修补，不过相对其他花盆，其价位较高。

3. **瓷盆、釉盆**。这类花盆常因涂有釉而不透气，使用起来非常难掌握盆土的干湿情况。因此很容易造成花木烂根死亡，尤其是在花木的休眠期。不过，其外表美观、造型多变，非常适合花木的陈列。

4. **瓦盆**。瓦盆经济实用、搬动方便。并因盆壁上有许多细微的孔隙使排水、透气性都不错，所以非常有利于盆土中肥料的分解和植物根系的呼吸、生长。但同时，其缺点也十分明显，就是色彩单调、结构粗糙、造型不美、较易破碎。

5. **石盆**。仿古石盆外形十分美观，而且非常能体现主人的品位和眼光。不过，这种花盆多半极重，不宜放在屋顶上，放在阳台上时也要尽可能小心。

◎花盆大小的选择技巧

和花盆的质地一样，花盆的形状以及容积的大小也对盆栽花卉的成长有着重要的影响。以下几种大小的花盆可供您选择：

1. **浅盆**。浅盆是指高度不超过10厘米的花盆。这类花盆比较适合播种、育苗和培植水仙花等根系较浅的花木。

2. **普通盆**。普通盆是指口径大于自身高度一半的花盆。这类花盆的用途较广，大部分花木都可以栽种于其中。

3. **筒子盆**。筒子盆是指口径与自身高度相仿的花盆，根系比较发达的植株比较适宜栽种于这种花盆中。

4. **签筒盆**。这类花盆口小盆深，比较适宜栽种紫藤、吊兰、常春藤等悬垂式花草。

5. **花缸**。特大型花盆，宜种植棕榈、广玉兰、白兰、铁树、睡莲等。

6. **微型盆**。微型盆也称掌上花盆，小巧纤美的它适于栽种文竹、仙人球等花草。

◎花色如何搭配更合理

如果想把阳台弄成一个美丽的小花园，搭配合理颜色的花卉很重要。

倘若以粉红色花卉为主，则可在主要花卉的四周种下相同色系但深浅不同的雏菊、甜庭芥、三色堇等。让浓淡不一的花木协调一致、簇拥开放，小小花园亦能春意盎然。另外，将粉红色的南十字星围绕白色花卉一圈，也会是一种不错的搭配。

1. **吊兰**。吊兰喜湿润、半阴的环境，中度及以下光线条件下即能正常生长。但低温（低于5℃）环境下吊兰容易冻伤。

2. **龟背竹**。龟背竹喜湿、喜阴，非常适合种植在阴暗的角落里。但它和吊兰一样，耐寒力较差，在12℃时长势最为旺盛。

3. **秋海棠**。秋海棠最适合在半阴的环境中生长。及至开花期，其或红或黄或紫的艳丽花朵能够让阴暗的角落顿时生辉。以造成整体生机勃勃的感觉。另外，在较高的红花周围放置较低的万寿菊和丽菊，其明快的色调亦能让人眼前一亮。注意：浓艳的花卉不易搭配得当，因此放置时应慎重考虑各种花卉的数量和花朵大小。

倘若以蓝色、蓝紫色花卉为主。你既可匹配以同色系的花卉，使之成为精致的群植。也可衬以低矮的黄色万寿菊，使其错落有致、凉爽怡人。

倘若以黄色、橙黄色花卉为主，把两三种同色系的花卉与低矮的紫色花卉如牵牛花等集中摆成一簇一簇的，看起来也会非常漂亮。

◎如何减轻盆花的重量

如果在阳台或者屋顶上放置大量盆花，那么盆花的重量就是需要考虑的问题。有什么好办法，既能不减少盆花数量，又能减轻盆花的总重量呢，以下几点建议可供参考：

1. **分散放置**。分散放置有两种形式。其一是同一地点的分散放置，即不把多盆盆花集中放在一处，以免造成屋顶或阳台的某一处压力过大，导致部分坍漏；其二是非同一地点的分散放置，也就是将盆花分成两部分，分别放在屋顶和阳台上。这两个方法都能有效减轻屋顶、阳台所承受的重量，增加安全系数。

2. **减轻花盆及盆土分量**。如果屋顶、阳台的承重力不够大，则应尽量选择质地较轻、方便移动的花盆，如塑料盆、瓷盆。除此之外，你还可以想办法减轻盆土的分量，比如用泥炭代替培养土、用蛭石填充一部分盆内空间等。

3. **将盆花悬挂起来**。将花盆悬挂起来是减轻屋顶、阳台压力的最佳选择。不过，这种办法也有一定的局限性。只有分量较轻的盆花才适当悬挂，必须考虑阳台顶部或屋顶支架的承重力。

◎谨慎选择花草品种

在室内栽植花草能够起到装饰环境、吸收有害气体、减少室内细菌和微生物等多种好处。但并非任何一种植物都能起到这种作用，倘若将一些不宜室内栽植的植物放在室内，效果也许适得其反，甚至非常可怕。总体来说，最需要注意的是下列几个问题：

1. **过香的花草不宜在室内种植**。某些花草会散发出非常浓烈的香味，让人难受甚至产生不良反应。比较常见的有夜来香、郁金香、五色梅、兰花、月季、百合、松柏等。

2. **会让人产生过敏反应的花草不宜在室内种植**。有些花草的花朵、叶片会引起人的过敏反应。如玉丁香、洋绣球、天竺葵、紫荆花等。

3. **有毒的花草不宜在室内种植**。有些观赏性花草毒性较大，摆放在室内容易引起人体中毒。比如含羞草、一品红、夹竹桃、郁金香、黄花杜鹃、状元红、万年青、水仙花、滴水观音等。

4. **容易伤害到人的花草**。有些花草本身长有尖刺或叶片较锋利。在有儿童的家庭，这些花草应做好保护措施，比如仙人掌等。

◎挑选花卉小窍门

怎样可以买到健康壮实的花卉呢？对于该问题，你可以参考以下建议：

1. 玫瑰。宜挑选花朵正含苞待放、花苞充实而有弹性、花瓣微外卷、花蕾呈筒形的。

2. 康乃馨。花朵半开、花苞充实、花瓣挺实无焦边、花萼不开裂为康乃馨生机勃勃的象征。

3. 百合。茎挺拔而有力，每枝有 1 ～ 2 朵花半开或开放，开放花朵新鲜饱满、无焦边的就是上好的百合。

4. 郁金香。花朵呈钟形、花苞饱满、花色鲜润、叶绿挺实不反卷。

5. 菊花。花叶厚实、挺立，花朵半开，花蕊部位的花瓣尚未张开。

6. 满天星。花朵纯白饱满，分枝多，盲枝少，茎干鲜绿、柔软有弹性。

7. 勿忘我。花多色正、成熟度好、不娇嫩、叶片浓绿不发黄、枝干挺实、分枝多者为佳，如有白色小花更佳。

◎巧用烟灰养花

烟灰具有驱虫的功效，所以可以用来养花。具体方法是：将收集在烟灰缸中的烟灰均匀地撒在花盆里。这样，浇水时烟灰就会随着水分渗入到泥土中。而烟灰中的毒素就可将土壤中的虫子杀死。另外，由于烟灰是草木灰，含有激素，所以也可以作为有机肥料，让花草生长更加茂盛。它还有一种特性对有些花草有益，那就是呈碱性，因此可以中和泥土中的酸性。

◎山石盆景快生长小窍门

将淘米水、菜叶、豆壳放在盆里一起浸泡成营养水。每天用这种水喷洒山石，喷完后用塑料袋将山石罩住，不久它就会生出青苔。如果嫌青苔生长得太慢，你可以在野外挖一些青苔表皮回来，然后在山石上涂满泥浆，再将青苔贴在泥浆上，放在阴凉潮湿处一段时日，这样青苔便会成活。

◎混种花卉小窍门

把几种不同的植物混种在一个大花盆或种植槽中是可以的。但前提是必须挑选所需光照、温度与浇水量都十分相似的植物。比如把几种多浆植物与仙人掌科植物混种。把几种都喜欢中性光和定期浇水的观叶植物一起混种等。

◎让花期更长的小窍门

1.平时即应注意给盆花创造一个良好、舒适的环境。不但室内的温度、湿度以及阳光的强弱都要适宜,还应将花卉放在空气清新、通风、没有灰尘和油烟污染的环境中。

2.花卉体内的乙烯物质会促使花卉凋谢。但我们可以用一些含有硫酸银的药物溶液喷洒花卉，使其延长花期。比如，将1片阿司匹林用1升水溶解成溶液，喷洒在花朵表面，就可以让花朵的气孔暂时闭合。从而减少水分蒸发,使花期延长7～10天左右。

◎如何让花卉顺利过冬

冬天到了，天气变得寒冷，如何在这个季节保证花卉的生命力不受摧残呢?

1.不要将花卉放在暖气旁，因为冷热不均更容易使花受凉。

2.每天都让花晒晒太阳，以帮助它制造叶绿素。

3.即便肉眼看不到虫，这个季节也要经常给花除除虫。

4.待盆土干透后再浇水。这样可以避免花卉的根部被泡烂，还可以帮助其吸收新的水分。

5.不要像夏天那样总给盆花浇水，因为冬季不宜多浇水。

6.不要给花草过多施肥，要知道肥料过剩也会要了花草的命。

7.不要长时间不管花卉，让其自生自灭。

◎受冻花复苏小窍门

夜晚气温会变得很低，不小心将白天搬出去的盆花遗忘在室外，结果盆花冻僵了。不用担心，有个好办法可以让冻僵的花卉缓过来，将花卉小心地从花盆中连土移出。用吸水性好的报纸包裹住根部，放在屋里24小时，冻僵的花卉就会慢慢回温复苏。注意：切忌将花卉直接放在阳光下暴晒，那样只会适得其反。

◎花盆底部打孔通水

如果花盆的排水性不是很好，那么积聚的潮湿就会非常容易让植物的根部腐烂，因此给花盆打孔是十分必要的。你可以用钻头在盆底处钻一个直径为2厘米左右的小孔，也可以间隔钻数个直径稍小的孔。

◎室内盆花换土好方法

科学、合理地给盆花换土，盆花才能生机勃勃地活下去，新种植的幼株每年都需要换土，时间宜选择在春天。植物已经接近成熟或生长速度开始减慢时，每 2 ～ 3 年换一次土即可。

◎室内盆花如何施肥

给室内植物施肥宜选择在花卉的生长期，且施肥前宜先浇湿盆土。对于冬天休眠的植物，冬季时不施肥，其他时候宜每月施 1 ～ 2 次肥。对于一年四季都生长的植物，如紫罗兰，每月施一次肥比较适宜。注意：每次的施肥量都应较小，以免烧伤植物根部。

◎花肥异味如何去除

室内摆放的盆栽施肥后会留下难闻的气味。若将橘子皮放入肥料溶液中，不但可以有效地去除肥料的异味，还能增加肥料的营养。

◎花卉缺水检测小窍门

植物的品种不同，就要根据不同的花卉而施肥，因为不同的花卉需要的水分也会有较大差异。对于大部分植物来说，通过下列方式检测就能知道盆土水分的不足，你就应该考虑给花卉浇水了。

1. **用耳朵听**。如果室内植物的花盆是陶盆，那么敲打时发出清脆声则表示营养土缺少水分。

2. **用眼睛看**。花盆内的营养土如果从四周向中间收缩，即土已经与花盆内壁相分离，则表示需要浇水。另外，你也可以直接观察植物，如果植物的叶片突然萎焉、变黄或边缘干枯，甚至花朵、花蕾有所脱落，则表示非常缺水。注意：某些植物在浇水过量时也会出现这些症状。

3. **用手指按**。如果用手指按能够明显地感觉到营养土的干燥，甚至已经完全失去了弹性，则表示盆土水分已经过少。

4. **用报纸吸**。将一张旧报纸按到花盆中，约 5 秒钟后拿出。如果纸张与盆土接触的地方未有潮湿现象，则表示盆土过于干燥。

◎给花浇水几大要素

对于花卉种植来说，浇水是一件很重要的大事。想要迅速掌握浇水的要领，可以根据以下几条要领：

1. 草本多浇，木本少浇。

2. 喜潮花多浇，喜旱花少浇。

3. 叶大质软花多浇，叶小有蜡花少浇。

4.旺盛期多浇，休眠期少浇。

5.苗大盆小的多浇，苗小盆大的少浇。

6.阳台上的多浇，庭院中的少浇。

7.天热多浇，天冷少浇。

8.旱天多浇，阴天少浇。

9.孕蕾多浇，开花少浇。

◎废水如何变废为宝

1.喝剩下的茶叶不要倒掉，用清水浸泡一会儿，可以作为肥料浇花用。喝剩下的隔夜茶也有同样的效果，但是不要用隔夜的茶水浇水仙等碱性花卉。

2.淘米水中含有大量的蛋白质、淀粉、维生素，用其浇花，可以使花卉长得更加茁壮。

3.煮鸡蛋的水中含有丰富的矿物质，用它来浇花可以延长花期，让花朵更加鲜艳。

4.吃剩下的面汤和肉汤，兑水后用来浇花也可以让花朵鲜艳欲滴。

◎给花卉浇水的最佳时间

给花卉浇水也要看时间，在土温与水温相差大时不能浇水。一般来说，早晨或晚上浇水对花卉最好。烈日高温下切忌给花卉浇冷水，否则会导致花卉的生理干旱，症状是其叶片会枯萎脱落。

◎盆花何时换盆最合适

种植花卉的过程中，换花盆是一件不可避免的事情。科学、合理地换盆，能够更有助于花卉的繁茂生长。

1.春天刚到的时候，是植物刚开始生长的时候，也是换盆的最佳时间。因为换盆会让植物暂时停止生长，而初春植物的特性却会让其很快恢复过来，并重新迅速生长。

2.夏秋时节换盆不利于植物的复苏和生长，建议谨慎行动。

3.生长速度较快的观叶植物在任何时候都可以换盆，但以初春为最好。

4.正处于开花期的植物不可换盆，否则很可能造成大部分花与花蕾脱落的灾难性后果。不过给处于花期末期的植物换盆是可以的，只是需要多浇水和补充营养液。一般来说，给植物换盆，都宜选择比原来稍大一些的花盆。

5.如果植物正处于生长期，则应选择比原先的花盆直径大2～3厘米的花盆，以保证植物根部有充分的生长空间。

6.如果植物即将成熟，则可选择与原先同等大小或稍大一点儿的花盆，因为新更换的营养土比较松软，所以体积会相对大一些。

7. 如果植物的生长速度较快或长成后的体积比较庞大，更换的花盆至少应该比原花盆直径大出14厘米。

◎换盆时如何修剪盆栽的根系

一般来说，在植物的生长过程中，植物的根系是无须修剪的，除非出现以下几种情况：

1. 已经养了几年的植物根系过大，同样大小的新花盆难以容下。

2. 植物在营养土块周围生出一部分乱根，这部分的乱根是可以修剪掉的。该种修剪仅针对正在判断花卉是否缺营养。

◎如何判断花卉所缺的营养

1. **缺钾**。缺钾的花卉老叶出现黄、棕、紫等色斑，叶子由边沿向中心变黄，叶枯后容易脱落。

2. **缺镁**。缺镁的花卉老叶逐渐变黄，叶脉仍为绿色，花朵较小。

3. **缺铁**。新叶叶肉变黄，大叶仍为绿色。

4. **缺钙**。顶芽容易死亡，叶尖、叶沿枯死，叶尖常弯曲成钩状，根系也会坏死，严重时会全株枯萎。

5. **缺氯**。花卉发育不良，下部呈淡黄色，然后会慢慢变干枯呈褐色，但不脱落。

6. **缺磷**。植株成暗绿色，老叶的叶脉间出现黄色，叶子易脱落。

注意：出现以上症状说明花卉缺乏营养，要及时换盆，并给花卉施基肥。换盆时要施有机质丰富的土壤，每10天施一次液肥。

◎盆栽植物非虫害病和应对技巧

如果能够确认盆栽植物的毛病非因虫害所致，则应从日常管理中寻找原因：

1. **下部叶子发黄脱落**。如果浇水不足，盆栽植物很容易出现下部叶子枯萎变色甚至脱落的毛病。建议清楚了解所栽植物对水分的需要，并经常检查盆内土的干燥程度。

2. **幼叶变黄**。除非非常喜湿的花卉，给其他植物浇水时均宜见干见湿，否则就容易造成植物的幼叶变黄。

3. **叶子出现腐斑**。盆土水分太多或花盆排水不畅容易造成植物的烂叶。建议等盆土稍干时再浇水，并在花盆底下铺些卵石帮助排水。另外，切勿将花盆直接浸入水中来进行保湿。

4. **幼叶叶尖枯**。盆土过干或花盆被置于强烈光线处时，过高的温度容易灼伤盆栽植物，使其出现幼叶叶尖枯焦的现象。请适度浇水或改变放置地点。当植物的根、茎部因为某种病变不能吸水时，盆栽植物也有可能出现幼叶叶尖枯焦的现象。

5. **叶尖干枯或花蕾脱落**。放置地点过于干燥、温暖，容易造成盆栽植物叶尖的焦枯和花蕾的脱落。建议经常向植物喷雾，或改变其放置地点，或干脆在房间里装设加湿器。

6. **生长缓慢，开花稀少**。盆土过于贫瘠会影响盆栽植物的生长速度和花蕾数目，有时还会使其出现叶子长斑的现象。建议在春、夏等生长期内经常给盆栽植物施肥。

◎给盆栽杀虫小窍门

给盆栽杀虫不一定必须使用某些药物，有一些既简单又安全的办法也可以达到这个目的，并且效果还不错：

1. **用啤酒**。啤酒与水比例为1∶6，搅匀后用它喷洒花叶，可以彻底消除白蝇和细菌。

2. **陈醋可以巧治栀子花叶枯黄**。栀子和杜鹃等花类喜欢酸性土壤，常用硬水浇灌的话会使泥土中的石灰含量增加，导致花卉叶面逐渐发黄枯萎。养这类花卉时应该十分注意这一点。但是如果这种情况已经出现了，也不要着急。可以用1匙食醋和2匙水搅拌成醋水溶液，每隔15天就给花卉周围洒1次。这个办法可以提高土壤中的酸度，从而防止该类花的叶面出现发黄枯萎的现象。

◎巧用凡士林灭虫法

大部分花卉很容易生蛀心虫。蛀心虫会蛀入嫩枝内，然后慢慢蛀入枝干。被蛀入后的花枝如果不迅速驱虫，花枝和花卉就会迅速枯萎死亡。有什么好办法除蛀虫呢？如果发现花枝上有虫洞，可以给花枝涂抹一层凡士林油堵住蛀孔。使空气不流通，这样蛀虫就会被闷死在里面。如果担心蛀虫会在花枝内继续存活，可以用一根细铁丝弯成钩状，将蛀虫钩出。

◎硫酸粉防花卉生病、腐烂

硫酸粉具有预防花木生病、腐蚀的功效，栽植花卉时，可以利用硫酸粉的这一点，具体做法如下：

1. 花木直接插在泥土中培育很容易腐烂，如果在剪取插条后蘸取一些硫黄粉，然后再插入泥土中，它就不会再出现腐烂的现象了。而且苗木还会生长健壮、成活率高。

2.花卉在通风不良的状态下会生出白粉病。这时将硫黄粉用水稀释，喷在患病杆株上，有病害的地方多喷，没有病害的地方少喷些，预防其遭受病害。几天后就可去除白粉病。

3.花卉嫁接后，在接口处喷些硫黄粉溶液，可以预防嫁接处感染。

4.如果花卉因为浇水过多而烂根，可以将花卉烂根剪去，用水洗净，然后喷上硫黄粉，种植在新的盆土中，几日后即可长出新根。

◎夏季花卉害虫的有效防治

1.六七月份是食叶害虫的繁殖期。为防止花叶出现网纹状枯斑，可以用90%敌百虫，80%敌敌畏的1000倍液或菊醋类农药2000倍液杀虫。

2.七八月份杜鹃、山茶、茉莉等花木会生出许多短须螨和柑橘红蜘蛛。这时可以使用40%三氧杀螨醇2000倍液喷杀，也可用杀螨灵喷杀。

◎剪花小窍门

1.**选择合适的剪花时间**。如果剪的是花朵，可以选在任何时候；如果是叶子，则最好在清晨、黄昏或阴雨天里，以防水分的流失给原植物带来较大影响。

2.**选择合适的剪花工具**。剪花宜用修枝剪，否则会使花吸收营养的能力变低，进而使盛开期变短。

3.**及时将剪下来的花插入水中**。剪下来的花朵宜马上放入水中。如果可能的话，最好将整个花枝（花朵除外）都插到温水中浸泡1～2小时，然后再取出插入花瓶。注意：经过温水处理的花朵在插入花瓶时，应将低于瓶中水面的所有叶子都摘去。否则冷热交替之下，这些叶子会迅速腐烂，污染水质。

◎如何让打蔫花枝恢复生机

如果刚买来的花或插在瓶中的花出现了打蔫的现象，可以用下面的方法让花恢复生机：

1.如果是刚买的花，可以将整个花枝（花朵除外）放在稍热（约40℃）的水中浸泡8小时。

2.如果是瓶花，可以将花梗剪掉一段，用沸水烫一下新切点（一两秒钟即可）。然后再将整枝花浸入冷水中数小时。

◎如何延长插花的开放时间

如果方法处理得当，离开了根、茎的插花照样可以盛开很长时间。下面的这些方法就非常有助于延长插花的盛开期：

1.用食盐涂擦梅花、水仙花、莲花等的花枝切口，然后再插入瓶中。

2.用冷却的浓茶水代替清水养插花。

3.滴一点儿啤酒在花瓶里。

4.将刚剪下的花枝切口处浸入沸水中约10秒钟，再插入盛有冷水的花瓶中。

5.用鲜花保鲜剂等药剂喷浇插花，或将硼酸、硫黄、维生素等溶入花瓶里。

6.将花枝切口处用火烧一下。这种方式只适合比较脆弱的花，如蒐葵、天芥菜等。

7.用湿报纸包住插花的花枝，将其末端在少许水中浸上1～2小时，然后再插入花瓶中。

8.如果插花的花梗是空心的，如大丽花、飞燕草等。可将空心梗中灌满水，用棉花球塞住末端，然后再插入花瓶中。

9.用针筒将适量水注入花卉的花茎中。该方法只适用于水生花卉。

10.将插花的花枝末端切口扩大。比如斜切、剖成几瓣、锤裂等，以扩大其吸水面。这种方法多用于木本花卉，如玉兰、丁香、杜鹃。

◎茉莉花的栽培技巧

1.给茉莉浇水浇过多怎么办？如果给茉莉浇水过多，要将盆移至阴凉处，严格控制浇水。若盆土不是太干，切不可再浇水。经常疏松盆土，改善盆土的通气状况。这样，过一段时间植株就可逐渐长出新根，叶片转绿。

2.如果茉莉不开花怎么办？一般情况下，茉莉枝叶生长旺盛的话，就会很少开花或者不开花。遇有这种情况，必须适当停水停肥。待顶芽出现萎蔫时再浇水，施速效性磷、钾肥，以抑制枝叶旺长，促使花芽发育。还要立即将茉莉移到阳光充足的地方，因茉莉喜阳光充足而不耐阴蔽。茉莉生长期由于阳光不足，过于荫蔽，也不易开花。将其移到阳光充足的地方，阳光中的紫外线有抑制枝叶生长的作用。另外，短剪时不能超过枝条的1/3，否则也会引起枝叶的旺长。

◎月季的栽培技巧

嫁接是繁殖月季的主要手段。

嫁接时，砧木的选择非常重要。插条来源充足，生根容易，能适应当地的气候条件，与接穗有很好的亲和力。目前国内常用的砧木为蔷薇。休眠期嫁接常采用枝接，而生长期嫁接常采用芽接。

月季是喜光植物，光线过强对花的发育不利，但在阳光不足处生长，枝条纤细。月季从萌芽到开花约45天，生长最适宜的温度是15～25℃。在此温度范围内开花大而美丽，到30℃则生长缓慢，30℃以上开出的花朵变小，花色变淡。2～3年苗上盆时要修根，把老根截短促发新根，但修根不宜过重，栽时注意根系舒展，植株端正，盆土不宜添满。上盆一般在休眠期进行。月季生长旺盛，需肥多。换盆每年1次或来年1次，换盆在休眠期进行，换盆后需浇透水两次。春、夏、秋三季应放在阳光充足、通气良好和不积水的场地。

◎玫瑰的栽培技巧

玫瑰性喜阳光，较耐寒、耐旱，喜通风凉爽气候，适宜生长温度为5～25℃。玫瑰适应性较强，对土壤要求不严，在肥沃的中性或微酸性土壤中生长良好，开花多。

栽植前，穴内要施腐熟有机肥作基肥。以后一年当中再施4次肥，即：2～3月施一次催芽肥，开花前施一次催花肥；花谢后施一次花后肥，以增强植株长势；入冬前叶落时施一次越冬肥，量可稍多些，这对提高地温，使植株安全过冬有利。盆栽玫瑰，以每10天施一次腐熟液肥为宜。

地栽玫瑰平时一般不用浇水，只是在早春及干旱季节适当浇一些水即可。盆栽玫瑰可2～3天浇一次水，炎夏时应每天浇水。

◎阳台上种植花卉小窍门

如果家住高层，或者没有闲余的土地或屋顶可以利用，可以在阳台上种植自己喜欢的花卉。在阳台上种植花卉时，可参考下列几个建议：

1.如果阳台上搭有玻璃棚，那么栽种的花卉要分喜湿喜热。

2.如果打算将阳台一角做储藏室，那么该位置附近不可栽种太多花卉，以免过于潮湿。

3.如果阳台不大，则适宜栽些多年生的草本植物或爬藤类植物。相反的，如果面积够大，可以设计成弧形，营造曲径通幽的效果。

第四节

旅游必备小窍门

◎旅游时必备物品

1. 钱。可以根据自己的旅游计划大略估计一下花费情况。但最后带上的钱一定要多于估算的数额，至少不能再少，以备不时之需。另外，尽量少带现金，最好准备一张信用卡，这样会相对安全些。

2. 各种证件。身份证、机票（车票、船票）、旅行证件、护照、等一定要带好。

3. 适合的衣物。带什么衣物以及带多少，要根据旅游目的地的天气状况，以及预计的旅游时间来准备。但如果想带小孩去，则应多准备一些替换的衣物。

4. 必备药。如果需要定期服药，一定要保证所带药物足够整个旅程之用，以免临时买不到所需之药或遭遇售价极高的情况。即便不需要定期服药，你也应带上一些预防感冒、止泻药等常见病的药。另外，如果患有心脏病、哮喘等，则应带上应急用药。

5. 通讯录。通讯工具固然是要带上的，但另带一份通讯录也是应该的。并且最好把旅行中重要单位的电话号码也写进通讯录中。

6. 零碎物品。这类物品如手纸、湿巾等可根据个人的情况决定是否带上以及带多少。喜欢摄影的朋友则不要忘了带上相机。

◎游玩出发前的准备事项

1. 把详细的旅行路线留给你的父母、配偶、孩子或者需要随时和你取得联系的人。

2.如果需要的话，通知停止一切对你家的投送（如牛奶、报纸、信件等）。

3.把家中贵重的东西放入保险箱等安全的地方或交由信任的人保管（如果当天还需要用，这项工作可改为出门之前进行）。

4.检查眼镜是否完好，最好再准备一副太阳镜。

5.检查是否带好了作为备份的通讯录。

6.检查门窗的锁是否完好无损或足以保证安全。并拜托可靠的朋友或邻居不定时代为查看。同时还要把你已经采取或将要采取的安全措施告诉对方。

7.如果养有盆栽植物、宠物，可托付给一个亲近的好友代为照看。

8.最后，再次查看机票（车票、船票）上的日期和时间。并妥善安排好从家中到机场（车站、码头）的路线和交通工具。

◎外出旅游时的注意事项

旅游途中以及到了目的地之后，以下几点需要注意：

1.外出旅行要以舒服、健康为标准。只有在旅途中保持身体健康，才能吃好玩好、少受罪。所以，千万别忽略途中的保健。

2.要选择卫生条件好的用餐和居住场所，多吃蔬菜、水果，切忌暴饮暴食。

3.北方地区早晚温差较大，所以要根据气温变化增减衣物，预防感冒；南方蚊虫较多，要随身携带蚊虫药水。

4.身体状态不好时千万不要勉强出去游玩，以免过度疲劳使病情加重。

5.充足的睡眠是缓解旅游疲劳的最好方法。如果到了新地方睡不着，可以在睡前喝些牛奶，让精神放松，这样便可以安然入睡了。

◎选择旅游路线小窍门

出发前先要仔细研究旅游地点的交通图。分析怎样走最经济、迅速、方便。选出一条最佳的旅游路线，用最短的时间玩最多的景点。制定旅游路线时应注意以下几点：

1.来回路线最好不要重复，要尽量多走几个地方。

2.可以水陆空搭配走。在能轮流乘坐火车、船、飞机的情况下，尽量将每种交通工具都考虑进去。这样不但能缩短路上的时间，还能增加新鲜感，缓解旅途疲惫。

3.如果旅游时间紧迫，要抓住重点景点游玩。不要在无所谓的小景点耽误太多时间。

4.选择旅游景点，要根据个人的经济条件和身体状况而定。不要勉强从事，以免旅游后造成经济压力或感觉身体不适。

◎晕船、晕车应急处理方法

如果在旅途中晕车、晕船了，可以采取以下几种应急措施：

1.在肚脐上贴一块伤风止痛膏。

2.在左右手腕上各贴一块膏药。

3.在口罩上涂些清凉油，然后戴上口罩。

4.晕船的时候,在船上喝些浓茶。

5.晕车的时候，剥一些橘子皮，对着鼻孔对折，将橘皮中的橘香油雾气喷进鼻腔内。

◎预防晕船、晕车有办法

1.如果有晕车、晕船的毛病，应在上车、上船一小时前吃些晕车药。

2.转移注意力，不要一直觉得自己马上就要晕了。

3.避免闻到会导致呕吐的味道，如汽油味、烟味、鱼腥味。

4.避免饮食过量，但也不能不吃，乘坐交通工具前，应吃些清淡的东西。

5.尽量坐在前座，靠窗通风的地方。

6.不要在颠簸的车、船上看书，也不要盯住某一个物体猛看。

7.如果感觉胃里不舒服，可以吃点橄榄和柠檬，或者喝点碳酸饮料让胃舒服一些。

8.如果有呕吐感，可以吃些苏打饼干，它可以帮助引导胃液。

◎航空旅行不适的应对办法

1.在飞机上因为缺水和时差引起消化不良和过度疲劳时应该及时补水，还应多吃些爽口的食品。这样就可以减轻飞行中的紧张感。

2.为了减轻飞行时的不适，最好不要在飞机穿紧身的衣物，双脚不要交叉。如果感觉不适，可以把鞋子脱掉，双脚抬高，以促进血液循环，缓解不适感。

3.如果在飞机升降时出现耳鸣，你可以用咀嚼的方法缓解耳朵的不适，比如嚼口香糖。另外，也可以用打哈欠或者捏住鼻子深吸气等方法使耳朵内部的气压与外界气压相同，从而消除耳膜的不适感。

4.乘飞机时，不要过于紧张，

要尽量使自己保持轻松自如，也可站起来稍稍活动一下。

◎巧用生姜防晕车、晕船

生姜具有预防晕车、晕船的作用。所以如果你有晕车、晕船的毛病，可以在旅游前准备些姜片，以防万一。具体方法如下：

1.手里握一片姜片，随时放在鼻子下闻一闻，或干脆将生姜片放在嘴里含着。

2.切一片生姜，按照男左女右按在内关穴上（手背腕部正中下方6～7厘米处）。用胶布固定好，可以明显减轻晕车现象。

3.切一片生姜，用胶布贴在肚脐上，预防晕车的效果十分有效。

4.将生姜捣碎，与白糖一起搅拌成姜蓉，上车前吃一点，能够代替晕车药。

◎老人和小孩旅行时的注意事项

1.带孩子旅游的话行程要安排得轻松一点。要尽量安排一些有趣的旅游地点，以免孩子觉得无趣。旅游时间不要安排过于紧凑，否则会让孩子有疲惫感。还可以随身带一两样孩子喜欢的玩具在身边。

2.带老人一起出游的话，不要安排过分消耗体力的旅游活动。日常安排要轻松缓慢，活动量不宜过大，只要起到让老人锻炼筋骨的效果就好。

◎旅途喝水有讲究

1.外出旅游时人体很容易缺水，因此最好随身携带一瓶淡盐水、随时饮用。以补充人体所需的水分和无机盐。

2.旅行中，喝水应采取少量多次的饮水方法。每小时饮水量不能超过1升，每次以喝100～150毫升为宜。

3.炎夏时切忌用冰冻的饮料解渴，而应该饮用10℃左右的凉开水。这比冰冻饮品更能够达到解暑降温的功效。

4.如果在旅途中无其他原因而突然感到身体不适，则可能是由于体力消耗过大引起血糖降低所致。这时喝一些含糖分的水大多可以缓解不适感。

◎旅游饮食需注意

1.忌食没有煮透的肉类。

2.忌食未经卫生检疫的奶及乳

制品、蛋及蛋制品、含有乳制品的冷冻食品。

3.忌食有异味的冷盘和凉拌菜。

4.忌食刚刚从冰箱取出的冷藏食品。

5.忌喝生豆浆、生奶等未经过高温消毒的饮品。

6.忌食生鱼、虾、蟹、蛤蜊等水产品。

◎旅途中预防上火小窍门

许多人在旅途中常常会出现便秘、上火等症状。这是由于旅途情绪紧张劳累、新陈代谢加快和饮食不合理等造成的。为预防这一点，应注意以下两点:

1.出门旅行时，随身带些洗净的水果和能生食的蔬菜，比如黄瓜，苹果等。在三餐不合口的时候拿出来吃，也预防便秘。

2.长时间乘车也会引起上火和便秘。所以途中最好不要总是坐在窄小的车厢里，而是在到站时到站台上稍微活动一下，呼吸一下。

◎旅游时脚磨出水疱的应急法

1.保留水疱顶部的表皮，用无菌空针抽空里面的液体，最多可抽三次。如此可以让水疱的顶部和底部重新相连，不仅可以减低疼痛，还可以预防感染。

2.在水疱没有痊愈前，要用保护垫来保护，以减少摩擦，以防水疱扩大。最好用纱布盖在水疱上，然后再用特殊软皮垫或较厚的纱布垫在上面，注意更换时不要弄破水疱。如果怕水疱感染，可以在纱布内涂一层软膏，预防细菌进入伤口。

◎野外求救信号须知道

如果不幸在旅途中遇到困境，你可以通过以下方法向外界发送求救信号:

1.国际通用的山中求救信号是哨声或光照，每分钟6响哨声或闪照6次，停顿1分钟后，重复同样信号。

2.如果有打火机和木柴，点起一堆或几堆火，烧旺了，加些湿枝叶和青草，使火堆升起大量浓烟。

3.穿着颜色鲜艳的衣物，戴一

顶颜色鲜艳的帽子。

4.用树枝、石块或衣物等物在空地上摆出 SOS 或其他求救字样，每个字最少长 6 米。若在雪地上，则可以用脚踩出求救信号。

5.拿着颜色鲜艳、宽大的衣物当旗子，不停挥动。

6.看见直升机到山上来救援而飞近时，引燃烟雾信号弹。或在需要救人的地点附近生一堆火，生起浓烟，让驾驶员知道风向。这样能帮助驾驶员准确地掌握停悬的位置。

◎游泳、潜水时的注意事项

1. **不要在饭前饭后游泳**。空腹游泳会影响食欲和消化功能，也会在游泳中发生头昏乏力等症状；饭后游泳同样会影响消化系统，严重的还会导致胃痉挛。

2. **不要在激烈运动后游泳**。剧烈运动后马上游泳，会加重心脏的负担；体温急剧下降，容易感冒。

3. **女孩子月经期不要游泳**。以免病菌从阴道进入子宫和输卵管，引起感染，导致月经不调。

4. **游泳前要做准备活动**。因为水温较低，不做准备活动就下水很容易抽筋。

5. **游泳后不要马上吃东西**。应该休息一下再进食，否则会增加胃肠负担，引起胃肠疾病。

6. **游泳时间不宜过长**。一般在 90 ～ 120 分钟为宜。

7. **酒后不要游泳**。酒后游泳会大量消耗体内的葡萄糖，使血糖变低。另外，酒精能抑制肝脏正常生理功能，妨碍体内葡萄糖的转化及储备，容易发生意外。

◎旅途中中暑的应急方法

在天热的时候旅游是一件非常辛苦的事情，很容易在旅途中出现中暑现象。如果在游玩时，突然感到烦躁、头痛、头晕、恶心、耳鸣、呕吐，或出现痉挛、呼吸及心脏功能障碍，都是中暑的表现。这时应该找个阴凉通风的地方休息，喝些矿物质饮料或盐水补充身体消耗掉的水分。如果情况还是不好，就需要再吃一些相关药物，比如藿香正气水等，或者到附近的诊所去看医生。

◎旅行中食物中毒的应急措施

夏季旅行时经常会发生食物中毒现象。背在身上的食物会因为天气炎热而变质，不小心吃下去会造成腹痛、腹泻，严重的还会发热、晕厥，这时候应该喝些盐水，也可以采取催吐的方法将食物吐出来。实在太严重的，要马上联系医院救护。

◎旅途中皮肤过敏的应急措施

夏天，空气中含有大量的灰尘和花粉，人们在旅行时穿着较少，再加上路途疲劳，很容易产生过敏现象。如果身上出现红色丘疹或其他皮疹，同时伴有瘙痒，应及时擦一些抗过敏的药膏，并且停止继续游玩，应该等到皮肤康复后再继续旅行。

◎旅途中骨折的应急办法

如果在旅途中不小心骨折，要马上联系附近的医院。先不要乱移动患者，而是要找两根木棍将骨折地方固定好。然后用冰冷敷，待救护车来后，再让专业医护人员将其移动到车里，送往医院。

◎旅途中意外受伤的应对方法

如果在旅途中意外划伤出血，可以先用干净的水冲洗伤口，然后用手帕包住。用手指按住出血处附近，压迫止血。按压半个小时后，松开 10 分钟，以保障血液循环。

◎森林旅行时的注意事项

1. 选择旅游地点时，要注意选择有接待能力的森林公园。这些森林公园有较为完善的基础设施和安全措施。

2. 要弄清森林公园的最佳旅游季节，北方森林公园一般在春、夏、秋三季景色较为美观。

3. 要注意以家庭为单位或若干人团体前往，不要单独前往人烟稀少的地区，以免发生危险。

4. 要注意选择游览路线，按照森林公园标志的游览道行走，不要偏离主道。

5. 要注意科学地安排游览和住宿时间，争取在日落前赶到住宿接待所。

◎雾里行车有技巧

1. 开雾灯而不是远光灯。

2. 要勤按喇叭，以示意自己车的位置。

3. 尽量盯住路中的分道线行驶。

4. 遇到大雾时，可使用空调的除雾挡，也可在风挡上涂一些甘油、酒精、盐水甚至洗洁精。

5. 如果想用手擦车窗上的雾气，一定要先停车再擦拭，切忌边开边擦。

◎雨天行车小窍门

1. 减速慢行，保持车距。

2. 转弯时应慢慢的打方向盘，慢慢地踩刹车（点踩刹车）。

3. 注意过往的行人和自行车。

4. 及时清理风挡玻璃上的雨水。

◎石子路驾车小窍门

1. 集中精力慢行，并且尽量在公路中央行驶。

2. 缓慢加油，平稳加速。

3. 遇到倒车、转弯和需要刹车时，要注意进一步降低车速，多使用刹车。

4. 转弯时必须把车速降低到车体不倾斜的程度再转。

◎使用安全带的注意事项

1. 要经常检查坐椅安全带的技术状态，如发现有损坏的地方，应及时修理或更换。

2. 坐椅旁边地板上所有固定坐椅安全带的螺栓都应按规定拧紧，螺栓周围应涂上密封。

3. 三点式腰部安全带应系得尽可能低些，要系在髋部而非腰部。

4. 肩部安全带不要放在胳膊下面，而应斜挂在胸前。

5. 一副安全带只能一个人使用，严禁双人共享。

◎汽车在冰路上行驶小窍门

由于阻力很小，汽车在冰路上行驶时车轮极容易发生空转和测滑。因此这时候，应该挂到低速挡，并缓慢行驶，并要注意以下两点：

1. 加速时不应过猛，不应该猛地松开离合器。

2. 减速时应利用发动机牵阻，尽量少使用脚制动。

◎外出旅行必备药物

1. **创可贴及伤湿止痛膏。**

2. **息斯敏或扑尔敏。**有过敏体质的人，到新的环境，可能接触到新的过敏原，易引起皮疹、哮喘等病。

3. **安定片。**初换住处，往往不易入睡，安定片能帮旅游者安然入睡。

4. 晕海宁片。晕车、晕船、晕机者必备药物。

5. 黄连素片。如果患上肠炎、腹泻等病，黄连素可消炎止泻。

6. 风油精。旅游免不了蚊叮虫咬，风油精能驱虫止痒。

7. 感冒药。

◎牙膏可治头晕头痛

在旅途中如果出现头晕头痛的现象，可在太阳穴上涂一点药物牙膏，牙膏的丁香、薄荷油有镇痛作用。或者涂上一点风油精清凉油，效果都不错。

◎芒果可治晕船呕吐

去南方旅游或去海边的城市国家旅游的时候，往往多乘船。如果出现晕船呕吐的症状，可用芒果来试试，效果很好。

◎乘飞机前最好不要吃太饱

如果在乘飞机前吃得过饱，在空中可使食物在体内产生大量的气体。一方面加重心脏和血液循环的负担，另一方面可引起恶心、呕吐和晕机等不适症状。

如果在上机前1.5～2小时内进食了油腻的高脂肪和高蛋白质食物，即使进食量不多，也会因其在胃内难以排空而使肾肠膨胀。另外，人在空中，胃液分泌减少，胃肠蠕动减弱。这些高脂肪、高蛋白食物就更难消化。不仅使人在飞行时腹胀难受，而且在下机后亦可能出现消化不良的种种反应，如腹胀、腹痛、打饱嗝等。

◎乘飞机不适处置小妙方

如果乘坐飞机出现耳胀、耳痛和听力下降等不适的症状时，尤其飞机下降时，不妨做些吞咽动作。上述感觉会有缓解，还可以捏住鼻子，闭嘴鼓气，增加鼻腔内外的压差，冲开耳咽管，使气体冲入中耳腔，达到平衡。

◎扳脚可治小腿抽筋

如果小腿抽筋了，又不知道该怎么办好，教您一个小妙招。取坐姿，一手用力压迫痉挛的腿肚肌肉，一手抓住足趾向后扳脚，使足部背曲，再活动一下，即可缓解。

如果是脚肚子抽筋了，可掐按压痛穴。此穴位在大脚趾外侧第二道横纹下缘，脚掌与脚侧结合部，哪侧腿抽筋就按掐哪一侧。此时还可用圆珠笔尖扎按一下，如感到刺痛，就是此穴位。对着穴位用力掐按2～3分钟，抽筋即可缓解。常按此穴还可预防腿肚抽筋。

◎旅途扭伤巧治疗

旅途中如果不幸扭伤脚，可冷敷自治。具体方法是：冷水浸湿毛巾，拧干敷在伤处，隔3～4小时敷一次，每次5～8分钟，可消肿、止痛。也可用冷水淋洗伤部。切忌热敷，非但不能消肿止痛，反而会使血管扩张，加速血液流通，进而加剧肿胀及疼痛感。

◎外出旅游省钱妙招

外出旅游，什么都需要花费，教您一些小办法。在游玩一些景点的时候，最好用一票通的门票，不但有节约旅游售票时间的好处，而且比分别单个买票所花的钱加起来便宜一些。但是，大多数旅游者往往不可能将一个旅游区的所有景点都玩个遍。鉴于此，游客可不必买通票，而改为玩一个景点买一张单票。这样反可省钱。

旅游景点的饮食一般都比较贵。特别是在酒店点菜吃饭，价格更是不菲。而各个旅游点的地方风味小吃，反倒价廉物美，不但省钱，而且也可通过品尝风味小吃，领略当地的饮食文化。

◎旅途巧打扮

旅途中虽然比较紧张繁忙，但也可以巧妙地进行打扮。清晨洗脸时先用温水洗去面部的油污，再用冷水洗一次，使面部皮肤增加弹性。洗脸后可涂点防晒霜，淡淡地涂点口红，再往身上少喷上一点香水。这种轻妆淡抹，既能保护皮肤，又会增加风采神韵。

◎外出旅行着装有学问

如果是盛夏出行，衣服并不是越少越凉爽。赤膊只能在皮肤温度高于环境温度时，增加皮肤的辐射、传导散热。而气温接近或超过37摄氏度时，皮肤不但不能散热，反而会从外界环境中吸收热量。因而盛夏赤膊、或者是女性穿过短的裙子都会让人感觉更热。所以有关专家建议，着浅色真丝绸类衣服旅游最好。

Part7

这样生活不浪费

——家庭生活节约经

第一节

水电、煤气的节约策略

◎节约用水小窍门

洗澡节水

1.学会调节冷热水比例。

2.不要将喷头的水自始至终地开着。

3.尽可能先从头到脚淋湿一下，就全身涂浴液搓洗，最后一次冲洗干净。不要单独洗头、洗上身、洗下身和脚。

4.洗澡要专心致志，抓紧时间，不要悠然自得，或边聊边洗。更不要在浴室里和好朋友大打水仗。

5.不要利用洗澡的机会顺便洗衣服、鞋子。在澡盆洗澡，要注意：放水不要满，1/3～1/4盆足够用了。

厕所节水

1.如果觉得厕所的水箱过大，可以在水箱里竖放一块砖头或一只装满水的大可乐瓶，以减少每一次的冲水量。但须注意，砖头或可乐瓶放得不要妨碍水箱部件的运动。

2.用收集的家庭废水冲厕所，可以一水多用，节约清水。

3.垃圾不论大小、粗细，都应从垃圾通道清除，而不要倒进厕所用水来冲。

一水多用

1.洗脸水用后可以洗脚，然后冲厕所。

2.家中应预备一个收集废水的大桶，它完全可以保证冲厕所需要的水量。

3.淘米水、煮过面条的水用来洗碗筷，去油又节水。

4.养鱼的水浇花，能促进花木生长。

洗餐具节水

家里洗餐具，最好先用纸把餐具上的油污擦去，再用热水洗一遍，最后才用较多的温水或冷水冲洗干净。

◎电冰箱节能小窍门

购买电冰箱的时候应挑选高能源效益的型号。单门冰箱最为省电，其次是上下格双门冰箱，然后是左右开双门冰箱。而冰箱容积亦应以符合家庭的需要为佳。冰箱宜避免放置于太阳直射的地方。冰箱顶部及两旁应保留 30 厘米空间，背面则至少需预留 4 厘米空间散热。切勿将冰箱调校于不必要的过冷度数，因为只会浪费电力。冰箱内储存的所有食物应先封好及排列有序，让冷空气可流通无阻。切勿将高热或温暖的食物放进冰箱内，应先让食物冷却至室温。开关冰箱不宜过于频密。所有冰箱门均应关闭妥帖，并须确保密封垫及门没有漏气。

检查密封垫可用一张纸尝试塞入冰箱门罅。如有虚位让纸张活动，便需要换密封垫。将冷藏食物解冻，应于煮食前一天将食物从冰格放入其他冷藏格内。若家中冰箱并非是无霜或循环除霜的型号，则应定期为其除霜。所积聚的冰霜以不超过 6 毫米厚为宜。切勿阻塞冰箱背面的冷凝管，并须保持清洁，以免尘埃积聚导致温度上升。出门远行前应先清理冰箱内一切食物，然后关掉电源。

◎电熨斗节电小窍门

最好是一次熨好所有衣物，以免需要将熨斗再次加热。应确保您选用适当的恒温度数。先熨平宜用高温的衣物，继而处理中级温度的衣物，然后熄掣。利用余下的低温熨平，例如丝质的衣物、毛巾、内衣裤等。熨衣中途如遇亲友到访或需长时间接听电话等事情干扰，应先熄掉熨斗以策安全及节省电力。

◎吸尘机节能小窍门

应在扫帚或拖布无法有效的清理一些地方的时候再使用吸尘器。应经常清理储尘袋，如等它盛满时才清理，只会令清洁工作倍感费时费力。如果马达机件产生过热现象或发出异常声响，应先关上电源，进行检查。

◎洗衣机节电有办法

选购洗衣机，大小应以配合家庭的需要为标准；水平滚轴的前置式（或前门式）洗衣机比垂直转轴或顶置式洗衣机耗水量少，兼且更为节电。应装满一机衣物才洗衣，因不满与全满均耗用同等电力。尽量采用低温洗衣程序，并且切勿使用过量洗洁剂。特别是使用干衣机前，先采用高速旋转脱水程序较为节电。

洗衣机的耗电量取决于使用时间的长短。应根据衣物的种类和脏污程度确定洗衣时间。一般合成纤维和毛丝织物洗涤 3 ～ 4 分钟；棉麻织物 6 ～ 8 分钟；极脏的衣物 10 ～ 12 分钟。

洗衣后脱水 2 分钟之内就可以了。衣物在转速 1680 转 /分情况下脱水 1 分钟，脱水率就可达 55%。延长时间提高脱水率很少。

◎电视机节电小窍门

电视机如果开得最亮会比开得最暗多耗电 50% ～ 60%。电视机的音量越大，耗电量就越大，要适度调节亮度和音量。用遥控关闭的电视机，有 6 瓦～ 8 瓦待机能耗，应手动切断电源。加防尘罩可防止电视机吸进灰尘，防止漏电和影响图像及伴音质量。

◎微波炉节电小窍门

微波炉节电，主要决定于加热食品的多少和干湿。加热食品时，应在被加热食品上加层保护膜，以防止加热食品水分蒸发。这样不仅味道好，而且节省电能。

◎电饭锅节电小窍门

根据家庭需要适当选择电饭锅功率。电热盘表面与锅底如有污渍，应擦拭干净，或用细砂纸轻轻打磨干净，以提高传感效率。

充分利用电饭锅的余热。煮饭时，可在沸腾后断电 7 ～ 8 分钟，再重新通电。开始吃饭，就可切断电源。

◎电风扇节电小窍门

电风扇的耗电量与转速成正比，最快挡与最慢挡的耗电量相差约

40%。在满足一定要求的情况下，应尽量使用中挡或慢挡。

◎照明灯节电小窍门

使用节能灯价格虽高，但发光率高，光线柔和，寿命长，耗电少。14瓦节能灯相当于75瓦白炽灯的亮度，可节电75%。

保持灯泡、灯罩清洁，提高发光、反射效果。离开房间，切记关灯。峰谷电的用户晚上10点后使用家电，避峰又省钱。

◎热水器节电小窍门

淋浴器温度设定一般都是在60～80℃之间，不需要用水时应及时关机，避免反复烧水。如果家中每天都使用热水，那么应该让热水器始终通电，并设置在保温状态。因为保温一天所用的电，比把一箱凉水加热到相同温度所用的电要少。

◎双键马桶节能又好用

与传统单键马桶相比，用双键马桶每家每天至少节水一半。9升单键马桶每月用水约为3240升。如果用3/6升马桶则为每月1350升。不仅能节省1890升自来水，还能减少污水的排放。生产自来水和处理污水都需要耗费大量能源，所以节水可以节能。

◎节约燃气有妙招

燃气在使用过程中，要运用得当才可以节省更多煤气，延长使用期限。以下几点可供参考。

1.炒菜做饭的用具不需要太大，即使偶尔请客，主要是增加菜的品种，并非菜的数量。太大的用具会使加热时间增长，散热面积增加，浪费燃气，适当的用具则会最有效地利用燃气。

2.火候合理：许多人都以为灶具的火候越猛越好。其实不然，火并不在于猛，而在于适度。因为米、菜只有那么多，锅只有那么大。火太大只会多消耗热能，而不会缩短做饭的时间，白白浪费了煤气。

3.不少人是先点燃气再开始洗米、择菜、配料。这无形中增加了燃气的浪费。如果先将准备工作做好，做菜时一气呵成，则可大大节约燃气的使用。

4.及时调节：炒菜时，菜开始下锅时火要大些，火焰要覆盖锅底。但菜熟时就应及时调小火焰，盛菜时火减到最小，直到第二道菜下锅后再将火焰调大，尽量减少空烧时间。这样不仅节省了1/3的燃气，又减少了空烧造成的油烟污染。

5.保持通风：灶具在燃烧时需要消耗一定量的氧气，同时又将废气排在室内。如果能保证厨房有良好的通风条件，满足灶具耗氧的需要，则既避免了一氧化碳对人体的危害，又保证了灶具的额定负荷。做饭时间不致延长，相对地减少了燃气的浪费。

◎厨房节能的几个小妙招

1.用煤气或液化石油气做几样饭菜时，最好是一个炉子的几个炉眼要同时使用。这样既节省燃料，又节约时间。有些大块的食物，应先切成小块再下锅，这样熟得更快，节省时间。

2.做饭时，锅的种类及大小要选择适当，要与炉眼的大小相匹配。小锅用小炉眼，大锅用大炉眼。不要忘记在锅上盖锅盖。锅盖可使热量保持在锅内，饭菜可以热得更快，味道也更鲜美。还可减少水蒸气的散发，减少厨房和房间里结露的可能性。

3.熟食加热或冰冻食品解冻最好用微波炉，这样既方便、又节能。

4.用水壶烧水时，水不宜灌得太满，以免水开时溢出。用电热水壶烧水，水一定要漫过电阻丝的高度。水壶用过一定时间后，要及时清理水垢。

第二节

日常生活节约小窍门

◎充电电池、抛弃式哪种好

充电电池和抛弃式的电池，还是充电电池好用，而且更省钱。虽然抛弃式单价短期来看比充电电池便宜，但是购买充电电池价格，除以使用次数，得出的单价比抛弃式要便宜得多。

◎节约洗衣用水有妙招

1.洗衣机洗少量衣服时，水位定得太高。衣服在水里飘来飘去，互相之间缺少摩擦，反而洗不干净，还浪费水。

2.衣服太少不洗，等多了以后集中起来洗，也是省水的办法。

3.如果将漂洗的水留下来做下一批衣服洗涤水用，一次可以省下30～40升清水。

◎将垃圾分类的好处

将垃圾分类，不但可以统一处理，还能减少有毒的垃圾进入地下或空气中。另一个原因是把有用的资源循环再利用，例如一吨废纸可以制成800千克再生纸，这样一来，就可以少砍许多棵树了。

◎晾衣绳、烘衣机哪个好

美国有57%的家庭有烘衣机，每年消耗大量能源。其实，把衣服用烘衣机烘干不仅气味不好闻，也使衣物因磨损而不耐穿。用晾衣绳既省钱又省电，而且使衣服磨损减少。

◎用纸尿裤还是布尿布对婴儿好

纸尿裤与布尿布各有优缺点。多项研究充分衡量了各种环境因素，如能源耗用、空气与水污染，乃至废弃物处理。结论是两者对环境的影响差不多。但从金钱来考虑就不一样了。

◎窗帘、百叶窗哪一种好

如果从房屋的隔热效果来说，当然是窗帘更好，百叶窗完全无法减少热量的传递。冬天若能使用完全遮蔽、附有装饰板的双层及地窗帘，可减少1/3的热量损失。

◎经常开关日光灯是否耗能源

经常开关日光灯不会消耗能源。新的研究证实这样不至于缩短灯泡寿命或浪费能源。节能灯泡基本上就跟装在洗衣间或浴室的灯管一样，只是比较节能。市场上已经出现一种灯泡，号称可以开关50万次，等于使用50年，每天开关91次。

◎肥皂和洗涤剂哪个洗衣服好

肥皂和洗涤剂虽然都能清洗衣物，但是应使用天然成分制成的肥皂会更好。因为肥皂排放后，很快就能被微生物分解。相比之下，一般的合成洗涤剂在生产过程中，会产生大量废水和废气。而含磷洗衣粉中的磷酸盐，虽可增强去污功效和增加泡沫，却会刺激被污染水域里的水藻过分增长，让氧气耗竭，使其他水中生物如鱼虾等死亡。

第三节

物品的妙用与变废为宝

◎洗衣机怎样用更好

在使用洗衣机的时候，用前置式会更好。因为上开式转速较快，但耗用较多水、能源、洗涤剂。如果要买新洗衣机，务必看清标签上关于能源和用水量的说明。即使您没打算买新机，还是可以让目前的洗衣机更环保：把滤网洗干净，使用最少的洗涤剂，不用热水，一次洗足最大量。

◎旧报纸巧妙利用

1. **可以用旧报纸擦拭玻璃。**旧报纸非常适合用来擦亮玻璃。在擦拭的时候，最好先用湿抹布擦掉玻璃表面的污垢，再将报纸揉成一团，擦拭湿的部分。报纸上的印刷油墨可以让玻璃变得更光亮，同时无须担心油墨会附着在玻璃上。报纸脏后扔掉，另换一张即可，非常方便。

2. **用旧报纸清理门窗露水。**冬天的早晨，一觉醒来常会发现窗户上结了一层露水。这时，只要把报纸张贴上去，便可清除，因为报纸的吸水性好，可以彻底吸取露水。之后，再将同一张报纸揉一揉，擦拭门窗玻璃，如此一来，既能去除露水又能清理门窗，一举两得。如果露水过于严重时，可在前一天晚上把报纸张贴在窗户上除湿。

3. **收存被褥时可夹一层报纸除湿。**每逢换季收存被褥时，最好先挑个晴朗的日子把被褥好好晒一晒。先去除湿气，并掸掉上面的灰尘。收存时则可以在被子内侧夹几张报纸，用来吸取残余的湿气。这样就不必担心被褥会受潮发霉了，而且清爽干净。

4. **用湿报纸除尘**。用扫帚扫地时，如果担心灰尘飞扬，不妨把报纸弄湿，撕成碎片后撒在地上。由于湿报纸可以吸附灰尘，这样就能轻松扫净地板。

◎旧袜子的妙用

1. **除尘掸**。破旧的丝袜弹性好，将其收集起来，扎好，装上木棍，就是十分理想的除尘掸。丝袜能产生静电，因此比一般的除尘掸更易将衣橱、餐具的死角、缝隙清理干净。

2. **包皮鞋**。丝袜既有弹性，又能防尘、透气，用旧丝袜收藏皮鞋、皮包等，效果非常好，可使收藏物不变形、不霉变。

3. **收集肥皂头**。肥皂快要用完的时候，会变得又薄又小，使用非常不方便，利用旧丝袜收集后使用就不会浪费了。

◎旧雨伞的妙用

雨伞坏了不要急着扔掉，坏雨伞还是可以巧妙利用的，比如雨伞的骨架可以做成一个晾衣架。

雨伞骨架上有很多小孔，将曲别针穿在这些小孔中，再把夹子挂在曲别针上。一个简单的晾衣架就做成了。你可以在上面晾袜子、内衣等。利用伞架还可以晾鞋子，把伞架的外端弯回来，套上鞋子，伞架的弹性就把鞋子支撑住了，一举两得，既简单又方便。

利用了伞骨，伞面也不要扔掉，用它来做一个防尘套吧。把伞面拆下，将上面的线头拆干净，然后把伞面的周边翻进去一圈缝起来，缝合时留出一个小口，把松紧带穿进去。接下来，把做好的防尘套套在电扇上，根据电扇的大小调节松紧带。伞面做的电扇防尘套，既美观又大方。

◎啤酒的再利用

有时候啤酒买多了喝不完，或者突然不想喝了，剩下的啤酒怎么办最好呢？扔了又觉得可惜，放几天再喝就已经变味不好喝了。这时候你可以把啤酒给植物喝或者洗衣服，效果都会很好。

1.用剩余啤酒浇花：啤酒本身是微酸性的，用它来浇花可以调节土壤的酸碱度，尤其是对那些喜酸的花卉非常有利。

2.用剩余啤酒擦洗叶子：用剩余啤酒擦洗花卉的叶子有两个好处。一是可以把叶面的灰尘擦掉，促进植物进行光合作用；二是剩余啤酒可以作为叶面肥料。君子兰、龟背竹等大叶植物的叶子用啤酒擦洗后都会显得非常光泽，增加观赏价值。

3.用剩余啤酒洗涤衣物：深色棉布衣物洗多了会褪色发白，很难看。如果洗时加入一些啤酒，把衣物泡上 15 分钟再洗，不仅会使衣物变得更柔软，而且还会使深色棉布衣物恢复本来的颜色。新买来的深色衣服，也可以先用啤酒和水洗一下，以后再洗就不容易褪色了。

◎淘米水的有效利用

淘米水最好不要随意倒掉。它的用途非常广泛，不仅可以去污除味，还能美容肌肤，可以多加有效利用。

1.用淘米水清洗浅色的衣服易去污，而且颜色鲜亮。

2.沉淀后的淘米水再加热水，可以用来浆衣服。

3.用淘米水洗手可以滋润手部皮肤。

4.用淘米水漱口，可以治疗口臭或口腔溃疡。

5.淘米水加盐可以去除菜的腥味。

6.把咸肉放在淘米水里浸泡半天，可以去咸味。

7.用淘米水清洗猪肚，可以洗得更干净。

8.将生锈的菜刀泡在淘米水中数小时，就不容易生锈。

9.淘米水浇灌花木或蔬菜，可促进生长。

10.用淘米水擦过的油漆家具会更明亮。

11.新漆器用淘米水擦拭 4 ~ 5 次后，即可除去异味。

◎剩余牛奶的妙用

喝剩的牛奶或者过期的牛奶就不能再喝了，倒掉又觉得可惜，您可以这样妙用：

1.用柔软的布蘸少许牛奶擦洗镜子和镜框，会更加明亮洁净，且不会留下水渍。

2.衣服沾上了墨水，可先用清水洗，再用牛奶洗，接着再用洗洁精清洗，墨迹便可除掉。

3.如果白衬衣上留下了酒渍，用煮开的牛奶擦拭即可去掉；如果衣服上沾了水果渍，只要在痕迹处涂上牛奶，过几小时再用清水洗，就能洗干净；衣服上沾了铁锈，可先把有铁锈的地方用沸水浸湿，涂上发酸的牛奶，再抹上肥皂清洗即可。

4.清洗纱窗时，在洗衣粉中加一些剩牛奶，纱窗就会焕然一新。

5.用牛奶擦皮革品，可使其柔软美观。打开的鞋油放久了，会变得发硬，加入几滴牛奶就变软了，用起来同新鞋油一样。

6.剩余奶液加少许水，可用来灌溉花草。

7.喝剩的牛奶可以给家里的宠物做饮品。

8.用牛奶加一点醋和开水混合，然后用棉球蘸着在眼皮上反复擦5分钟，再用热毛巾捂一下，可以消除眼睛浮肿。

◎隔夜茶的巧妙利用

隔夜茶不能再喝了，倒掉也是浪费，茶水里面的营养成分其实很丰富，你可以将其巧妙利用：

1.隔夜茶含有很丰富的酸素，具有杀菌和防止毛细血管出血的作用，可治愈口腔出血、皮肤出血、疮口脓疡等。用隔夜茶漱口或洗脚，可以治愈口腔出血或脚跟干裂。

2.眼睛出现红丝或总是流泪，可每天用剩茶水洗数次，疗效显著。用电脑过多引起的眼睛干涩，每天用隔夜茶洗两次眼睛，效果非常好。

3.用隔夜茶擦洗门窗玻璃和瓷器等，会使其干净有光泽。

4.用隔夜茶水洗头，可止痒、除头屑。若一直坚持用隔夜茶水刷眉毛，也可使眉毛浓密乌亮。

◎咖啡渣的妙用

咖啡渣似乎已经成了废物，其实它也可以妙用。将咖啡渣倒入炒菜锅稍微加热，可以去除锅内油腻；用纱布包咖啡渣，可去锅盖或油烟机上的油腻。

少许咖啡渣倒入不锈钢水槽，擦拭一下再用水冲，可以清除水槽中的污垢。

将咖啡渣炒干或晒干后，放在烟灰缸里，既可灭烟蒂又能去掉烟味；用保鲜膜包一些干咖啡渣，用针戳点小洞，放到冰箱里，能去除冰箱异味；用小纱布包裹干咖啡渣放入衣橱，可以防潮防霉。

◎蛋壳的妙用

吃鸡蛋时，很多人总是习惯将蛋壳随手扔掉。其实这些被我们视为废品的蛋壳，有很多用处。

1.打鸡蛋时，不要直接磕开，而是在鸡蛋的一端弄一个小孔，让蛋清蛋黄缓缓流出，保留完整的蛋壳。然后用油彩在蛋壳上画出可爱的造型，蛋壳就成了一件很有情趣的小工艺品。如果家里有两三岁的宝宝，保证他会爱不释手的。

2.把蛋壳内的一层蛋清收集起来，加一小匙奶粉和蜂蜜，拌成糊状。晚上洁面后，把调好的蛋糊涂在脸上，30分钟后洗去，你的脸部肌肤就会细腻滑润。

3.鸡蛋壳成分中90%以上为碳酸钙。另外还有少许碳酸钠、磷酸氢等物质。碾成末内服，可治小儿软骨病。同理，将碎蛋壳加入饲料中，可治疗家禽缺钙症，还能使鸡多产蛋，并且不会生软壳蛋。

4.鸡蛋壳可治胃痛、胃酸过多。其方法是：将蛋壳洗净打碎，放在铁锅中用文火炒黄，研成粉末，加入适量的甘草粉混合均匀。每次取3～5克，分2～3次于每天饭前或饭后用温水送服。此法可治疗十二指肠溃疡、胃痛、胃酸和孕妇小腿抽筋等症。如取上述药粉5克，每日2次以适量黄酒冲服，可治妇女产后头晕。

5.消炎止痛。用鸡蛋壳碾成末外敷，有治疗创伤和消炎的功效。

6.治烫伤。蛋壳里面有一层薄薄的蛋膜。当身体某一部位被烫伤后，可将蛋膜轻轻揭下，敷在伤口上，10天左右伤口就会愈合。还能止痛。

7.用鸡蛋壳30克，陈皮、鸡内金各9克，放锅中同炒黄后研成粉末，每次取6克用温开水送服，每日3次，连服2天，可治腹泻。

8.把蛋壳烧过后碾碎撒在墙角，可以防蚂蚁到处乱爬。将蛋壳晾干碾碎，撒在厨房墙根四周及下水道周围，可驱走鼻涕虫。

9.在细口瓶中放入新鲜蛋壳碎片，再加点清水使劲摇晃，可以去水垢、油垢。这种办法同样可以用来清除热水瓶、烧水壶中的水垢。另外，用浸泡过蛋壳的水擦洗玻璃器皿和漆器木器，可增添光泽。

10.想把油装入瓶子里，一时又找不到漏斗，可在蛋壳一端打一小孔，一个小漏斗就出现了。

11.将蛋壳捣碎，用纸包好，炉子生火时用来引火，效果非常好。

◎空瓶子的有效利用

1.废瓶子可制漏斗。用剪刀从塑料瓶的中部剪断，上部就是一只很实用的漏斗。

2.较粗大的玻璃瓶子，可以将瓶底切下做成金鱼缸。再在下面的瓶塞上装上一段橡皮管，给鱼换水时，就不用把金鱼捞出来了。

3.在塑料瓶的底部扎几个小孔，一个实用的小喷壶就做好了。有的瓶子上有刻度，根据用途稍微加工一下，就可用来做量杯。

4.将用空的香水瓶、化妆水瓶开盖放在衣箱或衣柜里，会使衣物变得香气袭人。

5.擀面条时，如果一时找不到擀面杖，可用空玻璃瓶代替。用灌有热水的瓶子擀面条，还可以使面变软。

◎瓶盖的有效利用

1.用汽水瓶或酒瓶盖刮姜皮，既快又方便。

2.找一根长约15厘米的小圆棒，在其一端钉上2～4个酒瓶盖，利用瓶盖周围的齿来刮鱼鳞，是一种很好的工具。

3.将酒瓶上的盖子收集在大玻璃瓶内，是一件非常别致的装饰品。

4.在家具腿下面放一个罐头瓶盖，家具就可以滑动，挪动家具时会非常省力。

5.将废弃无用的橡皮盖子用胶水固定在房门的后面，可防止门在开关时的碰撞，起到保护房门的作用。

6.经过长时间使用后，通下水道的橛子的木把与橡胶就会脱离。遇到这种情况可找一个酒瓶铁盖，用螺钉将瓶盖固定在木把端部，然后再套上胶碗，木把就不会脱了。

7.将热水瓶盖子放在蚊子叮咬

处摩擦2～3秒，然后拿掉，重复2～3次，蚊虫叮咬导致的瘙痒就消失了，也不会出现红斑。

◎废旧筷子的妙用

竹筷用的时间长，就会变黑，显得很不干净，于是就要买一些新的竹筷来用。旧的竹筷扔掉可惜，不妨把旧的竹筷收集起来做个花盆。

找来一个塑料瓶，先把一个塑料瓶的瓶口锯掉，余下的部分作为花盆内衬。然后将竹筷裁成比塑料瓶略高的长度，用棉绳以8字形绕法，将所有竹筷上下缠绕固定。然后将竹筷套在塑料瓶的外面，花盆就做好了。为增加美感，还可以在底部加一圆形木块做底座。用这种办法还可以自己制作竹筷杯垫。

◎鱼缸的妙用

因为早已不养鱼，鱼缸因而废弃不用，放在那里不用也是碍事，不妨擦干净它的灰尘，让它变成鲜花的容器。

先找两片足够长而且宽大的叶材，叠在一起利用张力紧贴在鱼缸的内壁，将新鲜的花朵按照自己喜欢的形式插在两片叶子中间，注意高低的搭配。同样，鲜花会因为叶子的张力而被固定住。再在鱼缸中加水到可以让鲜活郁金香的茎部底端补充水分的地方，一个惬意的设计又完成了。

第四节

聪明主妇巧理财

◎人生各阶段巧理财

1. 探索期（15 ~ 24 岁）：通常这个时候重心放在学业上，事业才开始起步不久，所赚的钱不多。此时可规划买个 10 年期定期保单，受益人给父母，以报答父母养育之恩。

2. 建立期（25 ~ 34 岁）：此时最好多考取有益于谋生的各种证书、执照，积累工作的经验。在理财方面可考虑定额储蓄、小额信托方式等买一些共同基金，以及买个 60 岁满期的定期寿险，受益人给配偶或子女。

3. 稳定期（35 ~ 44 岁）：想创业者，此时是发展的好时机。不想创业，继续当上班族者，应加强初中级管理方面的知识，以备升为管理者之需。此时最大的负担是房屋贷款，理财宜稳健，可规划增加共同基金的投资，同时强迫自己多储蓄。

4. 维持期（45 ~ 54 岁）：此时不仅本身收入增多，家中小孩也开始会赚钱，家庭负担减轻，投资组合不妨朝多元化去规划。如可考虑换屋，买第二栋房屋出租，买股票、基金、债券，买个 10 ～ 20 年期的储蓄险等。

5. 高原期（55 岁以上）：此时可开始规划休闲、旅游等较轻松的生活、手头宽裕者、理财可考虑投资股票、房地产等多元化的理财规划。买份退休年金保险，以防自己晚年钱不够用的困扰。

◎家庭科学理财有妙招

1. 留足固定支出。先从收入中将粮、油、煤、房、水、电及抚养孩子、赡养老人等基本生活费留足。

2. 控制机动支出。购买衣物要有计划性、选择性，不冲动消费，不一味赶时髦，不盲目抢购降价商品。

3. **安排发展资金**。要尽可能安排部分资金买书订报，以有益于智力开发、事业发展。

4. **计划大项开支**。购买大件耐用消费品要有计划，不超越实际能力提前购置。

5. **余钱投入储蓄**。每月留下的余钱应注意积聚，最好存入银行，以备不时之需。

6. **适当投资增值**。储蓄至一定数额时可取出部分，购买国库券、债券或股票等。以谋取较高的投资收益，但必须注意规避风险。

◎合理安排家庭文化消费

家庭消费要合理安排，才不会乱支出。订阅报刊杂志，购置图书资料，这是家庭最主要的智力投资活动。一般包括两大类：一是订购夫妻双方感兴趣的资料、书刊等；二是购置那些同各自的工作业务有关的书刊资料、影音制品、电脑及相关软件等等。一年的预算就一目了然。

◎家庭收支账目需建立

家庭收支账目可以使家庭收支情况清晰、简明。这种账簿可以标明时间、收支项目、收入、支出、结余、备注等格式。

为使家庭收支账目清晰、健全，应该日清月结，最好是当天账当天算。

账目最好由一个人专门记写。记账人要做到不错、不重、不漏。家庭收支簿是家庭经济档案中的主要资料之一，可以为制定和修正家庭开支预算提供重要数据。

记录一定要清晰、全面，为了便于日后查对，收入或支出的缘由一定要清楚地填写在收支项目栏内。如收入项目应写清是某某交来的工资、奖金、劳务费、经营盈利或其他收入等，支出项目应当写清购买商品的种类、数量及缴纳费用的名称等。最好把某人的收入或专项支出一并写清。重大经济活动的经手人以及有无收据、保修单据等项目在备注栏内也要清楚地写明。

◎家庭消费五项建议

1. **避免盲目性消费**。不要赶时髦，去盲目抢购暂时不需要的商品。

2. **杜绝有害性消费**。酗酒、嗜烟、暴食、狂饮等消费不仅增加开支，而且有害身体。理应杜绝。

3. **减少浪费性消费**。家庭消费

应注意勤俭节约，即使生活较富裕，也应减少无谓的支出。如开灯睡觉、出门不关灯、听凭水龙头漏水、水烧开了不关煤气、烧过量的菜肴等。

4. 限制积压性消费。一般的非紧张、非耐用商品应现买现用，不要超量购买，造成积压。

5. 延迟损耗性消费。要适当延长用品的使用寿命，如家用电器妥善保养、自行车勤擦拭检修等。

6. 用增值性消费。购买缝纫机等用具，便可自我服务，节约大量的支出。

◎节省家庭开支小窍门

1. 功能相等条件下，选购价廉的商品。如电子表和机械表，其功能都是显示时间，电子表的价格约低于机械表20%。

2. 选购功能较多，而差价不大甚至相同的商品。如多功能搅碎机比功能单一的价格提高不多，却方便了用户。

3. 选购功能虽略有减少，价格大幅度下降的商品，在不影响使用的情况下，可以买清仓处理商品。

4. 不迷信进口商品，如国产彩电要比进口的价钱低30%左右，质量差得不多，而且维修便宜、方便。

◎家庭支出省钱好办法

1. 打住房及地段差：如果居住的房子地段很好，可以将原住房高价租出去，再在近郊地方低价租一间房子。这样一高一低就可省出不少钱。

2. 买菜打时间差：一般来说，早晨和休息日去菜场买菜，价格都较贵。如果改在傍晚菜市场快收市时，进入菜市场打扫战场，就可以捡到不少便宜货。因为这时卖菜的摊贩急着要收摊回家，特别是有些新鲜货如果隔了夜就不好卖，都愿意降价贱卖。可见，只要每天改变一下买菜的时间就可以节省不少买菜钱。有人计算过，按这种办法买菜，每月可以省掉1/3以上的买菜钱。

3. 购衣打季节差：服装的季节差价是很大的。如果学会精打细算入夏买冬春服装，冬春买夏秋服装，可以买到大打折扣的换季装。一年下来至少可以节约40%以上购买服装的费用，而且衣服的质量、款式都不会差。

◎聪明购物有诀窍

怎样能够用最少的钱，买到最好、最实惠的商品，这也是一种大智慧。以下一些方法教您如何更好地购物：

1.把大钞换成小钞使用。一般来说，当手头有大钞的时候，买东西就特别大方，不知不觉就增加了不少开支。而换成零钞再使用，就能避免这种过度大方，抑制自己的购买欲，买东西时也会精打细算。

2.尽量不要带孩子去超市买东西。到超市买东西很方便，小孩去了这也要拿那也要买，结果账台上一算账，总计价格不菲。

3.一次购足，省钱省时，避免奔波与浪费。购物之前，最好先有计划，从金额的估算到购买路线的计划，都能使你省时省钱，并且不会无谓地扩大预算与额外支出。

4.从各种媒体中收集购物信息和机会。有人统计过，如注意这方面信息收集，货比三家，就能买到许多价廉物美的商品，其每年购物总支出可节省15%～25%。因此，现代人购物一定要养成收集商品信息、分析商品信息、利用商品信息的习惯。

5.物尽其用，需要再买。有的人一有了钱就想买东西，有的人一看到廉价商品就认为捡到便宜了赶快囤货，这都是很不好的习惯。家庭购物一定要坚持一个原则：不需要的东西哪怕再便宜也不要买，赶时髦的东西也尽量少买或不买。只有确实需要的东西才买，并要做到物尽其用。

◎商品退换有办法

购买商品时，难免会有疏忽大意或者不满意的时候，这时候就需要拿回去退还，教您几个方法：

1.购买时务必要求开具发票。须写明货品名称、规格、单价、总价、日期，要有售出单位盖章；退换时带上，可免去许多口舌。

2.提供完整的包装材料。开包时力求保护包装的完整性。

3.发现问题抓紧退换。因为保质期有一定的期限。

4.坦率说明退换原因。如果是自己购买时考虑不周，应主动说明，取得谅解。不要在质量上硬找岔子，否则店主证明并无质量问题造成氛围尴尬，进退两难。

◎产品保质期与保存期的区别方法

产品的保质期与保存期是两个不同的概念。保质期是指产品在正常条件下的质量保证期限。保存期是指产品的最长保存期限。对同一产品，其保存期应当长于保质期。

一般来说，超过保质期的产品，则说明其质量不能保证达到原产品标准，并非说质量绝对不行。只要产品没有失效、变质，就仍具有使用价值。不过，商店在销售此类产品时应明示降价销售，否则就是有意欺骗顾客了。但是产品超过保存期就不同了。保存日期的最后那天，也称为产品的失效日期。

根据国家有关规定，超过保存期的产品一律不准销售。如你买来的商品超过了保存期，你完全可以向消费者协会投诉，并要求出售者作出赔偿。

Part8

这样应对最有效

——面对突发事件镇静自若

第一节

突发疾病的处理方法

◎小儿抽风的处理方法

1.用冷毛巾湿敷头部，同时用温水或30%左右浓度的酒精轻擦患儿皮肤、四肢。

2.用手指掐人中穴、印堂穴和合谷穴。

3.将冰块装入塑料袋内，放在患儿头部、腋下、腹股沟等处。

4.将一双筷子或小薄木片置于患儿上、下牙之间，以防患儿咬破舌头。

5.此时家长要保持安静，不要大喊大叫、摇晃患儿。

6.要及时将患儿放在床上平卧，头向一侧歪斜，以防止其舌头坠入气管。

7.要松开患儿衣物，使其轻松呼吸。

8.不可强行弯曲或压迫患儿肢体来制止抽风。

9.此时不可喂药、喂水，否则水容易呛入气管。

◎癫痫病的急救处理

1.将患者扶稳，防止其摔倒，然后搀扶到安全地方。

2.癫痫发作时，解开患者的衣领、袖口，让其呼吸道通畅。

3.仔细观察发作时哪些部位抽动，记录持续时间，以便向医生描述。

4.癫痫发作时，迅速让患者仰卧，不要垫枕头。将患者头偏向一侧，把小木板等物放入患者上下牙齿间，以防患者自己咬伤舌头。

5.患者发作时不要强行喂水或强行按压肢体。

◎中风的急救方法

1.如果患者已处于昏迷状态，应上前将其扶住或搬来椅子让其坐下。

2.如果患者已倒地，则应让患者保持平卧位置。同时将患者的头偏向一侧，以防呕吐物流入气管窒息。

3.解开患者衣领，使患者保持畅通的呼吸。

急救的同时，应尽快拨打急救电话。注意：如果患者失去意识，千万不能抱住患者又摇又喊，企图唤醒患者。此时的患者不仅无法唤醒，还可能因摇晃加重脑内的出血，造成严重的后遗症。

◎狂犬病的急救办法

1.立即用吸奶器或火罐将伤口内含有毒素的血液吸出。

2.用20%的肥皂水或0.1%的新洁尔灭消毒液或清水反复清洗伤口半小时以上。

3.洗后用酒或酒精擦抹伤口周围，然后用纱布包扎。

4.立即到防疫站注射狂犬疫苗和破伤风抗毒素预防针，同时注射或口服抗生素预防感染。

5.保持呼吸道通畅，注意给氧。

6.对狂躁不安的患者，应让他待在安静的暗室内，避免声、光、电、风的刺激。

◎心脏病突发的处理方法

1.如果患者没有呼吸、脉搏及心跳，应开始心肺复苏。

2.安抚患者，让他精神稳定下来，使其保持镇静。

3.如果患者神志丧失，应用手或枕头将患者头部支高后仰，以保证其呼吸道通畅。

4.用毛毯或衣物盖住患者身体。

5.如果患者自己感到心脏病即将发作，应不停地用力咳嗽。先深呼吸，然后每隔一两秒钟便用力咳嗽，每咳嗽5声后停一下。

6.持续监测患者呼吸及脉搏，必要时开始实施心肺复苏术。

7.尽量不要让患者移动，以免增加心脏负担。

8.初步护理之后，立即叫救护车。

9.切记不要摇晃患者或用冰水泼患者。

◎高血压突发的急救办法

1.当患者突然心悸气短时，应让患者双腿下垂。有条件的应让患者吸氧，并拨打急救中心的电话。

2.当患者血压突然升高，并伴有恶心、呕吐、头痛、心慌等症状时，应让患者卧床休息，并及时服用降压药、镇静剂等。

3.高血压患者在劳累或兴奋后，容易发生心绞痛。此时应保持室内安静和空气流通，并让患者休息，服一片硝酸甘油或吸入一支亚硝酸戊酯。

4.高血压患者发病时，如果除头痛、呕吐外还有意识障碍或肢体瘫痪，则应让其平卧，头偏向一侧。以防止其呕吐时将呕吐物吸入气道，同时立即通知急救中心。

5.发病时，切忌乘公共汽车或搀扶患者步行去医院。

第二节

突发事件的处理办法

◎窒息的急救方法

1.首先让窒息者躺在空气流通的地方，解开其颈部的衣领，使其不受压迫束缚，然后进行人工呼吸。

2.人工呼吸法。先托起患者的下巴，使其气管通畅，然后捏着他的鼻子，对准他的嘴巴用力吹气，反复如此。

3.如果患者已倒在地下，就应把患者身子放平，让其仰卧。救助者分腿跪在患者双髋外侧。一手的掌根放在患者上腹，另一只手重叠，迅速而用力地向下压，反复多次。

4.如果异物已吐出，但患者无呼吸，应开始实施心肺复苏术。但不要试图取出嵌入患者咽喉内的异物，这样做有可能使异物更深地嵌入气道。

5.不要打击患者背部或压挤其胸部，也不要让患者的头部偏向一侧。

◎中毒的处理方法

1.因吸入有害气体而中毒的患者，应立即离开现场，解开衣物，大口呼吸新鲜空气。

2.沾染接触性中毒患者应立即离开毒源，脱去被污染的衣物。用清水、肥皂水等彻底冲洗身体、毛发、指甲缝等。

3.食物中毒患者宜用催吐、洗胃、导泻等方法排除毒物。

4.酒精中毒患者如果中毒程度较轻应卧床休息，多饮浓茶或咖啡；中毒程度较深则应迅速送医院，进行洗胃。

5.如果误食老鼠药中毒后，应喝大量的温水催吐。

◎中暑的急救方法

1.立即将患者转移至阴凉、通风、干爽的地方或空调室中。用扇子或电扇扇风，用冷水擦或喷淋患者身体，有条件的可用酒精擦身。

2.将冰块放入塑料袋内，放在

患者的额头、颈部、腋下和腹股沟等处。

3.如果患者有意识，可以让他饮服绿豆汤、淡盐水或西瓜水解暑。

4.服用人丹、藿香正气水等药物。

5.如患者中暑昏迷，可按压其人中穴。

6.清醒后的患者，应在凉爽通风处好好的休息，同时饮用大量糖盐水。

◎出血如何止血

1.**指压止血（压迫止血）**。动脉出血时，用手指在伤口上方（靠近心脏的一端）压迫；静脉出血时，则用手指在伤口下方（远离心脏的一端）进行压迫，以阻断血液流通。注意：静脉出血还是动脉出血可通过血液的颜色来判断——如果血液呈鲜红色，则为动脉出血；如果血液呈暗色，则为静脉出血。

2.**加压包扎止血**。先用消毒纱布覆盖伤口，再将棉花团、纱布卷或毛巾等放在伤口上面，用绷带扎紧。但如果伤口中有碎骨存在时，则禁用此法。

3.**止血带止血**。止血带有橡皮制的和布制的两种，也可用宽绷带、三角巾或其他布条等代替。

4.**填塞止血**。先用急救包、棉垫或消毒纱布填塞在伤口内，再用加压包扎法包扎。

5.**包扎止血法**。用绷带、三角巾、止血带等直接敷在伤口或结扎某一部位。

注意：①如伤处有骨折，须另加夹板固定。②如果伤口内有碎骨或异物存在，不得采用加压包扎止血法。③用止血带止血时一定要扎紧，如果扎得不紧，深部动脉仍可能有血液流出。

◎急产的处理技巧

1.赶快将产妇移到避风处，注意保暖。

2.在产妇臀部下垫上清洁的衣物，再垫上卫生纸。

3.让产妇两腿屈曲，向两侧分开，露出外阴部，将干净的毛巾或手帕折叠好，托在阴部以助胎儿的头分娩出。

4.嘱咐产妇不要用力屏气，要张口呼吸。

5.胎儿头部露出时，应用双手托住头部，此时千万不能硬拉或扭动胎儿。

6.用干净柔软的布擦净婴儿口鼻内的羊水。

◎流产了怎么办

1.出血量不大、无疼痛的话，可以扶孕妇进内室躺下，等待救护车。

2.出血增多、出现阵痛的话，要马上送医院。

3.大出血以至休克时，应让孕妇保持当时体位，并以最快的速度送到医院。

4.如有血块流出，应用报纸或毛巾包着它带去医院检查。

5.护理要点：绝对卧床休息、多补充维生素E。

◎昆虫蜇伤或咬伤的处理技巧

1.**蜂类蜇伤**。首先要迅速拔除毒刺，或用针将毒刺挑出。切勿挤压蜇伤处，以免使更多的毒液进入血液。及时将鲜马齿苋、夏枯草、野菊花叶等捣烂外敷。初步处理后，应立即到医院进一步处理治疗。

2.**蜈蚣咬伤**。立即用拔火罐拔出毒液，并用3%的氨水或5%的碳酸氢钠溶液涂抹，然后进行冷敷。将雄黄、细辛等碾成粉末，加水调和，敷在患处，也可将鱼腥草、蒲公英捣烂外敷。

3.**蝎子蜇伤**。立即在离伤口5～10厘米的近处绑扎布带、绳子或止血带，以防携带毒汁的血液回流。迅速拔出毒针，并用碱性肥皂水或1：5000高锰酸钾液冲洗伤口。

4.**蜘蛛咬伤**。被蜘蛛咬伤时，首先要彻底清洗伤口，然后用杀菌液消毒。

5.**蚊蝇咬伤**。蚊蝇咬伤后先用肥皂和清水冲洗被咬部位，然后涂抹一些杀菌剂，即可止痒。

6.**其他虫咬**。被跳蚤、毛毛虫或蚂蚁叮咬后。涂点牙膏、食醋、柠檬汁、捣碎的大葱叶、大蒜、卫生球、洋葱等均可止痒。

注意：将新鲜的仙人掌去刺洗净、捣烂成泥涂于患处(每日换2～3次)，可以起到止痒止痛、解毒消肿的作用。该解毒止痛法几乎适用于任何一种昆虫蜇咬伤。

◎被动物咬伤后的处理技巧

1.**毒蛇咬伤**。①绑扎伤肢。在咬伤肢体近侧约5～10厘米的近心处绑扎止血带，以阻止含有毒素的血液回流。然后用手挤压伤口四周或口吸将毒液排出体外。②用肥皂水和清水清洗伤口周围的皮肤。③药物治疗。常用的解毒抗毒药有上海蛇药、南通蛇药等。一般的蛇毒在3～5分钟内就会被人体吸收，所以急救越早越好。另外，伤口内若有蛇牙残留，应立即取出。

2. **猫鼠咬伤**。先用止血带止血，再用生理盐水或清水反复冲洗伤口，然后到医院治疗。

3. **其他注意要点**：①在野外作业时，尽量不要裸露腿足，必要时可穿长筒靴。②被毒蛇咬伤后切忌奔跑，应就地包扎、冲洗伤口后速到医院治疗。

◎烧烫伤的应急处理办法

1.迅速脱离热源。如果烫伤处有衣物，应立即脱下衣物，用凉毛巾敷在烫伤处。注意：如果烫伤处与衣物粘在一起，切勿强脱衣物。

2.四肢烫伤时，将伤处放在自来水龙头下冲淋或将其直接浸入到冷水中。待疼痛感基本消失后，涂上湿润型的烧伤膏。

3.用冰块敷在烫伤处。

4.轻度烧伤无须处理，涂抹獾油或烧伤膏即可。

5.如果烫伤面积较大，按上述有关建议处理后，应尽快去医院就诊。

6.把酱油、蜂蜜、猪油、狗油、生姜汁擦在受伤处，可以消炎止痛。

7.将几片梨贴在烫伤处，可以止痛。

8.用风油精、红花油或植物油（如麻油）直接涂于伤处，即可止痛。

9.用金霉素眼药膏涂在伤处，可以消肿止痛。

10.烫伤后马上抹些肥皂，可消肿止痛。

注意：①不要在伤口处涂抹黄油或油脂，它们容易引起感染。②不要向伤口吹气或碰触伤口，这也容易引起感染。③如果烫伤处出现水疱，一般不要弄破，以免感染。

◎头部受伤的处理方法

1.头部受外伤后，迅速找到出血点，然后用手指压住出血点一侧的皮肤或压四周的皮肤进行止血。

2.如果伤口较大，可用干净手绢放在出血点上方，用手压紧，然后再去医院就医。

3.冷敷。将毛巾等物品弄湿或用冰块冷敷瘀血或肿胀处。

4.消毒。用双氧水消毒伤口，如有出血时，可覆盖干净的纱布，加压止血。

注意：①冷敷只有在头皮起包的时候才有效，如果脑内产生病变，冷敷是没有任何作用的。②脑外伤患者出现频繁呕吐、头痛剧烈和神志不清等症状时，应立即送往医院诊治。③如果伤口出血，可用消毒纱布或干净的布块压迫止血。

◎割伤与擦伤的处理技巧

1. 一般的割伤先用肥皂及冷水冲洗伤口，清除伤口里的残留物，然后用止血纱布和药进行包扎止血即可。

2. 更换敷料时，如果发现伤口周围发红并向外伸展，要尽快就医。

3. 如果伤口在手臂上，应取下手腕上的饰物，压迫伤口并抬到高于心脏的位置。

4. 如果伤口在大腿上，除了要压迫伤口外，还要压迫腿部的动脉。

5. 初步处理后，应立即送医院治疗。

6. 擦伤的话应先用肥皂水、消炎药水或冷水冲洗伤口，清除伤口里的残留物，然后再涂抹抗菌药膏。一般情况下不要包扎伤口。

◎眼睛有异物或受伤后的处理技巧

1. 如果眼睛进了异物，千万不要用手揉，可叫他人帮助翻开眼皮，用干净手绢或纱布等将异物擦去。

2. 先闭眼休息一会儿，让眼泪大量流出，再眨几次眼睛。异物即可随大量泪水流出。

3. 在清水中反复眨眼，直到异物脱离眼睛。

4. 如果眼中溅进氢氧化钠、硫酸等时，要翻开眼皮，用大量的清水或自来水反复冲洗，然后及时就医。

5. 插入眼球的异物千万不可拔除。此时应保持局部清洁，用消毒纱布或干净的毛巾覆盖眼部，然后迅速到医院救治。

6. 如果眼睛有伤口或出血，应用干净的纱布、纸巾等包住眼睛，然后尽快去医院。

7. 如果铁水、沸水或蒸汽进入眼睛，应先向眼中滴入大量的抗生素眼药水，然后再送医院。

◎背部骨折急救办法

如果患者仍被瓦砾、土方等压住时，千万不要强拉硬拽患者，而应尽快将压在患者身上的东西搬掉，然后对患者的创口部分进行包扎。包扎前要先冲洗创口、止血。如果患者胸腰部脊柱骨折，要让他平卧在硬板床上，身体两侧用枕头、衣物塞紧，以保持固定。

◎颈部骨折急救

发生颈椎骨折时，千万不要随

便乱扭动头部。首要紧急处理是保证患者的呼吸道畅通，所以不要让其头部扭动。如果患者已经停止呼吸，应立即进行人工呼吸。把衣物、枕头放在患者头颈两侧，以避免其晃动，否则容易导致瘫痪。搬运患者时，要用门板或梯子做担架。

注意：①在运送患者时，需要2～4人抬担架，以保证平稳，防止加重脊柱、脊髓的损伤。②搬运时应让患者上肢贴于腰侧，下肢并拢，保持直线形体位。

◎其他骨折的处理技巧

1.有出血时，要先压迫止血，包扎伤口，再将骨折固定。

2.如果患者骨折处已经戳出创口，不要立即复位，以免将污染物带进创口深处。

3.包扎固定后，将受伤者轻轻放在担架上，抬送到医院进行急救处理。在运送途中，要避免摇摆、振荡。

◎脱臼的处理技巧

1.**下颌关节脱臼**。救助者先将大拇指放在患者两侧的下臼齿上，压适两侧臼齿，其余四指则提起下巴后向上方轻推。

2.**肘关节脱臼**。握住患者前臂，慢慢牵引，屈曲肘关节，这样即可复原。

3.**髋关节脱臼**。应用担架将患者送往医院救治。

◎牙齿受伤的处理技巧

1.用手指清除患者口腔内的断齿和血块。

2.让患者头部向前倾，下面放一个碗或一个盆子，以接住淌下的血。

3.如果牙槽大量出血，应用消毒纱布或其他干净布放在患者的牙槽上，让其紧咬15～20分钟。

4.如果整颗牙齿都被撞脱落，一定要用唾液保持牙根潮湿，然后包住牙齿，在24小时内去医院医治。

注意：如果牙齿受伤时伴有口腔流血，则患者千万不可仰卧，以免血块堵塞呼吸道。

◎扭伤与扯伤的处理办法

1.**冷敷**。把冰块放到塑料袋中，用锤子把冰块砸碎，扎住袋口，然后用毛巾包住塑料袋敷在受伤处。

2.**包扎**。拿开冰袋，用绷带包扎伤口。

3.**抬高伤肢**。包扎完后，把伤肢抬到高于心脏的位置。

第三节

其他常见急救常识

◎煤气泄漏的处理办法

1. **截断煤气来源**。当屋内出现煤气味时，应先迅速截断煤气来源。管道煤气总阀的手柄与管道方向一致时为打开，呈 90° 角时为关闭。

2. **切勿点火**。避免一切明火及火花的产生，以免引发爆炸危险。包括不可开关灯，不可在现场打电话。

3. **打开所有门窗**。及时打开所有的门窗，让煤气尽可能快地散出屋外。

4. **寻找漏气位置**。如果屋内煤气味较浓，最好迅速逃离现场，请专业人员前来处理。如果煤气味轻微，则可自行寻找漏气位置，进行暂时应对。

5. **包住口鼻**。在有煤气味的房间内活动时，最好用打湿的毛巾、衣物等包住口鼻，以免自身因吸入煤气过多而中毒。

6. **尽量在房间中部活动**。煤气是沿墙面等平面蔓延的，因此在房间内活动时，应该尽可能少地贴近墙壁，尽量站在房间较空的中部。

◎厨房着火的处理办法

1. 食用油着火时，如果火势较小，将炉火关闭，让油自然燃净即可；如果火势较大，则可用锅盖、大盘子、湿毛巾等盖住锅，半小时后再打开。注意：有时候火焰虽然已经熄灭，但接触空气后还可能再次复燃。因此应尽可能延长密封时间，最好能达到半小时左右。

2. 当食用油着火时，切勿移动锅，切勿企图用水浇灭火焰，这两种做法都只会加大火焰。

3. 如果燃烧着的油流到了地面上，可以用沙土、湿毛巾、灭火毯等盖住，也可直接用泡沫灭火器、干粉灭火器进行灭火。

4.如果是液化气瓶着火，你应尽可能快地用湿毛巾、抹布等裹住手部，将气瓶的角阀关闭，以切断气源。一般来说，如果火势不大，这种方式能够使火很快自动熄灭。当然如果方便的话、最好迅速使用泡沫灭火器、干粉灭火器进行灭火，并应尽快搬开气瓶周围容易着火的其他对象。

注意：①切不可用棉被、毛巾等捂盖，更不可弄倒气瓶以图压灭火焰，这些方式均有可能引发气瓶爆炸。②切不可在有液化气燃烧的房间内进行开关电源、使用打火机等一切会产生火花或明火的行为。

◎电器或插座着火的应急办法

1. **电器着火。**首先断开电源，注意：是断开电源而非关闭电器开关，尤其是当电器或插座尚处于燃烧状态时。切勿用手直接触及开关，然后用水或干粉灭火器将火熄灭。注意：在切断电源之前，切勿用水浇着火的电器。

2. **电视机或计算机着火。**如果着火的电器是电视机或计算机，则应在切断电源后用灭火毯、棉被等盖住电器以扑灭火焰。并且切忌在极短的时间后便掀起覆盖物观看灭火情况。即便想看，也应从侧面或后面接近电视机或计算机，以防其显像管爆炸伤人。另外，切勿泼水或使用任何性质的灭火设备。因为已经关闭的电视机、计算机内仍然会有残余的电力，一旦如此很可能引发电击。另一个原因是温度的骤降很可能会使灼热的显像管爆裂，从而带来危险性后果。

3. **电器或插座位置有焦糊味。**尽管尚未出现火焰，只要闻到电器或插座、插头等有焦糊味散出，也应立即关掉电器或插座开关、拔出插头。

如果开关或插头发烫，不易拔下，则可采取直接切断总闸或拔除总闸保险丝的方法。确保切断电源后，检查相关的电线、保险丝等是否情况良好，必要的话应进行更换。如果自行检查不出异样，但焦糊味依然存在，则应请电工来帮忙。

◎泡沫塑料质家具着火的处理办法

1.泡沫塑料在燃烧时会释放出大量有毒的黑烟，人一旦吸入很快就会失去知觉，因此在这种情况下切勿试图救火。

2.如果可能，屏住呼吸将燃烧物远离其他的物品，然后迅速离开房间，再顺手关紧房门。以免毒烟散发到其他地方。

3.如果不能确保情况被控制住，应尽快拨打火警电话。

◎衣物着火的紧急处理

1.切勿惊慌奔跑，否则火苗只会更大。

2.尽快把衣物脱掉，用脚踩灭火苗或将衣物浸入水中。

3.如果来不及脱衣物，尽快趴下或就地打滚也可，以压灭火苗。

4.用大衣、毯子或厚重衣物把着火者裹住，也能使火苗迅速熄灭。

注意：切勿用尼龙质或人造纤维质衣物，否则情况会更加严重。如果尚未伤及皮肤，可跳入附近的水池或用水管、喷头浇淋。如果已经伤及皮肤，切勿使用该法，否则创伤处有可能出现感染。

2.切忌用灭火器直接朝着火者身上喷射，因为多数灭火器的药剂都会引发烧伤处发生感染。

3.切勿在地上翻转伤者的身体，否则很可能会扩大烧伤的面积。

◎夜晚嗅到焦糊味该怎么办

1.立刻叫醒熟睡的家人。

2.迅速弯腰靠近或爬到卧室门边，用手背试试门的温度。注意：即便怀疑其他房间起火，也不可擅自开门查看。

3.如果卧室的门不烫手，则可慢慢打开。在安全的前提下带家人逃离居室，并顺手把所经之门全部带上，以防其他房间或外界的火、烟扩散。

4.尽可能快地拨打火警电话，并且召集救援人员。

5.在确认安全之前，切勿重回火场。

◎被困在火场怎么办

1.如果火势较大，应尽可能快地打开门窗，以免浓烟聚集，致人晕眩或昏迷。

2.做好防烟措施。如果被火困住或需要进入着火的房间，切记做好防烟措施，以免被浓烟堵塞气管。最常见、最简单的防烟法是毛巾防烟法：把浸湿的毛巾或厚布折叠几次，一般以8层（折叠3次）为宜。如果来不及浸湿，用干毛巾也可。用折好的毛巾掩住口鼻，只要不十分影响呼吸，越密实越好。即便口鼻位置较低，呼吸时也应小而浅。

3.保持冷静，大声呼救。但切勿站立在火中呼救。因为火墙会封锁住声音。正确的方法是弯腰，最好是趴在地上向外呼救，以使声音尽可能快、尽可能远地传出去。

4.集中全力灭火。为求自保，在救援人员到来前，尽可能想办法灭火。但万万不可试用危险性的灭火方法。

5.如果被困在高处，除非已经到了最危急的时刻，否则不可从窗口跳下自救。

◎如何拨打火警电话

1.不管是否关系己身，发现火情后都应立即拨打火警电话。

2.火警电话接通后，应讲清楚着火的具体位置、着火的东西以及火势情况。

3.报警后应亲自或派专人等待救援人员，以指引消防车尽快、准确地到达火场。

◎如何正确进行人工呼吸

人工呼吸是用人为的方法，使呼吸暂停者获得被动式呼吸，进而重新获得氧气，维持住生命。其操作要领主要有：

1.让患者平躺仰卧，头部朝上。

2.救助者深吸一口气，然后对准患者的嘴吹气。吹气时救助者可用一只手将患者的鼻孔捏住，嘴离开后则要将捏住的鼻孔及时放开。另一只手则应按压患者的胸部，以帮助患者呼气。反复进行该动作。

3.吹气频率为每分钟 14 ～ 16 次。如果患者牙关紧闭，口对口吹气法不易进行。救助者也可用嘴对准其鼻孔吹气，吹气程度以患者的胸廓微微隆起为最佳标准。反复进行该动作。

◎胸外心脏按摩技巧

胸外心脏按摩是借压迫胸壁使患者心脏受挤压，进而开始排气的一种急救方法，其操作要领如下：

1.让患者仰卧，躺在硬板上或地上。

2.救助者先用拳头叩击患者胸骨下段 4 ～ 5 次，然后进行人工呼吸。

3.救助者用一只手掌根部按在患者胸骨中下 1/3 交界处略偏左，另一手压在前只手的手背上，向下挤压。

4.急救人施压后迅速抬手，使胸骨复位。反复进行该动作。

5.按压频率为每分钟60～80次。

注意：①人工胸外心脏按摩的同时也可进行人工呼吸。②挤压力度要合适，千万不要用力过猛。当然也不可用力过小，以免达不到抢救目的。③压力要均匀，抬手放松要快。④挤压与放松时间应大致相等。

◎现场急救的一些小窍门

遭遇重度创伤的话，其急救要领如下：

1.迅速使患者脱离危险场地。

2.如果发现患者窒息，则应立即解开患者的衣领，清除其口、鼻、咽、喉部的异物，以保证其呼吸道通畅。

3.止血。可应用指压、加压包扎、填塞或止血带等方法止血。

4.包扎伤口。包扎物品要用灭菌纱布或清洁的毛巾。

◎固定断肢的方法

1.帮患者止痛，记录伤情。

2.迅速赶往医院。

注意：如果是一般的创伤伤口，则给伤口做清洁和清毒处理，然后再进行止血和包扎即可。

◎如何搬动患者

1.**搀扶法**。搀扶法的前提是患者清醒。救助者应站在患者没有受伤或受伤较轻的一侧，让患者的一条胳膊搂住自己的脖子，而自己的胳膊则搂住患者的腰。救助者应全身承托，带着患者缓慢前行。

2.**背负法**。救助者可背负着患者去就医。

3.**拖拽法**。救助者站在患者后面，双手拖住患者的腋窝，倒退拖行。

4.**四手座抬法**。两个救助者都伸出双手，搭成一张手椅。让患者搂住两名救助者的脖子，坐在手椅上。两个救助者同时起身，一起前行。

5.**抬椅子法**。让患者坐在椅子上，两位救助者抬着椅子送患者去就医。

6.**临时担架法**。取两三件外衣，用两条棍子穿过衣袖，做成一副临时担架，把患者放上担架送往医院救治。

◎家庭急救时的注意事项

家庭急救当中如果处理不当，或者方法错误，就会取得一些适得其反的效果。以下一些做法，在实施急救时一定要注意避免：

1. **忽略患者是否呼吸**。遇到情况较严重的患者时，首先应检查其是否存在呼吸。对于呼吸暂停者，应立即进行人工呼吸。

2. **随意变换患者体位**。不可随意搬动或摇晃患者。特别是对骨折、脑出血、颅脑外伤的患者，否则会引起严重后果。

3. **滥用药**。即便患者的症状与某类疾病相似，也不可抱着试试看的心态随意使用家庭常备药。

4. **滥进饮品**。不要以为喝点热茶、热水后患者会缓解病情。这对于大部分患者来说根本没用，对少部分患者来说有害无益。

5. **一律平卧**。不要认为平卧体位适合所有的患者。在可以改变患者体位的前提下尽量要让患者以最舒适或最安全的姿势躺卧。

6. **自作主张乱处理**。千万不可随心所欲或自以为是地处理某些突发患者或自身的疾病。

7. **长时间使用止血带**。使用止血带包扎时间不宜过长，否则容易造成远端肢体缺血坏死。一般来说，止血带宜每隔 1 小时放松 15 分钟。

◎急救箱必备的医疗用品

1. **酒精棉**。急救前用来给双手或钳子等工具消毒。

2. **手套、口罩**。可以防止救助者被感染。

3.0.9%的生理盐水。用来清洗伤口。注意：该物可用未开封的蒸馏水或矿泉水代替。

4. **消毒纱布**。用来覆盖伤口。

6. **绷带**。用来包扎伤口，不妨碍血液循环。

7. **三角巾**。可承托受伤的上肢、固定敷料或骨折处等。

8. **安全扣针**。固定三角巾或绷带。

9. **橡皮膏**。用来固定纱布。

10. **创可贴**。覆盖小伤口时用。

11. **保鲜纸**。利用它不会紧贴伤口的特性，在送医院前包裹烧伤、烫伤部位。

12. **袋装面罩或人工呼吸面膜**。实施人工呼吸时防止救助者感染。

13. **圆头剪刀、钳子**。圆头剪刀用来剪开胶布或绷带，钳子可钳去伤口上的污物等。

14. **手电筒**。照明用或为晕倒的人做瞳孔反应。

15. **棉花棒**。用来清洗面积小的出血伤口。

16. 冰袋。置于瘀伤、肌肉拉伤或关节扭伤部位。

17. 体温计。必要时测量人体温度。

◎地震自救小常识

1. 破坏性地震从人感觉振动到建筑物被破坏平均只有12秒钟，在这短短的时间内你千万不要惊慌，应根据所处环境迅速做出保障安全的选择。如果住的是平房，那么你可以迅速跑到门外。如果住的是楼房，千万不要跳楼。应立即切断电闸，关掉煤气，暂避到洗手间等跨度小的地方，或是桌子、床铺等下面，震后迅速撤离，以防强余震。

2. 学校等人群聚集的场所如遇到地震，最忌慌乱。应立即躲在课桌、椅子等坚固物品下面，待地震过后再有序地撤离。教师等现场工作人员必须冷静地指挥人们就地避震，绝不可带头乱跑。

3. 如在街道上遇到地震，应用手护住头部，迅速远离高大建筑物。如在郊外遇到地震，要注意远离山崖、陡坡、河岸及高压线等。正在行驶的汽车和火车要立即停车。

4. 如果震后不幸被废墟埋压，要尽量保持冷静，设法自救。无法脱险时，要保存体力，尽力寻找水和食物，创造生存条件，耐心等待救。

◎食物中毒的解救办法

1. 食蟹中毒，可用生藕捣烂，绞汁饮用，或将生姜捣烂用水冲服。

2. 食咸菜中毒，饮豆浆可解。

3. 食鲜鱼和巴豆引起中毒，可用黑豆煮汁，食用即解。

4. 食河豚中毒，可用大黑豆煮汁饮用，或将生橄榄20枚捣碎饮用。

5. 误食碱性毒物，大量饮醋能够急救。

◎耳朵进水怎么办

1. **重力法**：如果左耳进水，就把头歪向左边，用力拉住耳朵，把外耳道拎直，然后右腿提起，左脚在地上跳，水会因重力原因流出来。

2. **负压法：**如果左耳进水，可用左手心用力压在耳朵上，然后猛力抬起，使耳道外暂时形成负压，耳道里的水就会流出来。

3. **吸引法：**用脱脂棉或吸水性强的纸，做成棉棍或纸捻，轻轻地伸入耳道把水吸出来。

◎昆虫进入耳孔的处理技巧

1. 安慰伤者并让其坐下。

2. 用手电筒照着耳道，吸引昆虫爬出来。

3. 如未成功，小心地用食油或大约37℃的温水灌入伤者耳中，令昆虫有机会浮出来。如果无效，应寻求医疗援助。能看到的异物可用小镊子夹出，但如果是圆形小球，不能用镊子取，应立即送医院。豆、玉米、米、麦粒等干燥物入耳，不宜用水或油滴耳，否则会使异物膨胀更难取出。可先用95%的酒精滴耳，使异物脱水缩小，然后再设法取出。原有鼓膜穿孔者，不宜用冲洗法。